周勛初文集

門弟子徐興無 敬書

周勋初文集

李白评传

周勋初 著

凤凰出版社

图书在版编目（CIP）数据

李白评传 / 周勋初著. -- 南京 ： 凤凰出版社，
2022.12
　（周勋初文集）
　ISBN 978-7-5506-3813-6

　Ⅰ.①李… Ⅱ.①周… Ⅲ.①李白（701-762）一评
传 Ⅳ.①K825.6

中国版本图书馆CIP数据核字(2022)第222483号

书　　　名	李白评传
著　　　者	周勋初
责 任 编 辑	郭馨馨
特 约 编 辑	莫　培
装 帧 设 计	徐　慧
出 版 发 行	凤凰出版社(原江苏古籍出版社)
	发行部电话025-83223462
出版社地址	江苏省南京市中央路165号,邮编:210009
照　　　排	南京凯建文化发展有限公司
印　　　刷	苏州市越洋印刷有限公司
	江苏省苏州市吴中区南官渡路20号,邮编:215104
开　　　本	880毫米×1230毫米　1/32
印　　　张	13.5
字　　　数	326千字
版　　　次	2022年12月第1版
印　　　次	2022年12月第1次印刷
标 准 书 号	ISBN 978-7-5506-3813-6
定　　　价	128.00元

(本书凡印装错误可向承印厂调换,电话:0512-68180788)

周勋初简介：

周勋初，上海市南汇县人，1929 年生，副博士研究生肄业。

现为南京大学人文社会科学荣誉资深教授，历任南京大学研究生院副院长、古典文献研究所所长、中国古代文学重点学科学术带头人，兼任江苏省文史研究馆馆长。

匡亚明　主编

周勋初　著

中国思想家评传丛书

李白评传

南京大学出版社

《中国思想家评传丛书》

南京大学出版社 2005 年出版

目　次

第一章　时代背景

李白生于武则天称帝、改国号为周的长安元年，即公元 701 年；殁于唐代宗李豫宝应元年，即公元 762 年。在他活动年代的早期和中期，正当开元、天宝之时，唐代国力最为强盛，即历史学家艳称的盛唐时期。李白的诗歌，情绪高昂，境界开阔，内容丰富，形式多样，充分反映出了美学家艳称的盛唐气象。我国历史上向称汉代和唐代的国力最为强盛，文学上的成就也极为辉煌。自明代前后七子起，就有所谓"文必秦汉，诗必盛唐"之说。① 这里的"必"字用得是否正确可以商榷，但盛唐诗歌取得了杰出成就，那是古今从无异议的。

孟子论诗强调"知人论世"，研究李白，也得遵循这一原则。我们应先对哺养李白成长的社会环境作一番分析，这里首先应该研究的是盛唐之"盛"表现在哪些地方。这一盛况何以出现？比之其他朝代，盛唐时期又有哪些特点？

今从政治、社会、文化三个方面作些介绍。

一、政治态度的宽容和四海一家的胸怀

中国自汉末起，国内陷于分裂。先是分为魏、蜀、吴三国，后统一

---

① 《明史》卷二八六《文苑·李梦阳传》中说："梦阳才思雄鸷，卓然以复古自命。……倡言文必秦汉，诗必盛唐，非是者弗道。"此说不见于李氏现存文字，而在后七子中的理论家王世贞所著《艺苑卮言》中有很多论述。李梦阳是复古思潮的开风气者，他在《潜虬山人记》中曾明言"宋无诗"，钱谦益在《列朝诗集小传》"丙集"《李副使梦阳》中也说他曾提出"汉后无文，唐后无诗"之说，故《明史》或以此故将"诗必盛唐"之说径系之于他名下。

于晋,但立国仅五十二年,即告覆灭。虽然司马氏的一支疏属避地建康(南京),建立东晋王朝,又延续了一百零四年,但全国早已为不同种族的首领所分割。北方的广大疆域,先后由少数民族中人建立起了成汉、前赵、后赵、前秦、后秦、西秦、前燕、西燕、后燕、南燕、后凉、南凉、北凉、大夏等国,也有一批汉人占地为王,建立国家,如前凉、西凉、冉魏、北燕等。其中几个力量最强的民族,即匈奴、鲜卑、羯、氐、羌,建国之时最久,疆域亦大,所谓"五胡乱华",因而出现了"五胡十六国"的混乱局面。其动乱时间之久,涉及民族之多,受害民众之广,可称中古时期的一次大悲剧。但历史的发展随后又证明,这一时代的人付出了这么沉重的代价,却促进了各民族之间的交往与融合。所谓五胡中的匈奴族,因进入中原较久,原来的文化水平就高,因而汉化的时间也早。其他各族,在数百年内,也逐渐汉化,逐渐融入了中华民族的大家庭。

通过一系列的兼并战争,十六国并为南北朝。南方的东晋,后为刘宋所篡夺,接着又有萧齐、萧梁与陈国的建立。这些朝代立国都不长,其中萧齐仅历二十四年。这些朝代都由汉族中人建立。北方的广大国土,则由北方鲜卑族中的一支拓跋族所统一。此族早期建国时称代,后入主中原,经过一个半世纪后,分裂为东魏与西魏,后又为权臣所篡,改称北齐、北周。最后北周灭北齐,不久又为权臣杨坚所篡,建立了隋朝。隋文帝杨坚随之又扫平了南方的陈朝,全国重归统一。只是杨氏立国仅传一世,全国又趋动乱。长期争战之后,李渊统一全国,建立了唐朝。如果从汉末之乱算起,全国分崩离析,至此已有四百年之久。北方民族不断入侵,各地建立的政权此起彼伏,旋兴旋灭。时局的混乱何以如此,值得深思。

唐高祖李渊立国九年之后,即禅位与次子世民。李世民是中国历史上最为英明的君主之一,庙号太宗。自唐太宗始,中国历史翻开了新的一页。他所制订与推行的许多方针政策,推动了社会的发展,促进了民族的融合,提高了人民的生活水平。唐代早期的许多政治措施,都是在他建立的框架内进行的。

李氏政权是在隋末动乱的废墟上建立的。太宗自十八岁起即参与征战,历尽艰辛,才建立起大一统的天下。白居易《新乐府·七德舞》曰:"太宗十八举义兵,白旄黄钺定两京。擒(王世)充戮窦(建德)四海清,二十有四功业成。二十有九即帝位,三十有五致太平。功成理定何神速,速在推心置人腹。亡卒遗骸散帛收,饥人卖子分金赎。魏徵梦见天子泣,张谨哀闻辰日哭。怨女三千放出宫,死囚四百来归狱。剪须烧药赐功臣,李勣呜咽思杀身。含血吮疮抚战士,思摩奋呼乞效死。则知不独善战善乘时,以心感人人心归。"诗中反映了唐人的普遍看法,太宗不仅英武异常,而且懂得人心向背。因为他从社会动乱中懂得了"水能载舟,亦能覆舟"的道理,他要顺从民心而求得长治久安。[①]

中国向以尧舜之时为理想的黄金时代。夏、商、周三代,比之前时有所逊色,但均历时甚久,太平之时远超过动乱之时。到了周代,据云前后有八百年的天下,战国统一于秦之后,治国残暴,二世而亡,于是刘邦建立了汉朝。前汉、后汉历时又有四百多年之久。为什么汉末之后就陷入了长期的动乱?唐太宗反复考虑这一问题,并与臣下不断展开讨论。他要总结历史经验,避免重蹈前人覆辙,以期新建的政权能

---

① 《贞观政要》卷一《政体》载:"贞观六年,太宗谓侍臣曰:'……天子者,有道则人推而为主,无道则人弃而不用,诚可畏也。'魏徵对曰:'自古失国之主,皆为居安忘危,处治忘乱,所以不能长久。今陛下富有四海,内外清晏,能留心治道,常临深履薄,国家历数,自然灵长。臣又闻古语曰:"君,舟也;人,水也。水能载舟,亦能覆舟。"陛下以为可畏,诚如圣旨。'"由此可见唐初君主总结历史经验态度之诚挚。

长治久安。

　　唐太宗出身贵族。其父李渊,袭封唐国公,其后历试中外,起兵时任太原留守。建国之后,令狐德棻劝他修史,云是"陛下既受禅于隋,复承周氏历数,国家二祖功业,并在周时,如文史不存,何以贻鉴今古?"这是因为李氏先人向为北朝显宦。高祖祖父李虎,后魏时任左仆射,封陇西郡公,与周文帝等八人称"八柱国家",还赐姓大野氏。周时追封为唐国公。高祖之父李昞,周安州总管,柱国大将军,袭唐国公。可知李氏的前几代都在北方少数民族建立的政权中参与政要。这一家族自称出于陇西成纪,但与北方少数民族中的许多部族有着密不可分的联系,一段时间内甚至连姓氏也改成了"蕃姓"。

　　从李氏皇室的婚姻上也可看出这一王朝的特殊之处。李昞娶独孤信第四女,为鲜卑族人。李渊娶窦毅女,窦氏先世历任拓跋部落大人。① 李世民娶长孙晟女,亦为鲜卑族人。可知李氏子孙实为多种民族之混血儿。李唐王室的这一特殊情况,自然会在民族政策上盖下深刻的烙印。

　　唐太宗倡胡汉一家之说。中国历代王朝向奉儒家学说为治国的最高原则,儒家"严夷夏之防",汉末动乱之后,出现了"四夷交侵"的局面,这种严酷的形势,对于汉人来说,势难接受。李唐王室本为一个种族复杂的家族,立国之后自然要认真地消除民族之间的隔阂。《资治通鉴》卷一九八贞观二十一年五月载太宗自云胜古之帝王者五事,其一曰:"自古皆贵中华,贱夷狄,朕独爱之如一,故其种落皆依朕如父母。"所以当他打败东突厥后,原属东突厥的各属国,转而归附唐朝,并

------

　　① 见《新唐书·宰相世系表》卷七十一下,《旧唐书·高祖太穆皇后窦氏传》《新唐书·太穆窦皇后传》不载。

推尊唐太宗为"天可汗"。①

唐初将相大臣中,多少数民族中人,如尉迟敬德、阿史那社尔、契苾何力等,都曾任过重要的职位。这些人之拥戴太宗,真是忠心耿耿,誓死不渝。《旧唐书·尉迟敬德传》载其语曰:"敬德起自幽贱,逢遇隋乱,天下土崩,窜身无所,久沦逆地,罪不容诛。实荷秦王惠以生命,今又隶名藩邸,唯当以身报恩。"《契苾何力传》载其陷薛延陀时,"何力箕踞而坐,拔佩刀东向大呼曰:'岂有大唐烈士,受辱蕃庭,天地日月,愿知吾心!'又割左耳以明志不夺也"。说明这些少数民族中人已经把自己视作大唐人士,而与其他不臣服于唐政府的民族区别了开来。

其时各种民族杂居,彼此之间互通婚姻,也促进了种族之间的融合。《新唐书·裴光庭传》曰:"母库狄氏,有妇德,武后召入宫,为御正,甚见亲宠。"裴光庭为唐初名臣裴行俭子,而娶鲜卑族女为妻。元稹《缚戎人》诗自注云:"延州镇李如暹,蓬子将军之子也。尝没西蕃。及归,自云:'蕃法唯正岁一日,许唐人没蕃者服衣冠,如暹当此日,悲不自胜,遂与蕃妻密定归计。'"说明汉蕃通婚乃常事。

唐代朝廷对少数民族的乡土习俗,亦能尊重。《资治通鉴》卷一九四太宗贞观八年"春正月癸未,突厥颉利可汗卒,命国人从其俗,焚尸

---

① 《唐会要》卷一〇〇《杂录》:"[贞观]四年(630)三月,诸蕃君长诣阙,请太宗为天可汗。乃下制令后玺书赐西域北荒之君长,皆称皇帝天可汗,诸蕃渠帅有死亡者,必下诏册立其后嗣焉。统制四夷,自此始也。"《通典》卷二百《边防十六》记载类同,《资治通鉴》卷一九三《唐纪九》叙此,"诸蕃君长"作"四夷君长"。《新唐书·太宗纪》贞观二十年九月"甲辰,铁勒诸部请上号为'可汗'"。《唐会要》卷九九"石国"王伊吐屯屈勒于开元二十九年遣使上表,卷九八"曹国"王哥逻仆罗于天宝四载上表,均称唐王为"天可汗"。可知自太宗始,突厥部落及其部属一直拥唐之帝王为共主。《资治通鉴》卷一九三贞观五年:"冬十月丙午,上逐兔于后苑,左领军将军执失思力谏曰:'天命陛下为华夷父母,奈何自轻!'"《新唐书·执失思力传》同,而作"四海父母",可知唐代帝王一直具有华夷共主之地位。

葬之"。《通典》卷四十《职官》"萨宝符祆正"下有注曰："武德四年
（621），置祆祠及官。常有群胡奉事，取火咒诅。贞观二年（628），置波
斯寺。……开元二十年（732）七月敕，末摩尼法本是邪见，妄称佛教，
诳惑黎元，宜严加禁断。以其西胡等既是乡法，当身自行，不须科罪
者。"可见朝廷也能尊重异族的宗教信仰。

唐初执行的这一政策，形成了宽松的空气，有助于种族之间的交
流，很多反映异族风光与异族兴味的文艺作品，与华夏文化交相融会，
呈现出璀璨多姿的风貌。这对唐代文坛上多姿多态的文学艺术的蓬
勃发展，提供了极为丰厚的沃土。

《贞观政要》卷八《贡赋》曰："贞观十二年，疏勒、朱俱波、甘棠遣
使贡方物。太宗谓群臣曰：'向使中国不安，日南、西域朝贡使亦何缘
而至？朕何德以堪之，睹此翻增危惧。近代平一天下，拓定边方者，惟
秦皇、汉武。始皇暴虐，至子而亡；汉武骄奢，国祚几绝。朕提三尺剑
以定四海，远夷率服，亿兆乂安，自谓不减二主也。然二主末途，皆不
能自保，由是每自惧危亡，必不敢懈怠。惟藉公等直言正谏，以相匡
弼。若惟扬美隐恶，共进谀言，则国之危亡，可立而待也。'"而在历代
兴亡故事中，前朝覆亡的场景对他刺激尤大。隋炀帝骄奢淫逸，外开
战乱，内役万民，而又刚愎自用，负气好胜，甚至自己的诗作比不上王
胄、薛道衡等人的水平，也要妄加诛戮。同书卷一《政体》记太宗与萧
瑀议隋文帝之为政，瑀称其精勤，太宗则论之曰："此人性至察而心不
明。夫心暗则照有不通，至察则多疑于物。又欺孤儿寡妇以得天下，
恒恐群臣内怀不服，不肯信任百司，每事皆自决断，虽则劳神苦形，未
能尽合于理。朝臣既知其意，亦不敢直言。宰相以下，惟即承顺而已。
朕意则不然，以天下之广，四海之众，千端万绪，须合变通，皆委百司商
量，宰相筹划，于事稳便，方可奏行。岂得以一日万机，独断一人之虑
也。"太宗因而力反前弊，居安思危，从谏如流，不以察察为明，营造一

个宽松的政治环境。对待文士亦能持正确的态度。

《朝野佥载》卷六记唐太宗入冥,冥官问六月四日事。这是一种皮里阳秋的笔法。因为太宗于高祖武德九年六月四日发动玄武门之变,袭杀兄弟建成、元吉而夺得皇位,书中着此一笔,无异揭太宗之疮疤。同书卷一叙武后选人之冗滥,酷吏之可怖,其时奖励告密,大肆罗织,可见政治之黑暗。又卷一记"平王诛逆韦,崔日用将兵杜曲,诛诸韦略尽,绷子中婴孩亦榼杀之。诸杜滥及者非一"。须知张鷟为高宗至玄宗时人,他对先皇之过恶隐约道出,对当前的几位帝王大加揭露,文笔尖锐辛辣,留下了不少可贵的材料,而并不以文字获罪,此亦可见唐代文学界面临的宽松空气,自始即已形成。这对促进唐代文学的繁荣起到了不可估量的保障作用。

唐初的几位帝王还经常聚集一批文士参与游宴,时而让大家以赋咏竞胜,促进创作水平的提高。《隋唐嘉话》卷下:"武后游龙门,命群官赋诗,先成者赏锦袍。左史东方虬既拜赐,坐未安,宋之问诗复成,文理兼美,左右莫不称善,乃就夺袍衣之。"这种文坛气氛,又岂是后代帝王所能企及?

就在这样的气氛中,唐代文士能够自由地抒写怀抱,而不致动辄犯忌;竭尽心智从事创造,以便获得荣誉。李唐王朝一直执行这一政策,这对唐代文学的发展与开拓,起到了巨大的推动作用。

二、南北学风的融合与多种文化的交流

唐太宗身边的一些文学之士,如令狐德棻、李百药、虞世南等,都是前朝旧臣。唐室起于关陇,这些文学之士大都出自北方。南北朝时,南方的文化一直居于优异的地位,北方少数民族政权中人,一直向慕南朝文化,自北魏文帝拓跋宏极力推行汉化政策之后,北朝的文化

水平迅速提高，尤其是当王褒、庾信入北之后，北朝文学更是达到了很高的水准。薛道衡出使入陈，当场赋诗，曾使南朝文士大为惊讶。但以总体水平而言，南朝文化仍居上风，其时风行的宫体，唐初仍然风行朝野。

《唐会要》卷六五《秘书省》载：

> ［贞观］七年九月二十三日，上谓侍臣曰："朕因暇日，每与秘书监虞世南商量古今。朕一言之善，虞世南未尝不悦；有一言之失，未尝不怅恨。尝戏作艳诗，世南进表谏曰：'圣作虽工，体制非雅，上之所好，下必随之。此文一行，恐致风靡，轻薄成俗，非为国之利。赐令继和，辄申狂简。而今之后，更有斯文，继之以死，请不奉诏旨。'群臣皆若世南，天下何忧不治？"

从这一事件中，可知唐初君臣有关文风问题争论之激烈。

太宗的诗中，既有像《采芙蓉》《赋帘》《咏烛》《秋日效庾信体》等带有很多宫体遗风的纤巧之作，也有《出猎》《还陕述怀》《饮马长城窟行》等带有北朝亢爽之气的诗作。而从他与虞世南的对话中，可知唐初朝廷的主导思想即在努力拨正文教方针。一个新兴的王朝自不能仍然沉溺在雕琢纤丽的文风中。新的政治形势要求出现一种有力的向上的文艺作品，与政治上的动向相一致。

唐初的史官出于政治上宣扬教化的需要，猛烈攻击南朝的宫体文学，《隋书·文学传序》曰：

> 梁自大同之后，雅道沦缺，渐乖典则，争驰新巧。简文、湘东，启其淫放；徐陵、庾信，分路扬镳。其意浅而繁，其文匿而彩，词尚轻险，情多哀思。格以延陵之听，盖亦亡国之音乎！周氏吞并梁、

荆,此风扇于关右,狂简斐然成俗,流宕忘反,无所取裁。

《周书·王褒庾信传论》曰:

> 子山之文,发源于宋末,盛行于梁季,其体以淫放为本,其词以轻险为宗。故能夸目侈于红紫,荡心逾于郑、卫。昔扬子云有言:"诗人之赋丽以则,词人之赋丽以淫。"若以庾氏方之,斯又词赋之罪人也。

史家撰史的目的本在总结历史上的经验教训,这时自然会想到舍弃南北文学之短,汲取南北文学之长,熔二者于一炉。《隋书·文学传序》完整地表达了这一思想。史官在分析二者的得失后说:

> 然彼此好尚,互有异同。江左宫商发越,贵于清绮,河朔词义贞刚,重乎气质。气质则理胜其词,清绮则文过其意。理深者便于时用,文华者宜于咏歌,此其南北词人得失之大较也。若能掇彼清音,简兹累句,各去所短,合其两长,则文质斌斌,尽善尽美矣。

唐王朝的文教方针,即按此原则进行,它符合文坛实际,与历史潮流也相符合。其后文学即按此方向发展。南朝"宫商发越",唐初仍继续发挥其影响,高宗之时上官仪从理论上加以总结,形成了所谓上官体,诗人对声律与修辞方面的问题更有准则可循。北朝"词义贞刚",一些慷慨多气的诗篇,特别是古风和乐府诗,更把这种"气质"方面的优势发扬光大。初唐四杰的作品,已把骨气与藻彩较好地结合起来。说明诗歌发展至此,条件已经成熟,陈子昂继起,乃开唐代之新风。

殷璠《河岳英灵集序》曰：

夫文有神来、气来、情来，有雅体、野体、鄙体、俗体。编纪者能审鉴诸体，委详所来，方可定其优劣，论其取舍。至如曹、刘诗多直语，少切对，或五字并侧，或十字俱平，而逸驾终存。然挈瓶肤受之流，责古人不辨宫商徵羽，词句质素，耻相师范。于是攻异端，妄穿凿，理则不足，言常有馀，都无兴象，但贵轻艳。虽满箧笥，将何用之？自萧氏以还，尤增矫饰。武德初，微波尚在。贞观末，标格渐高。景云中，颇通远调。开元十五年后，声律风骨始备矣。实由主上恶华好朴，去伪从真，使海内词场，翕然尊古，南风周雅，称阐今日。

这一分析，生动地说明了唐初诗歌的发展，到了开元、天宝之时，由于之前在声律与气骨方面都具备了成功的经验，南北文学之所长已融合无间，诗人们在创作中，自然地化为血肉，从而展现出盛唐诗歌的特有风貌。[①]

唐人在音乐、舞蹈、美术等方面对外来文化中的各种新鲜内容与形式，也广泛地加以吸收。《旧唐书·音乐志》记载，唐初太宗宫廷内即有十部乐的设置，其中四部来自境内的一些少数民族，四部来自国外，德宗时骠国亦遣使献乐。有的音乐还配合其特有的歌舞，乐队与舞队的配置，旋律与舞姿各不相同，自与中国原有的乐舞风貌大异，这对唐代文士也就别具一种吸引力。国外的新画风也传入中国，在技法等方面也有不少发展，唐代诗人每有咏画之作，借此表达他们对此的

---

① 参看赵昌平《开元十五年前后——论盛唐诗的形成与分期》，原载《中国文化》1990年第2期，今据《赵昌平自选集》，广西师范大学出版社1997年版。

新鲜感受。

总结上言,可知唐代在南北学风融合的基础上,又吸收了中外文化交流中的许多新成果,从而形成了另一种璀璨多姿的新型文化,并在盛唐时期达到了高峰。前人艳称的盛唐气象,正是这一文化的集中体现。[①] 李白的诗歌,可以作为盛唐气象的杰出代表。

前面已说到,唐代君主能够尊重异族的习俗与信仰,允许他们建立自己的寺院,因此,唐代宗教界可谓异彩纷呈。除佛教、道教外,诸如祆教、景教、摩尼教、伊斯兰教,也都有人信从,从而在文人队伍中也有其影响。例如颜真卿其人,孤忠大节,当然是服膺儒术的杰出人物,而他又信道教,《太平广记》卷三二引《仙传拾遗》及《戎幕闲谈》《玉堂闲话》,言"吟阅之暇,常留心仙道"。而他最为奇特的地方,则是还信祆教,其子颜硕,小名穆护,即是明证。[②] 由此可见唐代文士思想之复

---

① 严羽首以气象论诗。《答出继叔临安吴景仙书》曰:"盛唐诸公之诗,如颜鲁公书,既笔力雄壮,又气象浑厚,其不同如此。"王国维于《人间词话》中论李白《忆秦娥》词曰:"李白纯以气象胜。"舒芜在《李白诗选》一书的《前言》中首先提出李白具有"全面的代表性"的"盛唐气象",此书由人民文学出版社于 1954 年出版。其后林庚撰《盛唐气象》一文,以为李白是歌唱了盛唐时代的,体现了盛唐气象。文载《北京大学学报》1958 年第 2 期。裴斐对此有不同看法,以为李白之时唐代政治已趋衰殆,故无盛唐气象可言,其《什么是李白诗歌的主要精神》等文,载《光明日报》1955 年 7 月 24 日及其他报章杂志。按气象乃指诗的总体风貌,李白精神昂扬,大气磅礴,确是充分体现出盛唐时期的蓬勃气象,论者不宜以个别诗作的具体内容而论盛衰。

② 此事并见《唐语林》卷六。向达《唐代长安与西域文明》曰:"穆护原为摩尼教中僧职之名,说者多以鲁公以穆护名其次男为异,今观其所作《康金吾神道碑》,可知鲁公与康国人曾有交往,则《语林》所云,或者鲁公服膺摩尼教旨,而获其养生之术欤?"原载《燕京学报》专号之二,1933 年 10 月;今据《唐代长安与西域文明》,生活·读书·新知三联书店 1957 年版。今按目下学术界已确认穆护为祆教中的僧职,参看林悟殊《唐季"大秦穆护祆"考》上、下,载《文史》1999 年第 3、4 辑(总第 48、49 辑),中华书局 1999 年 7、12 月出版。

杂多样。因此他们的表现，也就更为丰富多彩。

三、良好的社会环境与昂扬的精神状态

唐代诗人的生活环境，其条件之良好，也是前此的文士所无法比拟的。

自晋代起，中国分崩离析，南北对峙，前后长达数百年之久。政治上的隔绝，使文士们局促于一隅，难得了解全国的情况，眼界自然受到约束，气概也就难于昂扬。只有到了南北朝之末，庾信等人自南入北，才有条件迸窥华夏之全貌。但这些人物身份特殊，心境抑郁，难以出现高扬的情绪。

唐代诗人的情况就不同了。他们往往足迹遍天下。盛唐诗人，不管是李白、杜甫也好，王维、王昌龄、高适、岑参也好，都是走南闯北，行程万里，因而见多识广，心胸开阔。

在全国范围内，水路交通甚为便捷。除固有的黄河、长江等水道外，隋炀帝开运河，起到了沟通南北的重要作用。唐人自长安前往富裕的南方，每乘黄河中的船只至汴州（今河南开封），再沿汴河（通济渠）东下，到泗州临淮县入淮，沿淮水至楚州山阳，再沿漕渠至扬州。高适《东征赋》、李翱《来南录》均可供参证。① 唐代的陆路交通也极为便利，道路四通八达，又兼社会富裕，出门旅游甚为方便。《通典》卷七《食货七》叙开元十三年（725）玄宗封泰山时事曰："米斗至十三文，青、齐谷斗至五文，自后天下无贵物，两京米斗不至二十文，面三十二

---

① 参看高文《通济渠——汴河方位考略》，载《史学月刊》1980 年第 2 期；史念海《隋唐时期运河和长江的水上交通及其沿岸的都会》，载《唐代历史地理研究》，中国社会科学出版社 1998 年版。

文,绢一匹二百一十二文。东至宋汴,西至岐州,夹路列店肆待客,酒馔丰溢。每店皆有驴赁客乘,倏忽数十里,谓之驿驴。南诣荆、襄,北至太原、范阳,西至蜀川、凉府,皆有店肆,以供商旅。远适数千里,不持寸刃。"于此可知盛唐天下的物质基础何等优裕,这为盛唐诗人的物质生活和社会活动提供了优越的条件。

阅读唐代诗人的传记,不难发现,他们在漫游四方的时候,常是拜访当地官员,在一般情况下都能受到地方长官的招待,因此唐代诗人的作品中,常有投赠官长或与官员酬酢的作品。这是因为唐代虽已推行科举制度,但官员仍有荐举士人的职责,因此士人必须求得地位高的人的荐举,而这也是在科举制度的初期阶段仍然保留着前代荐举为官制度的遗痕。

科举制度的推行也经历了不少变化。唐初政权还是控制在一些元老重臣手中,但太宗已在积极推行科举制度,借以网罗天下英杰。《唐摭言》卷十五《杂记》曰:

> 贞观初,放榜日,上私幸端门,见进士于榜下缀行而出,喜谓侍臣曰:"天下英雄,入吾彀中矣!"

武后之后,科举制度更趋完善。她利用这一制度吸引出身比较低下的士人,借以打击原来控制政权的前朝贵族。于是大批士人由此晋身,进入仕道。例如玄宗时那位自称"荒陬孤生"的名相张九龄,就是在武后长安二年考取进士的;而他年幼时,即曾上书干谒广州刺史王方庆,并得到赞赏,这对他日后的发展也大有助益。

武后通过科举而选拔的一些人才,为玄宗一朝的政治提供了大批优秀人才。其中最著名的姚崇、宋璟二相,就是在高宗、武后时期应进士试而入仕的。他们执政之后,努力推行荐举贤才、完善科举制度的措施,从而让一些有才能的士人增加了自信,看到了希望。宁原悌《上太子启》云:"近者姚元之、宋璟居献替之职,处铨衡之地,用节员位,颇立绳纪,不为权门黩货所拘,而以平心汲引为务。于时草泽之贤,翘首待用,天下凛然,复有升平之望也。"(《全唐文》卷二七八)社会上为士子提供了发展的良好机会,也就促进了开元文坛上昂扬之气的提升。

在《唐摭言》中可以读到一些士人的干谒之作,如卷六《公荐》载王泠然上相国燕公(张说)书,口气强硬而又自负,中云:"昔者,公之有文章时,岂不欲文章者见之乎?公未富贵时,岂不欲富贵者用之乎?今公贵称当朝,文称命代,见天下未富贵有文章之士,不知公何以用之?公一登甲科,三至宰相,是因文章之得用,于今亦三十年。后进之士,公勿谓其无人。"说明其时一些自负有才的士子,要求他人荐举时,一无萎顿之态,而是希望对方一秉至公之心,为国求贤,可见其时士人之气概。同书卷十一《怨怒》所附《戆直》中载有李白的同道任华上达官的多封书信,一概以责备的口吻批评对方没有负起荐贤举能的责任,而所指的贤能,也就是他自己。这种近乎可笑的行为,也可以说明自武后以来的荐贤之风,已给士人一种精神上的支柱,使他们人格上得以自立,从而有一种自尊、自信、自负其才的昂扬之气。

在李白的诗文中,也有不少干谒之作,更是昂首天外,一无媚俗之态。可知李白一些奇特风貌的出现,也与前此政治上为士人敞开仕进之路而形成的新风有关。自武后起,即已出现一些意气风发的士人高自期许而与干谒对象持平等的态度了。

再进一步看,唐初士人,不通过考试,仅提供文章,也可求得仕进。《封氏闻见记》卷三《制科》曰:"常举外,复有通五经一史及进献文章并上著述之辈,或付本司,或付中书考试,亦同制举。"高适于天宝八载得到睢阳太守张九皋的荐举,中有道科,他在《奉寄平原颜太守》诗序中还说："今南海太守张公之牧梁也，亦谬以仆为才，遂奏所制诗集于明主。"这与他后来的能登制科，也有很大的关系。而在各类文章之中，赋作又特受重视。献赋可以得官，汉代以后，已成一种传统，唐代也不例外。杜甫屡应科举失败，乃于天宝九载上《雕赋》，十载上《三大礼赋》，终于取得成功，进入了仕途。李白于天宝元年之入翰林而得幸，自云也与献赋有关，《温泉侍从归逢故人》曰"献赋有光辉"，《东武吟》与《还山留别金门知己》中都说到"献赋甘泉宫"，足见献赋一事在他求仕思想上占有重要位置。

唐代士人仕进多途，不参加科举的人，甚至不以文字显示才华的人，仅凭隐居养望，也可求得仕进。《新唐书·隐逸传》曰："唐兴，贤人在位众多，其遁戢不出者，才班班可述，然皆下概者也。"这是说唐人重事功，有才能的人都谋求出仕，隐逸者往往是些水平低下的人才，"然放利之徒，假隐自名，以诡禄仕，肩相摩于道，至号终南、嵩少为仕途捷径，高尚之节丧焉"。比之前代，唐代隐士在节操上往往有所欠缺，只是人们热衷于此，自然有其社会原因。

《旧唐书·隐逸传》的作者对隐逸之士也有同样的批判，但又指出，自唐初起，朝廷即已重视搜求隐逸之士，予以官爵，将之纳入可控制的官僚队伍之中。这就培育出了一批通过山林而进入朝堂的人。《传》曰："高宗、天后，访道山林，飞书岩穴，屡造幽人之宅，坚回隐士之车。"而他所举的代表人物中，有田游岩、史德义、司马承祯等人。田游岩出山后，睿宗文明中进授朝散大夫，拜太子洗马；史德义征至都后，则天后下诏称"特宜优奖，委以谏曹，可朝散大夫"。司马承祯曾称李白仙风道骨，可以神游八极之表，曾对李白有深远影响，而司马承祯以道术高明之故，虽居住在浙东的天台山，自武后起，即屡蒙征召。玄宗亲受道箓，玉真公主从之学道，卒赠银青光禄大夫，备享人世光荣。李白在《登梅冈望金陵赠族侄高座寺僧中孚》一诗中说："几宿一下山,萧然忘干谒。谈经演金偈,降鹤舞海雪。时闻天香来,了与世事绝。"而从实际情况来看,"了与世事绝"后时而反有干预世事的机会,"忘干谒"后取得的效果,有时比奔走四方还好。又如李白的友人张镐,《新唐书》本传称"视经史犹渔猎","不及世务",然"起布衣,二期至宰相"。说明其时士人虽然多数是由科举而求得晋身的,但有一批奇能异才之士,还可通过其他不同途径求得高位。

唐代文士踏着前人的足迹迈进。他们沿袭南朝的风气,隐居养望,以此求取高位;还受北朝尚武精神的影响,从军求得进身。因此,唐代文士的仕进之路是很广阔的。尽管从某一具体的文士来说,或许颠踬多时,颇有困顿之日,但从整体而言,唐代前期的文士,比之中晚唐时的文士前途要广阔得多,这也是盛唐文人多意气风发的原因之一。

由上可见,唐初社会形成了优越的环境,为广大的士人提供了各种有利的条件,让他们有施展才能的机会;这样,在文坛上也就培育出了意气昂扬的良好气氛。

第二章　李白的家庭

李白其人，在唐代文学界，乃至自古至今的整个中国文学界，都是一种奇特的现象。他的出生，他的家庭和人员，都有很多费解之处。下面分别作些介绍。

一、李白的出生地

李白究竟出生在什么地方，学术界意见不一。

李阳冰《草堂集序》曰："李白，字太白，陇西成纪人，凉武昭王暠九世孙。蝉联珪组，世为显著。中叶非罪，谪居条支，易姓与名。然自穷蝉至舜，五世为庶，累世不大曜，亦可叹焉。神龙之始，逃归于蜀，复指李树而生伯阳。"魏颢在《李翰林集序》中说："白本陇西，乃放形，因家于绵。身既生蜀，则江山英秀。"李阳冰和魏颢的记载，都可以理解为李白之父到了四川之后才"生"李白，那么李白当然应该说是生于蜀中了。唐代其他与李白有过交往的人，如刘全白，作《唐故翰林学士李公碣记》时就说："君名白，广汉人。"广汉为汉代郡名，实指唐代蜀中的绵州昌隆县，即现在的四川江油市。但这一说法与李白的自述不符。

李白《为宋中丞自荐表》云："臣伏见前翰林供奉李白，年五十有七。"此表作于肃宗至德二载（757），以此上推，可知李白应当生于武后大足元年，亦即长安元年（701），此时下距中宗神龙元年（705），已有四年之久，则是其父携家自西域到蜀中，李白已年五岁。[1]　这也就是说，

---

[1]　王琦《李太白年谱》已有此说，然仍企图维护生于蜀中的旧（注转下页）

李白应当生于西域。

唐范传正撰《李白新墓碑》拓片

《新唐书》卷二〇二《文艺中·李白传》曰："李白，字太白，兴圣皇

(续上页注)说。李宜琛《李白底籍贯与生地》重申生于碎叶之说，载 1926 年 5 月
10 日北平《晨报副刊》。陈寅恪作《李太白氏族之疑问》，对此作了进一步的申述，
方始引起大家注意，载《清华学报》第 11 卷第 1 期，1935 年 1 月；今据《金明馆丛稿
初编》，上海古籍出版社 1980 年版。

帝九世孙。其先隋末以罪徙西域，神龙初遁还，客巴西。"这一记载显然是综合李阳冰、范传正和魏颢等人的记载而成文的。按"西域"一词，古今沿用，其内涵有广义与狭义之别。狭义的"西域"，约指今新疆地区；广义的西域，则指亚洲中西部与印度半岛等地。以唐代疆域而言，则常指安西、北庭二都护府所辖境内之地。按范传正《唐左拾遗翰林学士李公新墓碑并序》曰："公名白，字太白，其先陇西成纪人。绝嗣之家，难求谱牒。公之孙女搜于箱箧中，得公之亡子伯禽手疏十数行，纸坏字缺，不能详备。约而计之，凉武昭王九代孙也。隋末多难，一房被窜于碎叶，流离散落，隐易姓名，故自国朝已来，漏于属籍。"则是李白应当生于碎叶之地，在今吉尔吉斯斯坦的托克马克附近；若按李阳冰所云"谪居条支"，则是李白应当生于今阿富汗境内。

有关李白早年的事迹，李阳冰与范传正的记载最为可信，因为李阳冰为李白的《草堂集》作序，是应李白的请求而写作的。有关李氏的经历，应当出自李白的口述。范传正于宪宗元和年间至当涂访问李白遗迹，见到了伯禽所保存的记载李家世系的手疏，在这一问题上李、范二氏的记载又是一致的，因此后人应当信从二人的记载。李阳冰说李氏谪居条支，条支为古地名，古时常用以泛指西域，如许敬宗《奉和"执契静三边"应诏》曰："辍镐观化宇，栖籥萃条支。"刘言史《代胡僧留别》曰："此地绿疏语未通，旧时老病去无穷。定知不彻南天竺，死在条支阴碛中。"贯休《入塞曲三首》之一曰："定远条支宠，如今胜古时。"李白乐府《战城南》《天马歌》均用此典，前诗曰："洗兵条支海上波，放马天山雪中草。"后诗曰："天马来出月支窟，背为虎文龙翼骨。嘶青云，振绿发。兰筋权奇走灭没。腾昆仑，历西极，四足无一蹶。"这就说明，唐人习用"条支"这一典故泛指西域远地。因此具体地说，李白的出生地应当在碎叶。

王琦作《李太白年谱》，企图维护古来相传的蜀中说，遂提出了一种假设，以怀疑的口气说："岂神龙之年号乃神功之讹？"但武后之改年号为神功，乃在万岁通天二年九月，次年正月即改元圣历，因此"神功"一名仅用了三四个月，又怎能称什么"初"字？况且"讹"字之说又无任何文献作旁证，李阳冰《草堂集序》与范传正《李白新墓碑》上均作"神龙"，二者不可能有相同的错误，故"神龙"之说实难否定。

李白生于碎叶，随父迁回内地绵州时，年已五岁，而他又早慧，在他幼小的心灵上，也就有其可能蒙上许多异域的印象。

二、李白的世系

李阳冰与范传正都说李白为五胡十六国时期的西凉创业君主李暠之后。李暠，字元盛，《晋书》有传。① 李暠为西汉名将李广之后。李白《赠张相镐二首》之二中说："本家陇西人，先为汉边将。功略盖天地，名飞青云上。"因为李广的后裔有一支定居于陇西成纪，后为唐代著名郡望中的陇西李氏。李唐王室也自称系出陇西李氏，则是李白与王室还有同宗的关系。

李唐王室究竟是否出于陇西，学术界颇多争议，今不赘述。李白一家是否陇西李氏之后，学术界也有不同看法。因为唐人每喜冒充著姓，什么陇西李氏、赵郡李氏、清河崔氏、博陵崔氏、荥阳郑氏、太原王氏、范阳卢氏等，一些出身寒微的人，常称系出于此，攀附大姓中的显要人物，求得援引。李白与王室中的一些人物交往时，也常用族叔、族兄、族弟、族侄等称呼，后人论证，认为世系不合，因而以为李白并非出自陇西李氏。但李白一家迁居西域多时，与唐之宗室自难联宗。唐玄宗天宝元

---

① 《晋书》卷八七《凉武昭王李玄盛传》记载最详，《魏书》卷九九《私署凉王李暠传》、《北史》卷一百《序传》记载较简略，《宋书》卷九八《氐胡传》中亦有记载。李暠曾在前凉张轨政权内任职，忠于东晋政权。

年,曾下诏让李暠之后的绛郡、姑臧、敦煌、武阳四公子孙列入宗正寺,编入属籍,[①]只是李白家的一系或因谱牒无存,仍然无法请求列入。

有的学者将李白与王室中人交往时的称呼与《新唐书·宗室世系表》与《宰相世系表》中的记载比照,发现排行不合。[②] 只是古时各家谱牒的记载,彼此有异,也很常见;唐人在称呼上向来比较随便,李白遇到王室疏属中的成员时,自然不可能在翻检谱牒之后再去称呼,何况他手边本来就没有李氏一族的谱牒。

总结上言,可知李白的族系所出颇难清理。唐人有冒宗的风气,李家自西域迁回,为了抬高身价,有可能托称李暠之后,但这也是一种推论,未必就是事实。我们在无法找到铁证之前,看来还是相信李白的自述比较稳妥。李白曾在同时的许多人前自叙族系所出,也没有一人予以非难与揭露。他在《寄上吴王三首》之一中说:“小子添枝叶,亦攀丹桂丛。”吴王李祗为太宗子恪之孙,故李白与之叙同宗关系,而他自称“枝叶”之后,吴王也没有表示什么异议,这些地方看来不能说是李白到处冒牌成功吧。

三、李家往返西域的路线

李白一家何以移居西域,范传正说是“隋末多难,一房被窜于碎叶”,

---

① 《唐会要》卷六五《宗正寺》云:“天宝元年七月二十三日诏:殿中侍御史李彦允等奏称,与朕同承凉武昭王后,请甄叙者,源流实同,谱牒犹著。自今已后,凉武昭王孙宝已下,绛郡、姑臧、敦煌、武阳等四公子孙,并宜隶入宗正寺,编入属籍。”李阳冰《草堂集序》记李白曾“就从祖陈留采访大使彦允,请北海高天师授道箓于齐州紫极宫”,说明两人曾有密切的关系。

② 詹锳《李白家世考异》首先抉发这一疑问,载《国文月刊》第 24 期,1943 年10月,后收入《李白诗论丛》,作家出版社 1957 年版。其后郭沫若《李白与杜甫》等著作中均续有论证。

《新唐书》本传上说"其先隋末以罪徙西域",看来就是根据范《碑》上的介绍。李阳冰《草堂集序》则说:"中叶非罪,谪居条支,易姓与名。然自穷蝉至舜,五世为庶,累世不大曜,亦可叹焉。"与范《碑》上的说法一致。

陈寅恪《李太白氏族之疑问》从历史上加以考察,以为"碎叶、条支在唐太宗贞观十八年即西历六四四年平焉耆,高宗显庆二年即西历六五七年平贺鲁,隶属中国政治势力范围之后,始可成为窜谪罪人之地。若太白先人于杨隋末世即窜谪如斯之远地,断非当日情势所能有之事实。其为依托,不待详辨"。这一驳难是有道理的。但范《碑》、李《序》中说的"窜""谪",看来只是一种套用的陈词。李《序》上以"穷蝉至舜"作譬喻,贵裔之后徙于远地,古时每称之为"谪",而自中原迁至边鄙荒远之地,又每称之为"窜"。因此这里似应把这二词活看,不能坐实说是隋末因罪贬谪到势力范围不及的地区之内。① 此时碎叶虽然还未纳入中国的版图,但东西交通还是通畅的,隋末大乱之时,李白先人自可沿着丝绸之路迁徙到碎叶去。《资治通鉴》卷一九八太宗贞观二十一年(647)"丁丑,诏以'隋末丧乱,边民多为戎狄所掠,今铁勒归化,宜遣使诣燕然等州,与都督相知,访求没落之人,赎以货财,给粮递还本贯'"。玄奘于《大唐西域记》内记载曾在碎叶附近见到不少内地去的人。这些人物如何前去,情况可能多种多样,李白的上第六代祖先当在隋末大乱之时携家西走。

李白在《上安州裴长史书》中曾叙述过家世,文曰:

> 白本家金陵,世为右姓,遭沮渠蒙逊难,奔流咸秦,因官寓家。少长江汉。

---

① 参见郭沫若《李白与杜甫》内《李白生于中亚碎叶》一节,人民文学出版社1972年版。

郭沫若以为"金陵"是指李暠在西凉所设的建康郡,地在酒泉与张掖之间。此说有文献为依据,只是还当另作考证。

　　按魏晋南北朝时河西之地确有建康郡的设置。《魏书》卷九九《私署凉州牧张寔传》曰:其子张骏"分武威、武兴、西平、张掖、酒泉、建康、西海、西郡、湟河、晋兴、广武十一郡为凉州,以长子重华为刺史"。《晋书·地理志》所载略同。前凉张轨忠于晋室,其孙张骏表示忠于东晋王朝,故于河西之地设建康郡。

　　《宋书》卷九八《氐胡列传》载晋安帝隆安三年(399)春,后凉主吕光杀且渠蒙逊伯父罗仇,四月蒙逊反,五月与兄男成"杀酒泉太守叠滕,推建康太守段业为主。业自称龙骧大将军、凉州牧、建康公"。李暠恰于是时自立,可知其地确有建康郡的建置。

　　《新唐书》卷二一〇《藩镇魏博·史宪诚传》曰:"史宪诚,其先奚也,内徙灵武,为建康人。"其子史孝章碑文曰:"仆射名孝章,字得仁。本北方之强,世雄朔野。其后因仕中国,遂为灵武建康人。"[①]《唐会要》卷七八《节度使》于"河西节度使"下曰:"建康军,置在甘、肃二州界。证圣元年,王孝杰开四镇回,以两州界迥远,置此军焉。"可知唐人承魏晋南北朝之馀风,仍称河西甘、肃二州之地为建康,唐代有人系出河西而自称建康人。李白自称"本家金陵",则是用了"建康"的别称。

　　1914年时,甘肃武威出土了吴兴姚略撰文之《大周故西平公主墓志》,中云"以圣历二年三月十八日葬于凉州南阳晖谷冶城之山冈,礼也"。其地即今武威县南五十里之上古城。冶城一名,与建康一名类

---

　　①　刘禹锡《唐故邠宁庆等州节度观察处置使朝散大夫检校户部尚书兼御史大夫赐紫金鱼袋赠右仆射史公神道碑》,载《刘禹锡集》卷三,中华书局1990年版。参看罗丰编著《固原南郊隋唐墓地》第196—197页内有关史氏的介绍,文物出版社1996年版。

同,均为沿用南朝故都地名。①

　　李暠为李广的十六世孙。东晋安帝元兴时,为众推戴,于敦煌、酒泉一带称公,其子李歆继立,为沮渠蒙逊所败,西凉乃亡。宋武帝永初二年(421),沮渠蒙逊进攻敦煌,杀掉自称冠军将军、凉州刺史的歆弟李恂,这就是李白所说的"遭沮渠蒙逊难"。其后李氏"奔流咸秦",是说内中一支后来流落到了长安一带。唐人习称长安为咸阳,因为长安与咸阳毗连,仅一在渭水之南、一在渭水之北而已。唐代安史之乱时,诗僧寒山怀念都城长安,即云"哀哉百年内,肠断忆咸京"。长安为古秦地,于是李白又称之为"咸秦"。郭沫若以为"咸秦"乃"碎叶"之误,疏误之甚。唐人习用此词,玄宗开元六年(718)七月六日苏颋撰文之《幸长安制》曰:"朕祗膺鸿业,积念咸秦。"(《唐大诏令集》卷七九)德宗《赠郭子仪太师陪葬建陵制》曰:"昔天宝多难,胡羯作祸。咸秦失险,河洛为戎。"(《唐大诏令集》卷六三)又李峤《扈从还洛呈侍从群官》曰:"邙巩云外来,咸秦雾中失。"高適《答侯少府》曰:"赫赫三伏时,十日到咸秦。"贾至《自蜀奉册命往朔方途中呈韦左相文部房尚书门下崔侍郎》曰:"永愿雪会稽,仗剑清咸秦。"杜甫《别蔡十四著作》曰:"主人薨城府,扶榇归咸秦。"均以咸秦为长安的代称。

　　由上可知,李白《与安州裴长史书》中提到的"金陵""咸秦"二地,都是借称。

　　李白的六世祖于隋末西徙碎叶,到了他的父亲时,带着五岁的李白至绵州昌隆县居住。他们所走的路线,当是沿河西走廊至陇南后,再沿岷江沿岸南下,因为这里原来就有一条沟通陇蜀的通道。绵州为

---

　　①　载周绍良主编《唐代墓志汇编》圣历〇二五《大周故弘化公主李氏赐姓曰武改封西平大公主墓铭》,上海古籍出版社1992年版。按此墓志今存武威孔庙。参看张维纂《陇右金石录》卷二,民国三十二年(1943)甘肃省文献征集委员会校印本。

入蜀之后的重要一站,李父随即驻留不前了。所谓"少长江汉",则是叙及自己年幼时在蜀中成长的一段经历。

按古时汉水有东、西汉水之别。《汉书·地理志注》曰:"东汉水,受氏道水,一名沔,过江夏,谓之夏水,入江。……西汉[水]所出,南入广汉白水,东南至江州入江。"①江洲即今重庆。东汉水即今汉水,西汉水即今嘉陵江。李白《上皇西巡南京歌》十首之八曰:"秦开蜀道置金牛,汉水元通星汉流。"即指蜀地之西汉水。古人以为长江的上游为岷江,因此岷江与嘉陵江一带的西部地区即称江汉。唐人诗文中每用此词指称这一地区,如王勃《普安建阴题壁》诗曰:"江汉深无极,梁岷不可攀。"杜甫《送李卿晔》诗曰:"暮景巴蜀僻,春风江汉清。"卢藏用《陈伯玉文集序》曰:"君讳子昂,字伯玉,蜀人也。崛起江汉,虎视函夏。"从这些与李白同时人的用词中,也可知道李白的"少长江汉"与魏颢所说的"身既生蜀"一致,即在自我介绍年幼时生长在绵州地区,这里的"长""生"二字应作"生长"解。

四、李白的父亲

范《碑》上说:"神龙初,潜还广汉,因侨为郡人。父客以逋其邑,遂以客为名。高卧云林,不求禄仕。"俞平伯曾引《周易·讼卦》释"以逋其邑"。卦辞曰:"九二,不克讼,归而逋,其邑人三百户,无眚。象曰:不克讼,归逋窜也。"孔颖达疏:"归而逋其邑者,讼既不胜,怖惧还归,逋窜其邑。若其邑强大,以大都偶国,非逋窜之道。人三百户无眚者,若其邑狭小,惟三百户乃可也。"俞氏以为范《碑》用典精炼恰当。

---

① 《资治通鉴》卷六五汉献帝建安十三年"[曹]操济汉"下胡三省注有详论,可参看。

这一用语说明李白之父是因避难避仇避官事而逃到四川的。他怕招惹是非,不敢到名都大邑去,只好住到人口较少的小州中隐居下来。①这当是符合实情的。

但范《碑》也表明,李白之父的本名已佚,这里称作"客",只是表示其外来户的身份。这一词汇的用法与古代的惯例相合。像《战国策》等书中,常用"客"字作为外来人的代词,《古诗十九首》之十八曰:"客从远方来,遗我一端绮。相去万馀里,故人心尚尔。"李白之父的情况与此相合。他本居住在西域,直到武后时才携家入蜀。从其出生之地而言,万里跋涉至此,可谓他乡作客,而从本地人的眼光看来,则是"客从远方来"了。由此可知,这个"客"字不能作为正式的名字看待,它只是标志其特殊身份的代号,犹如五四时期的作家称某一人物为 X 先生一样。

陈寅恪说:"其父之所以名客者,殆由西域之人其名字不通于华夏,因以胡客呼之,遂取以为名,其实非自称之本名也。"这一假设有其道理。陈氏以为他是胡人,故称之为"胡客",实则范《碑》仅言其名为客,没有任何材料可以用来说明旁人有称之为"胡客"的。

《旧唐书》卷一九〇《文苑下·李白传》上说:"父为任城尉,因家焉。"这一记载没有任何根据,当系误记。任城当今之山东济宁市,李白经常往来此地,在此逗留过很久,先后作有《任城县厅壁记》《对雪奉饯任城六父秩满归京》等作,故而有此附会的吧。

李白先世虽在西域居住多时,他的父亲对汉族文化却相当熟悉。李白《秋于敬亭送从侄耑游庐山序》曰:"余小时,大人令诵《子虚赋》,

---

① 俞平伯《李白的姓氏籍贯种族的问题》曰:"这'逃归''潜还''逋''遁'等等字样说明了李白的一家大约为避难避仇避官事逃到四川的。范所谓'逋其邑'尤可注意。"载《文学研究》1957 年第 2 期。

私心慕之。"可知其父沉潜古代文化颇深。这也是可以理解的。中国人移居外地时，虽历经多少代，还是不忘其固有的文化，这一情况可谓至今仍然，唐代想来亦当如此。

五、李白的姓名字号

李阳冰《草堂集序》叙李白一家迁徙内地之情况曰：

> 神龙之始，逃归于蜀。复指李树而生伯阳。惊姜之夕，长庚入梦，故生而名白，以太白字之。世称太白之精，得之矣。

范传正《李公新墓碑》上也有类同的记载。文曰：

> 公之生也，先府君指天枝以复姓，先夫人梦长庚而告祥，名之与字咸所取象。

这些话中含有多层寓意，应该逐层加以分析：

一、所谓"先府君指天枝以复姓"，"复指李树而生伯阳"，是说这一家庭本姓"李"，但在西域时不用此姓，回蜀后始恢复使用。

唐代天子姓李，自称老子李耳后代，李白之父复姓时，也得自称李耳之后，于是他们援引了李耳诞生的传说。葛洪《神仙传》上说："老子，姓李，名耳，字伯阳，楚国苦县赖乡人也。其母感大星而有娠。……云：母到李树下生老子，生而能言，指李树曰：'以此为我姓。'"（《艺文类聚》卷七八引）

若把李白诞生的记载与李耳诞生的传说作比较，可知前者乃从后者脱胎而出。李白之父指"天枝"以复姓，"天枝"即天支，内寓宗室支族之意。李白《化城市大钟铭序》云此钟为邑宰李有则之所创,李公"系玄元之英蕤,茂列圣之天枝"。唐王室以李耳为始祖,故追尊李耳为玄元皇帝,有则为王室支属,故称"天枝"。又李白《赠从孙义兴宰铭》曰:"天子思茂宰,天枝得英才。"用词相同。"天枝"亦即"天支",与范《碑》用语一致。

老子有西行之说。《史记·老子列传》曰:"居周久之,见周之衰,乃遂去。至关,关令尹喜曰:'子将隐矣,强为我著书。'于是老子乃著书上下篇,言道德之意五千馀言而去,莫知其所终。"裴骃《集解》引《列仙传》曰:"关令尹喜者,周大夫也。善内学星宿,服精华,隐德行仁,时人莫知。老子西游,喜先见其气,知真人当过,候物色而迹之,果得老子。老子亦知其奇,为著书。与老子俱之流沙之西,服巨胜实,莫知其所终。"这种情况,与李白上代相似,故李《序》援此说明李氏之西徙。

二、所谓"惊姜之夕,长庚入梦","先夫人梦长庚而告祥",是说李白降生之晚,其母梦见长庚星入怀,这与《神仙传》中说的李耳"其母感大星而有娠"也是一致的。但李白之母梦见的大星明确地记作长庚星,则另有其用意。

长庚星即启明星,亦即今人所说的金星,古人又称之为太白金星。《诗经·小雅·大东》曰:"东有启明,西有长庚。"这也就是说,此星早上在东方出现时,古人称之为启明;晚上出现在西方时,叫做长庚。此星特别明亮,因而古人特为重视。李白字太白,由此可得解释。而他名"白",五行方位属西,西方的明星即梦入其母怀中的长庚,亦即太白。

《唐摭言》卷七《知己》:"李太白始自西蜀至京,名未甚振,因以所业贽谒贺知章。知章览《蜀道难》一篇,扬眉谓之曰:'公非人世之人,可不是太白星精耶?'"《酉阳杂俎》前集卷十二《语资》:"禄山反,制《胡无人》,言'太白入月敌可摧'。及禄山死,太白蚀月。"按李白乐府

《胡无人》首句云"太白入月敌可摧",虽是托言天官家占验之法,然亦寓有比喻义,认为自己在剿灭安禄山叛军的行动中可大显身手。可见时人颇以西方明星目之,他自己则以西方明星自居。

李白自号青莲居士,见《答族侄僧中孚赠玉泉仙人掌茶诗序》,又《答湖州迦叶司马问白是何人》诗曰:"青莲居士谪仙人,酒肆藏名三十春。湖州司马何须问,金粟如来是后身。"杨慎《丹铅续录》卷三:"李白生于彰明县之青莲乡,其诗云'青莲居士谪仙人'是也。"此说似是而非,前人起而驳之者不一。《唐诗纪事》卷十八《李白》引东蜀杨天惠《彰明逸事》云:"学者多疑李白为山东人,又以匡山为匡庐,皆非也。今大匡山犹有读书台,而清廉乡故居,遗址尚在,废为寺,名陇西院。"可见李白的故居位在清廉乡,作青莲乡者误。杨天惠于宋哲宗元符二年(1099)春二月出任彰明县令,亲至李白故居调查,故其说可信。宋之彰明县即唐之昌隆县。

王琦《李太白年谱》释青莲曰:"青莲花出西竺,梵语谓之优钵罗花,清净香洁,不染纤尘,太白自号疑取此义。"西竺之地,古时也认为属西域。《三国志》卷三十《魏书·东夷传》裴松之注引《魏略·西戎传》曰:"《浮屠[经]》所载与中国《老子经》相出入,盖以为老子西出关,过西域之天竺。"故后世有唐僧西天取经之说。青莲花亦生西域,岑参《优钵罗花歌并序》有记载。

六、李白的妹妹

范《碑》中说李白一家"名之与字咸所取象",符合事实,李白的姓、名、字、号确是都有寓意。其中或寓来自西方之意,或寓本姓李之意。尽管言词闪烁,但统而观之,仍有线索可循,从而有可能逆探其用意之所在。

上引《彰明逸事》中说，李白有个妹妹，叫做月圆，此名亦有寓意。月是李白笔下出现次数最多的一种天象。今知李白之父为女儿取名"月圆"，可见这一家庭中人都对"月"有偏爱。

古代的人常将日月对举而言。日出于东，则月生于西。《文心雕龙·通变》篇中说："相如《上林》云：'视之无端，察之无涯，日出东沼，月生西陂。'马融《广成》云：'天地虹洞，固无端涯，大明出东，月生西陂。'"可见月与西方联系之紧密。

古人还认为：日出东方的扶桑，月出西方的月窟。扬雄《长杨赋》曰："西厌月嵲，东震日域。"李善注引服虔曰："嵲音窟，月所生也。"（《文选》卷九）梁简文帝《大法颂》曰："西逾月窟，东渐扶桑。"（《广弘明集》卷二十）唐人持同样的看法，岑参《北庭贻宗学士道别》诗曰："荷戈月窟外，擐甲昆仑东。"《热海行送崔侍御还京》诗曰："势吞月窟侵太白，气连赤坂通单于。"李白在《上云乐》中也说："金天之西，白日所没。康老胡雏，生彼月窟。"都以月窟为西域远地。

李白在《关山月》中动情地说："明月出天山，苍茫云海间，长风几万里，吹度玉门关。"联系李白一家的经历，再来考察这首诗中的情绪，应该认为，李白之咏月具有比喻义。如此读去，则可发现李白笔下的"月"，以及他的妹妹名叫"月圆"，原来都寓有对远西出生之地的怀恋。

在李白的集子里，还有一首难以确解的诗，《江西送友人之罗浮》诗曰："乡关眇安西，流浪将何之？"王琦注："按文义，'安西'字疑讹，指为陇右道安西大都护府者，恐未是。"这两句诗，确是很难解释停当，但传世各本均如此，后人也只能根据"安西"本义作出解释。或许这里前后文字有佚，但联系李白的身世，则不能不承认它是绝对正确的自白。于此可见李白对于自己的出生之地，抱有极为深厚的感情。

又李白在《寄远十二首》之十中说："鲁缟如玉霜，笔题月支书。寄书白鹦鹉，西海慰离居。"唐代有月支都督府。它的得名，当以古时大月氏移居于此之故。月支一作月氏,其地在今阿富汗国境内。《史记·大宛列传》曰:"始月氏居敦煌、祁连间。"张守节《正义》:"初,月氏居敦煌以东,祁连山之西。"可知月氏本居李暠故地。李暠一支系出陇西,唐时属秦州天水郡,《元和郡县志》卷三九陇右道内记此,云是秦昭王始置陇西郡。其地有小陇山,一名陇坻,上多鹦鹉。李白用"月支"文修书,以白鹦鹉传讯,慰西海之离居,显然有其寓意。这里含有他对祖辈流转各地的多层怀念。

李白离开西域时,已是五岁的孩子了,对于西海故地理当有一些模糊的记忆,而他生活在这样一个具有浓郁的西域文化色彩的家庭中,父辈不可能不提到他祖先的种种往事,于是李白也就有其可能运用月支书来倾诉衷肠。

由上可知,在李白的笔下,不论是有寓意的月,还是明确提到的"安西""月支",都反映了这一家庭对流寓西域这一段历史的深深怀念。

七、李白的儿子

李白的儿子大名叫伯禽,小名叫明月奴,这与一般汉人的命名方式不同。

"明月"的寓意已见上述,下赘一"奴"字,则并不常见。

这种命名方式,实承魏晋南北朝人之遗风。《晋书·明帝纪》称帝母荀氏,燕代人。帝状类外氏,须黄,故王敦称之为"黄须鲜卑奴"。《宋书·武帝纪》曰:"高祖武皇帝讳裕,字德舆,小名寄奴。"刘氏原为彭城县绥舆里人,后迁晋陵郡丹徒县之京口里。刘裕北人,寄生南土,故曰"寄奴"。《陈书·任忠传》曰:"任忠字奉诚,小名蛮奴,汝阴人也。"其地有蛮族居处,故取此小名。明月奴的命名方式与寄奴、蛮奴二名有一致之处。"奴"乃昵称,由贬词转来,是小名的后缀词。明月寓西方之意,二者合称,犹如说此儿乃是西方来的小家伙。

大家知道,伯禽是周公的长子。李白的性格虽然狂放,但也不大可能自比周公。而且像他这样的人,似乎不会有自拟儒家圣人的兴趣,也不会捡拾别人的名字来给自己的儿子命名。

看来李白仍是运用了隐语的手法。《刘宾客嘉话录》中一则曰:

> 窦群与袁德师同在浙西幕,窦群知尉,尝嗔堂子,曰:"须送伯禽。"问德师曰:"会否?"曰:"某乙亦不到如此,也还曾把书读,何乃相轻?"诘之:"且伯禽何人?"德师曰:"只是古之堂子也。"满座人哂。(《太平广记》卷二六〇引)

唐兰释"伯禽"曰:"按此所谓廋辞也。'伯禽'名鲤,谐'理'或'李',指司法也。"[1]这就可以明白了。李白之子名"伯禽",原来寓托着姓氏所出的意思。这与其父"指天枝以复姓"的用意一样。

伯禽一名暗喻"李"字,这和他的小名一样,还暗喻"西方"之意,因为古时还有李出西方的说法。沈约《咏李诗》曰:"青玉冠西海,碧石弥外区,化为中国实,其下成路衢。"可见李白给他的儿子命名时,寓有希望这一西方之宝来中国结实的用意。

魏颢《李翰林集序》曰:"白始娶于许,生一女一男,[男]曰明月奴,女既嫁而卒。又合于刘。刘诀,次合于鲁一妇人,生子曰颇黎,终

---

① 见《〈刘宾客嘉话录〉的校辑与辨伪》,载《文史》第 4 辑,中华书局 1965 年版。按理、李二字古代经常通用。《礼记·月令》:"孟秋,命理瞻伤。"郑玄注:"理,治狱之官也。或借作李。"《史记·天官书》:"左角李,右角将。"司马贞《索隐》:"李,即理,法官也。"《汉书·胡建传》:"黄帝《李法》。"颜师古曰:"李者,法官之号,故其书曰《李法》。李与理音同。"

娶于宋。""颇黎"这一名字,在汉人的名字中,也是不易看到的。

按"颇黎"即"玻璃",原来大约是一种天然的水晶石,古时归之为玉类。熊忠《古今韵会举要》卷二曰:"玻璃,亦西国宝,此云水玉,千岁冰化。亦书作颇黎。"①《旧唐书》卷一九八《西戎传》中即说波斯出玻璃,《册府元龟》卷九七〇《外臣部·朝贡三》载太宗贞观十七年"拂菻王波多力遣使献赤颇黎、绿颇黎、石绿、金精等物",高宗上元二年"拔汗那王献碧玻黎及蛇黄"。唐人甚为重视这种远方而来的珍宝,屡见之篇什,如《松窗杂录》言李白作《清平调》词三章,"太真妃持颇黎七宝杯,酌西凉州葡萄酒,笑领歌辞,意甚厚。"韩愈《游青龙寺赠崔大补阙》诗曰"灵液屡进颇黎碗",李贺《秦王饮酒》歌曰"羲和敲日玻璃声",温庭筠《菩萨蛮》词曰"水晶帘里颇黎枕"等均是。

李华《故翰林学士李君墓志序》曰:"有子曰伯禽、天然,长能持,幼能辩,数梯公之德,必将大其名也已矣。"数语不甚可解,似有夺误。"天然"二字,用作形容词,则与前后文字缺乏有机的联系;用作名词,与伯禽并列,则当是李白的另一个儿子的名字。此儿不见其他记载,或许是"颇黎"的别名,但二者孰为大名,孰为小名,已难确说。前面提到,颇黎原来大约只是一种天然的水晶石,所以取义于此的吧。

李白在《金银泥画西方净土变相赞序》中叙及西方极乐世界,曰:

> 彼国之佛,身长六十万亿恒沙由旬,眉间白毫,向右宛转,如五须弥山;目光清白,若四海水。端坐说法,湛然常存。沼明金沙,岸列珍树。栏楯弥覆,罗网周张。车渠琉璃,为楼殿之饰;颇黎玛瑙,耀阶砌之荣。皆诸佛所证,无虚言者。

---

① 此说原出陈藏器,见《本草纲目》卷八《金石之二》引。《新唐书》卷五九《艺文志三》丙部"医术类"录陈藏器《本草拾遗》十卷,原注:"开元中人。"

颇黎为西方之宝，李白以之为另一儿子命名，亦可见其寓意。

颇黎即玉，乃西方之特产，在李白笔下，也就与明月结合了起来。《古朗月行》曰："小时不识月，呼作白玉盘。"原来他的两个儿子的命名，都寄寓着他对出生之地的系念。

八、李白的女儿

李白在《寄东鲁二稚子》中说："娇女字平阳，折花倚桃边。折花不见我，泪下如流泉。小儿名伯禽，与姊亦齐肩，双行桃树下，抚背复谁怜？"可知他的长女叫平阳。

"平阳"一词又有什么意义？

王昌龄有一首著名的《春宫怨》诗，内有"平阳歌舞新承宠，帘外春寒赐锦袍"之句，这里用的是汉时典故。汉武帝在他姐姐平阳公主家中，遇见了舞姬卫子夫。卫子夫以歌舞得宠，后来做到了皇后，后世即以平阳指称能歌善舞的女子。中国古代士大夫贱视以色艺侍人的女子，因此以这样的词汇给女儿命名，在具有正统思想的士人中，也是难以见到的。

李白毕竟出身于一个由西域迁来的受胡族文化影响很深的家庭，音乐歌舞，成了他特殊的爱好。唐代的乐舞，传统的清乐多用于宗庙祭祀，虽然古雅，但已难邀时人的赏识；风行朝野的，主要是西域和西南地区的音乐歌舞。李白的爱好，当然不会例外。

他在诗中提到胡姬的美貌和擅长音乐，其出现频率之高，态度之热烈，远超同时其他诗人。《猛虎行》中说："胡雏绿眼吹玉笛。"《醉后赠王历阳》中说："双歌二胡姬，更奏远清朝。"《前有樽酒行二首》其二中说："胡姬貌如花，当垆笑春风。笑春风，舞罗衣，君今不醉欲安归？"因为他长于西域的胡化家庭，从小培养起对歌舞的爱好，于是他为女儿命名时，也就采取"平阳"这一罕见的名字了。

九、李白为胡人说辨正

过去曾有人主张，李白本身就是一个胡人。这种看法虽有一定道理，但在很多地方无法讲通，因为他在有些地方对胡地的东西并无好感，甚至还有诋斥胡人的言词，提出过讨伐胡人的主张；假如他是一个胡人，也就不大会有这样的情绪了。但李白的家庭与胡人毕竟关系甚深。魏颢在《李翰林集序》中提到，当他们在广陵见面时，李白"眸子炯然，哆如饿虎"，有人就以为这种相貌"有些和古书中所说的什么'碧眼胡僧'等差不多"[①]，这可是流于求之过深的臆断之词。可以就此作些分析。

魏颢见到李白后的第一印象，是他的眼睛特别光亮，像饿虎一样。小说中常有类似描写：有人见到草丛中潜伏着一头伺机食人的老虎，眼光像镜子或灯笼一样，闪闪发光，而这也是李白朋辈的普遍感受。崔宗之《赠李十二》曰："双眸光照人，词赋凌《子虚》。"大家都喜用李白的眼神说明其神情之不凡。

"双眸光照人"云云，仍属前人形容名流的习用语言，《世说新语·容止》曰："裴令公目王安丰，'眼烂烂如岩下电'。"又曰："裴令公有俊容姿，一旦有疾至困，惠帝使王夷甫往看，裴方向壁卧，闻王使至，强回

---

① 胡怀琛在《李太白的国籍问题》中说："魏颢《李翰林草堂集序》，描写李白的容貌云：'眸子炯然，哆如饿虎。'魏颢是亲见到李白的，他着意的描写李白的容貌，和凭空想象的不同，自然是实在的情形。这有些和古书中所说的什么'碧眼胡僧'等差不多。或者李白的母亲竟不是中原地方的人（这不过是一种假定，不能便认为是事实）。"胡氏此说求之过深，但也可说明李白的相貌颇有与众不同之处。胡文载《逸经》第1期，1936年3月。

视之。王出语人曰：'双目闪闪，若岩下电，精神挺动，体中故小恶。'"二说中的人物正相颠倒。但不管《容止》中提到的人物到底是裴楷还是王戎，都以目光炯炯来形容对方。俗话说眼睛是灵魂的窗口，魏颢、崔宗之都用眼神来说明李白神情的不同寻常。

唐人之视胡人，也常首先注意其眼睛，因为胡人眼睛深凹，与汉人有异。《隋唐嘉话》卷中曰："[贾嘉隐]年十一二，贞观年被举，虽有俊辩，仪容丑陋。尝在朝堂取进止，朝堂官退朝并出，俱来就看。馀人未语，英国公徐勣先即诸宰贵云：'此小儿恰似獠面，何得聪明？'诸人未报，贾嘉隐即应声答之曰：'胡头尚为宰相，獠面何废聪明？'举朝人皆大笑。徐状胡故也。"这是说徐勣头大目深，故贾嘉隐以此戏之。《刘宾客嘉话录》曰："杨国忠尝会诸亲，时知吏部铨事，且欲大噱以娱之。已设席，呼选人名，引入于中庭，不问资序，短小者道州参军，胡者湖州文学。帘中大笑。"胡人深目多须，故杨国忠以此为嘲戏。李白相貌无此特点，不能据此断言他是胡人。相反，李白还曾以此嘲戏胡人。《壁画苍鹰赞》曰："突兀枯树，旁无寸枝。上有苍鹰独立，若愁胡之攒眉。"①攒眉为愁态。胡人深目，与鹰相似，故言"愁胡"。晋孙楚《鹰赋》曰："疏尾阔臆，高髻秃颅，深目蛾眉，状似愁胡。"（《艺文类聚》卷九一《鸟部》中）隋魏彦深《鹰赋》曰："若乃貌非一体，相乃多途，指重十字，尾贵合卢。立如植木，望似愁胡。嘴同剑利，脚等荆枯。"（《太平御览》卷九二六《羽族部》一三）与李白用语一致。因为胡人相貌有异，故汉代即已以其形象用之于装饰，王延寿《鲁灵光殿赋》曰："胡人遥集于上楹，俨雅踞而相对。仡欺愲以雕眈，鹬颣颥而睒睨。状若悲愁于危处，憯嚬蹙而含悴。"李善注："鹬颣颥，大首深目之貌。"（《文选》卷一一）古时各民族之间交往不多，本土的人见到相貌有异的胡人，常以

---

① 宋蜀本作"秋胡"，今据咸淳本、王琦注本、《全唐文》本改。

深目、高鼻、多须等特征为标志,且加以嘲戏,李白于此亦有相同的表示,可以证明其非胡人。

李白的种族问题很复杂,不能轻易作出结论。我们根据他的自述,根据旁人的记载,都找不到他是胡人的证据。但李家居住在西域很久,自然会受到外族文化的影响,因此我们可以说,他虽不是西域胡人,却是一位受胡族文化影响很深的汉族诗人。

第三章　李白的行踪

一、迁居昌隆

隋代末年,天下大乱,李暠的后代有一支西迁碎叶避难。其时这一地区正处在西突厥的控制之下。唐太宗于贞观二十二年(648)发兵攻克龟兹,遂将安西都护府由西州迁至龟兹,并拟设置龟兹、于阗、碎叶、疏勒四个军镇。贞观二十三年,又置瑶池都督府,隶安西都护,以阿史那贺鲁为瑶池都督。[①] 高宗继位,不欲广土劳民,四镇遂未建置。后阿史那贺鲁叛唐,高宗兴兵讨伐,显庆二年(657)第三次发兵攻打西突厥,俘获其首领阿史那贺鲁(沙钵罗可汗),乃将其领土分为濛池、昆陵二都护府,至是这一地区遂正式归入唐王朝版图。碎叶即在昆陵都护府的辖区之内,属安西大都护府管辖。武后长安二年(702),又将上述地区划归北庭大都护府管辖。可知李白的上几代一直生活在唐朝廷的安西大都护府境内。

《资治通鉴》卷一九三太宗贞观五年(631)曰:"隋末,中国人多没于突厥。"玄奘于太宗贞观之初赴印度求法,曾路过碎叶,《大唐西域记》卷一记跋禄迦国有素叶水城,此即碎叶。西边呾逻私城南有小孤城,曰:"南行十馀里有小孤城,三百馀户,本中国人也。昔为突厥所

---

① 新、旧《唐书·龟兹传》,《旧唐书·王孝杰传》,《册府元龟》卷七六四《外臣部·封册二》,《唐会要》卷七三《安西都护府》等典籍中均有记载。参看吴玉贵《突厥汗国与隋唐关系史研究》第十一章《贞观、永徽之际唐朝对西域政策的转变》,中国社会科学出版社1998年版。

河西走廊，古长城

掠，后遂鸠集同国，共保此城，于中宅居。衣服去就遂同突厥，言辞仪范犹存本国。"李白先世在碎叶居住时的情况谅即如此。

碎叶以傍碎叶水（一作碎叶川）而得名。此地为丝绸之路上的一座重要城市，又是保大军的驻地，可见其地位之突出。高宗调露元年（679），检校安西都护王方翼于此筑碎叶镇城，军事上的地位进一步得到提升。玄宗开元七年（719），四镇节度使汤嘉惠以突骑施首领苏禄与吐蕃联合，构成严重威胁，表请以焉耆代替碎叶。在这之前，碎叶、龟兹、疏勒、于阗一直是安西大都护府属下的四个军事重镇，也即所谓安西四镇。

《通典》卷一九三《边防》九"石国"下引杜环《经行记》云："碎叶城，天宝七年（748），北庭节度使王正见薄伐，城壁摧毁，邑居零落。昔交河公主所居止之处，建大云寺，犹存。"而据考证，交河公主当作"金河公主"。① 此人为十姓可汗阿史那怀道女,玄宗时敕令嫁与突骑施可汗苏禄,居止之处自当位于碎叶城内。其地建有大云寺,足证唐朝政令及于该地。

按武则天于天授元年(690)曾敕两京诸州各置大云寺一区,藏《大云经》。其时她正准备代唐自立为周,《大云经》内有女主受命的内容,故有各地建寺的命令。今知碎叶亦有大云寺,其地且已发掘出两座佛寺的遗迹,说明李白的祖辈在此生活时,直到李白降生,碎叶一直属于唐王朝的疆域。

碎叶在今吉尔吉斯斯坦境内,位于托克马克这一城市南八公里,约为东经 75°30′,北纬 42°50′。其地的阿克·别希姆古城(City site AK-Beshim)可比定为碎叶故址。②

神龙之初,李客行程万里,携五岁的儿子李白入蜀,定居绵州昌隆县清廉乡,在今四川省江油市。③ 此地属剑南节度使管辖。《元和郡

---

① 参看岑仲勉《唐史馀渖》卷二"玄宗"内"金河或交河公主"条,上海古籍出版社 1979 年版。

② 参看张广达《碎叶城今地考》,载《北京大学学报》1974 年第 5 期。1982 年时,在阿克·别希姆古城遗址附近发现安西副都护、碎叶镇压十姓使杜怀宝造像题铭,有关碎叶的位置遂确定无疑。参看内藤みどり、于志勇编译《吉尔吉斯斯坦发现杜怀宝碑铭》,载《新疆文物》1998 年第 2 期;周伟洲《吉尔吉斯斯坦阿克别希姆遗址出土唐杜怀宝造象题铭考》,载《唐研究》第 6 卷,北京大学出版社 2000 年版。

③ 李白故居位于今四川江油市南 15 公里,名陇西院。江油市政协文史资料委员会为纪念李白诞生 1300 周年而编写的《走近李白》一书中说:"陇西院位于江油市青莲镇天宝山之麓,因李白祖籍陇西而得名。"宋淳化五年(994)《唐李先生彰明县旧宅碑并序》:"先生旧宅在青莲乡,后往县北戴天山读书,今旧宅已为浮图者居之。"宋元符二年(1099)彰明县令杨天惠《彰明逸事》曰:"青莲乡故居遗址尚在,废为寺,名'陇西院'。"可知陇西院是李白在青莲的故居。宋代在李白故居遗址上建造的陇西院,明代末年毁于兵火。现在陇西院山门以及左侧的四合院庭园,是清代乾隆五十三年(1788)重建,内有《新唐书》卷四二"苍颉""太白""文昌""地母"四重殿宇。

县志》卷三十三《剑南道下》载绵州（巴西[郡]），下注："开元户五万一千四百八十。乡一百十三。"又曰："本汉广汉郡之涪县。"其地"八到：东北至上都一千七百三十四里。东北至东都二千五百九十四里。西南至汉州一百八十里。东南至梓州一百三十里。西至茂州取松岭路三百七十里。北至龙州二百二十里"。下属昌明县属"紧[县]。南至州七十里"①。又云"本汉涪县地，晋孝武帝自白沙戍移汉昌县侨理于此，仍属巴西郡。后魏废帝改汉昌为昌隆县，先天元年(712)改为昌明县"。宋代之后此地又改称彰明县。

　　昌隆地广人稀，群山阻隔，虽离成都不远，但交通不便，李白一家徙居于此，生活当很稳定。看来李客是同家族中人一起迁来的。李白排行第十二，说明堂房兄弟不少。

　　李白一家从西域迁来，为什么定居于此，也是一件扑朔迷离之事，值得研究。

　　按唐代的一般情况来说，西域来人大都沿着河西走廊东下，在长安、洛阳等地居留。有关史料记载，居住长安的胡人数量甚多，他们以经商为主，也从事其他职业。由于唐代交通发达，市场繁荣，他们流徙各地，各大城市中都有相当数量的胡人居住。扬州、广州等地，固不必

---

　　① 《地理志》六剑南道绵州巴西郡"昌明"县，注曰"紧"县。《通典》卷三三《职官》"县令"下曰："大唐县有赤、畿、望、紧、上、中、下七等之差。"注："京都所治为赤县。京之旁邑为畿县，其馀则以户口多少、资地美恶为差。"昌明位处七等之中，地理条件并不好。蒋志《李白家世考辨》曰："绵州昌明县属于第五等州的第四等县，不过几千户、万多人口的小县，青莲又是这样一个小县的乡，距昌明县城七公里。当时巴蜀与中原的交通要道是金牛道，青莲乡距金牛道上的绵州还有三十公里。通往中原的另一条道路——阴平道虽然要经过青莲乡，但这条道路在当时并非商业繁荣的交通要道。从青莲乡沿阴平道向北九十公里就是人烟稀少的龙州江油郡，据《新唐书·地理志》载：天宝时全郡才四千多人，'秦汉曹魏为无人之境，邓艾伐蜀，由阴平景谷，行无人之地七百里，凿山通道，攀木缘崖，鱼贯而进，以至江油'。"载《李白蜀中论考》，绵阳市社会科学界联合会出版，2001年。

说，就是一些小的地方，也有胡人居留。李白《猛虎行》中说："溧阳酒楼三月春，杨花茫茫愁杀人。胡雏绿眼吹玉笛，吴歌《白纻》飞梁尘。"说明溧阳这样的县级城市里也有胡人在活动。李白一家本为汉人，他们从西域迁来，到绵州昌隆县居住，看来不是走的这条常规路线。他们所经行的地区和居住的地点，值得注意。

蜀为四塞之地，唐人入蜀，主要通过水陆两路。水路为经三峡逆流而上溯，陆路为沿栈道经剑阁而南下。看来李客携家到蜀地时没有沿着人们常走的这两条路前来，因为在李白的诗文中找不到一丝踪迹。李白有咏出峡的诗，但没有任何踪影可以看出以前曾经此地。他在名篇《蜀道难》中，言由北边入川之难，也无任何线索透露以前曾经到过此地。

李白幼年随父入蜀，当是沿着西山路南下到达绵州的。冯汉镛释西山路曰："唐人所称的西山，不仅指维、茂一带的高山，还指有青海、新疆南沿的高山。因此沿西山行进的西山路，除了到吐蕃外，还可以到达西域。从蜀中到西域，取道西山这一线，考其开发时期，至迟当在魏晋之际。按晋常璩《华阳国志》卷三《蜀志》说：'汶山郡……西接凉州酒泉。'魏晋时汶山郡的境域，相当于唐代的松、茂等州。其地在当时已有人知道它的边界与酒泉相接，显然就有通到酒泉的路线。而酒泉乃祖国通往西域的门户。故由汶山到酒泉的路，实际上就是西蜀直达西域的道路。到了唐代，由于当时社会经济较前发达，所以这一线交通，也就随着繁荣，成为蜀中至西域的一条要道。无论公私方面，都要取道这条路线而达西域。按李吉甫《元和郡县志》卷三二说：

（茂州汶川县）故桃关，在县南八十里，远通西域，公私经过，惟此一路。关北当风穴，一二里中，昼夜起风，飞沙扬石。

《元和志》所说'远通西域'的道路，按照它的行进方向与目的地以及要经过茂州等,都与魏晋时蜀中通西域路线的情形相同。并且从松、茂一带的地形地貌来观察,也不可能有两条到西域的路线,更何况《元和郡县志》还特别强调是'惟此一路'。都足以说明魏晋时经汶山至西域的路,就是唐时经汶川的桃关至西域的路。"①

下面再从历史方面作些考察。

晋常璩《华阳国志》卷三《蜀志》曰:"汶山郡……东接蜀郡,南接汉嘉,西接凉州酒泉,北接阴平。有六夷、羌胡、羌虏、白兰、峒、九种之戎。"汶山郡在今阿坝藏族自治州东部之地,治所当在今之松潘附近。廖寅刻题襟馆本《华阳国志》于"凉"下注曰:"旧误梁,今改正。"蒙文通曰:"'羌虏'疑为'野虏'之误,吐谷浑也;白兰在吐谷浑西南,皆在今青海,故言西接凉州酒泉。"②《三国志·蜀书·后主传》曰:"[延熙]十年,凉州胡王白虎文、治无戴等率众降,卫将军姜维迎逆安抚,居之于繁县。"其时蜀道北部已为魏地,故凉州之胡只能由西山路南下,这就说明魏晋之时凉州至蜀地早有一条通道,不时有人来往。

《宋书·鲜卑吐谷浑传》曰:"谯纵乱蜀,阿豺遗其从子西强公吐谷浑敕来泥拓土至龙涸、平康。"龙涸,一名龙鹄,《资治通鉴》卷一三六永明三年记仇池镇将穆亮帅骑三万军于龙鹄,胡三省注:"龙鹄,盖即龙涸也,在甘松界。宇文氏于此置龙涸防,隋为扶州嘉诚县,唐为松州。杜佑曰:龙涸城,吐谷浑南界也,去成都千馀里。"平康,谢钟英《补三国疆域志补注》卷九引周济曰:"今松潘厅西南百五十里。"谯纵后为宋武帝刘裕所灭,可知吐谷浑与刘宋二国之疆域于松潘之地交接。吐谷浑为抵御北魏之侵袭,与宋交好,宋亦屡遣使者通之。宋臣

---

①　冯汉镛《唐五代时剑南道的交通线路考》一文中《剑南西通吐蕃及西域道》,载《文史》第 14 辑,中华书局 1982 年版。

②　蒙文通《四川古代交通线路考略》,载《古地甄微》,巴蜀书社 1998 年版。

段国出使吐谷浑,归来著《沙州记》,一名《吐谷浑记》,有云"自龙涸至大浸川一千九百里,昼夜萧萧,常有风寒"。① 《北史·吐谷浑传》亦言阿豺子慕璝"招集秦、凉亡业之人及羌戎杂夷众至五六百落,南通蜀、汉,北交凉州"。可知此道已成南朝与吐谷浑间交往之通道。

《北史》续云慕璝"寻讨禽赫连定",此指匈奴南单于后裔建大夏国的赫连勃勃的一支。其时在内蒙古广大草原和河西走廊上,居住着许多匈奴族的分支。其中卢水胡一支,史书记载,亦为匈奴之分支,而据近人研究,此族虽早臣服于匈奴,然考其族源,当为属于雅利安种的月氏胡。卢水胡分布地区甚广,而集中居住的地区,则在张掖一带。卢水胡亦早与蜀地相通。《华阳国志》卷八《大同志》曰:元康八年,"汶山兴乐县黄石、北地卢水胡成豚坚、安角、成明石等与广柔、平康、文降刘紫利羌有仇,遂与蟓蛕羌郅逢等数千骑劫县令,求助讨紫利"。说明卢水胡曾南下至汶山一带活动。②

大家知道,李白的先祖李暠建立的西凉后为卢水胡人沮渠蒙逊所灭。沮渠氏与李暠同时,建立了北凉政权。李暠史称陇西成纪人,位于今甘肃秦安县,但这指的是郡望,其仕宦居处则一直在河西走廊上移动;所建的西凉政权,辖区在今甘肃酒泉、玉门、安西、敦煌之地。李氏既世居河西,自然知道有一条道路南通蜀地,因此李白之父于神龙元年携家自西域迁回居住,也就沿西山路而南下了。

南北朝时期,建立在江南的几个王朝与西域一直保持着联系,使者是由益州北上,通过吐谷浑而通向西域的。当时益州与鄯善间有一条与河西走廊并行的所谓"河南道",即在祁连山之南,今青海境内,当

---

① 段国《沙州记》,张澍辑入《二酉堂丛书》,《丛书集成初编》亦载。上文从《太平御览》卷十二《天部》十二《雪》中辑入。

② 参看王青《魏晋南北朝时期的佛教信仰与神话》第五章《内迁月氏族的宗教及其影响》第一节《卢水胡的居地与族源》,中国社会科学出版社 2001 年版。

时为吐谷浑的辖区。李白之父也有可能由此道东下，但其先辈一直生活在河西走廊上，故以通过走廊而走西山路的可能性为大。①

　　但李客不直接南下至成都，而是至松州后折向东南行，定居在绵州昌隆县，当有其隐情。或许真像李阳冰《序》上说的"逃归于蜀"，范传正《碑》上说的"潜还广汉"，"父客以逋其邑"，避难、避仇、避事，而暂时居住在较隐僻的昌隆县一地的吧。

　　以上具体考证李白一家自西域迁回内地的情形。李白诗文中，没有这一方面的具体记叙，但在两首有关天马的诗中，却有这一方面的寓意，可供参照，可供探讨。

　　李白在乐府《天马歌》与《赠崔谘议》二诗中，均以原产大宛的天马自喻。《史记·大宛列传》曰："初天子发书《易》，云'神马当从西北来'。得乌孙马好，名曰'天马'。及得大宛汗血马……名大宛马曰'天马'云。"李白二诗都强调其从西北来的历程。赵翼《瓯北诗话》卷一"李青莲诗"曰："《天马歌》以马喻己之未遇，冀人荐达，此借旧题以自写己怀者也。"后诗中云："骥骦本天马，素非伏枥驹。长嘶向清风，倏忽临九区。何言西北至，却是东南隅。"此处乃袭汉《天马歌》而言。《歌》曰："天马来，从西极，涉流沙，九夷服。"又曰"天马来，历无草，径千里，循东道"。联系李白的身世，再来考察"天马"的内容，不也可以发现二者之间的契合之处么？

　　在唐代，绵州及其附近各县还居住着许多少数民族。北宋的乐史在编纂李白诗文的工作中做出过很大的贡献。他于另一著作《太平寰宇记》中，记载了李白居家地区周围的民族与民风。

　　（益州风俗）《蜀记》云："刚悍生其方，风谣尚其文。"《汉书》曰：

---

　　①　参看唐长孺《南北朝期间西域与南朝的陆道交通》，载《魏晋南北朝史论拾遗》，中华书局1983年版。

"人食稻鱼,俗不愁苦,而轻易淫佚。然地沃人骄,奢侈颇异,人情物态,别是一方。"(卷七二《剑南西道》一)

(汉州风俗)同益州。(卷七三《剑南西道》二)

(简州风俗)有獠人,言语与夏人不同,嫁娶但鼓笛而已。遭丧乃立竿悬布,置其门庭,殡于别所。至其体骸燥,以木函盛,置于山穴中。李膺记云此四郡獠也。又有夷人,与獠类一同;又有獠人,与獠、夷一同,但名字有异而已。(卷七六《剑南西道》五)

(茂州风俗)此一州本羌戎之人,好弓马,以勇悍相尚,诗礼之训阙如也。贫下者冬则避寒入蜀,庸赁自食,故蜀人谓之"作氏"。(卷七八《剑南西道》七)

(梓州风俗)与益州同。(卷八二《剑南东道》一)

(绵州风俗)大同梓州。又《郡国志》云:"资人劲,勇锐而善舞,故古有巴渝舞。"(卷八三《剑南东道》二)

上述各族,古代统称西南夷,有的则称南蛮。李白出蜀之前一直生活在夷蛮各族杂居之区,也就势必会受到他们的某些影响,即如李白特有的豪侠之风,应当也与此有关。

二、蜀中行踪

李白在蜀地生活了二十年左右。大家都知道,一个人在年轻时所受的教育和经历,一辈子都会发生影响。蜀地西北部特有的地理环境,以及早期二十年中特有的教育和经历,使李白熔铸成一种奇特的品格,形成一种特有的风貌,体现了一种特有的文化内涵。

李白从受学开始,即已显示其发展方向与他人不同。古人大约在虚龄七八岁时开始读书。李白早慧,他的父亲在他五岁时就教他读书识字了。《上安州裴长史书》曰:

少长江汉，五岁诵六甲①，十岁观百家，轩辕以来，颇得闻矣。

常横经籍书，制作不倦，迄于今三十春矣。

可知他所受的教育，起始即与时代不合。

隋初李谔在《上隋高帝革文华书》中批判当时学风说："于是闾里童昏，贵游总角，未窥六甲，先制五言。"（《文苑英华》卷六七九）只是泛览其时典籍，已经不见儿童入学先习六甲的记载，唐代更是如此。因为自隋代起实施科举制度，学生接受的教育与前已有不同，《唐六典》卷二一《国子监》中叙学生习业之程序颇详，其间已无先学六甲的记载。因此李谔所云，可能只是袭用前代的典故。

汉时儿童入学即习六甲。《汉书·食货志》曰："八岁入小学，学六甲五方书计之事。"王先谦《补注》引顾炎武曰："六甲者，四时六十甲子之类。"又引周寿昌曰："犹言学数干支也。"魏晋南北朝时教育儿童的情况与此相同。《南齐书·高逸·顾欢传》上说："欢年六七岁，书甲子，有简三篇，欢析计，遂知六甲。"说明顾欢之早慧，比之前人习

---

① 有的学者认为"六甲"指道教典籍，如李长之在《道教徒的诗人李白及其痛苦》二《李白求仙学道的生活之轮廓》中就说："李白从小接受着道家的熏陶。就他自己说的'五岁诵《六甲》'，《六甲》就是道宗末流的一种怪书，《神仙传》有'左慈学道，尤明《六甲》，能役使鬼神'的话可证。"按六甲为古代方术之名，《汉书·艺文志》五行家中有《风鼓六甲》《文解六甲》，这类书籍早已亡佚，不知内容如何？《后汉书·方术传序》曰："其流又有风角、遁甲。"李贤注："遁甲，推六甲之阴而隐遁也。"此即道教中的遁甲之术，李白不可能于五岁时习之。又六甲为道教符箓之名，《道藏》中有"上清六甲祈祷秘书"。《云笈七签》卷十四曰："若辟除恶神鬼者，书六甲、六乙符持行，并呼甲寅，诸鬼皆散走。"盖六甲为神名，为供天帝驱使的阳神。道士用符箓召请以祈禳驱鬼，李白于五岁时或可佩此符箓，但无法"诵"之，因此种符箓为道教符箓中较高深的一种，五岁幼童不能诵习。唐代之前道教尚无一套完整的诵习制度，所诵者主要为《老子》五千言及其他经卷，至于符箓，当在学习到一定阶段后始施行。

业为早。李白有此自白，则是以为比之前人更为早熟。

这里透露出了一丝消息，截止唐代武后之时，李白家庭中还恪守汉魏以来的学术传统。这当因其先世一直处在河西地区，此地自西晋时起，即保存着中原文化的特点。李白的上代于隋末西徙碎叶时，看来仍然恪守这一传统，因此其父来到蜀地，让年幼的儿子受学时，仍然先从"诵六甲"开始。①

唐初颁布《五经正义》，作为考试的准则，士子为了求得晋身，受学之时无不沉潜于此。但李白却把主要精力去"观百家"。"百家"之中可以包括"儒家"，但自汉代后，已将儒家奉为独尊之学术，从而与百家相区别。李白强调观"百家"，至少可以说明其兴趣不限于"儒家"。他在《赠张相镐二首》其二中说："十五观奇书，作赋凌相如。"奇书当然也不是指儒家典籍。因为儒家学术偏于论述政治教化，均为人伦日用之常，无"奇"可言。

蜀地也真是保存着一些"百家"的"奇书"，例如陈子昂的五世祖方庆得"墨子五行秘书白虎七变"②，就是不见于其他记载的秘籍；又如赵蕤著《长短要术》，按之时地，察其内容，也是耐人寻味的一种"百家奇书"。《长短要术》一名《长短经》，卷一《品目》与卷八《杂说》中引《铃经》，卷三《反经》原注中引《黔经》，均不见于他书。文中不标书名、篇名而出于前此古籍者尚多，其中当有不少罕见秘籍。

儒家推崇的圣王是尧、舜，孔孟从未道及黄帝。司马迁作《史记·

---

① 　《通典》卷一九三《边防九·西戎》叙康居事，引韦节《西蕃记》云："康国人并善贾，男年五岁则令学书。"李白五岁诵六甲，或受西域习俗之影响。

② 　见赵儋《大唐剑南东川节度观察处置等使户部尚书兼御史大夫梓州刺史鲜于公为故右拾遗陈公建旌德之碑》。卢藏用《陈氏别传》曰："四世祖方庆，得墨翟秘书，隐于武东山，子孙家焉。"二文均附《陈子昂集》，中华书局上海编辑所1960年刊徐鹏校本。

五帝本纪》，还说"学者多称五帝，尚矣。然《尚书》独载尧以来，而百家言黄帝，其文不雅驯，荐绅先生难言之。"说明一些黄帝的传说，不合雅驯的原则，实为异端之言，李白却以"颇得闻矣"而自鸣得意，可见他自始即不屑于受儒家思想的束缚。①

当他到了能够独立行动的时候，就屡次出游，或在山中居住，或住同好家中，继续他的学业。《唐诗纪事》卷十八引杨天惠《彰明逸事》曰：

> ［李白］隐居戴天大匡山，往来旁郡，依潼江赵征君蕤。蕤亦节士，任侠有气，善为纵横学，著书号《长短经》。太白从学岁馀。

赵蕤也是一位奇士。他在开元时期不应征辟，隐居于家，故不为世所称，有关的记载不多，仅孙光宪《北梦琐言》卷五曰：

> 赵蕤者，梓州盐亭县人也。博学韬钤，长于经世。夫妇俱有节操，不受交辟，撰《长短经》十卷，王霸之道，见行于世。

梓州与绵州相邻。李白从赵蕤学习纵横之学，大约在十七八岁时，这时正在世界观的形成时期，所学的一切，对他一生都发生了重大影响。当他出川不久在扬州生病而怀念故乡时，就想到了前时共读之事，且作有《淮南卧病书怀寄蜀中赵征君蕤》一诗，中云：

---

① 《汉书·艺文志》中，道家、阴阳家、兵家、小说家中都有关于黄帝的著作，法家虽重后王，但在战国时期竞相崇尚黄帝的情况下，转而顺应时势，也托黄帝以立论。例如《韩非子》内的《扬权》《解老》《五蠹》等篇，一再提到黄帝，作为法治理论的先驱者对待。由此也可见到百家言黄帝的盛况。《汉书·艺文志》的《兵书略》《数术略》《方技略》等部分更多托名黄帝的著作。

吴会一浮云，飘如远行客。功业莫从就，岁光屡奔迫。良图俄弃捐，衰疾乃绵剧。……国门遥天外，乡路远山隔。朝忆相如台，夜梦子云宅。旅情方结缭，秋气方寂历。风入松下清，露出草间白。故人不可见，幽梦谁与适？寄书西飞鸿，赠尔慰离析。

可知他对赵蕤感情之深厚，对往事甚为留恋。

赵蕤称孔子为先师，赞扬他作《春秋》《孝经》，自称己书为"儒门经济长短经"。实则此书宗旨与儒家关系甚浅，而与纵横家与法家为近。

《新唐书·艺文志》将之归入"杂家"类，云："赵蕤《长短要术》十卷。"原注："字太宾，梓州人。开元召之不赴。"《四库全书总目》卷一一七于"杂家"类《长短经》提要中指出："刘向序《战国策》，称'或题曰《长短》'。此书辨析事势，其源盖出于纵横家，故以《长短》为名。"①李白喜以苏秦、张仪之才自许，希望在混乱的政局中一展身手，即与早年的这段历史有关。

中国古时重视义利之辨，儒家重义，法家重利。纵横家也一样，注重乘时取利。只是时至后代，具有纵横思想的人已少见有以单纯某一

---

① 刘向《战国策书录》中说："孟子、荀卿儒术之士弃捐于世，而游说权谋之徒见贵于俗，是以苏秦、张仪、公孙衍、陈轸、[苏]代、[苏]厉之属生。纵横、短长之说，左右倾侧。"这种风气，一直延续到汉初，"长短"一词，仍然沿用，《史记·田儋列传》说："蒯通者，善为长短说。"《主父偃列传》说："学长短纵横之术。"《酷吏·张汤列传》说："边通学长短。"那么"长短"或"短长"的含义又是什么呢？《史记·田儋列传》司马贞《索隐》："言欲令此事长则长说之，欲令此事短则短说之，故《战国策》亦名曰《短长书》是也。"《汉书·张汤传》颜师古注："应劭曰：'短长术兴于六国时，长短其语，隐谬用相激怒也。'张晏曰：'苏秦、张仪之谋，趣彼为短，归此为长，《战国策》名长短术也。'"可知后人对"长短"一词的理解，以为含有贬义，赵蕤却仍以之为其所著书名，可见他对纵横之术的癖好。

学派的面貌出现者。赵蕤在《长短经》中反映的思想甚为庞杂,但其蕲向则偏于杂霸之学。他在《适变》篇中提出:

> 故知治天下者,有王霸焉,有黄老焉,有孔墨焉,有申商焉,此其所以异也。虽经纬殊制,救弊不同,然康济群生,皆有以矣。今议者或引长代之法,诘救弊之言,或引帝王之风,讥霸者之政,不论时变,而务以饰说,故是非之论,纷然作矣。言伪而辩,顺非而泽,此罪人也,故君子禁之。

可知他的论学宗旨,是在宣扬随时适变的观点,《长短经序》中系统地阐述了这种观点:

> 作法于理,其弊必乱,若至于乱,将焉救之? 是以御世理人,罕闻沿袭,三代不同礼,五霸不同法,非其相反,盖以救弊也。是故国容一致,而忠文之道必殊;圣哲同风,而皇王之名或异,岂非随时设教沿乎此,因物成务牵乎彼:沿乎此者,醇薄继于所遭;牵乎彼者,王霸存于所遇。

《长短经》中从头到尾贯彻了这种观点,且用大量历史事实加以证明,而在《时宜》《理乱》《适变》《势运》等文中尤多阐发。《时宜》篇中说:"事有趋同而势异者,非事诡也,时之变耳",所以应该"随时变通,不可执一"。《适变》篇中则云:"昔先王当时而立法度,临务而制事,法宜其时则理,事适其务故有功。今时移而法不变,务易而事以古,是则法与时诡,而时与务易,是以法立而时益乱,务无而事益废。故圣人之理国也,不法古,不修今,当时而立功,在难而能免。"系统地阐发了应时制宜的观点。①

　　李白自叙学习历程时还说："常横经籍书，制作不倦。"有人就以为他自小就耽于经籍，《唐才子传》上说他"十五通五经"云云，可能即由此滋生误会。实则"横经"云云，只是援引古人成语，《汉书·叙传》云"徒乐枕经籍书，纡体衡门"，《北齐书》卷四四《儒林传序》曰："横经受业之侣，遍于乡邑。"这里只是说明李白常是沉溺于典籍，然并不专指儒家的经书。

　　李白《上安州裴长史书》中又说：

　　　　又昔与逸人东岩子隐于岷山之阳。白巢居数年，不迹城市，养奇禽千计，呼皆就掌取食，了无惊猜。广汉太守闻而异之，诣庐亲睹，因举二人以有道，并不起，此则白养高忘机不屈之迹也。

杨慎《李诗选题辞》以为东岩子即赵蕤，岷山之阳则指匡山。② 这一说法不太可信。因为赵蕤是梓州盐亭人，李白往"依潼江赵征君蕤"，潼江即梓潼水，流经盐亭，故李白所前往的隐居之地乃在赵蕤故乡梓州。赵蕤《长短经序》署衔曰："梓州郪县长平山安昌岩草莽臣。"郪县为梓州州治所在，以郪江流其下而得名。据此可知，赵蕤本籍盐亭，隐居之

　　———————

　　①　参看罗宗强《也谈李白与〈长短经〉》，载《中国李白研究》1990年集·下，江苏古籍出版社1991年版。
　　②　载《升庵集》卷三。郭沫若《李白与杜甫》中的《李白杜甫年表》记李白自二十二岁至二十四岁时"隐居青城，养奇禽千计"，则是以为李白与东岩子同隐于道教圣地青城山。刘友竹《李白与青城山》亦持此说，载《唐代文学论丛》总第九辑。按李白又云"广汉太守""诣庐亲睹"，广汉沿用汉代郡名，实指绵州，故此岷山之阳只能指匡山，云青城山者误。

地则在郪县长平山安昌岩。① 广汉（绵州）太守辖区不同,何缘诣庐亲睹,因举二人以有道? 按照当时的察举制度来说,不可能有越州察举之事,故此事无发生之可能。

看来李白这时正与另一隐士东岩子隐居在岷山之阳修炼道术。

道家人物每隐居于岩壑,与禽兽群。因为道家以为人与禽兽类同,均为大自然中的成员。人与禽兽相亲,合乎自然,顺乎天道。道家典籍中常见这方面的描写,《庄子·山木》篇托言孔子"辞其交游,去其弟子,逃于大泽,衣裘褐,食杼栗;入兽不乱群,入鸟不乱行"。《马蹄》篇言:"至德之世,禽兽成群,草木遂长。是故禽兽可系羁而游,鸟鹊之巢可攀援而窥。夫至德之世,同与禽兽居,族与万物并,恶乎知君子小人哉!"《列子·黄帝》篇中也记载:"有役人梁鸯者,能养野禽兽,委食于园庭之内,虽虎狼雕鹗之类,无不柔驯者。雄雌在前,孳尾成群,异类杂居,不相搏噬也。"后世也就以为能与鸟兽群的人为得道者。《艺文类聚》卷九一引《列仙传》曰:"祝鸡翁者,雒阳人,居尸乡北山下,养鸡百馀年。鸡皆有名字,千馀头。暮栖于树,昼日放散,呼名即种别而至。"《南齐书》卷五四《高逸列传》载:"永明中,会稽钟山有人姓蔡,不知名。山中养鼠数十头,呼来即来,遣去便去,言语狂易,时谓之'谪仙',不知其终。"由此可知,李白这一时期的活动在向神仙方向发展了。②

---

① 《长短经》一书,经周广业整理,刻入《读画斋丛书》,后传播颇广。周氏跋此书曰:"《琐言》蕤贯盐亭,而言郪者,《四川总志》云:'蕤盐亭人,隐于郪县长平山安昌岩,博考六经诸家同异,著《长短经》,又注《关朗易传》。'"郪县于汉代属广汉郡,然其时广汉郡辖区至大,唐代之时,广汉已专指绵州之地,二者不容混淆。

② 李白《赠黄山胡公求白鹇》诗序曰:"闻黄山胡公有双白鹇,盖是家鸡所伏,自小驯狎,了无惊猜。以其名呼之,皆就掌取食。然此鸟耿介,尤难蓄之。余平生酷好,竟莫能致,而胡公辄赠于我,惟求一诗,闻之欣然,适会宿意。因援笔三叫,文不加点以赠之。"可知李白早年"养奇禽千计,呼皆就掌取食"之事应当不虚,唯或有所夸张。

向达在研究南诏的宗教信仰时,以为道教的产生与陇蜀地区的氐羌有关。他在《南诏史略论》中说:

> 自汉末至唐宋,陇蜀之间的氐、羌以至于云南的南诏和大理都相信天师道。天师道是氐、羌以及南诏、大理的固有宗教信仰,还是受的外来影响,现在尚不能就下结论。不过天师道的起源实有可疑。过去都认为天师道起源东方,与滨海地区有密切关系。然天师道祖师张道陵学道于西蜀的鹤鸣山,在今岷江东岸仁寿县境内。仁寿西隔江为彭山、眉山,俱属古隆山郡,是氐、羌族经历之处。故我疑心张道陵在鹤鸣山学道,所学的道即是氐、羌族的宗教信仰,以此为中心思想,而缘饰以老子之五千文。因为天师道的思想原出于氐、羌族,所以李雄、苻坚、姚苌以及南诏、大理,才能靡然从风,受之不疑。①

---

① 原载《历史研究》1954 年第 2 期,今据《唐代长安与西域文明》本,生活·读书·新知三联书店 1957 年版。近代研究彝族族源的学者已逐渐达成共识,方国瑜在《彝族史长编》中说:"彝族祖先从祖国西北迁到西南,结合世代记录,当与羌人有关,早期居住在西北河湟一带的就是羌人,分向几方面迁移,有一部分向南活动的羌人,是彝族的祖先。"徐嘉瑞在《大理古代文化史稿》"重印自序"中也提出"羌人即是乌蛮,也即是今天的彝族"。参看白兴发《近百年来彝族史研究综述》,载《学术月刊》2003 年 9 月号(总 412 期)。又《华阳国志》卷八《大同志》曰:"咸宁三年春,刺史[王]濬诛犍为民陈瑞。瑞初以鬼道惑民,其道始用酒一斗、鱼一头,不奉他神,贵鲜洁。……瑞自称'天师',徒众以千百数。濬闻,以为不孝,诛瑞及祭酒袁旌等,焚其传舍。益州民有奉瑞道者、见官二千石长吏巴郡太守犍为唐定等,皆免官或除名。蜀中山川神祠皆种松柏,濬以为非礼,皆废坏烧除,取其松柏为舟船,惟不毁禹王祠及汉武帝祠。又禁民作巫祀。"足见天师道于其地的影响既久且巨。参看王家祐《道教论稿》中《张陵五斗米道与西南民族》一文,巴蜀书社 1987 年版。

魏晋南北朝时,李雄以賨(巴氏)族人首领的身份率领众多流民进入四川,得到道教徒范长生的支持,在此建立成汉小朝廷。道教成了此地的国教。因此,道教之于四川,具有广泛而深入的影响。[①] 境内诸名山大川,都有种种仙话流传。唐代皇帝以姓李之故,认老子李耳为始祖,推崇道教,由是仙风更遍布朝野。李白生长在蜀中,自年幼时起即深受其影响。

他到处探访名山而求道。《题嵩山逸人元丹丘山居》诗曰:

　　家本紫云山,道风未沦落。沉怀丹丘志,冲赏归寂寞。

王琦注:"紫云山在绵州彰明县西南四十里,峰峦环秀,古木樛翠。地里书谓常有紫云结其上,故名。……有道宫建其中,名崇仙观。"李白家距此不远,经常出没于此。

李白还作有《访戴天山道士不遇》一诗,姚宽《西溪丛语》卷下引《绵州图经》曰:"戴天山在[彰明]县北五十里,有大明寺,开元中李白读书于此寺。又名大康山,即杜甫所谓'康山读书处'也。"按杜甫《不见》诗曰:"匡山读书处,头白好归来。""康山"即"匡山"。说明李白早年居住之地,附近有一些秀丽的山峦,上面还都建有道观。李白经常前往访道,有时还住在山中。姚宽说他居于寺中,也有其可能。唐代寺、观二名时见混用,寺中究竟住的是僧人,抑或道徒,颇难断言。唐代文士每兼崇佛道,李白对佛教也有兴趣,只是不如信奉道教之诚就是了。

综上所言,可知李白在二十岁前后还未远离过绵州居住之地。时

---

① 参看任继愈主编《中国道教史》第二章《魏晋之际道教的传播与分化》,上海人民出版社 1990 年版。

而外出,也只是在邻近的紫云山、戴天山、大匡山等地走动,而这时的活动都与学道有关。蜀地道教的气氛浓郁,李白生长在这种环境中,一生行事也就铭刻上了地域文化的深刻印迹。

在他出川之前,还曾往峨眉山游赏。峨眉山为蜀中名山,亦多仙话,李白有《登峨眉山》诗,云:

> 蜀国多仙山,峨眉邈难匹。周流试登览,绝怪安可悉?青冥倚天开,彩错疑画出。泠然紫霞赏,果得锦囊术。云间吟琼箫,石上弄宝瑟。平生有微尚,欢笑自此毕。烟容如在颜,尘累忽相失。倘逢骑羊子,携手凌白日。

说明李白此时已有强烈的成仙思想,对于本乡本土的仙话传说甚为向往。骑羊子为仙人葛由。《列仙传》卷上曰:

> 葛由者,羌人也。周成王时,好刻木羊卖之。一旦,骑羊而入西蜀,蜀中王侯贵人追之,上绥山,在峨眉山西南,高无极也。随之者不复还,皆得仙道。故里谚曰:"得绥山一桃,虽不得仙,亦足以豪。"山下立祠数十处云。[1]

李白这里提出一位羌族的道教神仙,是一种有趣而有深刻寓意的现象。李雄为賨人,一说为巴氏人,实则不管是賨人抑或巴氏人,均与羌人关系密切。李雄崇道,羌人均奉道教,而羌人分布在陇地、青海和西山路上,李白家乡的西北即与羌人接壤,李白想及羌中神仙葛由,也

---

① 见《列仙传》卷上,王叔岷校笺本,台湾"中央研究院"中国文哲研究所中国文哲专刊,1995年版。

可见到羌人在蜀地的影响。

李白早年的这番经历，家乡的文化背景，一直在他的心中回荡，不时勾起回忆。天宝中期所作的《留别曹南群官之江南》诗中说："朝云落梦渚，瑶草空高唐。帝子隔洞庭，青枫满潇湘。怀归路绵邈，览古情凄凉。登岳眺百川，杳然万恨长。却恋峨眉去，弄景偶骑羊。"可见羌族神仙葛由在他心目中的地位了。

总结上言，可知李白在蜀地生活了一二十年，足迹不出附近州县，结交的人不多，但多特异之士。这种环境，容易保留他年幼时的模糊记忆，接受家庭的熏陶，并受到周围一些民族的影响，沉浸在道教的神圣气氛之中。这些复杂的因素，酝酿出李白的奇特思想，形成其独特的风格，对他日后的立身行事，发生了巨大的作用。

条件逐渐成熟，李白开始追求向外发展，一展抱负。《与安州裴长史书》中又说：

> 又前礼部尚书苏公出为益州长史，白于路中投刺，待以布衣之礼。因谓群寮曰："此子天才英丽，下笔不休，虽风力未成，且见专车之骨。若广之以学，可以相如比肩也。"四海明识，具知此谈。

苏公为苏颋。《旧唐书·苏颋传》曰："[开元]八年，除礼部尚书，罢政事，俄知益州大都督府长史事。"可见其时李白已是雄姿英发，才思横溢，这才引起唐初"大手笔"苏颋的赏识。苏颋至益州就职，已在开元八年（720）年底，见到李白时，当在开元九年（721）。[①] 益州州治在成

---

① 郁贤皓《苏颋年谱》，载《中国典籍与文化论丛》第二辑，中华书局1996年版。参看陈钧《李白谒见苏颋年代考辨》，载《李白与苏颋论考》，山西（注转下页）

都,峨眉山位于成都西南,则李白上山时,约在开元九年。

魏颢《李翰林集序》曰:"自盘古划天地,天地之气艮于西南。剑门上断,横江下绝,岷、峨之曲,别为锦川。蜀之人无闻则已,闻则杰出。是生相如、君平、王褒、扬雄,降有陈子昂、李白,皆五百年矣。"这里用的是孟子所说的"五百年必有王者兴"的典故。司马相如、扬雄等人出川之后就名闻天下,这些成功的先例,一直激励着蜀地的后来者。李白诗文中屡次提及司马相如、扬雄等人,《秋于敬亭送从侄耑游庐山序》中说:"余小时,大人令诵《子虚赋》,私心慕之。"待他成长之后,自然不甘局促于蜀地一隅,而是步其前辈之后尘,出川谋求发展了。

三、吴楚漫游

李白《上安州裴长史书》中自言:"以为士生则桑弧蓬矢,射乎四方,故知大丈夫必有四方之志。乃仗剑去国,辞亲远游,南穷苍梧,东涉溟海。"他离蜀东下的目的很明确:谋求发展。

开元十二年(724)秋,李白二十四岁,离开四川出三峡东下。长江入楚地后,骤形开阔,与李白跃动的心情正相符合。他写下了很多杰出的诗篇,《渡荆门送别》曰:

渡远荆门外,来从楚国游。山随平野尽,江入大荒流。月下

(续上页注)古籍出版社 2000 年版。按杨慎《李诗选题辞》中有云:"赵蕤,字云卿。岷山之阳则指匡山。杜子美赠书所谓'匡山读书处',其说见晏公《类要》,郑谷诗所谓'雪下文君沽酒店,云藏李白读书山'者也。广汉守则苏颋也。颋荐疏曰:'赵蕤术数,李白文章。'即其事也。"苏颋为广汉太守之说不见记载,"荐疏"之说则每为近人所引用,且代拟篇名曰《荐西蜀人才疏》。实则此说亦无根据。杨慎好伪造典籍,此亦小施故伎而已。

飞天镜,云生结海楼,仍怜故乡水,万里送行舟。

颔联二句,气象开阔,震烁古今,突现出李白豪迈开放的胸襟。结尾二句留恋故乡,悠然不尽,表现出了离家远游时的复杂心态。

《上安州裴长史书》中介绍出川后的行程曰:"南穷苍梧,东涉溟海。"说明他曾南下到达湖南南部。这一行程自必要在洞庭湖边停留。因为唐人出行,如有水道可通者,每乘舟前行,所以这次"南穷苍梧",当是沿湘江南下。但在次年夏天的洞庭湖边上,却发生了一件不幸的事。同乡好友吴指南病死于此。《书》中说道:

> 昔与蜀中友人吴指南同游于楚,指南死于洞庭之上,白禅服恸哭,若丧天伦,炎月伏尸,泣尽而继之以血。行路闻者,悉皆伤心。猛虎前临,坚守不动。遂权殡于湖侧,便之金陵。数年来观,筋肉尚在。白雪泣持刃,躬身洗削,裹骨徒步,负之而趋,寝兴携持,无辍身手,遂丐贷营葬于鄂城之东。故乡路遥,魂魄无主,礼以迁窆,式昭朋情。此则是白存交重义也。①

这种剔骨葬友的做法,与同时其他文人的作风大不相同,即使是其他朝代的文人也从无类似的记载,这就显示出李白文化背景上的不同之处来了。

按这种葬法,民俗学上称为二次捡骨葬。其源甚古,主要流行于南方蛮族地区。《墨子·节葬下》:"楚之南,有炎人国者,其亲戚死,朽其肉而弃之,然后埋其骨,乃成为孝子。"《列子·汤问》篇同,唯作

---

① 魏颢《李翰林集序》曰:"与友自荆徂扬,路亡权窆,回棹方暑,亡友糜溃,白收其骨,江行而舟。"即记此事。

"刳其肉而弃之"。殷敬顺《释文》:"刳本作刳,音寡,剔肉也。"《太平御览》卷七九〇与《太平广记》卷四八〇引《博物志》,亦引炎人之国事,均作"剖其肉而弃之"。说明这种古时的丧葬习俗,后代一直延续。《梁书》卷五二《止足·顾宪之传》①与《隋书》卷三一《地理志下》叙古荆州之地②均有记载,宋代朱辅《溪蛮丛笑》中《葬堂》一节所记与此亦相似③。

李白家居绵州昌隆县,南边即是所谓南蛮的地区。云南洱海地区的南诏国由乌蛮(彝族先民)与白蛮(白族先民)为主体民族建立,葬仪有所不同,乌蛮实行火葬,白蛮则实行土葬,但还实行二次捡骨葬。④李白之时南诏的影响曾深入到四川很多地区。

《新唐书》卷一九一《忠义上·吴保安传》叙吴保安与郭仲翔的义举⑤,原出牛肃《纪闻》。此书已佚,但吴保安事尚存《太平广记》卷一

---

①　《梁书·止足·顾宪之传》云:"齐高帝即位,除衡阳内史。……土俗:山民有病,辄云先人为祸,皆开冢剖棺,水洗枯骨,名为除祟。"

②　《隋书·地理志下》叙古荆州之地,多杂蛮族,风俗与诸华不同。"其死丧之纪,虽无被发祖踊,亦知号叫哭泣。始死,即出尸于中庭,不留室内。敛毕,送至山中,以十三年为限。先择吉日,改入小棺,谓之拾骨。拾骨必用女婿,蛮重女婿,故以委之。拾骨者,除肉取骨,弃小取大。"

③　《溪蛮丛笑》文曰:"死者,诸子照水内,一人背尸,以箭射地,箭落处定穴,穴中藉以木。贫则已。富者不问岁月,酿酒屠牛,呼团洞,发骨而出,易以小函。或枷崖屋,或挂大木,风霜剥落,皆置不问,名葬堂。"

④　参看邵献书《南诏和大理国》第六章《习俗宗教》,吉林教育出版社1990年版。乌蛮实行火葬,与羌人一致。

⑤　此事唐代传播甚广,今引其前半如下,《传》曰:"吴保安,字永固,魏州人。气挺特不俗。睿宗时,姚、嶲蛮叛,拜李蒙为姚州都督,宰相郭元振以弟之子仲翔托蒙,蒙表为判官。时保安罢义安尉,未得调,以仲翔里人也,不介而见曰:'愿因子得事李将军可乎?'仲翔虽无雅故,哀其穷,力荐之。蒙表掌书记。保安后往,蒙已深入,与蛮战没,仲翔被执。蛮之俘华人,必厚责财,乃肯赎。闻仲翔贵胄也,求千缣。会元振物故,保安留嶲州,营赎仲翔,苦无赀,乃力居货十(注转下页)

六六,中记吴保安经过十年的辛苦,始得赎回陷于姚嶲蛮的恩人郭仲翔;后吴保安殁于彭山丞任上,家贫不得葬,郭仲翔乃远赴其地,囊骨而归。《纪闻》中叙此事曰:

> 保安自方义尉选授眉州彭山丞,仲翔遂至蜀访之。保安秩满,不能归,与其妻皆卒于彼,权窆寺内。仲翔闻之,哭甚哀。因制缞麻,环经加杖,自蜀郡徒跣,哭不绝声,至彭山,设祭酹毕,乃出其骨,每节皆墨记之。(原注:墨记骨节,书其次第,恐葬敛时有失之也。)盛于练囊。又出其妻骨,亦墨记,贮于竹笼,而徒跣亲负之。徒行数千里,至魏郡。

这一件事,发生在李白的童年,因为郭仲翔随李蒙至姚州兵败被俘,时在开元之初。《新唐书》卷五《玄宗皇帝本纪》记开元元年(713)"十月,姚嶲蛮寇姚州,都督李蒙死之",这时李白为十三岁。又吴保安殁于眉州彭山县,与李白居处为紧邻。不论从时间上来看,或是从地域上来看,都可看出李白之葬友人吴指南,采用的是剔骨葬法,亦即二次捡骨葬法。[1]这就可以说明李白曾受到南蛮文化的影响。

(续上页注)年,得缣七百。妻子客遂州,间关求保安所在,困姚州不能进。都督杨安居知状,异其故,资以行,求保安得之。引与语曰:'子弃家急朋友之患至是乎!吾请贷官资助子之乏。'保安大喜,即委缣于蛮,得仲翔以归。……[仲翔]久乃调蔚州录事参军,以优迁代州户曹。母丧,服除,喟曰:'吾赖吴公生吾死,今亲殁,可行其志。'乃求保安。于时,保安以彭山丞客死,其妻亦没,丧不克归。仲翔为服缞经,囊其骨,徒跣负之,归葬魏州,庐墓三年乃去。"

① 南方很多地区至今还在采用二次捡骨葬,今以壮族行此葬法为例,借与李白葬友之事互参。唐祈、彭维金主编《中华民族风俗辞典》中"捡骨葬"条曰:"壮族丧葬习俗,又叫'二次葬'。人死洗礼入殓后,埋入土中,叫做'寄土'。寄土时,有的找风水龙脉之地,有的在传统规定的地方,有的则就近找个地(注转下页)

这里还可以附带讨论一下李白的豪侠之风。若与同时其他诗人相比，李白的这一作风颇为突出，这也应当与他早年居住于蜀中有关。因为绵州与其周围地区有很多少数民族杂居。其中如獠、獽、夷、羌、賨等民族，勇武而好歌舞，这对李白性格的形成，当有影响。

崔宗之《赠李十二》诗曰："袖有匕首剑，怀中茂陵书。双眸光照人，词赋凌《子虚》。"袖藏匕首，就像是专为斗殴杀人而准备的。李白是真杀过人的，他还为此而感到自豪。魏颢《李翰林集序》曰："少任侠，手刃数人。"这当是根据李白的自述而有此记叙的。李白在洞庭湖边剔骨葬友，"雪泣持刃"，用的当是随身携带的匕首。

这也反映出了李白的个人特点。开元、天宝之时，唐代的社会秩序早已稳定，法制的执行也已步入正轨。杀人者死，不论从《唐律》上

（续上页注）方埋葬。坟坑大都很浅，以棺盖与地面相平为宜，然后用土堆成略为长方形的圆顶坟墓。第三日去'圆坟'，即带上祭品上供、化纸，修整坟墓，还用一木棍吊一串纸条，插在墓顶上，叫扎幡旗。此后每年三月三，或清明上坟扫墓。三年或五年（只能是单数）后，开坟捡骨，盛于特制的陶瓮'金坛'里。捡骨要择吉日良辰，由死者亲属和亲戚并村中一两位有经验的长者一同前去。到了坟前，要烧香祭拜。刨开坟土，用雨伞遮住天空后才开棺捡骨。尸骸已腐朽则可捡骨，若未完全腐朽则将棺盖虚掩，复培土待来年再捡骨。捡骨时，首先由女子说明请死者起身，并捧出颅骨，然后其馀的人就把骸骨一一捡出，并用稻草、草纸、碎布、刀片等把骨头擦括干净，剩下的腐肉、破寿衣及废棺木等物随便埋掉即可，以后不复照管。骸骨装入'金坛'要按一定规矩：先放髋骨、尾椎骨，接着把骶骨、腰椎、胸椎依次竖直往上放，脊椎骨还用线香串起来以免散乱，四肢骸骨竖放两侧，再把胁骨、肩胛骨、下巴骨依次放入，最后把头颅骨放在上面，使整副骨架像蹲坐在坛子里一样。金坛里撒上一把朱砂，坛盖内侧用毛笔写上死者姓名和生卒年月日等，盖上坛口，埋在家族坟地中，培土筑成坟堆。这称之为'埋骨'。把骸骨从寄土之地移至埋骨之处，要燃香为亡灵引路，若过桥渡河，背骨的长子要喃喃自语，请亡灵一同过渡。"此辞典江西教育出版社 1988 年版。

看,或是从当时记载的一些实例看,都已成了人们的共识。① 李白却全不计较这些,依然视作义举而津津乐道。②

李白"手刃数人"之事,看来发生在蜀地,不大可能发生在中原地区。西蜀边鄙,群山阻隔,中央政权的统治力量相对来说比较薄弱,法令的执行也就比较松懈,这才可能出现杀人不受惩治之事。当然,这也可能与李家已成地方上的豪强有关。

就在荆门地区,他遇到了道教中的知名人物司马承祯,蒙其夸奖,李白一辈子都感到荣耀。《大鹏赋序》曰:"余昔在江陵见天台司马子微,谓余有仙风道骨,可与神游八极之表,因著《大鹏遇希有鸟赋》以自广。"这事后来发生了重大影响。

一、李白在蜀中时,已是道教信徒,正在向神仙方面发展,这时遇到道教中的高层人物司马承祯,蒙其品赏,对他可能达到的成就与潜在的素质表示认可,这就让李白增进了自信,更增加了信道的热忱。

二、《古风》其三十三云:"北溟有巨鱼,身长数千里,仰喷三山雪,横吞百川水。凭陵随海运,燀赫因风起。吾观摩天飞,九万方未已。"当与《大鹏遇希有鸟赋》为同时所作。此赋后经改作,径名《大鹏赋》,尚存《集》中。《庄子》中这一横空出世的大鹏形象,成了李白的一种象

---

① 武后时,徐元庆为父复仇,手刃仇人,陈子昂在《复仇议状》中议此事,以为"宜正国之法,置之以刑,然后旌其闾墓,嘉其徽烈"。《资治通鉴》载玄宗开元二十三年张审素子二人为父复仇,手刃冤死其父之殿中侍御史杨万顷,对此如何处置,议者意见不一,玄宗以为"杀人而赦之,此途不可启也"。乃下敕付河南府杖杀。凡此均可见其时之重国法。

② 李白在诗中常是咏及杀人之事,《赠从兄襄阳少府皓》诗中说:"托身白刃里,杀人红尘中。当朝揖高义,举世钦英风。"《结客少年场行》中说:"笑尽一杯酒,杀人都市中。"《侠客行》中说:"十步杀一人,千里不留行。"《白马行》中说:"杀人如剪草,剧孟同游遨。"均以此为豪举而颂扬。

征,也成了激励他奋发的一种动力。

大约就在开元十二年(724)的秋天,李白决定离开荆门东下时,作《秋下荆门》诗云:

> 霜落荆门江树空,布帆无恙挂秋风。此行不为鲈鱼脍,自爱名山入剡中。

按伯2567敦煌唐诗选残卷亦录此诗,题作《初下荆门》,可知此亦初出川后之作。他一离开蜀地,进入中原大地,立即就想赴剡中游览,可见这一地区对他具有多么大的吸引力。

奇怪的是,李白在此之前一直生活在中国的西部,与东方间隔颇远,又无亲友在那里居留,为什么一开始就想"东涉溟海"了呢?

李白因家世的原因,受魏晋南北朝的历史与文化影响至深。李白"一生好入名山游"。浙东之地,风景佳丽,六朝文士出没于此,山山水水留下了众多名士的足迹,也触发了许多名篇的产生,这些当然会对李白具有强烈的吸引力。李白诗文中常是咏及谢灵运等人之轶事,备致仰慕之意。我们尤应注意的是,剡中的许多名山都与道教中的神仙有关。浙东本是神仙的家园,这些当然也会对笃信道教的李白产生影响。《天台晓望》中说:"观奇迹无倪,好道心不歇。"可见浙东之地,景色之美与神仙之异对他具有双重的吸引力。

李白是沿长江一路东下的,路经江西时,登庐山赏玩,留下了好几首歌咏庐山的名篇,如五言诗《望庐山瀑布》,中有"海风吹不断,江月照还空"的名句;七言绝句《望庐山瀑布》,则云:"日照香炉生紫烟,遥看瀑布挂前川。飞流直下三千尺,疑是银河落九天。"丰富的想象,奇特的夸张,磅礴的气势,充分反映出李白诗歌想落天外的特色。可以说,李白诗歌的个人风格至此已经形成。

李白到达金陵，凭吊前朝遗迹，游览各处名胜，过着惬意的生活。前朝胜事，引起他丰富的联想。东晋风流，谢安携妓东山，在他生活中重现了。他身边有小妓金陵子与家僮丹砂，陪他作乐赏玩。《示金陵子》曰："金陵城东谁家子？窃听琴声碧窗里。落花一片天上来，随人直渡西江水。楚语吴歌娇不成，似能未能最有情。谢公正要东山妓，携手林泉处处行。"又《出妓金陵子呈卢六四首》之四曰：

> 小妓金陵歌楚声，家僮丹砂学凤鸣。我亦为君饮清酒，君心不肯向人倾。

魏颢在《李翰林集序》中说："……间携昭阳、金陵之妓，迹类谢康乐，世号为李东山。骏马美妾，所适二千石郊迎，饮数斗醉，则奴丹砂抚《青海波》。满堂不乐，白宰酒则乐。"于此可见他生活之奢华与骄逸。李白追慕的人物，为晋代名流，而他喜好的乐曲，则为《青海波》。这种乐曲的产生之地，当在青海地区；青海地区多羌人，又与蜀地接壤，李白的这种爱好，当在年少时培养而成。《东山吟》中说：

> 携妓东土山，怅然悲谢安。我妓今朝如花月，他妓古墓荒草寒。白鸡梦后三百岁，洒酒浇君同所欢。酣来自作青海舞，秋风吹落紫绮冠。彼亦一时，此亦一时，"浩浩洪流"之咏何必奇？

不难看出李白对谢安的倾心和对家乡附近民族乐曲的热爱。李白兴来跳舞时，很自然地就跳起了家乡地区其他民族中流传的舞蹈，而这应当是青海地区羌族的舞蹈。

这一时期，他留下了许多名篇，中多怀古之作。《月夜金陵怀古》《金陵新亭》等诗，对南朝旧事与六代繁华，抱着欣赏与惋惜的情绪。李白游览古代名都时，无不抒发这种情绪，其中尤以金陵一地的感受为突出。

李白对曾在金陵逗留过的一些著名文士也表示倾慕，《题金陵王处士水亭》云："树色老荒苑，池光荡华轩。北堂见明月，更忆陆平原。"宋张敦颐《六朝事迹类编》"宅舍门"第七"陆机宅"曰："李太白《题王处士水亭》云：'齐朝南苑，是陆机宅。'"又曰："《图经》云：'在县南五里，秦淮之侧。'"《劳劳亭歌》曰："我乘素舸同康乐，朗咏清川飞夜霜。昔闻牛渚吟五章，今来何谢袁家郎。"则是忆及袁宏《咏史》之事。① 而他在《金陵城西楼月下吟》中说：

> 金陵夜寂凉风发，独上高楼望吴越。白云映水摇空城，白露垂珠滴秋月。月下沉吟久不归，古来相接眼中稀。解道"澄江净如练"，令人长忆谢玄晖。

李白对谢家一门众多人物的功业与文章何等向往！

李白喜欢乐府，《集》中留下了许多拟作，也有不少自作的名篇，中如《长干行》《杨叛儿》《白纻辞》等，当是这一时期的作品。

李白接着去了扬州，住了年把工夫，仍然生活豪纵，《上安州裴长史书》中说："曩昔东游维扬，不逾一年，散金三十馀万，有落魄公子，悉皆济之，此则白之轻财好施也。"这也是李白富有侠气的地方。

前人考证李白行踪，以为他第一次到江南时，即自扬州折回，没有继续南下，但《上安州裴长史书》中明言"仗剑去国，辞亲远游，南穷苍梧，东涉溟海"。唐代之时，浙东之地距海尚近，故有"溟海"之称。李

---

① 袁家郎指袁宏。袁宏于运租船上夜吟《咏史诗》，镇西将军谢尚时镇牛渚，闻而嘉赏，袁宏乃名誉日茂。见《世说新语·文学》刘孝标注引《续晋阳秋》。李白诗中引及《世说新语》中之典故甚多，可见其对魏晋名士的兴趣。

白的崇拜者任华,有《杂言寄李白》诗,叙其行踪曰:"登庐山,观瀑布,'海风吹不断,江月照还空'。余爱此两句。登天台,望渤海,'云重大鹏飞,山压巨鳌背'。斯言亦好在。"任华此诗是按年代先后叙述的,说明李白早期行程,确以"东涉溟海"结束。

《别储邕之剡中》诗曰:

> 借问剡中道,东南指越乡。舟从广陵去,水入会稽长。竹色溪下绿,荷花镜里香。辞君向天姥,拂石卧秋霜。

天姥山在今浙江新昌县,乃越中名胜之一。《太平寰宇记》卷九六"越州"引《后吴录》曰:"剡县有天姥山,传云登者闻天姥歌谣之响。"可知此山为道教圣地,多神仙家说。谢灵运《登临海峤与从弟惠连》诗曰:"暝投剡中宿,明登天姥岑。"人杰地灵,李白对二者都极向慕,难怪他在出川之初就要下定决心"东涉溟海"了。《天台晓望》诗曰:

> 天台邻四明,华顶高百越。门标赤城霞,楼栖沧岛月。凭高远登览,直下见溟渤。云垂大鹏翻,波动巨鳌没。风潮争汹涌,神怪何翕忽!观奇迹无倪,好道心不歇。攀条摘朱实,服药炼金骨。安得生羽毛,千秋卧蓬阙?

这首诗的前半部分,可与任华《杂言寄李白》中的叙述相对应。任华此诗概括了李白《天台晓望》中的句意,"望渤海"即"直下见溟渤",亦即"东涉溟海"之意。① 此诗的后半部分,充分反映了李白好道的热忱。

壮观的山川美景,灵异的神仙道教,对他的吸引力太大了。他陶醉在这灵山胜境之中,打算采药服食,看来还有炼丹的打算。

这里可以作一补充。李白在金陵时有小童名"丹砂",这个名字与"金陵子"一样,也当是李白自取的。"丹砂"是炼丹的重要材料。正像范传正所说,李白一家"名之与字咸所取象","丹砂"一名也有"取象"之意,这反映了李白向慕道术的热忱。

自金陵至浙东,正是吴歌西曲的发源地,李白喜爱乐府,这一时期也创作了许多乐府诗。如《估客行》《越女词》等,明显地带有吴歌西曲的影响。

李白圆了"东涉溟海"的宿愿,即自杭州、苏州等地折回,一路上创作了许多诗篇,中如《越中览古》《苏台览古》等,俯仰今古,见景伤情。他对历史的兴废,总是怀着留恋而又伤感的情绪,然仍浑然一体,颇有古今一气之势。

李白在扬州时,生活极为豪奢,又慷慨好施,可知他出蜀时曾携带大笔钱财。这事引起了很多猜度,李白一家到底是干什么的?有的研究者就说李客当是一位商人,才有那么多的资产供李白去花。这当是根据丝绸之路上多富商而引起的推测。只是此事缺乏文献根据,因而无法作定论。但李白在蜀时,蓄养异禽数千,杀人之后不受追究,可见其家庭情况之特殊。可知他家确属富豪,或许还称得上是地方上的豪强。

李白资金散尽后,生活趋于窘迫,情绪也显得低落,这在《淮南卧病书怀寄蜀中赵征君蕤》等诗中都有所表现。他要找一个地方歇脚了。

四、酒隐安陆

李白自江南回到楚地,已钱财荡尽,至洞庭湖边为吴指南迁葬时,已经要向他人求助，所谓"遂丐贷营葬于鄂城之东"。随之他在湖北地区飘荡了一段时间。

安陆太白堂

李白曾在安州安陆郡（今属湖北）的寿山隐居养望。祝穆《方舆胜览》卷三一"湖北路·德安府"下有"寿山"，云"在安陆县西北六十里，昔山民有寿百岁者"。大约是他在维扬认识的一位任县尉的朋友孟某，写了一篇"移"文责问他何以隐居在这不知名的小山之中，这大约是一种调侃之词，是仿孔稚圭的《北山移文》而写作的。孔文对假隐居而谋出仕的周颙进行讽刺，李白《代寿山答孟少府移文书》却针锋相对地作了驳正。他用庄子学说否定了小大之殊，又援引太公、傅说等人的出处，说明大贤大德亦曾隐居，"乃知岩穴为养贤之域，林泉非秘宝之区"，从理论和历史上找根据，把隐居与出仕统一了起来，说明个人的非凡抱负。文章一气直下，最后声明：

近者逸人李白自峨眉而来，尔其天为容，道为貌，不屈己，不干人，巢、由以来，一人而已。乃蚪蟠龟息，遁乎此山。仆尝弄之以绿绮，卧之以碧云，啾之以琼液，饵之以金砂。既而童颜益春，真气愈茂。将欲倚剑天外，挂弓扶桑，浮四海，横八荒，出宇宙之寥廓，登云天之渺茫。俄而李公仰天长吁，谓其友人曰：吾未可去也。吾与尔，达则兼济天下，穷则独善一身，安能餐君紫霞，荫君青松，乘君鸾鹤，驾君虬龙，一朝飞腾，为方丈、蓬莱之人耳，此则未可也。乃相与卷其丹书，匣其瑶瑟，申管、晏之谈，谋帝王之术，奋其智能，愿为辅弼。使寰区大定，海县清一，事君之道成，荣亲之义毕，然后与陶朱、留侯，浮五湖，戏沧洲，不足为难矣。

李白在出世与入世的问题上观点很明确，出世不忘入世，入世之后仍不忘出世。总的看法，入世思想还是占主导地位。因此，他在隐居的过程中，始终不忘谋求出仕，立志大展鸿图，干一番旋乾转坤的大事业。

有人根据"达则兼济天下，穷则独善一身"二语判定李白为儒家信徒，实则未必合适。按此二语出《孟子·尽心上》，儒家中人确是以此作为士人立身处世的重要准则。但李白所理解的"达则兼济天下"，即像管仲、晏婴一样，在混乱的时局中一展身手；他所理解的"穷则独善一身"，即像陶朱、留侯一样，啸傲沧州。穷达之间，自有他的追求与抱负。从他一贯的实践来看，也正是他在声明中所表白的，并非想做儒家中人的良相或圣贤。

李白常是以管仲、乐毅、诸葛亮的政治才能自许，《驾去温泉宫后赠杨山人》曰："自言管、葛竟谁许，长吁莫错还闭关。"《玉真公主别馆苦雨赠卫尉张卿》其一曰："吟咏思管、乐，此人已成灰。独酌聊自勉，谁贵经纶才。"大家知道，管仲、乐毅、诸葛亮都身处乱世，本人原为一介士民，但在齐桓公、燕昭王、蜀先主刘备等人的礼聘下，骤居显职，展现出罕见的济世之才，帮助主子成就霸业。李白在《君道曲》中说："小白鸿翼于夷吾，刘、葛鱼水本无二。"因此，李白想向管仲效法的，也就是"九合诸侯，一匡天下"式的霸业，而非"致君尧舜上"的王道。

他在寿山中隐居一段时间之后，就在安陆之地，到宰相之家的许府做女婿去了。在《上安州裴长史书》中介绍个人的行踪，紧接"南穷苍梧，东涉溟海"之后又说：

> 见乡人相如大夸云梦之事，云楚有七泽，遂来观焉。而许相公家见招，妻以孙女，便憩迹于此，至移三霜焉。

许相公是谁？此人即在高宗时拜相的许圉师。曾巩《李太白文集后序》曰："盖白蜀郡人，初隐岷山，出居襄汉之间，南游江淮，至楚，观云梦。云梦许氏者，高宗时宰相圉师之家也，以女妻白。"许圉师为唐初高官许绍少子，《旧唐书》卷五九有传，附《许绍传》之后，云是仪凤四年（679）卒，则是下距李白至此成婚已历有年代。李白"憩迹于此"，无甚光彩可言，所以他在《秋于敬亭送从侄耑游庐山序》中又说是"酒隐安陆，蹉跎十年"。但在这一事情上仍可看出李白的个人特点。

安州安陆郡属淮南道，郡治在今安陆县，其地在武汉市之北部偏西，南方就是古之云梦泽。云梦面积很大，楚辞与汉赋中经常提到，颇富神奇色彩，李白慕此来游，遂入赘许府而居住了很长一段时间。

陈寅恪说："唐代社会承南北朝之旧俗，通以二事评量人品之高下。此二事，一曰婚，二曰宦。凡婚而不娶名家女，与仕而不由清望官,俱为社会所不齿。"①当时的人对待婚配,有不同的追求目标,有的坚持传统的价值标准,以娶"五姓女"为荣。所谓"五姓",指崔(清河或博陵)、卢(范阳)、李(赵郡或陇西)、郑(荥阳)、王(太原)五大世族。这是南北朝以来的著名郡望,人称海内第一流的高门。而李白所追求的,则是当代的权贵之家。尽管许家的鼎盛时期已过,但许氏毕竟是相门之女,许绍、许圉师的官位与声望煊赫一时,因而他还是甘心屈尊就婚。这也就反映了他未能免俗而热衷的一面。

李白在婚姻问题上反映出来的与众不同之处,还在甘心以赘婿的身份进入许府。

按杜甫有《哭王彭州抡》一诗,曰:"北部初高选,东床早见招。蛟龙缠倚剑,鸾凤夹吹箫。"仇兆鳌《杜诗详注》:"东床见招,如箫迎鸾凤,抡必缔姻宗室也。"又引《杜臆》曰:"见招,是招王为婿。"近人陈鹏叙唐时贱视赘婿,又据此而论曰:"然权贵之家,往往以女招赘士人,而士之未达者,亦多乐于就赘,借为趋附之梯。"又曰:"故李义山《杂纂·陡顿欢喜》条以'贫家儿乍入赘女婿'与'穷措大及第'并列,盖讥其暴得富贵也。"②

李白入赘许府,不能视为趋附,然以就婚相府为荣,其心态亦有相通之处。

我国自夏、商、周三代起,就已建立起了父系社会,商代初步形成了宗法制度,西周以降,这一制度更趋周密,从而以父系为中心的伦理观念深入人心。男尊女卑,妇女失去了独立的人格和自主权。男子顶门立户,维持一姓相承的血统,继承家财,接续宗祀。妇女出嫁到丈夫

---

① 陈寅恪《读莺莺传》,原载《历史语言研究所集刊》第十本(合订本),后作订改,附入《元白诗笺证稿》,古典文学出版社1958年版。

② 见《中国婚姻史稿》第744页,中华书局1990年版。

家,生儿育女,操劳家务,被视为天经地义的事。"三纲六纪"中的所谓"夫为妻纲",作为人伦关系中的重要准则,在封建社会中一直信守弗渝。相反,男子入赘于妻家,则被视作反常之事。赘婿一直遭到社会上的贱视。自先秦至上一世纪中叶之前,莫不如此。唐代社会虽然比较开放,但在汉族聚居的地方,接受儒家教育的士人中间,同样存在着贱视赘婿的风气。①

但在西域地区的各民族,生活中还存在着很多母系氏族社会中遗留下来的风习。根据社会学家的研究,游牧民族中的妇女,比之农耕民族中的妇女,其地位普遍要高。《通典》卷一九二"边防八·西戎四"曰:"自[大]宛以西至安息,虽颇异言,然大同,因相晓知也。其人皆深目多髭髯,善贾。其俗贵女子,女子所言丈夫乃决正。"突厥族的社会发展阶段要比汉族落后,反映在婚娶问题上,女方的地位要重要得多。《大唐西域记》卷一《序论》纵论西域风俗时说:"黑岭已来,莫非胡俗。虽戎人同贯,而族类群分,画界封疆,大率土著。……嫁娶无礼,尊卑无次,妇言是用,男位居下。"

在李白的出生地碎叶附近,有铁勒在活动。《隋书》卷八四《北狄传》列叙铁勒诸部,末云:"虽姓氏各别,总谓为铁勒。并无君长,分属东、西突厥。……其俗大抵与突厥同,唯丈夫婚毕,便就女家,待产乳男女,然后归舍,死者埋殡之,此其异俗也。"敦煌斯 1725 号写本《书仪》残卷曰:"近代之人多不亲迎入室,即是遂就妇家成礼,累积寒暑,不向夫家。"这一情况当是受到突厥属下诸部习俗之影响,故于西陲之

---

① 《史记·滑稽列传》:"淳于髡者,齐之赘婿也。"司马贞《索隐》:"女之夫也,比于子,如人疣赘,是馀剩之物也。"《汉书·贾谊传》载所撰《陈政事疏》"家贫子壮则出赘",颜师古注:"谓之赘婿者,言其不当出在妻家,亦犹人身体之有胈赘,非应所有也。"从上引二家之说中亦可窥知唐人之贱视赘婿。

地尤为多见。① 但这类婚事如发生在中原的汉族高门,则他人之视那些寄居女家的人,也就是赘婿的身份了。

李白出身于西域迁来的家庭,自然会受到突厥文化的影响。他之入赘许家,自称"许相公家见招",心理上没有什么障碍,可见他的观念颇有与当时其他文人不一样之处。

总的看来,李白在安陆时期的生活颇不惬意。大约在隐居寿山前后,曾向安州长史李京之献诗干谒,而他在《上安州李长史书》中,仅为了将李京之误认为故人魏洽,就卑词一再谢罪。看来当时处境窘迫,亟欲求得他人援手。内云:"白孤剑谁托,悲歌自怜。迫于凄惶,席不暇暖。寄绝国而何仰,若浮云而无依。南徙莫从,北游失路。"可见其时生活上的落魄。当然,李白毕竟有其独特的气概,他在《书》的开头作自我介绍时,仍然意气不衰,云是"白嵚崎历落可笑人也。虽然,颇尝览千载,观百家"。仍然保持着高傲而自尊的气概。

随后他给接任李京之的裴长史写了一封长信,详细介绍了个人的身世,抒发个人的抱负。因此,《上安州裴长史书》已成为研究李白身世的一份重要记录,书中提到:"前此郡督马公,朝野豪彦,一见尽礼,许为奇才,因谓长史李京之曰:'诸人之文,犹山无烟霞,春无草树。

---

① 参看周一良《敦煌写本书仪中所见的唐代婚丧礼俗》,原载《文物》1985年第 7 期,后收入《魏晋南北朝史论集续编》,北京大学出版社 1991 年版。周氏又云:"由这段记载我联想到某些唐人小说的内容。有名的张鷟的《游仙窟》,以及《太平广记》中所收不少篇唐代传奇,都是讲男子投到女子家中,结为夫妇。过去有人解释为反映唐代社会中的妓女生活。现在看来,是否也可以解释为'不亲迎入室'、'就妇家成礼'这样风习的反映呢?"又据宋代记载,川陕地区仍有招赘婿的风气,不知是否与西边少数民族的风气有关? 崇仪副使郭载于淳化元年所作之《乞禁招赘婿奏》曰:"臣前任使剑南,见川陕富人多招赘婿,与所生子齿,富人死即分其财,故贫人多舍亲而出赘,甚伤风化而益争讼,望禁之。"载《续资治通鉴长编》卷三一。

李白之文,清雄奔放,名章俊语,络绎间起,光明洞彻,句句动人。'"然而李京之仍然无所举动。就是接他职位的裴长史,也不见有什么反应。郡督马公虽有赞赏之词,然而也没有作出什么实际的帮助。

《上安州裴长史书》中说:"白窃慕高义,已经十年。云山间之,造谒无路。今也运会,得趋末尘。承颜接辞,八九度矣。"想来这时已经入赘许府,然而这桩亲事对他提高社会地位仍然没有什么帮助。

李白居住安陆期间,还曾移家前往白兆山隐居,《安陆白兆山桃花岩寄刘侍御绾》诗内云:"云卧三十年,好闲复爱仙。蓬壶虽冥绝,鸾凤心悠然。"可知他隐居求仙的念头始终没有停息过。

在此期间,李白好酒的脾性,越发厉害,曾有《赠内》诗曰:"三百六十日,日日醉如泥。虽为李白妇,何异太常妻。"这里用的是《后汉书·周泽传》中的故事。周泽任太常卿,主礼乐祭祀,曾犯病,卧于斋宫中,妻子念其老病,前去探视。周泽以为她干犯斋禁,怒而送她入狱以谢罪。当时有人为此作歌曰:"生世不谐,作太常妻。一岁三百六十,三百五十九日斋,一日不斋醉如泥。"说明他与许夫人之间的关系,还是和谐而欢畅的,故能有此调侃之词。然亦可见李白沉湎于酒的狂态了。

李白在楚地时,常到各地漫游,曾在襄阳会见隐居鹿门山的孟浩然,后来在江夏再次相见,孟浩然东下去扬州,李白写了一首传诵千古的绝句《黄鹤楼送孟浩然之广陵》:

> 故人西辞黄鹤楼,烟花三月下扬州。孤帆远影碧空尽,唯见长江天际流。

这可能是李白登上诗坛的初期首先结交的一位杰出诗人。孟浩然大李白十二岁,诗风截然有异。孟诗淡远高朗,故后人每与王维并列,称之为王孟诗派。李白的诗则一气直下,犹如奔腾的波涛。他也喜用大江大河来作比喻,宣泄他磅礴的感情。孟浩然与李白的个性和作品风格截然不同,但有其共同的地方,就是喜欢隐居在风景优美之地而又不忘出仕。只是孟浩然隐居一生,始终没有一展抱负的机会。

李白对孟浩然一直抱有敬意,《赠孟浩然》诗中申述道:"我爱孟夫子,风流天下闻。红颜弃轩冕,白首卧松云。醉月频中圣,迷花不事君。高山安可仰,徒此揖清芬。"这里李白特别强调孟浩然"不事王侯,高尚其志"的品格,可能在这一点上引起了他的共鸣,因而结下了深厚的友谊。①

但李白在此地可始终不能求得一个安定的环境,找到一次发展的机会。《上安州裴长史书》中最后说:"何图谤言忽生,众口攒毁。"虽然他胸怀坦荡,无所畏惧,但他也已无法再在这狭隘的环境中讨生活,因此他随即声明,假若不能求得谅解,不接受他的解释,"白即膝行于前,再拜而去,西入秦海,一观国风,永辞君侯,黄鹄举矣。何王公大人之门,不可以弹长剑乎?"

他要西入长安另求出路了。

五、二入长安

李白就婚许府几年后,大约在开元二十年(732)前后,即经南阳向长安进发。一路上,李白结交地方官吏,广交诗友,但其主要行踪则是往来于长安、洛阳两地。这些活动的目的很明确,就是为了一登仕途。

---

① 关于李白赠孟浩然二诗的年序,参看杨承祖《李白赠孟浩然与黄鹤楼送孟诗的年序问题》,载《中国李白研究》1998—1999 年集(李白与天姥国际会议专辑),安徽文艺出版社 2000 年版。

这时的活动,少不了也有隐居一事。他曾隐居于洛阳附近的嵩山与长安附近的终南山。李白性好山水,又好神仙,故乐于在名山隐居。他在这些活动中,也不排除有"上达圣听"的用意。

从汉代起,就有隐逸之士受到执政者的征辟而骤登大位的事例。刘备三顾茅庐,礼请诸葛亮出山,君臣际会,已成历史上的佳话。梁代陶弘景隐于茅山,而又参与时政,梁武帝屡遣人前去咨询,时号"山中宰相"。这些历史上的往事对后人深有影响,唐代一直有人借隐居养望,后获升腾。

唐代以长安为西都,以洛阳为东都。皇帝在长安时,隐士就到终南山隐居;皇帝在洛阳时,隐士就到嵩山隐居,时人称之为"随驾隐士"。李白曾在两地居住,其间情况,可以分别作些介绍。

这里先说终南山的情况。他曾居住在玉真公主位于终南山的别馆中。

章怀太子墓壁画外国使臣朝贡图

李白入长安后,结识了不少人,中多名流,对他后来的发展,发生过重大影响。其中之一,就是与玉真公主的来往。李白作有《玉真公主别馆苦雨赠卫尉张卿》二首,抒发怀才不遇之感,其一曰:"吟咏思管乐,此人已成灰。独酌聊自勉,谁贵经纶才？弹剑谢公子,无鱼良可哀。"其二曰:"丹徒布衣者,慷慨未可量。何时黄金盘,一斛荐槟榔。功成拂衣去,摇曳沧州傍。"诗中仍以管、乐自许,但他当时处境艰难,得不到主人的赏识,寄人篱下,因而以冯骥、刘穆之作比喻,预期他日必将一展雄才,希望张卿予以重视。这位张卿,当是玉真公主的丈夫,唯其名已难确考。这位驸马官卫尉卿,因其地位之尊,故李白投诗求助,但此人不具慧眼,看来对此无所反应。①

玉真公主为睿宗之女,玄宗之妹。按睿宗共十一女,玉真公主与玄宗同母,感情最称亲密。玉真公主好道,睿宗太极元年(712)即出家入道,法号持盈。玉真公主别馆在终南山楼观台西南。公主喜结交文士,故文士常出入此地。王维、储光羲等均有诗赠之,高适亦曾有诗投赠,但李白这次至别馆投止,可没有什么结果。

这是唐代社会的一种特殊情况,或许会引起后代读者的诧异,甚至引起非议,但一个时代有一个时代的情况,后人也不必以变化了的时代观点议论前人。唐人承魏晋南北朝之遗习,帝王又好道,每从山林隐逸之士中征拔人才,故有抱负而不屑走科举道路的人中有的就喜走这一捷径。这里确有一些矫情虚诈之人,如卢藏用,《新唐书》本传

---

① 参看郁贤皓《李白与张垍交游新证》,载《南京师院学报》1978年第1期。张垍为张说之子,尚宁亲公主,为驸马都尉,开元十八年至二十年时任卫尉卿,参见张九龄《故开府仪同三司行尚书左丞相燕国公赠太师张公(说)墓志铭并序》。后李清渊撰《李白赠卫尉卿诗别考》,载《文学遗产》1992年第6期,不同意定此人为张垍,认为当是常芬公主之婿张去奢。其后郁贤皓作《再谈李白诗中"卫尉张卿"和"玉真公主别馆"》,载《南京师大学报》1994年第1期,驳正李文中的张去奢说;又作《李白与玉真公主过从新探》,载《文学遗产》1994年第1期,据《唐故九华观主□师藏形记》,考知玉真公主曾出嫁过,驸马张姓,唯不知其名,此人或即李白诗中的卫尉卿。

上记载他在科举上不得意,乃隐居终南山,后得武后召见,出山入仕,官至尚书右丞。睿宗时,司马承祯自天台山应诏入京,还山时,藏用指终南山曰:"此中大有嘉趣。"承祯讥笑他说:"以仆视之,仕宦之捷径耳。"这就拆穿了卢藏用以高雅的手腕谋取利禄的用心。①《旧唐书·卢藏用传》称其"趑趄诡佞,专事权贵,奢靡淫纵,以此获讥于世"。这类假隐士在当时为数是不少的。

李白的情况有别。他因生长在文化背景与众有异的环境中,从不想走科举的道路。先前一些杰出之士脱颖而出的事例,一直鼓舞他走不寻常的升腾之路。刘全白《唐故翰林学士李君碣记》上说,他"浪迹天下,以诗酒自适。又志尚道术,谓神仙可致,不求小官,以当世之务自负"。可知他不屑于走一般的仕宦道路,一步一步地求得升迁。他要像诸葛亮、陶弘景那样,以隐士起家而立抵卿相;像管仲、乐毅一样,干一番旋乾转坤的大事。他对自己的理想是真诚对待的,自少至老一直为此而奋斗。

像卢藏用这样的假隐士,身居名山,但对自然风光无所感悟。对他来说,良辰美景,只是提供个人名利的手段。李白不同,他在隐居嵩山与终南山时,写下了不少描写自然风光的诗篇。李白的诗人之心极为纯真,无论是隐居而高卧林泉,还是追求仕宦机遇而希望一展抱负,他都抱着一片至诚之心,因而能够得到他人的认可。后人只能说他天真,但绝不是什么矫饰。

李白第一次入京活动,约经两年左右,以无结果而告终,当然感到失落。随后他在邠州、坊州等地写下的诗篇中,均以不遇知音而深感

---

① 并见《大唐新语·隐逸》,后云:"藏用博学工文章,善草隶,投壶弹琴,莫不尽妙。未仕时,尝辟谷练气,颇有高尚之致。及登朝,附权要,纵情奢逸,卒陷宪纲,悲夫!"《太平广记》卷二四〇引《谭宾录》,曰:"[卢藏用]隐居之日,颇以贞白自炫,往来于少室、终南二山,时人称为假隐。"

失意。《酬坊州王司马与阎正字对雪见赠》诗曰：

> 游子东南来，自宛适京国。飘然无心云，倏忽复西北。访戴昔未偶，寻嵇此相得。愁颜发新欢，终宴叙前识。阎公汉庭旧，沉郁富才力。价重铜龙楼，声高重门侧。宁期此相遇，华馆陪游息。积雪明远峰，寒城锁春色。主人苍生望，假我青云翼。风水如见资，投竿佐皇极。

他在《赠新平少年》中又说：

> 韩信在淮阴，少年相欺凌。屈体若无骨，壮心有所凭。一遭龙颜君，啸咤从此兴。千金答漂母，万古共嗟称。而我竟何为，寒苦坐相仍。长风入短袂，内手如怀冰。故友不相恤，新交宁见矜？摧残槛中虎，羁绁韝上鹰。何时腾风云，搏击申所能？

李白在各处飘荡，虽然未得大用，但仍得到一些朋友的帮助。例如挚友元演就曾悉心招待。李白初入长安，无所知遇，西涉邠、坊，仍无所获，元演就邀请他同游太原。其时元演之父任太原府尹，李白居留于此，约有年把左右。北方风土与南方不同，霜天寥廓，胡鹰盘旋，李白在《忆旧游寄谯郡元参军》诗中追叙曰："君家严君勇貔虎，作尹并州遏戎虏。五月相呼渡太行，摧轮不道羊肠苦。行来北凉岁月深，感君贵义轻黄金。琼杯绮食青玉案，使我醉饱无归心。时时出向城西曲，晋祠流水如碧玉。浮舟弄水箫鼓鸣，微波龙鳞莎草绿。兴来携妓恣经过，其若杨花似雪何。红妆欲醉宜斜日，百尺清潭写翠娥。翠娥婵娟初月辉，美人更唱舞罗衣。清风吹歌入空去，歌曲自绕行云飞。"可见其时兴致之高了。

他在一些诗作中，仍然表现出很高的抱负，例如《赠郭季鹰》诗中说：

> 河东郭有道，于世若浮云。盛德无我位，清光独映君。耻将鸡并食，长与凤为群。一击九千仞，相期凌紫氛。

在这一段时间内，李白到处飘流，到过不少地方。据分析，他曾到过梁宋、东鲁、宣州、楚州、苏杭等地。或许是李家上代生活在游牧民族广袤土地上的经历，曾在李白心灵上留下过很深的烙印，因而他常是席不暇暖，奔走四方，游览名山大川，结交官员、诗友与隐士，也曾数度回到安陆妻儿身边。其间写下了不少诗歌。由于李白的诗大都缺乏明确的时地记载，不易勾勒出清晰的来往线索，这里只能就其重大的经历作些分析。

李白见到各地官员时，免不了也有干谒之事。当他于开元二十二年（734）路过襄阳时，曾去拜会大都督府长史兼襄阳刺史韩朝宗，递上著名的《与韩荆州书》，介绍个人情况曰：

> 白陇西布衣，流落楚汉。十五好剑术，遍干诸侯；三十成文章，历抵卿相。虽长不满七尺，而心雄万夫。王公大臣，许以气义。此畴曩心迹，安敢不尽于君侯哉！君侯制作侔神明，德行动天地，笔参造化，学究天人。幸愿开张心颜，不以长揖见拒。必若接之以高宴，纵之以清谈，请日试万言，倚马可待。今天下以君侯为文章之司命，人物之权衡，一经品题，便作佳士。而君侯何惜阶前盈尺之地，不使白扬眉吐气，激昂青云耶？

李白用的比喻多与他人不同。他把韩朝宗比作战国时期四公子之一的平原君，而把自己比作期待脱颖而出的毛遂。这种看法，在其他文士的干谒之作中是不多见的。韩朝宗以好士著称，对此无所举动，原因何在，史无明文，后人当然难以测度。但韩朝宗看到这种目无馀子的游士口吻，可能就会退避三舍，至少不敢径行推荐了。

李白曾数度来往于嵩山，并至洛阳活动。在嵩山隐居者，有元丹丘其人。他是李白的多年好友，二人曾在安州一起活动，《上安州裴长史书》中提到郡督马公对长史李京之称赞李白的一番话，"此则故交元丹亲接斯议"，也就是元丹丘转告他的。① 李白作有《题元丹丘颍阳山居并序》一诗，首云："丹丘家于颍阳，新卜别业。其地北倚马岭，连峰嵩丘，南瞻鹿台，极目汝海，云岩映郁，有佳致焉。白从之游，故有此作。"诗中说道："仙游渡颍水，访隐同元君。忽遗苍生望，独与洪崖群。"说明元丹丘原来也有用世之志，与李白志趣相仿，故而交游甚契的吧。

但李白未在元丹丘的居处久住，不久就离开而返回安陆了。《颍阳别元丹丘之淮阳》诗中说："万事难并立，百年犹崇晨。"说明他仍未能忘情世事。所谓"难并立"者，仕隐之事无法两全也。诗云"悠悠市朝间，玉颜日缁磷"，说明他先时曾在重要的政治中心活动过，但得不到发展的机会，因而有时不我待、年华老大之感。看来李白这次或许是从洛阳归来顺便拜访元丹丘的。他对这里的自然风光甚为称赞，认为正是隐逸之士的理想地点，但他还是不忘事功，因而不能于焉终老。

开元后期，李白还曾与孔巢父、韩准、裴政、张叔明、陶沔等隐于徂徕山，时称"竹溪六逸"。徂徕亦为逸人栖隐的名山，《新唐书·隐逸传》载王希夷居兖州徂徕，"玄宗东巡狩，诏州县敦劝见行在，时九十

_____

① 参看郁贤皓《李白与元丹丘交游考》，原载《河南师大学报》1981年第1期。

馀,帝令张说访以政事,宦官扶入宫中,与语甚说,拜国子博士,听还山"。可知此地虽似僻在东隅,然以位处京师赴山东之要道上,故隐此者亦能上达天听。

"六逸"中人名声颇高。可见李白不断积累声望的结果,在社会上占有越来越高的地位。

开元之末,许氏夫人似已不幸去世。许氏为他生下一子一女:子名伯禽,小名明月奴,女名平阳,已见上述。看来李白已难再在许家耽下去。原来他是赘婿的身份,如今许家的女儿已不在,那他也就失去依傍,况且前时住此已有麻烦,这时处境更为落魄,只得迁地为良,于是他带着两个孩子,移家东鲁。魏颢在叙及李白家室时,曰"白始娶于许","又合于刘。刘诀,次合于鲁一妇人,生子曰颇黎,终娶于宋(宗)"。这里用上"娶""合"二字,含义有别。许、宗二妇是"娶"的关系,即曾正式成婚,刘氏与鲁一妇人是"合"的关系,大约只是同居。或许李白膝下一子一女年幼,需要另一女人照料,所以先后与人同居的吧。

天宝元年(742),李白终于时来运转,迎来了重大喜讯。《旧唐书》卷九《玄宗本纪下》载天宝元年春正月丁未朔,诏"前资官及白身人有儒学博通、文辞秀逸及军谋武艺者,所在具以名荐"。玉真公主遂向皇上荐举,玄宗乃下诏书征其入京。

李白这时处境不佳,长期奔走无成,但他过去埋下的种子发芽了。玉真公主终于想起了他。分析起来,这也是很自然的。公主爱结交文士,又好"道",李白具有这些良好条件,迟早会得到赏识。[1] 李白随即

---

[1] 玄宗诏征李白入京,何以有此举措,说法不一。《旧唐书·李白传》说是出于道友吴筠的推荐,郁贤皓作《吴筠荐李白说辨疑》,载《南京师院学报》1981年第1期;李宝均作《吴筠举荐李白入长安辨》,载《文史哲》1981年第1(注转下页)

匆匆入京,临行前作《南陵别儿童入京》一诗,云:

> 白酒新熟山中归,黄鸡啄黍秋正肥。呼童烹鸡酌白酒,儿女嬉笑牵人衣。高歌取醉欲自慰,起舞落日争光辉。游说万乘苦不早,著鞭跨马涉远道。会稽愚妇轻买臣,余亦辞家西入秦。仰天大笑出门去,我辈岂是蓬蒿人! ①

诗中先是说到"儿女嬉笑牵人衣",可见平阳、伯禽其时年纪尚小,后又说到"会稽愚妇轻买臣",可见他还受到了家室中人的轻视,精神上很不愉快。李白文才盖世,又有很高的抱负,这时在外面谋不到发展的机会,家中得不到同居妇人的尊重,一中道而诀,一像朱买臣的妻子,嫌他无能,无疑会在精神上造成折磨。这次天子下诏征召,难怪他兴高采烈,"游说万乘苦不早",如今终于盼到了这一天,于是"仰天大笑出门去",对前途充满着希望。

　　或许玄宗在征召他的诏敕中没有说清楚,李白入京担当何职,但

（续上页注）期,二人均据权德舆《唐故中岳宗元先生吴尊师集序》为说,以为序中介绍的吴筠事迹,出于吴筠门生邵翼玄口述,应当可靠,而这与《旧唐书》本传中的记载不合,因此由吴筠推荐之说不太可信。李白在《为宋中丞自荐表》中则说:"天宝初,五府交辟,不求闻达。亦由子真谷口,名动京师,上闻而悦之,召入禁掖。"然而也找不到什么旁证,不知是否出于夸张?魏颢《李翰林集序》中则说李白入京为翰林供奉,出于玉真公主所荐。因魏颢为李白的崇拜者,记载的事迹多出自李白自述,故由玉真公主所荐一说最为可信。当然,玄宗可能也曾受到其他影响而有此举。

　　① 李白由南陵入京。南陵地在何处?过去注家都以此为淮南道宣州之属县,然与李白诗中所言"西入秦"之地望不合。葛景春、刘崇德《李白由东鲁入京考》首先提出怀疑,文载《河北大学学报》1983 年第 1 期。安旗《李白寓家瑕丘说》以为曲阜南有陵城村,人称南陵。此地当即李白诗中之南陵。文载《人文杂志》1987 年第 1 期,后收入论文集《李白研究》,改题《东鲁寓家地考》。

他却视作一次"游说万乘"的机会,以为战国时期纵横游说之士的盛况可以再现了。

李白于天宝元年入京,天宝三年赐金还山,接续计算,前后跨有三年时间。这对李白来说,不论在当时或事后,都以津津有味的口吻回忆或陈述。《赠从弟南平太守之遥二首》其一:

> 汉家天子驰驷马,赤车蜀道迎相如。天门九重谒圣人,龙颜一解四海春。彤庭左右呼万岁,拜贺明主收沉沦。翰林秉笔回英盼,麟阁峥嵘谁可见?承恩初入银台门,著书独在金銮殿。龙驹雕镫白玉鞍,象床绮席黄金盘。当时笑我微贱者,却来请谒为交欢。

《驾去温泉宫后送杨山人》曰:

> 少年落魄楚汉间,风尘萧瑟多苦颜。自言管葛竟谁许,长吁莫错还闭关。一朝君王垂拂拭,剖心输丹雪胸臆。忽蒙白日回景光,直上青云生羽翼。幸陪鸾辇出鸿都,身骑飞龙天马驹。王公大人借颜色,金章紫绶来相趋。当时结交何纷纷,片言道合唯有君。待吾尽节报明主,然后相携卧白云。

多年的郁积为之一抒。当年那些轻视自己的人,却忙着来巴结,来奉承,这对自视甚高而又长期遭到压抑的人来说,真是翻了个身。原因何在?为何一夜之间身份地位会有这么大的巨变?只是因为得到了天子的征召,《单父东楼秋夜送族弟况之秦》中说:"长安宫阙九天上,此地曾经为近臣。"因为他已成为天子身边的人,其身份自然也就超越常人。

李白在未出山前，就已立下大志，《代寿山答孟少府移文书》中自申怀抱，云是将"申管晏之谈，谋帝王之术。奋其智能，愿为辅弼，使寰区大定，海县清一"。这时却满足于文学侍从的身份，这与他平时的抱负有无矛盾？

李白多次表明，他想效法太公、管仲与诸葛亮等人。这些人原沉沦于下层，或苟全性命于乱世，但一旦明主慕名垂顾，也就出山一展抱负，建立了不世的功业。这是李白政治理想中的最高目标，也是他多次表明的效法对象。这时形势不同，开元、天宝之际，唐王朝正如日中天，处在全盛时期，至少在表面上是如此。明皇的声誉还处在无可比拟的崇高地位。李白虽信从纵横家说，但处在这样的条件下，却是无法"申管晏之谈，谋帝王之术"，他只能走心目中另一些效法对象的道路，如乡先辈司马相如、扬雄等人一样，以文学博得帝王的亲近与重视。

司马相如与扬雄均以作赋而得到帝王的欣赏。他们是蜀地早期在中央政府中取得显要地位的文士，因而对后辈文人一直起到激励的作用。司马相如本身也是一名游士，慕蔺相如之为人而取今名。他不甘与其他赋家并列，后又奉使绥抚西南夷，在政治上有所作为。因此在李白心目中，更占重要地位。

李白像司马相如一样因文学而得亲近皇上，这一段"近臣"历史，一直作为美好时光而铭刻在记忆中。《化城市大钟铭序》中亦云："白昔忝侍从，备于辞臣。"他也期望能像司马相如一样通过辞臣的位置而涉足政治，《书情赠蔡舍人雄》曰："遭逢圣明主，敢进兴亡言。"可知他也确是为此作出过努力。

李白任职的官署为翰林院。玄宗即位之初，即设翰林院。开元二十六年，又别置学士院，专掌诏令制诰。事后翰林学士的职位越发显要，人们又喜以后来分化出来的职位称呼前时曾在翰林供职的人，于是像李华、刘全白、范传正、裴敬等人为李白碑碣撰文之时，均称之为翰林学士。这种似是而非的称呼，一直沿袭至今。实则李白的正式职称是翰林待诏，或称翰林供奉，这在唐代专门记录翰林故事的典籍中是记载得很明确的。韦执谊《翰林院故事》曰："翰林院者，在银台门内麟德殿西重廊之北，盖天下以艺能伎术见召者之所处也。学士院者，开元二十六年之所置，在翰林院之南，别户东向。考视前代，即无旧名。……至二十六年，始以翰林供奉改称学士，由是遂建学士，俾掌内命，太常少卿张垍、起居舍人刘光谦等首居之，而集贤所掌，于是罢息。白后给事中张埱，中书舍人张渐、窦华等相继而入焉。其外有韩泫、阎伯玙、孟匡朝、陈兼、蒋镇、李白等在旧翰林中，但假其名，而无所职。"（《翰苑群书》卷四）李肇《翰林志》曰："开元二十六年，刘光瑾、张垍乃为学士，始别建学士院于翰林院之南；又有韩泫、阎伯舆、孟匡朝、陈兼、李白、蒋镇在旧翰林院，虽有其名，不职其事。"（同上卷一）可知李白始终处在供养"艺能伎术"的翰林院中。中唐之后有人"假"其名曰翰林学士，只是用后起的名称称呼他，实则没有担任此职。

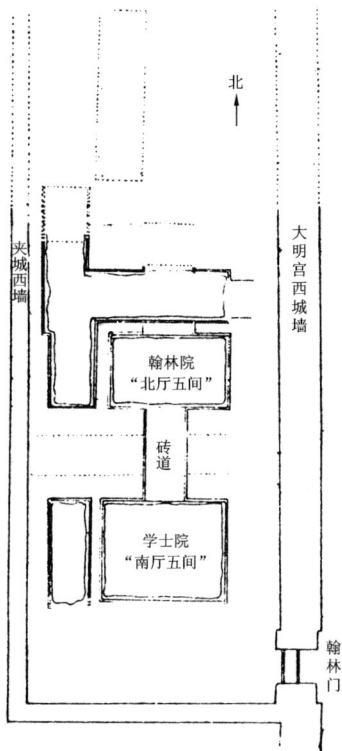

翰林院遗址平面图

翰林待诏以"艺能伎术"而受到征召。看来这些人物进入翰林院时，只有这一职称，但如得到皇帝的亲近和信任，也就可以加领其他职务。当然，也有一大批人是先有了职务，再以某一方面的专长而供奉翰林的。①

　　皇帝身边有一批专门人才侍奉他,这是一种古老的制度,先秦时期的博士即如此。② 汉代帝王身边的文学侍从之臣,也以文学为伎艺而供奉帝王。李白以诗文为"艺能伎术"而入翰林,始终停留在文学侍从的位置上,没有进入正规的官僚队伍。

　　《旧唐书》卷四三《职官志二》叙翰林院曰:"天子在大明宫,其院在右银台门内;在兴庆宫,院在金明门内;若在西内,院在显福门。若在东都、华清宫,皆有待诏之所。其待诏者,有词学、经术、合炼、僧道、卜祝、术艺、书弈,各别院以廪之,日晚而退。其所重者词学。"其时李白作有《侍从游宿温泉宫作》《温泉侍从归逢故人》《侍从宜春苑奉诏赋龙池柳色初青听新莺百啭歌》等诗,其身份是很明确的。《逢故人》诗云:"汉帝长杨苑,夸胡羽猎归。子云叨侍从,献赋有光辉。激赏摇天笔,承恩赐御衣。逢君奏明主,他日共翻飞。"他像司马相如、扬雄一样,以文学才华博得了天子的赏爱。他对自己的地位感到满意。

　　李白的一些友人也常提到这一段光辉历史,深以李白能为文学侍从之臣而亦引以为荣,从而赞扬他的文学成就之高。杜甫《寄李十二白二十韵》曰:

　　　　文采承殊渥,流传必绝伦。龙舟移棹晚,兽锦夺袍新。白日来深殿,青云满后尘。

任华《杂言寄李白》曰:

　　① 　参看傅璇琮《李白任翰林学士辨》,载《文学评论》2000 年第 5 期。
　　② 　参看拙著《前修或未密,后当转精——读王国维〈汉魏博士考〉》,载《当代学术研究思辨》,南京大学出版社 1991 年版;后收入《周勋初文集》第五册,江苏古籍出版社 2000 年版。

见说往年在翰林，胸中矛戟何森森。新诗传在宫人口，佳句不离明主心。身骑天马多意气，目送飞鸿对豪贵。承恩召入凡几回，待诏归来仍半醉。

这里牵涉到一些有关李白的传说。李白是否曾让高力士脱靴，是否写过一些宫中行乐的篇章，学术界都有不同的看法，有的学者就认为这些均属小说家言，不足置信。[①]

高力士是最受玄宗宠信的宦官，肃宗在东宫时称之为二兄，诸王公主均称之为阿翁，驸马辈则呼之为爷，权相李林甫对他也甚为敬畏，按之常情，李白不可能做出命其脱靴之事。但世上之事可绝不能均以常情度之。李白天性狂放，又值醉中，因而也无截然排除此事的理由。按此事首先见于李肇《国史补》卷上之记载，文曰：

李白在翰林多沉饮。玄宗命撰乐词，醉不可待，以水沃之，白稍能动，索笔一挥十数章，文不加点。后对御引足令高力士脱靴，上命小阉排出之。

其后段成式在《酉阳杂俎》前集卷十二《语资》中也有记载：

李白名播海内，玄宗于便殿召见，神气高朗，轩轩然若霞举，上不觉忘万乘之尊。因命纳履，白遂展足与高力士，曰："去靴。"力士失势，遽为脱之。及出，上指白谓力士曰："此人固穷相。"

李肇是元和、长庆时期的著名文士，曾长期担任翰林学士与中书舍人

① 参看裴斐《李白的传奇与史实》，载《文学遗产》1993 年第 3 期。

等要职,熟悉翰苑掌故,撰有《翰林志》及《国史补》等书,记载文人轶事甚多,内容颇平实可信,向为学界所重视。段成式以博学著称,所记前朝旧事,可补正史所缺者甚多。新、旧《唐书》援引此类轶事记入正史,当以其有可信之处。

李白其时作有《玉壶吟》一诗,曰:

> 烈士击玉壶,壮心惜暮年。三杯拂剑舞秋月,忽然高咏涕泗涟。凤凰初下紫泥诏,谒帝称觞登御筵。揄扬九重万乘主,谑浪赤墀青琐贤。朝天数换飞龙马,敕赐珊瑚白玉鞭。世人不识东方朔,大隐金门是谪仙。西施宜笑复宜颦,丑女效之徒累身。君王虽爱蛾眉好,无奈宫中妒杀人。

这里他把自己东方朔般的身份和"谪仙"一称联系了起来。李白对自己享有"谪仙人"的称誉极为看重,因为这与他的个性与风貌相合,而他之所以荣膺这一称号,也是他在这次进京之后不久的一大收获。

《对酒忆贺监二首序》曰:

> 太子宾客贺公于长安紫极宫一见余,呼余为谪仙人,因解金龟换酒为乐。没后对酒,怅然有怀而作是诗。

《序》中所说的紫极宫,是京城中一座重要的道观。二人在道教气氛笼罩的圣地相遇,李白"仙风道骨",产生了巨大的吸引力,贺知章乃尊之为"谪仙人"。[①] 这使李白感到荣耀,宛如真的从天而降一样。于是他

---

① 《旧唐书》卷九《玄宗本纪下》天宝二年三月壬子:"改西京玄元庙为太清宫,东京为太微宫,天下诸郡为紫极宫。"可知李、贺相晤当在京兆府之(注转下页)

在第一首诗的开头时又反复地说:"四明有狂客,风流贺季真。长安一相见,呼我谪仙人。"

李白荣获的谪仙称号,迅速地在京城中传播开了。李阳冰在《草堂集序》中提到"又与贺知章、崔宗之等自为八仙之游,谓公谪仙人,朝列赋谪仙之歌,凡数百首"。范传正《李公新墓碑》中也说:"在长安时,秘书监贺知章号公为谪仙人,吟公《乌栖曲》,云:'此诗可以哭鬼神矣。'时人又以公及贺监、汝阳王、崔宗之、裴周南等八人为酒中八仙。朝列赋《谪仙歌》百馀首。"可惜这些《谪仙歌》都已失传了,以致后人无法从中窥知其时盛况。

杜甫所作《饮中八仙歌》今存,尚可窥知其时诸仙之醉态:

知章骑马似乘船,眼花落井水底眠。汝阳三斗始朝天,道逢麹车口流涎,恨不移封向酒泉。左相日兴费万钱,饮如长鲸吸百川,衔杯乐圣称避贤。宗之潇洒美少年,举觞白眼望青天,皎如玉树临风前。苏晋长斋绣佛前,醉中往往爱逃禅。李白一斗诗百篇,长安市上酒家眠,天子呼来不上船,自称臣是酒中仙。张旭三杯草圣传,脱帽露顶王公前,挥毫落纸如云烟。焦遂五斗方卓然,高谈雄辩惊四筵。

（续上页注）紫极宫。而《本事诗·高逸》曰:"李太白初自蜀至京师,舍于逆旅。贺监知章闻其名,首访之。既奇其姿,复请所为文,出《蜀道难》以示之。读未竟,称叹者数四,号为谪仙,解金龟为酒,与倾尽醉。期不间日,由是称誉光赫。"所记时地与李白自述不合,故不取。《唐摭言》卷七《知己》有类似记载,或据同一传说。参看松浦友久《李白的客寓意识及其诗思——李白评传》第五章《李白在长安的体验(上)》(四)《与贺知章的会面》,刘维治、尚永亮、刘崇德译,中华书局 2001 年 10月版。

但李白这种飘飘欲仙的日子没有维持多久。宫廷之内，矛盾重重，正是钩心斗角之徒角逐的地方。李白终于遭到了谗言，受到了冷遇。其他待诏翰林的人，在得皇帝亲幸之后，一般都加上了正式的官衔，如中唐时期的王叔文，"以棋待诏"①；王伾，"始以书待诏翰林"②，得到德宗赏识之后，使入东宫任侍读、侍书之职，然后步步升迁，进入最高职位。李白则始终以翰林待诏的身份供奉左右，没有授予正式的官职。

推究起来，当以李白好酒，故不能担当政务。这应当也是李白不能升任要职的原因之一。杜甫作《饮中八仙歌》，为开元、天宝时期长安市上著名的八位嗜酒者作真实写照。③"李白一斗诗百篇，长安市上酒家眠，天子呼来不上船，自称臣是酒中仙。"玄宗对他虽有爱护之心，也欣赏他的文才，但玄宗本是事功中人，对于李白这样的处世态度，自然不敢付予要职了。

《本事诗·高逸》与《唐摭言》卷十三《敏捷》载，李白曾乘醉作《宫中行乐》五言律诗十首，或称《宫词》十首。小说中的记载，每据传闻，故于细节上或有出入。如《本事诗》记这一组诗作于"李太白初自蜀至京师"时，然据目下考证，李白入京共两次，这一组诗应当作于二入长安时。《唐摭言》则云这一组诗作于"开元中"，时间上也有错误，这一组诗应该作于天宝二年左右。这十首五言律诗，是否就是目下《集》中

---

① 见新、旧《唐书·王叔文传》。
② 见新、旧《唐书·王伾传》。
③ 杜甫《饮中八仙歌》当作于天宝五载以后，其时贺知章、焦遂等人已去世。范传正《唐左拾遗翰林学士李公新墓碑》云："时人又以公及贺监、汝阳王、崔宗之、裴周南等八人为酒中八仙。"可证当时"八仙"之称并非固定，杜甫所说的"八仙"也未必传闻而非写实，参看程千帆、莫砺锋、张宏生《被开拓的诗世界》中《一个醒的和八个醉的》一文，上海古籍出版社 1990 年版。

的八首（佚去两首），可以讨论，但将这类记载与流传下来的《宫中行乐词》相对照，应当承认这些诗歌确出李白之手，他人无法作伪。唐汝询《唐诗十集》癸集三曰："太白《宫中行乐词》，艳而浮，轻而少骨。掇江（淹）、庾（信）之绮丽，离鲍（照）、谢（朓）之沉雄，选李者信不当采。然题曰《行乐》，要是龟年所唱。假令王、孟作之，尚能清真邪？越人治病，随俗而变；艺苑评诗，随题而变可也。"李白这类诗歌确是随俗而变，随题而变，切合"宫中行乐"的主题。全诗词采富艳，格律谨严，又可见李白诗词的另一方面。应当说，李白在供奉翰林期间，洒脱不群，文笔倩丽，把他天才横溢的另一面也已发挥尽致。

下面引用其中的二、三两首，借示一斑。

柳色黄金嫩，梨花白雪香。王楼巢翡翠，珠殿锁鸳鸯。选妓随雕辇，征歌出洞房。宫中谁第一？飞燕在昭阳。

卢橘为秦树，蒲桃出汉宫。烟花宜落日，丝管醉春风。笛奏龙鸣水，箫吟凤下空。君王多乐事，还与万方同。

沈德潜《唐诗别裁》云第二首咏杨贵妃时"言下有祸水灭汉之意"，言第三首"中有规讽"；高步瀛《唐宋诗举要》也以为"托讽微婉"。要说这类诗歌有"讽"意的话，那也真像汉代的辞赋一样，只是"劝百讽一"。李白像汉代的辞赋家一样，对帝王的乐事加以颂扬，未必有多少讽谏的用意。李白不是那种正色立朝的人物。这里所显示的，只能说明他的创作在各种领域都与前代的传统相关。

敦煌伯2567唐诗选残卷有《宫中三章》，实即李白所作的《宫中行乐词八首》中的前三首。诗题下署"皇帝侍文李白"。据徐俊考证，此卷的编选和抄写年代当在天宝十二载以后，唐顺宗李诵永贞元年

（805）即位以前，距离李白创作的年代甚近。① 从残卷文字多讹误看，编选者或抄写者水平不高，他们或许不能正确地标明李白的官衔，但"皇帝侍文"一名，却是确切地指出了李白所充文学侍从之臣的身份，说明这在当时文学界已成一种共识。由此可证这一组诗确为李白所作。

李濬《松窗杂录》上记载，玄宗于兴庆池东沉香亭前植牡丹四本，与太真妃赏玩之际，召李白赋乐府，付李龟年歌之。这一热闹的故事，是否可信，学术界也有争论。但李白所作的《清平调》词三章，却流传了下来，后人也无法确证其为伪作。② 这一著名轶闻，又暴露了李白的与众不同之处。

这里将《清平调》三首录引于下：

> 云想衣裳花想容，春风拂槛露华浓。若非群玉山头见，会向瑶台月下逢。（其一）
> 一枝红艳露凝香，云雨巫山枉断肠。借问汉宫谁得似？可怜飞燕倚新妆。（其二）
> 名花倾国两相欢，长得君王带笑看。解释春风无限恨，沉香亭北倚阑干。（其三）

按乐府歌词之付演唱者，有清调、平调等不同曲调，但在他人的作品中，却没有见到有"清平调"的记载。人们对此作出了种种解释，见仁见智，至今未能达成共识。在此我们还应联系李白早年的经历进行

---

① 徐俊《敦煌诗集残卷辑考》卷上（法藏部分上），中华书局 2000 年版。

② 吴企明《李白〈清平调〉词三首辨伪》，载《文学遗产》1980 年第 3 期，以为这三首诗非李白所作。李廷先《李白〈清平调〉词三首辨伪商榷》，载《文学遗产》1981 年第 4 期，以为这三首诗确属李白之作。

考察。当他居住蜀中时,曾受南蛮文化的影响,杨宪益以为:"《清平乐》更显然为南诏乐调。当时南诏有清平官司朝廷礼乐等事,相当于唐朝的宰相。"这一说法是可信的。① 元代李京《云南志略》云:"其称呼:国王曰缥信,太子曰坦绰,诸王曰信苴,相国曰布燮,主文字之职曰清平官。"(张宗祥辑明钞本《说郛》卷三六引)联系李白剔骨葬友之事来看,他曾深受南蛮文化的影响,故以词臣奉召,即以"清平调"名其词。

李白在朝廷时,据说还有"草答蕃书"之事。范传正《李公新墓碑序》上说:"草答蕃书,辩如悬河,笔不停缀。"刘全白《李君碣记》上也说:"天宝初,玄宗辟翰林待诏,因为和蕃书。"这点也曾引起后人的质疑。因为按翰林供奉的职务来看,不应担当草拟朝廷公文的重任,但这也只是按之常情的推论,当时情况未必如此。因为唐朝廷自开元二十六年始置学士院,帝王的命令,所谓"内命",由彼处学士承担,但事属草创,两处职务是否已截然分割清楚,仍然无法断言。李白有《赠崔司户文昆季》诗,内云:

> 惟昔不自媒,担簦西入秦。攀龙九天上,忝列岁星臣。布衣

---

① 杨宪益《李白与〈菩萨蛮〉》,载《零墨新笺》,中华书局 1947 年版。今按:《太平广记》卷四八三《南诏》,原出《玉溪编事》,文曰:"南诏以十二月十六日,谓之星回节日,游于避风台,命清平官赋诗。骠信诗曰:'避风善阐台,极目见藤越。(原注:邻国之名也。)悲哉古与今,依然烟与月。自我居震旦,(原注:谓天子为震旦。)翊卫类夔契。依昔经皇运,艰难仰忠烈。不觉岁云暮,感极星回节。元昶(原注:谓朕曰元,谓卿曰昶。)同一心,子孙堪贻厥。'清平官赵叔达曰:(原注:谓词臣为清平官。)'法驾避星回,波罗毗勇猜。(原注:波罗,虎也;毗勇,野马也。骠信昔年幸此,鲁射野马并虎。)河阔冰难合,地暖梅先开。下令俚柔洽,(原注:俚柔,百姓也。)献睠弄栋(原注:国名。)来。愿将不才质,千载侍游台。'"《玉溪编事》三卷,金利用撰,见《崇文总目》小说类。《通志·艺文略》云"伪蜀金利用撰"。李白以词臣奉召,故以"清平调"命其词。

侍丹墀，密勿草丝纶。才微惠渥重，谗巧生缁磷。

他在《为宋中丞自荐表》中也说：

> 天宝初，五府交辟，不求闻达，亦由子真谷口，名动京师。上皇闻而悦之，召入禁掖。既润色于鸿业，或间草于王言，雍容揄扬，特见褒赏。

由此可见，李白虽然未曾专任草拟诏书的翰林学士，但以其文才之佳，也有机会偶尔委以草拟诏诰的要事。或以他文化背景与众有异，通晓异族文字，故曾担当草拟与"蕃"人有关的文书。所谓"草答蕃书"云云，当事出有因。

范传正的父亲与李白为故交①，刘全白早年曾与李白接触过②，他们的记叙，不可能是空穴来风。李阳冰《草堂集序》也说明皇"置于金銮殿，出入翰林中，问以国政，潜草诏诰，人无知者"。此亦可与"密勿草丝纶"语互证。

刘全白说李白还写过《宣唐鸿猷》一文，后代已经亡佚，但任华《杂言寄李白》中说："我闻当今有李白。《大鹏赋》、《鸿猷》文，嗤长卿，笑子云，班、张所作琐细不入耳，未知卿、云得在嗤笑限否？"可惜的是李

---

① 范传正《李白新墓碑》曰："传正共生唐代，甲子相悬，尝于先大夫文字中见与公有浔阳夜宴诗，则知与公有通家之旧。"

② 刘全白《唐故翰林学士李君墓记》曰："全白幼则以诗为君所知，及此投吊，荒坟将毁，追念音容，悲不能止。"又赵璘《因话录》卷三："刑部郎中元沛妻刘氏，全白之妹，贤而有文学，著《女仪》一篇，亦曰《直训》。夫人既寡居，奉玄元之教，受道箓于吴筠先生，精苦寿考。"可见刘全白与李白有多种因缘，故颇了解其情况。

白在此时期所作的文字大都已亡佚，然可推知时人记载中的若干文字应是事实。

魏颢《李翰林集序》称："上皇豫游，召白，白时为贵门邀饮，比至半醉，令制《出师诏》，不草而成，许中书舍人。以张垍谗逐，游海岱间，年五十馀尚无禄位。"可见李白确曾草拟过诏令，只是不像后人渲染得那么神奇就是了。① 张垍为玄宗的女婿，又以文采得宠。此人品格不端，忌李白文才而加谗毁，自属可信。李白为一疏狂文士，张垍挑其毛病而进谗言，也就阻断了李白的日后发展。

但李白一直以曾任"近臣"而自喜。他与历史上的御用文人不同，担当的是司马相如、扬雄等文学侍从之臣的角色，然仍保持狂放的风格，保留个人的喜好与生活方式，《流夜浪赠辛判官》曰："昔在长安醉花柳，五侯七贵同杯酒，气岸遥凌豪士前，风流肯落他人后？夫子红颜我少年，章台走马着金鞭，文章献纳麒麟殿，歌舞淹留玳瑁筵。"尽管其时身为翰林供奉，但仍保持过去的一贯作风，气势傲岸，不作媚世俗态，这就必然会遭到嫉妒者的中伤，妨碍他进一步担当要职。

就以《清平调》三首来说，风流旖旎，在乐府新词中确是异军突起，很少有人能写出同样的作品，无怪乎明皇、太真妃的喜爱。但以赵飞燕来比拟太真，总是用典欠妥，于此可见李白不像是那些精通奉承之道的御用文人，他只是一个名士，一个典型的文人。《松窗杂录》上说高力士以此挑拨太真，李白卒受其害，虽然其事未能肯定其必有，但还

---

① 冯梦龙编《警世通言》，第九卷《李谪仙醉草吓蛮书》中叙此事，唯将"蕃国"说成"渤海国"，则与史实不符。渤海国位处东北，是由靺鞨族建立的国家，该族汉化的程度很深，使用汉字，李白毋庸以"蕃书"作答。而且唐王朝与边疆民族建立的政权交往时，例以汉文作诏书。李白以答蕃书名震一时，当以其熟悉蕃方情况，通解该地来的文书，并能挥洒自如地作答，这样做也就说明了李白能熟练地掌握这种蕃文。

是可见李白之不能久居翰林，自有其原因。

刘全白在《李君碣记》中说："天宝初，玄宗辟翰林待诏，因为和蕃书，并上《宣唐鸿猷》一篇，上重之，欲以纶诰之任委之。同列者所谤，诏令归山，遂浪迹天下，以诗酒自适。"这里是说玄宗一度有意任李白为中书舍人，但为同列者中伤而未实现。李白对此，也以为是遭到了小人的陷害。

刘全白以为李白之离开中枢，乃玄宗"诏令归山"，范传正则记作："既而上疏请还旧山，玄宗甚爱其才，或虑乘醉出入省中，不能不言温室树，恐掇后患，惜而遂之。""温室树"事出于《汉书·孔光传》。孔光"周密谨慎"，有人问他长乐宫温室殿旁种的什么树？孔光对此小事也绝对保密，不肯回答。范氏以为李白先已提出辞呈，玄宗在考虑之时，有人说他会泄漏宫中秘密，乃批准了李白的请求。李白秉性狂放，又嗜酒，显然不适合担任保密性很高的工作。但李白之离开宫廷实出于无奈，这从他事后不少留恋宫禁的诗中可以看出。

李白终于被赐金还山，离开了政治中心。《留别曹南群官之江南》曰："献纳少成事，归休辞建章。"这样也就丧失了唯一的一次接近皇上的机会，同时丧失了政治上施展雄才大略的可能性。但李白对唐明皇始终没有怨言，他对这一段历史始终以美好的回忆蕴藏心头。他对自己的被逐，只说是"谗巧生缁磷"，《书情赠蔡舍人雄》曰："蛾眉积谗妒，鱼目嗤玙璠。白璧竟何辜，青蝇遂成冤。"《翰林读书言怀呈集贤诸学士》诗中则说："青蝇易相点，《白雪》难同调。本是疏散人，屡贻褊促诮。"本来像他这样狂放而不拘小节的人，嗜酒放纵，得罪的人多，自然会遭到一大批人的谗言了。他对自己还是有认识的，"本是疏散人"，无法应付官场上的繁文缛节与尔虞我诈，而他性格豪放，从不迁就小人的嗜欲，这在他人看来，也就是不能容物而有"褊促"之病了。

天宝三载(744)春天,李白上书请求还山,玄宗准许了他的请求,赐给他一笔钱财,于是离开京师东下。计算起来,他的出任翰林供奉,前后不到两年。中间有欢乐,也有苦恼,而他亲近朝廷的结果,也发现了盛世表象之下的衰弊。《鸣皋歌送岑征君》曰:"鸡聚族以争食,凤孤飞而无邻。蝘蜓嘲龙,鱼目混珠。嫫母衣锦,西施负薪。若使巢、由桎梏于轩冕兮,亦奚异于夔、龙蹩躠于风尘?"贤愚易位,是非颠倒,李白接触到了王朝内部灰暗的一面,感到无奈与厌恶。在朝廷上求出路的希望破灭了,他得寻找精神上的慰藉。

六、梁园之恋

李白的梁园之恋,包括两方面的内容:一是在汴宋之间与杜甫、高适相聚,三人一路东下,诗酒清狂,过了一段浪漫而潇洒的生活。三位大诗人的聚会,在中国诗歌史上是一次辉煌的盛举,在杜甫心中一直留下美好的回忆。李白与梁园的又一层值得纪念的因缘,是至宗府成婚,这是他第二次正式结婚,为此又引起了不少麻烦。

汴宋分指汴州与宋州。汴州陈留郡在今开封市东南,宋州睢阳郡在今商丘市南,二地在唐代交通史上占有重要地位。唐人循黄河东下,均经二地而至江南或山东等地,南方财富亦经二地转运至洛阳或长安。汴地称梁,则以此地原为汉初梁孝王之封地而得名。梁孝王于此广筑苑囿,招引赋家枚乘、司马相如等人游乐,故此地又称梁园或梁苑。李白前后于此逗留很久,前此曾有《梁园吟》以咏之。

天宝三载夏天,李白到达汴州,杜甫因祖母范阳太君之丧,归葬偃师,正奔走于梁宋之间。《新唐书》卷二○一《文艺上·杜甫传》曰:"尝从[李]白及高适过汴州,酒酣登吹台,慷慨怀古,人莫测也。"

闻一多在叙及李白与杜甫的会面时,以激动的心情描写道:"我们该当品三通画角，发三通擂鼓，然后提起笔来蘸饱了金墨，大书而特书。……我们再逼紧我们的想象，譬如说，青天里太阳和月亮走碰了头，那么，尘世上不知要焚起多少香案，不知有多少人要望天遥拜，说是皇天的祥瑞。如今李白和杜甫——诗中的两曜，劈面走来了，我们看去，不比那天空的异瑞一样的神奇，一样的有重大的意义吗？"①

高适的加入，无疑又给这次相聚增加了异彩。② 高适为人慷慨不群，诗风浑厚激越，政治上有很大的抱负，这时也流寓在梁宋之地，而以居住在宋地时为多。

夏秋之间，三人同至单父，登琴台赏玩，且于孟诸泽纵猎。其后三人分道东下。高适有《宋中别周梁李三子》诗，中云："李侯怀英雄，肮脏乃天资。方寸且无间，衣冠当在斯。俱为千里游，忽念两乡辞。"此人当即李白。"肮脏"为褒义词，形容人的挺拔不俗。李白为人，从仪表到作风，都能给人以不同常人的感受。魏颢在广陵见到他时，云是"眸子炯然，哆如饿虎。或时束带，风流酝藉"。大约是说具有一种郁勃而富内涵的气概吧。贺知章一见到他，就许之为"天上谪仙人"，也就是说非人间所能有，具有一种超尘脱俗的品质，非常人所能规范。高适一见到他也许之为"肮脏乃天资"，是说这种挺然独立的风貌，出之于自然，天生如此，非后天的教育所培植，可见李白的这一形象，给予高适很深的印象。

---

① 《杜甫》，原载《新月》第 1 卷 6 期，1928 年 8 月 10 日，今据《闻一多全集》选刊之三《唐诗杂论》，古籍出版社 1956 年版。

② 参看拙著《高适年谱》天宝三载，上海古籍出版社 1981 年版，后收入《周勋初文集》第四册，江苏古籍出版社 2000 年版。李、杜在梁宋相聚，约在夏季；后于夏秋之间，同至单父游玩，且于孟诸泽纵猎。高适《东征赋》曰："岁在甲申，秋穷季月，高子游梁既久，方适楚以超忽。"点明首途之时为秋季之末。杜甫《昔游》诗曰："清霜大泽冻，禽兽有馀哀。"高适《宋中别周梁李三子》曰："凉风吹北原，落日满西陵。露下草初白，天长云屡滋。"均可说明三人分手时已届是年九、十月间。

杜甫晚年作《遣怀》诗,追忆当年盛事曰:

> 昔我游宋中,惟梁孝王都。名今陈留亚,剧则贝魏俱。邑中九万家,高栋照通衢。舟车半天下,主客多欢娱。白刃仇不义,黄金倾有无。杀人红尘里,报答在斯须。忆与高李辈,论交入酒垆。两公壮藻思,得我色敷腴。气酣登吹台,怀古视平芜。芒砀云一去,雁鹜空相呼。

又作《昔游》诗曰:

> 昔者与高李,晚登单父台。寒芜际碣石,万里风云来。桑柘叶如雨,飞藿去徘徊。清霜大泽冻,禽兽有馀哀。

说明三人游兴甚浓,交情甚洽。

天宝五载(746),三人均在齐地,又有机会再次相聚。李白与杜甫在东鲁再次见面时,曾同游石门等地,①李白留下了两首赠送杜甫的诗,《鲁郡东石门送杜二甫》曰:

> 醉别复几日,登临遍池台。何时石门路,重有金樽开? 秋波

---

① 石门,旧注以为指石门山,在今山东曲阜县东北。按李白《鲁郡尧祠送窦明府薄华还西京》诗中有"石门喷作金沙潭""门前长跪双石人"等句,知尧祠、石门、石人均在鲁郡地。1993年春末,泗河干涸,在金水坝附近出土了不少文物,内有北魏守桥石人两尊,背有铭文,内有"起石门人于泗津之下""书于四石人背"等语,《水经注·洙水》云:"又南迳瑕丘城东南入石门,古人结石为门,跨于水上也。"可知石门即在金水坝。古时用为大坝之一部分。由此可知李白其时正寓家兖州,杜甫当与李白在其寓处相见。参看武秀《谈兖州近年出土的四件文物及其对"李白在兖州"研究的实证》,载《李白在兖州》,山东友谊出版社1995年版。

落泗水，海色明徂徕。飞蓬各自远，且尽手中杯。

《沙丘城下寄杜甫》诗曰：

　　我来竟何事？高卧沙丘城。城边有古树，日夕连秋声。鲁酒不可醉，齐歌空复情。思君若汶水，浩荡寄南征。

李白对杜甫的感情很深沉，当是惺惺惜惺惺吧。李白比杜甫年长十一岁，曾任翰林供奉，得到过皇帝的赏识，在京城里博得了很大的声名，杜甫其时还未成名，李白这时以平等的态度关怀他，必然会给他留下深刻的印象。杜甫对李白的为人与才华也极为敬仰，直到晚年一直怀念这位老友，特别是在李白因从永王璘而下狱时，杜甫情不能已，写下了多首怀念李白的诗篇，感情沉郁缠绵，摧人肺腑。两位伟大诗人的这段交往，在我国文学史上留下了不可磨灭的佳话。

　　李白在汴宋一带漫游时，曾访从祖陈留采访大使李彦允，由他介绍，至齐州临淄郡（今山东济南）紫极宫请道士高如贵授道箓，又到安陵（今河北景县东）请道士盖寰为他书写真箓，至是李白已经成为一名正式的道士。对他来说，入仕与出世并无矛盾，都是他理想中的一个方面。《草创大还赠柳官迪》中说："抑余是何者？身在方士格。才术信纵横，世途自轻掷。吾求仙弃俗，君晓损胜益。不向金阙游，思为玉皇客。"这是因为前此不久，李白在翰林供奉任上遭到谗毁，丧失了一次从政的良机，感情上受到挫折，向道之心更加坚定，于是有此一系列学道的行动。不论是炼丹还是慕道，都是在向神仙的道路上迈进。

　　这一时期，李白沉浸于道术之中，对世俗的利禄之徒颇不入眼。鲁地本是儒家的发源地，直到唐代，还有浓厚的遗风。这对李白来说，颇有扞格不入之感。李白本受道家很大的影响，对儒家中人屡有不恭

之词,这时居住鲁地,一些儒生的行为更引起了他的反感,《嘲鲁儒》曰:

> 鲁叟谈《五经》,白发死章句。问以经济策,茫如坠烟雾。足著远游履,首戴方山巾。缓步从直道,未行先起尘。秦家丞相府,不重褒衣人。君非叔孙通,与我本殊伦。时事且未达,归耕汶水滨。

李白对世俗社会中的无能之辈每持不屑一顾的态度,而他自视奇高,渴望超越尘俗,在政治上无法施展其才能后,重又回到神仙道教的憧憬中去了。他又想到了浙东的名山名水,时而形诸梦寐,于是写下了《梦游天姥吟留别》这　名篇,诗中说道:

> 我欲因之梦吴越,一夜飞度镜湖月。湖月照我影,送我至剡溪。谢公宿处今尚在,渌水荡漾清猿啼。脚著谢公屐,身登青云梯。半壁见海日,空中闻天鸡。千岩万转路不定,迷花倚石忽已暝。熊咆龙吟殷岩泉,栗深林兮惊层巅。云青青兮欲雨,水澹澹兮生烟。列缺霹雳,丘峦崩摧。洞天石扇,訇然中开。青冥浩荡不见底,日月照耀金银台。霓为衣兮风为马,云之君兮纷纷而来下。虎鼓瑟兮鸾回车,仙之人兮列如麻。忽魂悸以魄动,恍惊起而长嗟。惟觉时之枕席,失向来之烟霞。

这一地区究竟在什么地方牵引着他魂牵梦萦? 一句话,人杰地灵。谢灵运在诗歌上的杰出成就,徜徉于山水之间的风流体态,向慕神仙的信道之忱,都与李白的志趣相合,而天姥、赤城、天台诸山,又是神仙道教的圣地,古来一直传颂着许多美丽的传说,这些都对李白具有强烈

的吸引力。① 相比之下,世间俗事转瞬即逝且多折磨人的地方,于是他在结束此诗时说:

> 世间行乐亦如此,古来万事东流水。别君去今何时还?且放白鹿青崖间,须行即骑访名山。安能摧眉折腰事权贵,使我不得开心颜。

这里也包含着他的不平。从长安回来之后,对于前一段的官场经历,其中一切摧残自尊心的行为,更是激起了他的反感,并进一步激发起了他从道的决心。

李白随之向南方进发。这时李白诗名已大,一路上有人招待,因而在金陵、扬州等地均有逗留。看来此去的最终地点为四明,亦即今日浙江之绍兴一带。前辈贺知章于天宝三载(744)启求度为道士,还乡时,李白曾有《送贺宾客归越》一诗送别。② 其时贺知章已年老,回乡不久即病殁。李白和他同列饮中八仙,同样沉溺于道,诗文征逐,相互契赏。李白荣膺"谪仙人"的称号,出于贺知章的褒赏,对他名声的

---

① 李白对谢氏一门中人特别有好感,在文学上受谢朓影响甚大,屡在诗中颂扬其创作成就,但全面地看,李白曾受到谢灵运多方面的影响,诗文中颂及谢客者频率更高,倾慕之忱或可列为南北朝时文士之冠。参看拙著《李白剡中之恋放谈》,载《中国李白研究》1998—1999 年集,安徽文艺出版社 2000 年版。

② 李白集中收有《送贺监归四明应制》和《送贺宾客归越》两首送贺知章回乡的诗。王琦《李太白年谱》中列于天宝三载条下,且曰:"《旧唐书》:天宝二年十二月乙酉,太子宾客贺知章请度为道士还乡。三载正月庚子,遣左右相以下祖别贺知章于长乐坡,上赋诗赠之。太白二诗,一乃应制,一私自送行而作者也。"实则李白未曾参与长乐坡送别之盛举,而是在阴盘驿送别的。孔延之《会稽掇英总集》卷二中尚保存着《送贺监归乡诗集》,中无《送贺监归四明应制》一诗,可证此诗为伪作。参看陶敏《李白〈送贺监归四明应制〉诗为伪作》,载《李白学刊》第 2 辑,生活·读书·新知三联书店 1989 年版。

传播,起了很大的作用。李白这次至其殁地凭吊,自然思绪万千。《对酒忆贺监》二首,曰:

> 四明有狂客,风流贺季真。长安一相见,呼我谪仙人。昔好杯中物,今为松下尘。金龟换酒处,却忆泪沾巾。
>
> 狂客归四明,山阴道士迎。敕赐镜湖水,为君台沼荣。人亡馀故宅,空有荷花生。念此杳如梦,凄然伤我情。

李白在金陵时,屡与友人于酒楼畅谈,在歌妓舞姬堆中讨生活,但玄宗政治上的失误,接踵而来。李林甫盘据相位时,屡兴大狱,李白的很多友人遭受迫害,或被流放,或被诛戮。李白在纵情游乐之时,也不能不想到时局中的阴暗面,从而在思想上添了一层阴影。《答王十二寒夜独酌有怀》中云:

> 君不能狸膏金距学斗鸡,坐令鼻息吹虹霓;君不能学哥舒,横行青海夜带刀,西屠石堡取紫袍。吟诗作赋北窗里,万言不直一杯水。世人闻此皆掉头,有如东风射马耳。……与君论心握君手,荣辱于余亦何有?孔圣犹闻伤凤麟,董龙更是何鸡狗?一生傲岸苦不谐,恩疏媒劳志多乖。严陵高揖汉天子,何必长剑拄颐事玉阶。达亦不足贵,穷亦不足悲。韩信羞将绛灌比,祢衡耻逐屠沽儿。君不见李北海,英风豪气今何在?君不见裴尚书,土坟三尺蒿棘居。少年早欲五湖去,见此弥将钟鼎疏。[1]

---

[1]　李邕为大名士,官至北海太守;裴敦复有战功,官至刑部尚书。二人均于天宝六载为李林甫陷害致死。李邕能文养士,与文士多所交往。天宝五载,李白、杜甫、高适曾赴临淄郡与其相聚。

此时李白心中常是为隐仕的矛盾所困扰。他离开长安而东下,学道之心更趋强烈,这里有对现实政治的失望,从而有隐退而远离政治的想法,但他又对自己的才能极端自负,总不甘心就此埋没,因此在很多诗中,表现出矛盾的心态。他对自己的受到谗毁而离开京城,一直感到不平,这时更觉得唐明皇为群小包围,导致政治上节节失误,杨氏一门扰乱时政,尤使他深感忧心与愤懑。于是在《登金陵凤凰台》中以怀古伤今的形式,抒发了自己的忠悃:

> 凤凰台上凤凰游,凤去台空江自流。吴宫花草埋幽径,晋代衣冠成古丘。三山半落青天外,二水中分白鹭洲。总为浮云能蔽日,长安不见使人愁。[1]

但李白仍未能摆脱世俗生活。他在东鲁、江南等地游览多时之后,又回到了梁苑,并与宗楚客的孙女结了婚。宗楚客为武后从姊之子,曾于武周神功元年(697)、长安四年(704)、中宗景龙元年(707)三次拜相,但他品格不端,贪赃枉法,冒于权利。前两次的拜相,当然与其家庭背景有关,中宗时拜相,则以迎合韦后与武三思而再得高位。唐玄宗起兵诛灭韦氏,宗楚客亦同时受戮。新朝人士对于这类人物,自然会彻底揭露其恶行与丑态。可以说,宗楚客死后一直声名狼藉。但李白却全然不计较这些,因为他仍看重宗氏乃相门之女。

李白多次提到宗夫人家这段显赫的历史。当他漫游秋浦时,曾有

---

[1] 王夫之《唐诗评选》卷四曰:"浮云蔽日,长安不见,借晋明帝语,影出浮云,以悲江左无人,中原沦陷。"此时安史之乱未起,故王氏此说时地均不合。此处当用前秦苻坚宠幸慕容垂夫人之典实,《资治通鉴》卷一〇三晋孝武帝宁康二年:"慕容垂夫人得幸于[苻]坚,坚与之同辇,游于后庭,[宦者赵]整歌曰:'不见雀来入燕室,但见浮云蔽白日。'"比喻明皇为杨贵妃所蔽,李白对此甚为忧心。

《自代内赠》一诗,中云:"妾家三作相,失势去西秦。犹有旧歌管,凄清闻四邻。"其后他因介入永王璘之乱而获罪,远贬夜郎,宗氏和他的弟弟宗璟前往送行,李白在情绪激动的情况下作《窜夜郎于乌江留别宗十六璟》诗,内云:

> 君家全盛日,台鼎何陆离。斩鳌翼娲皇,炼石补天维。一回日月顾,三入凤凰池。失势青门旁,种瓜复几时?犹会众宾客,三千光路歧。皇恩雪愤懑,松柏含荣滋。我非东床人,令姊忝齐眉。浪迹未出世,空名动京师。适遭云罗解,翻谪夜郎悲。

王琦《李太白全集》卷十五于此诗下加按语曰:

> 《唐书》宗楚客本传及《宰相表》:楚客,字叔敖,蒲州人。武后从姊子。长六尺八寸,明晰美须髯。进士及第,累迁户部侍郎,坐赃流岭外,岁馀得还。神功元年六月,由尚方少监,检校夏官侍郎、同凤阁鸾台平章事。圣历元年正月,罢为文昌左丞,为武懿宗所劾,贬播州司马。稍为豫州长史,迁少府少监,岐、陕二州刺史。长安四年三月,复以夏官侍郎同凤阁鸾台平章事。七月,坐事贬原州都督。神龙初,为太仆卿。武三思引为兵部尚书。景龙元年九月,同中书门下三品,韦后、安乐公主亲赖之,寻迁中书令。韦氏败,与诛。《传》又言其冒于权利,外附韦氏,内蓄逆谋,故卒以败。其行迹若此,乃太白有"斩鳌翼娲皇,炼石补天维"之褒,诛后亦未闻放罪之辞,赠葬之典,乃太白有"皇恩雪愤懑,松柏含荣滋"之美。在诗人固多溢颂之辞,又为亲者讳,不得不然,若深叙情亲,少序家世,更为得体矣。

王琦对李诗的内容显然是不满意的。但他也持"为贤者讳"的原则,措词留有馀地。实际上,宗楚客的劣迹远不止此,笔记小说上更有这方面的许多记叙,如《朝野佥载》卷五言其谄事薛怀义,云:"时薛师有嬖毒之宠,遂为作传二卷,论薛师之圣从天而降,不知何代人也。释迦重出,观音再生。"《大唐新语》卷二曰:"楚客无他材能,附会武三思。神龙中为中书舍人,时西突厥、阿史那忠节不合,安西都护郭元振奏请徙忠节于内地,楚客与弟晋卿及纪处讷等纳忠节厚赂,请发兵以讨西突厥,不纳元振之奏。突厥大怒,举兵入寇,甚为边患。"其祸国殃民之事,流传甚广。可以说,宗楚客其人,从他在位时起,名声一直很坏,李白为之大唱颂歌,与当时的舆论是完全相左的。

他在赠内的诗中颂扬声名狼藉的宗氏一门,固然有为亲者讳的用意,但也正像联姻许氏一样,是为他一贯的思想所支配的。即以联姻高门为荣,而不管这高门名声如何。我国士人向来注重大节,联姻的对象,除门当户对等因素外,还很看重对方是否诗礼传家,具有清白家风,李白却全不计较这些,只要是相门之女,那就引以为荣,不管是入赘也好,奸相之后也好,都能迁就。这种作风,在唐代其他文士中也是见不到的。

按宗氏日后还曾与唐代著名奸相李林甫之女李腾空一起学道求仙。李白《送内寻庐山女道士李腾空二首》其二曰:"多君相门女,学道爱神仙。素手掬青霭,罗衣曳紫烟。一往屏风叠,乘鸾著玉鞭。"这里的"相门女"当兼指宗氏与李腾空。李腾空出于相门,也博得了李白的尊敬。这与他对宗氏相门的态度是一致的。

李、宗二人的婚姻其性质也耐人寻味。很明显,李白这次也是只身入住于宗府。情况与他上次入赘于许府类同,看来李白这次也是入赘于宗府。

章培恒也推想李白与宗氏结婚乃入赘于宗家。他据缪曰芑翻宋刻本《李太白文集》中李白《自代内赠》诗有"女弟争笑弄,悲羞泪盈巾"二句,推断曰:"知宗氏不但自己住于梁苑,连他的妹妹也住在一起。如果这是宗氏和李白结婚后所建立的家,按照当时习俗,他的妹妹自应住在宗家而不会住在姐夫家里。因此李白的这次婚姻,很可能是他入赘于宗家。"①这是有见地的。李白与宗氏女弟等住在一起,按之当时实际,其身份自明。

这里还得对李白的家庭再作深入一层的考察。前文已多次提及,李白的前妻许氏已死,女儿平阳与儿子伯禽寄养在山东,李白为此牵肠挂肚,时刻想到东鲁的这一对子女。平阳、伯禽年纪还小,身边又无至亲照料,与李白中道而诀的刘氏,还有那位同居过的鲁一妇人,看来都没有很好地承担起母亲的责任。李白奉诏入京时还在大骂"会稽愚妇",想来这位愚妇对前妻所生的子女也不会尽心尽力,这对子女的成长总是极为不利的。这点李白也深有所知,而且可以说是负疚于心的。他在好些诗中表达了这种情绪。《送杨燕之东鲁》曰:

> 二子鲁门东,别来已经年。因君此中去,不觉泪如泉。

《寄东鲁二稚子》曰:

> 吴地桑叶绿,吴蚕已三眠。我家寄东鲁,谁种龟阴田?春事已不及,江行复茫然。南风吹归心,飞堕酒楼前。楼东一株桃,枝叶拂青烟。此树我所种,别来向三年。桃今与楼齐,我行尚未旋。娇女字平阳,折花倚桃边。折花不见我,泪下如流泉。小儿名伯

---

① 《被妻子所弃的诗人》,载《中国典籍与文化》1992 年第 1 期,后收入《献疑集》,改题《李白的婚姻生活、社会地位和氏族》,岳麓书社 1993 年版。

禽,与姊亦齐肩。双行桃树下,抚背复谁怜?念此失次第,肝肠日忧煎。裂素写远意,因之汶阳川。

《送萧三十一之鲁中兼问稚子伯禽》曰:

> 高堂倚门望伯鱼,鲁中正是趋庭处。我家寄在沙丘旁,三年不归空断肠。君行既识伯禽子,应驾小车骑白羊。

这里就有一个问题难以解答:李白把子女寄养在东鲁,日后又与宗氏成婚,按照我国的伦常来说,宗氏理当哺养前妻子女,负起母亲的责任,李白自当把子女接到梁园和母亲住在一起,让他们受到应有的照顾,为什么李白只能忍住内心的痛苦,而让子女在无至亲照料的情况下独自生活?这里到底是什么原因阻挡着这家庭的团聚?

这个问题,原因只能从李白与宗氏之间的婚姻性质上去寻找解答。

李白这次至梁苑成婚,和他到安陆成婚一样,也当是"宗相公家见招",实际上是赘婿的身份。这样宗氏自然不愿负担母亲的责任,李白也不便把子女接到宗府去了。

但李白的这次"就婚宗府"可没有上次"就婚许府"那么顺当,以致婚后不久即匆匆离去。

李、宗二人在成婚之前想来不可能有什么接触。成婚之后,夫妇之间感情很好,李白曾有很多赠内之作,抒写他的爱恋之情;他还多次写下"代内"之作,想象之中宗氏也在日夜思念着他,等待着远游中的丈夫归来,然而李白仍然长年累月地浪游不归,这又是什么原因呢?《秋浦寄内》诗曰:

我今寻阳去，辞家千里馀。结荷见水宿，却寄大雷书。虽不同辛苦，怆离各自居。我自入秋浦，三年北信疏。红颜愁落尽，白发不能除。有客自梁苑，手携五色鱼。开鱼得锦字，归问我何如？江山虽道阻，意合不为殊。

《自代内赠》诗曰：

宝刀裁流水，无有断绝时。妾意逐君行，缠绵亦如之。别来门前草，秋巷春转碧。扫尽更还生，萋萋满行迹。鸣凤始相得，雄惊雌各飞。游云落何山？一往不见归。估客发大楼，知君在秋浦。梁苑空锦衾，阳台梦行雨。妾家三作相，失势去西秦。犹有旧歌管，凄清闻四邻。曲度入紫云，啼无眼中人。妾似井底桃，开花向谁笑？君如天上月，不肯一回照。窥镜不自识，别多憔悴深。安得秦吉了，为人道寸心？

《秋浦感主人归燕寄内》诗中曰：

胡燕别主人，双双语前檐。三飞四回顾，欲去复相瞻。岂不恋华屋，终然谢珠帘。我不及此鸟，远行岁已淹。寄书道中叹，泪下不能缄。

看来李白实有难言之隐。"鸣凤始相得，雄惊雌各飞"，是说他们结婚不久就分离了，自己乃因受"惊"而不得不走，这里到底发生了什么事情？"岂不恋华屋，终然谢珠帘"，是说并非自己浪游成性，甘愿在外飘荡，他本想安栖香巢陪伴宗氏，但形势不容，只能在外飘泊不归。

李白的前后婚事，在唐代诗人中没有相近的例子；他对家庭的态度,也与其他诗人大不相同,因此日本研究李白的专家笕久美子批评道:"李白身为一家户主,或作为一位丈夫,是指望不上、靠不住的;他是一个对家庭不负责任、与家庭不相称的人。"[①]然如上所云,李白周游四方时,一直没有忘却家庭,对子女与妻子一直怀有深深的恋念,然而文化习俗上的差异,在家庭内部划下了一道看不见的鸿沟,阻隔着家庭人员间的融合,无法形成一个圆满的集体。这是李白的悲剧,或许这些情况也是非他所能逆料的吧。

唐代政治局面这时也正发生着巨大的转变,李白的生活也随之又发生了戏剧性的变化,他在经历了一段不可捉摸的波折之后,终于遭到了严重的挫折。

七、随从永王

李白的大半生生活在开元盛世,这是一段人们念念不忘的美好时光。诗人们回忆当年情景时,总是念念不忘这一时期政治上的清明和国力的强大。

唐明皇李隆基以高超的政治手腕和过人的胆识,消灭了韦、武一党与太平公主的帮派,在家族争权的斗争中,不断取得胜利。按他原来在家庭中的位置而言,既非大房,又非嫡子,本无接替帝位的可能。但他顺应时势,结交豪杰,利用机遇,终于取得了成功。登基之后,励精图治,任用贤良,把唐朝的国力提高到了一个新的水平,论者以为其政绩直可媲美太宗。元稹《连昌宫词》曰:"姚崇、宋璟作相公,劝谏上皇言语切。燮理阴阳禾黍丰,调和中外无兵戎。"《资治通鉴》卷二一一

---

① 《李白结婚考》,载《中国李白研究》1990 年集·下,江苏古籍出版社 1991 年版。

玄宗开元四年曰："姚、宋相继为相，崇善应变成务，璟善守法持正，二人志操不同，然协心辅佐，使赋役宽平，刑罪清省，百姓富庶。唐世贤相，前称房（玄龄）、杜（如晦），后称姚、宋，他人莫得比焉。"

明皇本多才多艺，音乐歌舞，蹴鞠骑射，无不擅长。早年因处境尚艰，遇事不敢怠慢，故于声色之好还不敢有所放纵。到了开元后期，社会稳定多时，本人年事日高，骄奢淫逸之情陡起，以为天下事可不再用心，于是任用李林甫、杨国忠等为相，自己则身居内庭，纵情声色。奸邪当道，朝政日非，大唐天下盛极转衰，一场动乱正在积累之中。

李白离京之后，朝廷接连发生大事。辅佐明皇的贤相，自张九龄因反对赦免安禄山而被贬之后，朝中已无骨鲠之臣。李林甫执政，专以迎合上意为能事，口蜜腹剑，屡兴冤狱，诛锄异己。李白的一些好友和敬仰对象，如崔成甫、李适之、李邕等，或遭贬，或被杀。李林甫又阻断贤路。天宝六载（747），玄宗欲广求天下之士，命通一艺者以上皆诣京师，李林甫怕举子斥其奸恶，乃重重设阻使之不得上闻，遂无一人及第，于是上表贺野无遗贤。玄宗此时已冲昏头脑，竟然未发觉此中存在问题。

李林甫欲固权位，杜绝唐初以来边将入相之路，以边疆民族中人文化水平大都不高，乃建言以"寒畯胡人"专任边帅，于是诸道节度使多用少数民族中人充任，安禄山、哥舒翰等日渐亲近，后且成为东、西两大军阀体系。自后尾大不掉，卒酿成安史之乱。

李白在梁苑成婚之后，曾赴北方幽燕之地活动。先前他以文学侍从之臣的身份居于禁近，希望日后有从政的机会，但不到两年就遭逸而去，然用世之心未尝忘怀，这次北上，想是通过参加军幕谋求发展。《赠何七判官昌浩》诗曰："有时忽惆怅，匡坐至夜分。平明空啸咤，思欲解世纷。心随长风去，吹散万里云。羞作济南生，九十诵古文，不然拂衣起，沙漠收奇勋。老死阡陌间，何因扬清芬？夫子今管乐，英才冠三军。终与同出处,岂将沮溺群?"他想在"三军"之中建功立业。

这时安禄山与杨国忠的矛盾日深。杨国忠以椒房之亲,控制朝政。他继李林甫之后,进一步把唐帝国推向衰败的深渊。杨氏一门姊娣,包围着已近昏聩的玄宗,骄奢淫逸,天下侧目。但玄宗毫不省悟,内则依靠因裙带关系而得宠的杨国忠等人,外则依靠狡诈而善于逢迎的安禄山,但二人又因争权而相互猜忌,终于酿成了安史之乱。

李白在《留别于十一兄逖裴十三游塞垣》诗中说:"且探虎穴向沙漠,鸣鞭走马凌黄河。"然而这次北行,从他个人前途来说,没有发生什么变化,只是到达安禄山的辖区,看清了这一军阀正在准备造反的真相。他在《经乱离后天恩流夜郎忆旧游书怀赠江夏韦太守良宰》这一长诗中说:"十月到幽州,戈铤若罗星。君王弃北海,扫地借长鲸。呼吸走百川,燕然可摧倾。心知不得语,却欲栖蓬瀛。弯弧惧天狼,挟矢不敢张。揽涕黄金台,呼天哭昭王,无人贵骏骨,绿耳空腾骧。乐毅傥再生,于今亦奔亡。"他对安禄山的阴谋活动有清醒的认识,但对此无能为力,个人于此无从求得出路,只能再次回南谋求隐遁。

李白路过魏州贵乡,旧友县令韦良宰盛情接待。回梁园小住后,又经曹南南下宣城。独孤及于梁园胜地平台送别,作《送李白之曹南序》云:

> 彼碌碌者徒见三河之游倦,百镒之金尽,乃议子于得失亏成之间,曾不知才全者无亏成,志全者无得失,进与退于道德乎何有?是日也,出车桐门,将驾于曹。仙药满囊,道书盈箧。

可知李白离京之后,颇遭到一些势利小人的非议,以为他在仕途与生活上都遭到了失败。独孤及对他的才极力推崇,对他的志也充分肯定,无论"进""退",都无损于李白的修养与目的。从李白的行踪来看,北游幽燕的目的要以"进"的期望为高,此途不成,就向"退"的方向发展。首途之时,"仙药满囊,道书盈箧",可见他仍以道流的身姿奔波于道路。

谢朓楼遗址

李白这次南下,在皖南一带逗留很久。宣城地区山光水色,风景绝佳。此地又是南朝诗人谢朓的仕宦之地,李白对魏晋南北朝人的文采风流特为神往,对谢朓的诗歌情有独钟,因而写下了好几首诗赞美这一地区的景色和人文传统,并对谢朓表示歆慕。《秋登宣城谢朓北楼》诗曰:

江城如画里,山晚望晴空。两水夹明镜,双桥落彩虹。人烟寒橘柚,秋色老梧桐。谁念北楼上,临风怀谢公?

《宣城谢朓楼饯别校书叔云》诗曰：

> 弃我去者昨日之日不可留，乱我心者今日之日多烦忧。长风万里送秋雁，对此可以酣高楼。蓬莱文章建安骨，中间小谢又清发，俱怀逸兴壮思飞，欲上青天览明月。抽刀断水水更流，举杯消愁愁更愁。人生在世不称意，明朝散发弄扁舟。

李白虽然沉醉于皖南的人文环境与自然景色之中，但总是掩抑不住"不称意"的惆怅。时光飞驰，功业无成。北上所见，有政治动荡的迹象，但个人无力干预；南下途中，饱览山光水色，也无法填补内心的空虚。他得继续寻找机会，于是又向金陵、扬州两地进发。

大约就在天宝十三载(754)时，李白与魏颢于扬州相遇。魏颢是李白的一名崇拜者，同样以奇才自负，也写作过一些气势很大的诗篇，终因才分所限，未能臻于大成。但他写作的《金陵酬翰林谪仙子》诗，对于了解这一时期的李白，有很高的价值。诗曰：

> 君抱碧海珠，我怀兰田玉。各称希代宝，万里遥相烛。长卿慕蔺久，子猷意已深。平生风云人，暗合江海心。去秋忽乘兴，命驾来东土。谪仙游梁园，爱子在邹鲁。二处一不见，拂衣向江东。

魏颢在《李翰林集序》中对于这一次的会面有生动的记叙，内云：

> 颢始名万，次名炎。万之日不远命驾江东访白，游天台，还广陵见之。眸子炯然，哆如饿虎，或时束带，风流酝藉。曾受道箓于齐，有青绮冠帔一副。……颢平生自负，人或为狂，白相见泯合，有赠之作，谓余"尔后必著大名于天下，无忘老夫与明月奴"。

于此可见李白的风貌。这时李白在外飘荡,妻子住梁园,子女在东鲁,心中又放不下爱子伯禽,这应当也是他内心常感痛苦的原因之一吧。

李白作有《送王屋山人魏万还王屋》一长诗,对其行踪一一追叙。浙东山水之美,对二人具有无限吸引力,又如谢灵运所留下的遗迹,赤松子的仙话传说,无不激动人心。李白生平很自负,这时见到有仰慕者万里奔波前来相聚,且性情也投合,自然感到高兴,故在长诗中历叙魏颢千里追踪的始末和经历,内中叙及魏颢给他的印象是:

> 身着日本裘,昂藏出风尘。五月造我语,知非佁儗人。相逢乐无限,水石日在眼。徒干五诸侯,不致百金产。

李白于日本裘下自注:"裘则朝卿所赠,日本布为之。"朝卿即晁衡,日本奈良时代的遣唐留学生,原名阿倍仲麻吕,因慕中国文化,留唐不去,改姓名为晁衡,亦书作朝衡。《新唐书》卷二二〇《东夷·日本传》曰:"天宝十二载,朝衡复入朝。"任职秘书监兼卫尉卿。是年十二月,晁衡随遣唐使藤原清河等自长安经扬州东归。魏颢与之相遇,当在扬州时。这时魏颢身穿日本布制的服装,而这又给李白以突出的印象,说明他们对异国风调甚为敏感,饶有兴致。①

就在这个时候,晁衡等人的船只于海上遇到暴风,漂流到了安南驩州。当时误传晁衡已经溺死,李白写下了《哭晁卿衡》一诗抒发哀情,曰:

---

① 晁衡有文学,故当时文士与之交往者甚多。储光羲有《洛中贻朝校书衡朝即日本人也》一诗。天宝十二载(753)晁衡谋归国时,众文士多作诗相送,王维有《送秘书晁监还日本国并序》,赵骅有《送晁补阙归日本国》,包佶有《送日本国聘贺使晁巨卿东归》。晁衡漂流至安南后重返长安,前后留京师五十年,仕至左散骑常侍、镇南都护。

（footer）

日本晁卿辞帝都，征帆一片绕蓬壶。明月不归沉碧海，白云愁色满苍梧。

正当李白在江南一带逗留时，唐代社会长期积累的矛盾终于爆发了。

安禄山在天宝十四载(755)冬十一月起兵，一路势如破竹，一个月后就攻陷了洛阳，八个月后就打进了潼关，玄宗只能仓皇出走。在入蜀的路上，追随而去的人很少，禁卫部队和亲近臣僚所剩无几，跟他颠沛于道路时，追究责任，杀了杨氏一门，还恨恨不已。这时玄宗已年老，壮志消除净尽，自知酿成祸乱，无法收拾残局，因此坚持入蜀避难。父老们恳求把太子留下来统率他们抗贼，收复长安，玄宗也就表示同意，宣旨传位给太子，太子不受，但当到达灵武，站稳脚跟后，也就徇从众心，即皇帝位了。

李亨继位，时在天宝十五载(756)七月十三日，时隔三日，即七月十六日，玄宗接受宰相房琯的建议，实行诸王分镇。《资治通鉴》卷二一八肃宗至德元载七月丁卯，载上皇制曰："以太子亨充天下兵马元帅，领朔方、河东、河北、平卢都节度使，南取长安、洛阳。以……永王璘充山南东道、岭南、黔中、江南西道节度都使……盛王琦充广陵大都督，领江南东路及淮南、河南等路节度都使……丰王珙充武威都督，仍领河西、陇右、安西、北庭等路节度都使……应须士马、甲仗、粮赐等，并于当路自供。……其署置官属及本路郡县官，并任自简择，署讫闻奏。"四王之中，盛王琦、丰王珙不出阁，太子李亨在北方统兵，已是既成事实，这时新外放的，实际上只有永王璘一人。玄宗明确规定，各路可以自行辟置官属，自行筹措粮草，他们拥有这些特权，也就无异于宣布南北可以各自建立其独立王国。

玄宗的这一诏令，在肃宗自立之后三天发出，当时没有可能得到北方来的这一重要讯息。史书记载，玄宗是在三十天后才接到灵武使者的所奉表疏的，或许他无法预见到"诸王分镇"这一措施的严重后果，但从事后的形势发展来看，几乎又酿出一场大祸。

房琯其人，当时名望很高，实际上可没有什么突出的政治才能。贺兰进明在肃宗面前说他"专好迂阔大言以立虚名"，论者以为这是谗言，但从房琯的若干措施来看，却不能不说是事实。他曾自请将兵收复两京，而效古代车战之法，陈涛斜之役，敌方用火攻的战术，官军四万馀人几乎全部覆没。他的分镇之议，实际上也只是仿效周初封建诸侯藩屏周室的故伎。只是时代不同了，后代历史上不乏兄弟拥兵相杀的事例。即以唐初来说，高祖二子建成与世民之间的火并，还不是各自领兵而酿成的悲剧？玄宗非嫡子，竟登帝位，还不是靠了掌握军权？不知玄宗出于何种考虑才接受房琯这一建议的，至少他对肃宗的利益没有充分注意吧。

就在同时，肃宗正在考虑由谁出任天下兵马元帅统率诸将东征的问题。建宁王李倓有将才，肃宗本想让他担任此职，但宰相李泌以为广平王李俶居嫡长之位，只能由他出任天下兵马元帅。肃宗起初还不明白此中道理，李泌就以太宗、玄宗之事为例，说明此中利害。《资治通鉴》卷二一八肃宗元载九月叙其事曰：

> 上欲以倓为天下兵马元帅，使统诸将东征，李泌曰："建宁诚元帅才，然广平，兄也；若建宁功成，岂可使广平为吴太伯乎？"上曰："广平，冢嗣也，何必以元帅为重？"泌曰："广平未正位东宫。今天下艰难，众心所属，在于元帅。若建宁大功既成，陛下虽欲不以为储副，同立功者其肯已乎？太宗、上皇，即其事也。"上乃以广平王俶为天下兵马元帅，诸将皆以属焉。

拿这性质相近、年代相接的两起事情作比较,可知房琯之与李泌,其政治见解的高低,直不可以道里计。

李璘事后的发展恰恰真是沿着割据的道路走去。《资治通鉴》肃宗至德元载(756)十二月曰:"璘领四道节度都使,镇江陵。时江淮租赋山积于江陵,璘召募勇士数万人,日费巨万。璘生长深宫,不更人事,子襄城王𤩽,有勇力,好兵,有薛镠等为之谋主,以为今天下大乱,惟南方完实,璘握四道兵,封疆数千里,宜据金陵,保有江表,如东晋故事。上闻之,敕璘归觐于蜀,璘不从。"此时肃宗已继位,岂容李璘与之争夺?李璘妄想割据江表,垄断江南财富,而肃宗处于贺兰进明所说的"沙塞空虚之地",必须依仗江南经由上津路转运过来的粮食才能维持。因此,从永王璘这一边来看,有利条件很多,自以为可以为所欲为,肃宗让他回蜀归觐,他置之不理,仍然继续统兵向东发展。

但永王璘属下的谋士们却是犯下了一项根本的错误。他们只看到了眼前的一些物质条件,而没有全面衡量由意识形态领域中种种复杂因素交织而成的精神力量。在这方面,肃宗拥有压倒一切的优势,李璘却是处处处于下风,从一开始就表现为必败的局面。

安禄山反叛后,官僚士人间就分成了两大阵营,除了一些跟着安禄山起兵的人之外,忠于唐室的人,阵营业已稳定,人心所向,都在肃宗一边,大家都把中兴的希望寄托在肃宗身上。况且肃宗已经正式继位为君,事后玄宗也已追认,名分已定,忠于唐室的人更增加了凝聚力。李璘位为藩王,自应臣服,而他一意孤行,自以为兵多粮广,有恃无恐,但却估计不出名分攸关而后转化的物质力量,说明他丝毫不懂人心向背的问题。司马光说他"不更人事",确是深至之论。

就在李璘拥兵自雄、不受敕令时,肃宗正在筹划对策,如何及早消除后患。他知道高适曾在玄宗颁行"诸王分镇"计划时表示过反对,这时便召高适前来商议。《旧唐书》卷一一一《高适传》曰:"[至德]二年,永王璘起兵于江东,欲据扬州。初,上皇以诸王分镇,适切谏不可。及是,永王叛。肃宗闻其论谏有素,召而谋之,适因陈江东利害,永王必败。上奇其对,以适兼御史大夫①、扬州大都督府长史、淮南节度使,诏与江东节度[韦陟、淮西节度]来瑱率本部兵平江淮之乱,会于安州。师将渡,而永王败。"《新唐书》卷一四三本传记载略同,《资治通鉴》则系肃宗召高适谋议之事于至德元载十二月。此时永王璘有抗命的行动,然尚未露割据之迹,新、旧《唐书》上说是已"叛",那是从其总的趋势作出的结论。那时他虽已有抗命的表现,但还未擅自行动,然行迹显然,因而高适已能预测到他下一步的动向了。

《资治通鉴》随后记载道:"甲辰,永王璘擅引兵东巡,沿江而下,军容甚盛,然犹未露割据之谋,吴郡太守兼江南东路采访使李希言平牒璘,诘其擅引兵东下之意。璘怒,分兵遣其将浑惟明袭希言于吴郡,季广琛袭广陵长史、淮南采访使李成式于广陵。"这样也就反形毕露了。因为即使按照玄宗当年的指令,他所经营的区域,也只能远达江南西路。江南东路之地,属盛王琦属下,盛王不出阁,自有其长史主管,这时李璘统兵东下,意欲擅自侵入非其所属的疆域,反状已露,李希言当然要强硬地平牒诘责了。

李璘其时气势汹汹,似乎正在顺利地实现其割据江东的原定计划,然而没有估计到他在道义上正节节失败,在人心向背上迅速陷于劣势。这从其时一些官吏和名士的政治抉择上明显地表现了出来。

玄宗下达分镇诏书,同时令长沙太守李岘为都副大使(节度都副大使),永王璘密谋割据,不从肃宗归觐于蜀的命令,李岘时任江陵长

---

① 永王璘失败后,李白系狱浔阳,曾作《送张秀才谒高中丞》诗,《序》曰:"余时系寻阳狱中,正读《留侯传》。秀才张孟熊蕴灭胡之策,将之广陵谒高中丞。"中丞即御史中丞。新、旧《唐书》言高适时兼御史大夫,微误。

史,也就立即辞疾赴行在,胡三省注:"璘将称兵,岘不欲预其祸也。"李岘毕竟是有政治头脑的,他见机先觉,赶快抽身归向肃宗。

就在这一事件的萌芽状态时,有识之士已经看到李璘"必败"的前景,从而善自抉择了。邵说《有唐相国赠太傅崔公墓志铭》曰:"属禄山构祸,东南陷没,公提挈百口,间道南迁,讫于贼平,终能保全,置于安地,信仁智之两极也。寻江西边帅皇甫侁表为庐陵郡司马,兼倅戎幕。时永王总统荆楚,搜访俊杰,厚礼邀公,公以王心匪臧,坚卧不起。人闻其事,为之惴栗,公临大节,处之怡然。王果拥兵浮江东下,劫侁爱子,质于军中。公励元戎以断恩,激平察以扶义,凶徒挠败,系公之力。"[1]李白《天长节使鄂州刺史韦公德政碑序》中也说道:"曩者,永王以天人授钺,东巡无名,利剑承喉以胁从,壮心坚守而不动。房陵之俗,安于泰山;休奕列郡,去若始至。帝召岐下,深嘉直诚;移镇夏口,救时艰也。"崔祐甫与韦良宰都和李白有很深的关系,李白事后也已看清了其时官僚队伍中人心向背的情况。

每当政治纷争之起,中原逐鹿的人都要作出一番努力,争取一批名士前来参与幕府,这样可以提高个人威望,吸引社会上的各个阶层前来归附。名士本身固然未必个个都有什么经天纬地之能,但由于他们在士人中有影响,而封建官僚队伍本由士人组成,社会上的各个阶层都对士人中的杰出之士抱有敬意,因此名士的动向,往往也能说明人心向背。

永王璘于此作出过努力,可是成效不著。

李璘统兵东下时,萧颖士正在江东避难。李华在《萧颖士文集序》中说:"永王修书请君,君遁逃不与相见。"但他随即却接受了广陵长

---

① 周绍良主编《唐代墓志汇编》下,上海古籍出版社 1992 年版。原石藏开封博物馆。

史李成式的聘请，成了广陵幕府中的僚属。①

孔巢父的情况与此相同。《新唐书·孔巢父传》曰："孔巢父字弱翁，孔子三十七世孙。少力学，隐徂徕山。永王璘称兵江淮，辟署幕府，不应。铲迹民伍。璘败，知名。"可见他的态度也很坚定。他也预察到了李璘的"必败"，因而抱着避祸的态度，隐藏起来。当时对形势有所认识的人都是不肯"误上贼船"的。

孔巢父早年隐居徂徕山时，与韩准、裴政、张叔明、陶沔、李白在一起，世称"竹溪六逸"。李白有《送韩准裴政孔巢父还山》诗，内云："孔侯复秀出，俱与云霞亲。"可见二人作风有相近处。孔氏的年岁要比李白小得多，政治头脑却非常清醒，在应付李璘征聘的问题上处置得当，博得了名声。

但李璘终于罗致到了李白这样一位大名士。或许可以说，这是他的阵营中唯一的一位举国皆知的名士。安禄山起兵后，李白携宗夫人南下，这时隐居在庐山。经过永王幕下谋士韦子春等三次聘请，终于兴冲冲地下山了。永王当然隆重欢迎，屡设盛宴款待。李白本以奇士自居，这时以为实施自己抱负的时机到了，于是一路随永王东下，在浔阳时作《在水军宴赠幕府诸侍御》诗，内云："绣服开宴语，天人借楼船。如登黄金台，遥谒紫霞仙。卷身编蓬下，冥机四十年。宁知草间人，腰下有龙泉。浮云在一决，誓欲清幽燕。……所冀旄头灭，功成追鲁连。"又作《在水军宴韦司马楼船观妓》诗，内云"诗因鼓吹发，酒为剑歌雄"。足见其时意气风发，踌躇满志之态可掬。

李白到达金陵后，又作《永王东巡歌》十一首，抒发他的抱负和欣喜之情。

_____

① 参看俞纪东《萧颖士事迹考》，《中华文史论丛》1983年第2辑。

第一首说：

> 永王正月东出师，天子遥分龙虎旗。楼船一举风波静，江汉翻为雁鹜池。

全诗从追叙去年"诸王分镇"之事开始。其时道路阻隔，李白对情况或许不太清楚，但第五首诗中有"二帝巡游俱未回"之语，可知他已了解到肃宗在灵武继位之事，那么永王违令而擅自行动，本已超出玄宗去年的指示，更未接受今帝的命令，这可是不难想到的。但李白对永王此举会起怎样的政治后果却丝毫不作他想。

第二首说：

> 三川北虏乱如麻，四海南奔似永嘉。但用东山谢安石，为君谈笑静胡沙。

李白脑中总是把历史上的混乱时局与当前时局作类比。这时身处江东，自然会联想到晋代故事。《赠张相镐二首》其二曰："想象晋末时，崩腾胡尘起，衣冠陷锋镝，戎虏盈朝市。石勒窥神州，刘聪劫天子。"琅琊王司马睿割据江东，永王璘想重现东晋故事，李白则以谢安自居，也想一展平生抱负。或许在他单纯的心灵中没有什么私心存在，但是历史毕竟难于重现，李白却是太昧于形势了。不过从这首诗来看，他的抱负与永王割据江东的企图那是完全一致的。

第三首说：

> 雷鼓嘈嘈喧武昌，云旗猎猎过寻阳。秋毫不犯三吴悦，春日遥看五色光。

这首诗对永王军队进入三吴地区的描述，与事实大不相符。当时三吴的地方官员吴郡太守兼江南东路采访使李希言、广陵长史淮南采访使李成式都曾派兵拒阻，李璘发兵攻伐，闹得江淮大震，高適与韦陟、来瑱于安陆会合，结盟誓众合力进讨。《旧唐书·韦陟传》曰："陟谓適、瑱曰：'今中原未复，江淮动摇，人心安危，实在兹日。若不齐盟质信，以示四方，令知三帅协心，万里同力，则难以集事矣。'"而在他们的誓词中，还有"纠合三垂，翦除凶慝"等语，可见其时形势之紧张。李白同时却在高唱"秋毫不犯三吴悦"的赞歌，可见他脱离现状的严重。

第九首说：

> 祖龙浮海不成桥，汉武寻阳空射蛟。我王楼舰轻秦汉，却似文皇欲渡辽。

这里李白作了进一步的推断，而这也正是永王璘隐而不宣的最终目的，就是直承王统，登大宝之位。也许是李白的诗人之心太过纯真，有些旁人不便明言的话，他却直截了当地说出来了。而这也正是高適等人认为形势极为严重必须及时合力扑灭的苗头。

对这一首诗，古今就有不同的看法，明游潜《梦蕉诗话》以为李白"公然以天子之事为永王比拟，不无启其觊觎之心"。实则永王璘割据的最终目的，就是像司马睿一样，在江东称帝，这用不到李白去启发，而李白在肃宗、永王之间，却也真有拥护永王而对肃宗存而不论之势。

高適等人的军队尚未合围，李璘的军队已经崩溃了。李白此时在丹阳（润州，今江苏镇江），仓皇南逃，曾有《南奔书怀》诗记其事，中云："主将动谗疑，王师忽离叛。自来白沙上，鼓噪丹阳岸。宾御如浮云，从风各消散。舟中指可掬，城上骸争爨。草草出近关，行行昧前算。

南奔剧星火，北寇无涯畔。顾乏七宝鞭，留连道傍玩。"这里有他的不平，同时也暴露出他一些真实而奇异的看法。他称永王的军队为"王师"，称忠于肃宗的军队为"北寇"，[①]可见他拥戴永王态度之坚决。当然，这里李白或者只是出于一时愤慨而称追逐他的李成式等人的军队为"寇"，他不一定想得那么深，把肃宗列为"寇"首，但他对肃宗其人，至少是不一定认为必须由他登大宝之位；而对永王璘其人，则是认为也有资格在江东立国的。

《新唐书》上还说："璘未败时，上皇下诰：'降为庶人，徙置房陵。'"《降永王璘庶人诏》曰："永王璘，谓能堪事，令镇江陵，庶其克保维城，有裨王室。而乃弃分符之任，专用钺之威，擅越淮海，公行暴乱。违君父之命，既自贻殃；走蛮貊之邦，欲何逃罪？据其凶悖，理合诛夷，尚以骨肉之间，有所未忍。皇帝诚深孝友，奏请哀矜……宜宽伏锧之命，俾黜析珪之典，可悉除爵土，降为庶人，仍于房陵郡安置。所由郡县，勿许东西。"（《唐大诏令集》卷三九）可见永王东下之时，玄宗、肃宗之间也在紧张地不断磋商，玄宗于此也无理由左袒永王，只能公然黜谪。但这些似乎对李白没有发生过什么影响。

李白在《上留田》中说："孤竹延陵，让国扬名，高风缅邈，颓波激清。尺布之谣，塞耳不能听。"《箜篌谣》中也皮里阳秋地说："周公称大圣，管蔡宁相容？汉谣一斗粟，不与淮南舂。兄弟尚路人，吾心安所从？"矛头所指，却是被世人称为大圣和明主的周公和汉文帝。这

---

① 李白在《南奔书怀》中前称永王璘为"天人"，后又称之为"明主"。诗中用《晋书·明帝纪》中明帝以七宝鞭迷惑王敦追军而得脱之事比拟永王逃奔，那么与"南奔"相对的"北寇"只能是指沿江南下的李成式等人的军队了。其时安史乱军远在江淮以北，不可能当"北寇"之称。参看松浦友久《关于李白离开永王璘的时间问题（〈南奔书怀〉为中心）》，载《中国李白研究》1990年集·上，江苏古籍出版社1990年版。

既说明了李白的思想有违于儒家的传统观点,也说明了他对肃宗的反感与对永王的同情。这种指桑骂槐的手法,明眼人是不难看出的。

永王兵败,李白终于遭到拘系,随后又被谪迁夜郎,这是很严厉的惩罚。杜甫在《不见》诗中说:"世人皆欲杀,吾意独怜才。"可见当时舆论之一般。世人对他均已嫌弃,幸有崔涣、宋若思等人出来援颊,才免于一死。

八、长流夜郎

李白陷狱之后的经历,也甚为曲折。陷浔阳狱中时,曾托秀才张孟熊献诗时任扬州大都督长史、淮南节度使的高适,大约也是求助的意思吧。但高适似未有帮助。

这时李白的心情极为痛苦。眼前发生的一切,他想不开;自己为什么会获罪下狱,他更没有思想准备。永王分镇,本是玄宗的旨意,自己参加永王幕府,出于救国的至诚,没有一丝危害朝廷的心意,如今却获重罪而受絷囚,生死未卜,不由得满怀激愤。因此,他在多方求援时,吐露了极为愤懑的心情,《系浔阳上崔相涣三首》其二曰:

> 毛遂不堕井,曾参宁杀人?虚言误公子,投杼惑慈亲。白璧双明月,方知一玉真。

朱谏《李诗辨疑》曰:"白璧是玉,明月是珠,上下辞意不相照应,而有偏重之病。白之善于文辞者,宁有此病乎?"詹锳《李白诗文系年》至德二载下曰:"末二句诚如朱氏所云,但以上四句引曾参事以自况其遭诬,与太白身世尚无不合,或末二句有脱误,未必全诗皆伪也。"按李诗多喷薄而出,或有率然之病,①这时为冤屈的心情所困扰,自然更无暇推敲章法,于此反而可以窥知李白的心情。

李白在《上崔相百忧章》中用四言的形式抒发内心的激愤。诗句简短,文气急促,更让人感受到他内心的沉痛迫切。中云:

> 火焚昆山,玉石相砥,仰希霖雨,洒宝炎煨。箭发石开,戈挥日回,邹衍恸哭,燕霜飒来。微诚不感,犹絷夏台。苍鹰搏攫,丹棘崔嵬。豪圣凋枯,《王风》伤哀,斯文未丧,东岳岂颓?穆逃楚难,邹脱吴灾,见机苦迟,二公所咍。

这里他为未能及时脱离永王幕府而追悔,也为个人横遭系囚而愤慨。王室中的内争,政治上的黑幕,又岂是心情纯真的人所能预测? 但这时身陷牢狱,一些人非但不谅解他而为之辩解,反而落井下石,尤使他倍感痛苦。《万愤词投魏郎中》云:"好我者恤我,不好我者何忍临危而相挤?"

李白当年下庐山入永王幕府时,也是经过一番周折的。宗夫人反对他这么做,但李白不能放弃这个千载难遇的机会,终于下山一试了。《与贾少公书》中说:

> 白绵疾疲薾,去期恬退,才微识浅,无足济时。虽中原横溃,将何从救之? 王命崇重,大总元戎,辟书三至,人轻礼重。严期迫切,难以固辞。扶力一行,前观进退。

历史上的往事,总是勾起他无限的憧憬,他想到了殷浩隐退十年,时人

---

① 参看阮廷瑜《李白诗论》第十五章《索疵》第一节《率句》、第二节《讹误与欠稳》,台湾省"国立编译馆"1986 年版。

以其起与不起，卜江左兴亡；谢安高卧东山，天下之人伺其出仕，均引领望之。这些历史上的往事，激发他从政的热情，永王璘派人三上庐山礼请，使他感到诸葛亮的往事又要再现了，于是匆促下山厕迹军中。《书》中又说"徒尘忝幕府，终无能为"，看来也有失落之感。这是永王未失败前写的一封书信，可知李白参与军幕，仍是一介文士的身份，未能参谋机要。虽坐享尊荣，但没有做成什么事情，只留下了一些篇章，最后陷入了从逆的陷阱，给家庭带来巨大的灾难。《万愤词投魏郎中》中说："南冠君子，呼天而啼，恋高堂而掩泣，泪血地而成泥。狱户春而不草，独幽怨而沉迷。兄九江兮弟三峡，悲羽化之难齐。穆陵关北愁爱子，豫章天南隔老妻。一门骨肉散百草，遇难不复相提携。"《上崔相百忧章》中说："星离一门，草掷二孩。万愤结缉，忧从中催。金瑟玉壶，尽为愁媒。举酒太息，泣血盈杯。台星再朗，天网重恢。"他呼天抢地，申述他的痛苦，希望崔涣等人能"屈法申恩，弃瑕取材。冶长非罪，尼父无猜"。他坚信自己是清白无辜的，对自己的才能仍抱有自信。崔涣时以宰相之尊充江淮宣慰大使，他与御史中丞宋若思为之推覆洗雪，乃得获释。

宋若思对李白很照顾，既脱之于难，又让他加入幕府，屡预宴饮，可知关系是很亲近的。其时李白作有《为宋中丞自荐表》《为宋中丞请都金陵表》，可知李白仍然保持着昂扬的气概，但对天下大势的分析仍显迂拙而不切实际。

李白在《自荐表》中自称"怀经济之才，抗巢由之节，文可以变风俗，学可以究天人。一命不沾，四海称屈"；"岂使此人名扬宇宙而枯槁当年？……特请拜一京官，献可替否，以光朝列"。说明李白对自己的才能还是充满自信，深以未能谋得正式的御前官职为憾。只是他在《为宋中丞请都金陵表》中透露的观点，仍然与他参与永王幕时的动机一样，希望唐王朝在江东建立朝廷，重温东晋南朝的旧梦。殊不知肃宗在灵武即位,虽然身处危地,物产俭啬,但表示朝廷正统未坠,而且近在咫尺,正在统率朝野上下各色人等艰苦奋战,这就成了忠于唐室的人员精神上的有力支柱。杜甫在长安围城中舍命出奔,历尽千辛万苦,投奔灵武行在,说明肃宗在灵武立国乃其时人心之所向,有力地推动了抵抗安禄山的斗争。假如此时朝廷真的迁都金陵,那就必然会打击全国的民心与士气,以为继位之主所追求的只是偏安之局,事后的发展也就很难说了。

于此可见,李白的思想总是停留在过去,带有文人议政的特点。大约六代豪华,对他来说具有难以割舍的感情联系吧。

但噩运再一次地向他袭来,朝廷重新追究前事,处罚特别严厉,李白被判长流夜郎。至德三载(758)二月,改年号为乾元;肃宗于上年岁末为迎玄宗返长安,十月为册太子,先后颁大赦令,李白却因沦为重犯而未能预此盛事,心中的痛苦可想而知。

李白于浔阳启程赴夜郎时,宗夫人与弟宗璟前来送行,李白作《窜夜郎于乌江留别宗十六璟》诗,中间还对宗氏的家世念念不忘,对宗楚客及宗晋客等人大加粉饰,尽管他经常沉浸在幻想与虚荣中,眼前的艰难处境却不能不使他备感伤怀,特别是在陷狱之后一直在为之奔走营救的宗夫人,前此曾经反对他参加永王璘幕,他却想像苏秦那样拜相而回,如今落得以垂暮之年生离死别,李白满怀哀情,一路上都在思念着夫人宗氏。《放后遇恩不沾》曰:

天作云与雷,霈然德泽开。东风日本至,白雉越裳来。独弃长沙国,三年未许回。何时入宣室,更问洛阳才?

李白之前,似未有人以“日本”一名入诗,故可称之为今典。越裳贡白雉,则是前人常用的古典,《后汉书·南蛮传》曰:“交阯之南有越裳国。周公居摄六年,制礼作乐,天下和平,越裳以三象重译而献白雉。"今典古典并用，也是李白不拘一格的表现，其意在于说明四海之内皆蒙恩泽，自己却因非罪而"遇恩不沾"。犹如汉代的才子贾谊，虽蒙汉文帝的赏识，却因谗而遭贬，不知何时才能重返朝廷？李白心中充满了酸楚。

这时李白与宗氏已别来很久，《南流夜郎寄内》诗曰：

> 夜郎天外怨离居，明月楼中音信疏。北雁春归看欲尽，南来不得豫章书。

应该说，李白凭借诗名，在流放途中没有遭到多少虐待，四方交好，包括一些地方官吏，都曾隆重接待过他，他也一路赋诗，参与酬酢。但终因年老无成，身处逆境，还是满怀凄凉，写下了许多充满哀感的诗篇。

看来这时的一些政要也认识到李白乃一介士人，没有做过危害社稷之事，所以从永王覆灭时起，就没有对他有什么歧视。当他尚未系囚因病而在宿松山高卧时，宰相张镐统兵东下，李白与之有旧，遂上二诗相赠，第一首中说："昔为管与鲍，中奔吴隔秦。一生欲报主，百代期荣亲。其事竟不就，哀哉难重陈。"还对未能完成宿愿而深感痛惜。

张镐罢相后，授荆州大都督府长史，李白流放途中经过江夏时，张镐已回长安出任太子詹事①，但还是派人给他送来了罗衣二件，并有

———————

① 李白诗名《张相公出镇荆州寻除太子詹事余时流夜郎行至江夏与张公相去千里公因太府丞王昔使车寄罗衣二事及五月五日赠余诗余答以此诗》，末句云"荣乐一如此，商山老紫芝"，安旗主编《李白全集编年注释》据《唐六典》卷二六叙"太子宾客"，云是"汉高祖欲废太子，吕后用张良计，致商山四皓以为宾客"，疑"诗题中之太子詹事，或传钞之误欤？"按新、旧《唐书·张镐传》均言为太子宾客，安说是。然李白抒情时所用之典有任意为之之处，太子宾客与太子詹事易混，故也有可能诗名原来即如此。

五月五日赠诗,李白随之作诗奉答,可知他与朝廷内外人物还是保持着紧密的联系。

李白一路沿江而上,本应服刑三年,这时已经一年有过,当他行经三峡时,却遇到了大赦的机会。《新唐书·肃宗纪》乾元二年"三月……丁亥,以旱降死罪,流以下原之"。那时他正走到夔州,已距夜郎不远,接到赦令后,满怀喜悦之情,立即掉头东下。① 这时挥毫纵笔,写下了《早发白帝城》这一千古名篇。

> 朝辞白帝彩云间,千里江陵一日还。两岸猿声啼不住,轻舟已过万重山。

盛弘之《荆州记》写三峡江水迅疾曰:"朝发白帝,暮到江陵,其间千二百里,虽乘奔御风,不以疾也。"②李白此诗,沿袭盛《记》原意,且字句也多沿用,但已自其肺腑中流出,一无沿袭的踪迹。由此可见,李白受

---

① 李白流放夜郎,是否到达贬所,古今有不同说法。清代程恩泽《程侍郎遗集》卷六、张澍《续黔书·李白至夜郎辨》、黎庶昌《拙尊园丛稿》卷四《李白至夜郎考》等文中均主李白曾抵夜郎贬所,这一地区的一些地方志中也有关于李白遗迹的记载,近人亦多主此说者。但李白《流夜郎半道承恩放还兼欣克复之美书怀示息秀才》诗题中明言"半道承恩放还",诗中也说"半道雪屯蒙,旷如鸟出笼",半道指空间言,很难作时间解,因此此处仍采未抵夜郎说。李白其后作《闻李太尉大举秦兵百万出征东南懦夫请缨冀申一割之用半道病还留别金陵崔侍御十九韵》,中云"半道谢病还,无因东南征"。"半道"一词亦指空间言,与上述《流夜郎半道承恩放还》一诗中之用语一致。

② 《水经注》卷三四《江水二》:"自三峡七百里中,两岸连山,略无阙处。重岩叠嶂,隐天蔽日,自非亭午夜分,不见曦月。至于夏水襄陵,沿沂阻绝,或王命急宣,有时朝发白帝,暮到江陵,其间千二百里,虽乘奔御风,不以疾也。……每至晴初霜旦,林寒涧肃,常有高猿长啸,属引凄异。空谷传响,哀转久绝。故渔者歌曰:'巴东三峡巫峡长,猿鸣三声泪沾裳。'"其中文字亦系概括盛弘之《荆州记》中文字而成。盛文见《太平御览》卷五三《地》部十八《峡》。

汉魏六朝文学影响甚深,只是结合个人的感受,表达之时已浑然一体,看不出一丝摹拟的痕迹。这一诗歌,真可谓出于前人而超越了前人。杨慎《升庵诗话》卷七曰:"白帝至江陵,春水盛时行舟,朝发夕至,云飞鸟逝,不是过也。李白述之为韵语,惊风雨而泣鬼神矣。"①

李白自翰林放还,虽对遭到谗毁感到不平,但对玄宗一直怀有知遇之感。安史乱起,虽因道路阻隔,得不到西边的讯息,但对玄宗的行踪甚为关切。这时他听到了收复两京的喜讯,并得悉玄宗也回到了长安,于是在《流夜郎半道承恩放还兼欣克复之美书怀示息秀才》诗中表达了亦喜亦悲的情绪,云是:

> 遭逢二明主,前后两迁逐。去国愁夜郎,投身窜荒谷。半道雪屯蒙,旷如鸟出笼。遥欣克复美,光武安可同?天子巡剑阁,储皇守扶风。扬袂正北辰,开襟揽群雄。胡兵出月窟,雷破关之东。左扫因右拂,旋收洛阳宫。回舆入咸京,席卷六合通。叱咤开帝业,手成天地功。大驾还长安,两日忽再中。一朝让宝位,剑玺传无穷。愧无秋毫力,谁念矍铄翁?

这时李白已年五十九岁,中间历经颠踬,虽有报国之心,反遭牢狱之苦,如今朝廷虽已少安,自己却已步入晚年了。李白虽胸怀旷达,也不能不产生迟暮之感。

但李白始终对自己的才能抱有自信。他在遭受挫折之后,从不陷于绝望,恢复自由之身以后,他又觉得可以施展才华了。这时他又想到了以自己无比的文才贡献给当今皇上,当可邀得赏鉴。《自汉阳病酒归寄王明府》曰:

---

① 王仲镛《升庵诗话笺证》本,上海古籍出版社 1987 年版。

去岁左迁夜郎道,琉璃砚水长枯槁。今年敕放巫山阳,蛟龙笔翰生辉光。圣主还听《子虚赋》,相如却欲论文章。愿扫鹦鹉洲,与君醉百场。啸起白云飞七泽,歌咏渌水动三湘。莫惜连船沽美酒,千金一掷买春芳。

他又雄心勃勃,试图凭借文才小试锋芒了。

这时李白以无罪之身东下,沿途的一些官员热情招待,经过江夏时,遇到了时任江夏太守的旧友韦良宰,李白乃作《经乱离后天恩流夜郎忆旧游书怀赠江夏韦太守良宰》以咏怀。这是李白所作诗歌中最长的一篇,按照个人历史中的几个重要阶段,一一抒写个人的心情与抱负。内容丰富,值得仔细阅读。

李白首先抒发了自己的政治观点。诗的起首即云:

天上白玉京,十二楼五城。仙人抚我顶,结发受长生。误逐世间乐,颇穷理乱情。九十六圣君,浮云挂空名。天地赌一掷,未能忘战争。试涉霸王略,将期轩冕荣。时命乃大谬,弃之海上行。

尽管李白试图从政遭到了挫败,但他并不自馁,仍以"颇穷理乱情"而自负。历史上的圣君,在他看来,如浮云之过目,空挂浮名而已。这里他明确宣布,他所擅长的是"霸王略",如用过去诸子百家的学派区分,当属纵横家的见识。李白于安禄山造反前夕北上时,曾与时任贵乡县令的韦良宰相遇。其后中原发生战争,二人各奔东西,其间还发生了诸王分镇的大事。诗续云:

二圣出游豫,两京遂丘墟。帝子许专征,秉旄控强楚。节制非桓文,军师拥熊虎。人心失去就,贼势腾风雨。惟君固房陵,诚节冠终古。仆卧香炉顶,餐霞嗽瑶泉。门开九江转,枕下五湖连。半夜水军来,浔阳满旌旆。空名适自误,迫胁上楼船。徒赐五百金,弃之若浮烟。辞官不受赏,翻谪夜郎天。

这里有他的不平。李白用"专征"二字介绍永王的分镇,说明此事本有玄宗的指令,并非个人谋叛,李白受聘下山,也无叛国之心,后来却因此而受罪,李白之不服者在此。当然,李白此时也有畏罪而辩解之意,所谓"迫胁上楼船",那就有些言过其实了。但他当时确曾有过犹豫,后来还是忍不住下山一现身手,施展他从早年起就一直向往实施的纵横之术,因而陷入了"自误"的下场。李白在诗的结尾,抒发了对国家命运的关怀,诗云:

五色云间鹊,飞鸣天上来。传闻赦书至,却放夜郎回。暖气变寒谷,炎烟生死灰。君登凤池去,勿弃贾生才。桀犬尚吠尧,匈奴笑千秋。中夜四五叹,常为大国忧。旌旆夹两山,黄河当中流。连鸡不得进,饮马空夷犹。安得羿善射,一箭落旄头?

《唐宋诗醇》卷五曰:"结尾一段,虑庙堂之无人,忧将帅之不一,而贼之不得速平,与前遥相照应。"诗云"桀犬尚吠尧,匈奴笑千秋",后句用《汉书》所载车千秋的典故。车千秋为人平庸,仅因窥知汉武帝心意,为戾太子申冤,得到宠信,旬日取宰相封侯。为此遭到匈奴的鄙视,以为朝廷无人。[1] 李白这里是以车千秋影射其时任相的苗晋卿、

---

[1] 《汉书·车千秋传》曰:"千秋无他材能术学,又无伐阅功劳,特以一言寤意,旬月取宰相封侯,世未尝有也。后汉使至匈奴,单于问曰:'闻汉新拜丞相,何用得之?'使者曰:'以上书言事故。'单于曰:'苟如是,汉置丞相,非用贤也,妄一男子上书,即得之矣。'"

王屿等人。于此可见李白仍然保持着凛然风骨,对平庸的高官甚为鄙视。

这时韦良宰任期将满,要回京城任职,李白随即嘱他向朝廷推荐,"君登凤池去,勿弃贾生才",他对自己的治国之才还是充满自信。

盛唐的诗坛,真是群星璀璨,光耀千秋。李白遇赦东下,到达岳州时,遇到了曾任中书舍人的诗人贾至。至德中,郭子仪统九节度使的军队在相州与史思明决战,受到监军宦官鱼朝恩的牵制,全军溃败,贾至时任汝州刺史,弃城而逃,随之贬为岳州司马。与李白在此相遇,同病相怜,唱和酬答,留下了好些佳作。

贾至《初至巴陵与李十二白裴九同泛洞庭湖三首》曰:

> 江上相逢皆旧游,湘山永望不堪愁。明月秋风洞庭水,孤鸿落叶一扁舟。
>
> 枫岸纷纷落叶多,洞庭秋水晚来波。乘兴轻舟无近远,白云明月吊湘娥。
>
> 江畔枫叶初带霜,渚边菊花亦已黄。轻舟落日兴不尽,三湘五湖意何长。

李白有《陪族叔刑部侍郎晔及中书贾舍人至游洞庭五首》曰:

> 洞庭西望楚江分,水尽南天不见云。日落长沙秋色远,不知何处吊湘君?
>
> 南湖秋水夜无烟,耐可乘流直上天。且就洞庭赊月色,将船买酒白云边。
>
> 洛阳才子谪湘川,元礼同舟月下仙。记得长安还欲笑,不知何处是西天?

洞庭湖西秋月辉，潇湘江北早鸿飞。醉客满船歌《白苎》，不知霜露入秋衣。

帝子潇湘去不还，空馀秋草洞庭间。淡扫明湖开玉镜，丹青画出是君山。

二人都对长安的岁月极为留恋。贾至曾任中书舍人，李白曾任翰林供奉，二人都有亲近玄宗的经历，这里有着他们共同的美好回忆，如今均因获罪贬逐而在南方相遇，自然都有重返京师的期望。李白诗中多次引用桓谭《新论》中语，所谓"人闻长安乐，出门向西笑"，表示对长安的向往。他在山东作《鲁中送二从弟赴举之西京》中也说："鲁客向西笑，君门若梦中；霜凋逐臣发，日忆明光宫。"这时的李白，翘首北望，怕是已难再有笑容。

他自赐金还山后，一直对长安时的一段生活恋念不已。《单父东楼秋夜送族弟况之秦》诗曰："遥望长安日，不见长安人。长安宫阙九天上，此地曾经为近臣。"心中充满着失落与幽怨。这时流放归来，在江汉之间逗留，国难未已，报国有心，自信有能力扭转危局，然而君门九重，无由再见，《江夏寄汉阳辅录事》曰："君草陈琳檄，我书鲁连箭。报国有壮心，龙颜不回眷。"只能徒唤奈何。

李白还有《巴陵赠贾舍人》诗，曰：

贾生西望忆京华，湘浦南迁莫怨嗟。圣主恩深汉文帝，怜君不遣到长沙。

贾至南迁之后，情绪极为低沉，李白还以贾谊之事开导他，以为遭遇之酷未过贾谊，日后自有出头之日，因而不必如此怨嗟。李白这时的心情，比之经受牢狱之灾时，已经宽松多了。

九、寂寞馀哀

钱易《南部新书》卷丙曰："李白为天才绝，白居易为人才绝，李贺为鬼才绝。"[1]在唐人心目中，李白就是一位超级天才。他的思想，他的行为，均与常人不同，这都是引发他人注目的地方。那又是什么原因造成了这样一位难以评估的天才？

当年永王璘向江东扩展时，一路上招聘名士，名士们避之如不及，为什么李白却欣然下山，参与幕府？这些地方体现了李白所承受的与众不同的文化特点。

前已说到，李白年轻时与赵蕤共学，信从纵横家的学说。赵蕤著有《长短经》一书，自称此书阐发的是"长短""经济"之术。刘向序《战国策》，即称此书"或题曰《长短》"，《汉书·张汤传》颜师古注："应劭曰：'短长术兴于六国时，长短其语，隐谬用相激怒也。'张晏曰：'苏秦、张仪之谋，趣彼为短，归此为长，《战国策》名短长术也。'"可见赵蕤以为他的这一著作继承的是战国纵横之术。实则蜀中这些后起的纵横家与前人已大不相同，他们信从的纵横理论，只是总结前人经验，对历史上一些拨乱建功的人士表示向往，但对当前形势却不能作出深入的分析。赵蕤在《长短经序》中说："当代之士，驰骛之曹，书读纵横，则思诸侯之变；艺长奇正，则念风云之会，此乃向时之论，必然之理。"李白供奉翰林时，当清平之世，因而希望得到玄宗的赏识，一展抱负。遭谗还山，未尽所怀，用世之志，未尝忘怀。安史乱起，天下分崩，肃宗、永王奉上皇之命，可以各自筹措粮草，各自辟置僚属，从而建立起了自成系统的独立王国，在李白看来，似乎战国时期诸

---

[1] 《海录碎事》卷十八《文学部》亦有此说，唯首句作"唐人以李白为天才绝"。

侯割据的局面又要重现了，"书读纵横，则思诸侯之变"，个人实现政治抱负的时机终于到来了。可见李白的纵横思想决定了他必然会下山随从永王。

李白这种异乎寻常的举动，还与他所承受的文化背景有关。前已说明，李白生长在一个胡化影响很深的家庭，对于儒家之道，时有不恭之词，因而对于礼制中规定的王位继承原则，并不认真对待；对于王室内部复杂而微妙的关系，未能清醒而合适地加以处理。

反观西域故地的情况，突厥族的王位继承就没有一套固定的制度。兵强马壮者，如能威慑其他部落或击败他人，就能获取大可汗的地位。父亲把汗位传给儿子，兄长把汗位传给幼弟，兄弟之间，有的各霸一方，有的引起争夺，联盟中人也没有什么固定的准则作为向背的依据。这种情况，对于一个胡化家庭来说，必然也会发生影响。

李白在诸王分镇中横遭厄运，从他的家庭背景来看，从他年轻时学习的纵横学说来看，遇到混乱的时局出现时，必然会下山随从永王璘，企图一显身手。他在政治上的失败，亦属必然。

这时李白已步入晚年，屡遭挫折，远大理想既无法实现，无意之中又陷入了王室冲突的漩涡，身陷囹圄，还遭到不谅解者的谴责。① 因而身心憔悴，健康大受影响。当他得到御史中丞宋若思的帮助，浔阳出狱，参与幕府，且随之往武昌后，却因病而归宿松。长流夜郎途中遇

_____

① 李白获罪长流夜郎时，杜甫正流寓蜀中，对李白的情况不太清楚，但时有不利于李白的传闻，令他极为不安，故前后写下很多诗篇，表达他的悬念与志忐心情。《天末怀李白》诗曰："凉风起天末，君子意如何？鸿雁几时到？江湖秋水多。文章憎命达，魑魅喜人过。应共冤魂语，投诗赠汨罗。"因为李白前往夜郎时，是由水路西上的，杜甫设想他应经过洞庭湖边，这就联想到了前此屈原含冤南迁之事，从而对李白的遭贬倍感伤神。《不见》诗曰："不见李生久，佯狂真可哀。世人皆欲杀，吾意独怜才。敏捷诗千首，飘零酒一杯。匡山读书处，头白好归来。"可知时人都对李白有种种过激的指责，不理解他从璘的真实动机。

赦,流寓江南时,曾想参加李光弼的军队,又因病半途而还。《闻李太尉大举秦兵百万出征东南懦夫请缨冀申一割之用半道病还留别金陵崔侍御十九韵》曰:

> 恨无左车略,多愧鲁连生。拂剑照严霜,雕戈鬟胡缨。愿雪会稽耻,将期报恩荣。半道谢病还,无因东南征。亚夫未见顾,剧孟阳先行。天夺壮士心,长吁别吴京。

这是李白作出的最后一次努力。诗中仍以鲁仲连自许,可惜未能完成可与之相比的功业。犹如他在《梁甫吟》中所说的,自己像是汉初吴楚之乱时的大侠剧孟,本以为定会得到主帅周亚夫的赏识,然而年老体衰,又错过了一次良机。由此可见,李白此时已近强弩之末,心有馀而力不足,虽屡以鲁仲连、李左车、剧孟等人为比,说明他还想追步纵横家与游侠的后尘,干一番震古烁今的事业,然而从主观条件与客观条件来看,均已无此可能。

其时李白已日暮途穷,只得前往当涂依族叔李阳冰,无奈病情转亟,遂将诗文草稿交付李阳冰,嘱其代为整理。李阳冰编为《草堂集》后,在序中介绍了李白的生平与成就。随之李白即卒于此地。

当年李白与宗氏避安史之乱而南下时,儿女仍滞留东鲁,李白为此极为担忧,曾托门人武谔前去接取,看来未能如愿。当他于浔阳首途西上流放时,子女仍未在身边。但当他在当涂病殁时,伯禽已来此地定居了。魏颢说是"女既嫁而卒",其时平阳想已去世。另一儿子颇黎,则始终未见他人记载过。

《太平广记》卷三〇五引《通幽记》载:"贞元五年,李伯子伯禽充嘉兴监徐浦下场籴盐官。场界有蔡侍郎庙,伯禽因谒庙,顾见庙中神女数人,中有美丽者,因戏言曰:'娶妇得如此,足矣。'遂沥酒祝语之……数日而卒。"①《通幽记》所记，多不经之谈。这种因爱慕神女戏言而卒的故事，颇多类同之说，如《北梦琐言》卷十二记杨收子镳事即如此。李伯是谁，不见其他记载，有人以为"伯"乃"白"的误字，此人为李白之子伯禽，也只能是一种假设，很难确证。即使此人为李白之子，则已沦为盐场中的一名小吏籴盐官。名父之子，处境也很可悲的了。

代宗之初搜求遗逸，拜李白为左拾遗，而李白已死，故后世称之为李拾遗。他生前实未沾一命。到了宪宗元和之末，范传正出任宣歙观察使，曾往当涂祭其冢墓。范传正的父亲范伦，曾与李白交好，范传正在父亲的文字中读到与李白的浔阳夜宴诗，因知系通家之旧，从而对李白后人特加垂顾。但其时乡人已不清楚李家的情况，访问三、四年后，才找到李白的孙女二人，一嫁给了陈云，一嫁给了刘劝，都是普通的农民。范传正把他们招至官府，已是一副农妇模样，只是态度闲雅，还能依稀看出祖上士流的馀风。二女对范传正的答词，甚为凄楚，云是父亲伯禽终身未仕，卒于贞元八年（792），兄长一人，出外十二年，不知下落。家无恒产，度日为难，只能沦为农妇。又怕上辱祖考，不敢上闻县官。这次是因地方上的逼迫，才忍耻相告。古时士庶悬隔，像李白这样名重一时的人，孙女沦落至此，也可说是至悲之事。二女又言，李白殁时希望葬在青山，但未能如愿，只能暂葬龙山东麓。范传正于是嘱咐当涂令诸葛纵于元和十二年（817）正月二十三日将李白之墓迁于青山之阳。此山一名谢公山，云是谢朓曾登临其地而知名。李白一生钦慕谢朓，此番改葬，死而有灵，也堪快慰的了。

---

① 《通幽记》，陈劭撰，《新唐书·艺文志》入小说家类，作一卷；《崇文总目》入小说类；《通志·艺文略》入传记冥异类，作三卷；《宋书·艺文志》入小说类，亦作三卷，撰人作陈劭，注"一作召"。原书已佚，《太平广记》等书中尚存二十馀则轶闻。

武宗会昌三年(843)二月,曾任秘书省校书郎的裴敬前往拜墓,[①]
李白的这两位孙女已有五、六年不去扫墓,想来均已亡故。当年范传
正见到这两位孙女时,哀其沦为农妇,曾想以官府之力,帮他们改嫁士
族,但二女不允,以为"在孤穷既失身于下俚,仗威力乃求援于他门,生
纵偷安,死何面目见大父于地下?"此举可觇李白的孙女尚能不坠宗
风,保持乃祖的傲骨,但处境艰难,千载之下令人哀悯。

　　细究起来,李白一家的沦落与其所承受的文化背景有关。唐代
士人的仕进,已经群趋科举一路,李白却仍据守汉魏六朝的传统,只
求通过献赋与隐逸而求得晋身,还想趁乱而施展纵横之术,因而接
连遭到失败。他又不重士族高门,而以入赘相府为荣,结果子女不
能住在一起,既得不到家属的照料,又受不到良好的教育,子孙也无
法通过科举而入仕。丢下的两位孙女无人照料,只能沦为农妇。因
此,李白一家出现的种种悲剧,都与他所承受的两种不同文化的冲
突有关。

　　李白殁前作《临路歌》[②]曰:

　　　　大鹏飞兮振八裔,中天摧兮力不济。馀风激兮万世,游扶桑
　　兮挂石袂。后人得之传此,仲尼亡兮谁为出涕?

　　李白向以大鹏为象征。《庄子·逍遥游》中的这一形象,横空出
世,"抟扶摇而上者九万里",终因时运不济而从中天陨落了。他有自

<hr />

　　①　裴敬与李白亦有因缘,所作《翰林学士李公墓碑》曰:李白"常心许剑舞
裴将军,予曾叔祖也。尝投书曰:如白,愿出将军门下"。裴将军即裴旻。
　　②　李华《故翰林学士李君墓志并序》曰:"年六十二不偶,赋《临终歌》而
卒。"《临路歌》当即《临终歌》。

信，"馀风激兮万世"，像他这样的天才，必然千古流传人口，只是茫茫尘世，又有谁能像孔子识别不世出的神兽麒麟那样，为之哀伤呢？

《临路歌》中既有傲气，也有哀伤，但他却是多虑了。世上虽少有像孔子一样的人，能够及时识别神物，但千古以来中国知识界却也一直在为李白命途坎壈而"出涕"。唐代即多哀挽李白的诗篇。曹松《吊李翰林》曰：

> 李白虽然成异物，逸名犹与万方传。昔朝曾侍玄宗侧，大夜应归贺老边。山木易高迷故垄，国风长在见遗编。投金渚畔春杨柳，自此何人系酒船？

皮日休作《七爱诗》，中有"李翰林白"一首，序曰："负逸气者必有真放，以李翰林为真放焉。"诗曰：

> 吾爱李太白，身是酒星魄。口吐天上文，迹作人间客。碌硎千丈林，澄彻万寻碧。醉中草乐府，十幅笔一息。召见承明庐，天子亲赐食。醉曾吐御床，傲几触天泽。权臣妒逸才，心如斗筲窄。失恩出内署，海岳甘自适。刺谒戴接䍦，赴宴著毂屐。诸侯百步迎，明君九天忆。竟遭腐胁疾，醉魂归八极。大鹏不可笼，大椿不可植。蓬壶不可见，姑射不可识。五岳为辞锋，四海作胸臆。惜哉千万年，此俊不可得。

李白的墓地，成了历代文人前往凭吊的场所，留下了众多抒写哀思的诗篇。白居易《李白墓》曰：

> 采石江边李白坟，绕田无限草连云。可怜荒陇穷泉骨，曾有

惊天动地文。但是诗人多薄命,就中沦落不过君。

这诗表达出了每一位前往凭吊者蕴蓄的情结。李白这样一位千古奇才,竟然陷入如此不幸的境遇,而他传留下来的惊天动地之文,犹如光彩四溢的奇葩,将永远在祖国的文苑内开放,永不衰败。

·

第四章　李白的思想

一、李白与道家

（一）人生态度

李白生于道教的发源地蜀中，从年轻时起就已经入道，后且正式接受道箓而成了一名道士。学道的目的在于成仙，所以李白对"仙"字特别有缘，一身兼有谪仙、酒仙、诗仙等名称。这些称呼恰切地反映了李白的特点与风貌。

李白二十四岁时出峡，到达江陵后，就遇到了茅山上清派的著名道士司马承祯，承其赞誉，于是自命为神仙的心理越发强烈。《大鹏赋序》曰：

> 余昔于江陵，见天台司马子微，谓余有仙风道骨，可与神游八极之表，因著《大鹏遇希有鸟赋》以自广。

"大鹏"云云，出于《庄子》。纵观李白一生，可知其受《庄子》的影响为大。他飘然涉世，洒脱不群，傲岸王侯，不受羁绊，所追求的，也就是《逍遥游》中大鹏形象所体现的超越世俗的境界。

天宝之初，李白第二次入长安，开始了他生活中的黄金时代，而其中最为惬意的一件事，便是正式荣膺了"谪仙"的称号。最早当面称他为谪仙的，便是前辈名流贺知章。魏颢《李翰林集序》曰："故宾客贺公奇白风骨，呼为谪仙子。"这使李白感到荣耀，并增加了自信，自信自己确系仙才。

杜甫也同意这种称呼,《寄李十二白二十韵》中说:"昔年有狂客,号尔谪仙人。笔落惊风雨,诗成泣鬼神。"他并作了著名的《饮中八仙歌》,中咏李白曰:"李白一斗诗百篇,长安市上酒家眠,天子呼来不上船,自称臣是酒中仙。"把李白的神态活龙活现地勾勒了出来。

　　神仙之说虚无缥缈。人们一提到神仙,总是充满着神秘感。实则道教中的神仙之说,在玄妙的外衣的覆盖下,包容着很多世俗的物质利益。唐代帝王倡导道教,入道的人可以享受到种种好处,如免除徭役和赋税等。著名的道士,还能享大名,或敛得大量财富。这些当然与李白无关。李白入道的目的绝不在此。而我国古代以农立国,农民特富的现实感,也反映到了道教中来。道教注重今世的享受,不需要多少苦行,甚至只有享乐无苦行,也能成仙,这是中国土生土长的宗教——神仙道教的特点。李白身上反映出了这一特点。

　　他在《来日大难》中说:"来日一身,携粮负薪。道长食尽,苦口焦唇。今日醉饱,乐过千春。"可知李白对眼下的享受多么重视。

　　杜甫《饮中八仙歌》中介绍李白时特别强调了一个"酒"字。李白嗜酒,这在当时已闻名遐迩。古代蜀地亦产名酒,《国史补》卷下《叙酒名著者》内有剑南之烧春,《新唐书》卷四二《地理志》六记剑南道成都府土贡有生春酒,因而李白的嗜酒大约也是自小培养的吧。

　　唐人每以"春"为酒名的后缀词,故烧春当即烧酒。根据化学家的研究,唐代即已发明烧酒。白居易《荔枝楼对酒》诗曰:"荔枝新燃鸡冠色,烧酒初闻琥珀香。"雍陶《到蜀后记途中经历》诗曰:"自到成都烧酒熟,不思身更入长安。"说明唐时蜀地已产烧酒。李白自年轻时起即饮这种酒精成分很高的烧酒,培养出了过人的酒量。[①]

---

　　①　袁翰青《酿酒在我国的起源和发展》,载其《中国化学史论文集》,生活·读书·新知三联书店 1956 年版。

李白以豪饮著称，《襄阳歌》曰："百年三万六千日，一日须倾三百杯。"《月下独酌》曰："穷愁千万端，美酒三百杯。"这里指的是其时一般用谷物酿造的淡酒。传为五代陶谷所著的《清异录》曰："旧闻李太白好饮玉浮梁，不知其果何物。予得吴婢，使酿酒。因促其功，答曰：'尚未熟，但浮梁耳。'试取一盏至，则浮蛆酒脂也。乃悟李白所饮盖此耳。""浮梁""浮蛆"即浮蚁，乃未经过滤的酒上浮的酒渣。这一类仅用酒曲酿造而不经蒸馏的酒内含酒精成分很低。李白年轻时常饮酒精成分甚高的烧酒，饮用淡酒时，自然可以一次饮上三百杯了。

杜诗既名"饮中八仙"，自然以"豪饮"为这一批人的共同特征。李白《金陵与诸贤送权十一序》曰："吾希风广成，荡漾浮世，素受宝诀，为三十六帝之外臣。即四明逸老贺知章呼余为谪仙人，盖实录耳。"此文末署"酒仙翁李白辞"，崔成甫在《赠李十二》诗中也说："天外常求太白老，金陵捉得酒仙人。""酒仙"即"酒星"，郑谷《读李白集》曰："何事文星与酒星，一时钟在李先生?"皮日休《七爱诗·李翰林》曰："吾爱李太白，身是酒星魄。口吐天上文，遂作人间客。"凡此又可与《逸史》中的"太白酒星"之说互证。太白酒星即乐驻蜀中。①

嗜酒的人，处在半醉半醒之时，常有一种腾云驾雾的感觉，似乎飘飘欲仙，这与李白信从道教追求神仙的愿望相合，所以他又自称为"酒仙翁"。醉酒之人若未进入烂醉如泥的状态，则每感到异常兴奋。李

---

① 《太平广记》卷四十引《逸史》，《章仇兼琼》条曰："章仇兼琼尚书镇西川，常令左右搜访道术士。有一鬻酒者，酒胜其党，又不急于利，赊贷甚众。每有纱帽藜杖四人来饮酒，皆至数斗，积债十馀石，即并还之。谈谐笑谑，酣畅而去。其话言爱说孙思邈。……自后月馀不至。一日又来，章仇公遂潜驾往诣，从者三四人，公服至前，跃出载拜。公自称姓名，相顾徐起，唯柴烬四枚，在于坐前，不复见矣。时玄宗好道，章仇公遂奏其事，诏司孙公问之，公曰：'此太白酒星耳。仙格绝高，每游人间饮酒，处处皆至，尤乐蜀中。'"这种传说表明，太白酒星与蜀中有着特殊的紧密联系。

白"斗酒诗百篇",文思之汹涌澎湃,异乎常人,也就博得了"诗仙"的美誉。

由此可知,李白的创作与道教也密切相关。"酒仙""谪仙""诗仙"云云有着内在的联系。酒是一种触媒剂,可使他创作激情升华,达到仙化的高度。

李白虽对道教沉迷至极,但对道教的理论则无所阐发,也不遵守道教的戒律,但他曾经长期从事炼丹、服药,看来他更重视成仙的实践。

道教中人以为常服菖蒲,可入仙境。《神仙服食灵草菖蒲丸方》据《上清经》曰:"服经十日,能消食;两月,除冷疾;三月,百病痊;而至四年,精神有馀;五年,骨髓充满;六年,颜色光泽,状如童子;七年,发白再黑;八年,齿落重生;九年,皮肤滑腻;十年,面如桃花;十一年,骨轻;十二年,永是真人,长生度世,颜如芙蓉,役使万灵,精邪不近,祸患永消。"李白显然相信这种说法,所以也一直服食菖蒲,《嵩山采菖蒲者》诗曰:"我来采菖蒲,服食可延年。"《送杨山人归嵩山》诗曰:"尔去掇仙草,菖蒲花紫茸。"而他还曾服食朱实,《天台晓望》诗曰:"攀条采朱实,服药炼金骨。"朱实不知何物,当与菖蒲类同,均为植物类的药物。①

但唐代信从道教的人主要服食之物为金丹。

自道教形成时起,方士即已从事烧丹炼汞的活动,晋代葛洪在《抱朴子》"内篇"中有详细的记录。唐代帝王多信从道教,因此每多服食金丹,竟有中毒而死者。唐太宗即因服食金丹而殁。中唐之后,穆宗、武宗亦以服食金丹而殁;敬宗、宣宗则以此致危。李白身当其时,又是

---

① 参看罗宗强《李白的神仙道教信仰》,载《中国李白研究》1991年集,安徽文艺出版社1992年版。

道教信徒,故亦笃好金丹冶炼与服食。

李白在许多诗中表达了对炼丹的热情,《登敬亭山南望怀古赠窦主簿》曰:"愿随子明去,炼火烧金丹。"《游泰山六首》之五曰:"终当遇安期,于此炼玉液。"《落日忆山中》曰:"愿游名山去,学道飞丹砂。"说明李白之畅游名山大川,固然以其本性喜好大自然,对绮丽的风光情有独钟,同时也有学道求仙"炼火烧金丹"的打算。

看来李白真是炼过丹的,《金陵与诸贤送权十一序》曰:"吾希风广成,荡漾浮世,素受宝诀,为三十六帝之外臣。……而尝采姹女于江华,收河车于清溪,与天水权昭夷服勤炉火之业久矣。"《留别曹南群官之江南》诗曰:"闭剑琉璃匣,炼丹紫翠房。身佩豁落图,腰垂虎盘囊。"《留别广陵诸公》诗曰:"炼丹费火石,采药穷山川。"《流夜郎半道承恩放还兼欣克复之美书怀示息秀才》曰:"弃剑学丹砂,临炉双玉童。"这些诗中透露的情绪,均甚热衷于炼丹之术。他在写作这些诗歌时,并不停留在同一地点,想来他也不可能到处烧丹炼汞,有的可能只是表达一种愿望,但从《送权十一序》中看来,他在一段时间内确曾实践过这一计划。

姹女为水银,亦即汞,河车是铅,这些是炼丹的基本材料。大家知道,汞与铅都是有毒性的物质,服丹之所以容易遭致不测,即因此故。武宗好道术,日日对药炉,服神丹,希望不死。日后卧起酸痛,饮食辛苦,而道士诡称换骨均如此,日后卒以此致死。① 李白在《庐山谣寄卢侍御虚舟》诗中说:"早服还丹无世情,琴心三叠道初成。"但他的情况没有发展到不可收拾的地步。不过他在晚年身体急遽衰弱,或许与服

---

① 《资治通鉴》卷二四八会昌六年八月记武宗之死,《考异》引蔡京《王贵妃传》有具体之记载。《永乐大典》卷之二千九百七十二《人·人才》引《唐语林》,即《王贵妃传》文,记武宗服丹病殁始末更为完整。

食金丹有关。

李白确曾钻研过炼丹的理论。《草创大还赠柳官迪》一诗，从头至尾都运用了道教炼丹的术语。他从道家的宇宙创始理论讲起，所谓"天地为橐籥，周流行太易。造化合元符，交构腾精魄"，以为炼丹符合阴阳交构的原理，故尔能够使服食者脱俗成仙。诗云："吾求仙弃俗，君晓损胜益。不向金阙游，思为玉皇客。鸾车速风电，龙骑无鞭策。一举上九天，相携同所适。"明确表达了借此成仙的愿望。

李白结交的道士很多。唐代道教已分为很多流派，各家对修炼成仙的看法和采取的措施各不相同。从他的诗文中看，曾请安陵道士盖寰造真箓，又曾请道士高如贵在齐州为他传道箓。这样做，表明他已正式列身道籍，成了一名正式的道士。所以他在《草创大还赠柳官迪》中自称"抑予是何者？身在方士格"。

李白一生中有几位道士对他影响最大。

《旧唐书》本传上说："天宝初，客游会稽，与道士吴筠隐于剡中。既而玄宗诏筠赴京师，筠荐之于朝，遣使召之，与筠俱待诏翰林。"然据近人考证，李白之入翰林，乃由玉真公主等人所荐，与吴筠没有关系。二人诗文中，也无任何联系。

李白在蜀中时已慕道甚笃，他出蜀后，在楚地江陵遇到了司马承祯，则是其时极为著名的一名道士。司马承祯是茅山上清派的第四代传人，身历高宗、武周、中宗、睿宗、玄宗五朝。武周、中宗时频征不起，睿宗时曾应召赴京，随即辞归。玄宗于开元九年又迎之入京，亲受法箓。十年，辞归；十五年又征召入京，令其于王屋山自选形胜，置坛室以居。可见他受恩宠的程度。从司马承祯所撰的《坐忘论》与《天隐子》等文看，他着重内心的静化，而与外丹的学说无关。玄宗《赐司马承祯敕》中说："司马炼师以吐纳馀暇，琴书自娱。"（《全唐文》卷三六）可见他是重视内丹的。

李白还曾向司马承祯的再下一辈胡紫阳学习内丹。《冬夜于随州紫阳先生餐霞楼送烟子元演隐仙城山序》中说："胡公身揭日月，心飞蓬莱。起餐霞之孤楼，炼吸景之精气。延我数子，高谈混元。金书玉诀，尽在此矣。"胡紫阳死后，李白应乡僧贞倩之请而作《汉东紫阳先生碑铭》，介绍胡紫阳的得道，曰："九岁出家，十二休粮，二十游衡山，云寻洞府，水涉冥壑。神王□□□□□□□召为威仪及天下采经使，因遇诸真人，受赤丹阳精，石景水母，故常吸飞根，吞日魂，密而修之。"可知胡紫阳也是修内丹的一派。

按道教的传授来说，陶弘景传王远知，王远知传潘师正，潘师正传司马承祯，司马承祯传李含光，李含光传胡紫阳，可知李白之炼内丹，出自茅山上清派。

胡紫阳的弟子元丹丘，李白在蜀中时即已相识，在安陆时又聚在一起，其后又赴嵩山与其相会，并且有过想携妻女一起隐居的打算，可见彼此交谊之深厚。其后元丹丘隐居于唐州湖阳县之石门山，李白亦欲偕隐，但因家累而未果。

魏颢《李翰林集序》曰："白久居峨眉，与丹丘因持盈法师达，白亦因之入翰林。"可知李白于天宝初年任翰林供奉，与元丹丘一样，都是由玉真公主推荐的。三人都有崇道之心，所以才会有此一举的吧。按李白有《与元丹丘方城寺谈玄作》一诗，中云："澄虑观此身，因得通寂照。朗悟前后际，始知金仙妙。幸逢禅居人，酌玉坐相召。彼我俱若丧，云山岂殊调。"其时元丹丘的身份为道士，而在佛寺中与李白谈玄，还得到了寺内和尚的热情招待，并参加了谈玄。可见其时诸教相互渗透与相互尊重的情况。李白的佛道兼崇，也就不难理解了。

在李白的诗文中，有不少篇章记叙了与佛教中人的交往，也为佛教的寺庙和物品作了很多颂赞之文，内中驱使佛家的用语与典故，精深熟练，可见其耽于此道之深。

唐代三教圆融，因此这一时期的文人，每对佛道二教都有崇信之意。李白谪仙而兼崇佛，也是时代风气的反映。

他在《赠僧崖公》诗中说：

> 昔在朗陵东，学禅白眉空。大地了镜彻，回旋寄轮风。揽彼造化力，持为我神通。晚谒太山君，亲见日没云。中夜卧山月，拂衣逃人群。授余金仙道，旷劫未始闻。冥机发天光，独朗谢垢氛。

诗中说到他与禅僧白眉空曾去东岳拜谒太山君，晚上白眉空授以佛法，使他领略到了前所未闻的妙道，始知大千世界，虚幻不实，以无量因缘乃成。

李白在一些诗中描述过他坐禅后的感受，说明他于此所得甚深。《庐山东林寺夜怀》诗曰：

> 我寻青莲宇，独往谢城阙。霜清东林钟，水白虎溪月。天香生虚空，天乐鸣不歇。宴坐寂不动，大千入毫发。湛然冥真心，旷劫断出没。

《同族侄评事黯游昌禅师山池二首》其一曰：

> 远公爱康乐，为我开禅关。萧然松石下，何异清凉山。花将色不染，水与心俱闲。一坐度小劫，观空天地间。

李白之所以热衷于佛家之禅，是从皈依道家与道教而侵入的。正如范文澜所指出的，中国化的佛教，所谓教外别传的禅宗，其所以成立，受魏晋玄学的影响很深。道家的无与佛教的空,本有相通的地方。① 李白屡以水中之月,喻人生之空幻。《赠宣州灵源寺冲濬公》诗曰:"观心同水月,解领得明珠。今日逢支遁,高谈出有无。"亦可见其通禅之处。

李白的一些诗,特别是在短章的五七言绝句中,时见空灵之妙,应当说与他出入于玄禅有关,例如《秋浦歌》其十七曰:

桃波一步地,了了语声闻。暗与山僧别,低头礼白云。

《忆东山二首》其一曰:

不向东山久,蔷薇几度花。白云还自散,明月落谁家?

《山中答俗人》曰:

问余何事栖碧山,笑而不答心自闲。桃花流水窅然去,别有天地非人间。

静谧之中蕴藏着禅机。

但应该说明,李白不论是沉溺于道教,还是沉溺于佛教,都不能泯没他的用世之心。他的最大愿望,是功成身退。既未成功,则此心永不安宁。所以即使他在赐金还山而至齐州受箓之后,或是晚年广结禅缘之际,还是没有忘掉用世之心,导致最后在永王事件中的失败。

---

① 参看范文澜《中国通史简编》(修订本)第三编第七章《唐五代的文化概况》第二节《禅宗——适合中国士大夫口味的佛教》,人民出版社 1965 年版。

（二）道家哲学

李白的立身处世与道家思想关系深切,这点可谓尽人皆知,但在专家们的论述中,往往偏注于道教信仰,对于他与道家哲理的关系,却是缺乏分析与介绍。今特通过《庄子》与《老子》二书,说明李白与道家的关系。

"静观《秋水》篇"中透露的消息

李白精通道家的典籍。他在诗文中经常运用一些道家习用的典实,但却从未提到其中的任何篇章,这就使人难于把握他曾受到其中哪些思想的影响。然在《赠宣城宇文太守兼呈崔侍御》中却曾明言,云是:

> 时游敬亭上,闲听松风眠。或弄宛溪月,虚舟信洄沿。颜公三十万,尽付酒家钱。兴发每取之,聊向醉中仙。过此无一事,静谈《秋水》篇。

他在《答长安崔少府叔封游终南翠微寺太宗皇帝金沙泉见寄》一诗中说:"河伯见海若,傲然夸秋水。小物昧远图,宁知通方士?"亦以《秋水》篇中的理论阐发怀抱。

从文献学的角度来看,《庄子》一书内容庞杂,中有内篇、外篇、杂篇之分。一般认为,内篇最能体现道家的代表人物庄子本人的思想,外、杂篇中的思想,大都属于庄门后学,与其宗师思想有所不同。但《秋水》篇情况有异,虽属外篇,其思想却与《庄子》内七篇中的精神一致。可以说,《秋水》篇把《庄子》内七篇的思想系统化了,而且有所发展。此文不但思致绵密,而且文词秀美,因而历代文士都把它看作

《庄》文的精髓，魏晋南北朝的文士喜读此文，李白也特标此文以示其意趣之所在。

《秋水》篇中的主要观点，与《齐物论》为近。以为世上不可能有绝对的价值判断，一切只能相对而言，中借北海若口申述云：

> 以道观之，物无贵贱。以物观之，自贵而相贱。以俗观之，贵贱不在己。以差观之，因其所大而大之，则万物莫不大；因其所小而小之，则万物莫不小。知天地之为稊米也，知毫末之为丘山也，则差数睹矣。以功观之，因其所有而有之，则万物莫不有；因其所无而无之，则万物莫不无。知东西之相反而不可以相无，则功分定矣。以趣观之，因其所然而然之，则万物莫不然；因其所非而非之，则万物莫不非。知尧、桀之自然而相非，则趣操睹矣。

道家认为，世上一切都是由道衍生的，因此世间万物虽林林总总，又都有其相同的地方。儒、墨等不同学派中人不懂这种"齐物"的道理，认识对象时仅注意其相异的一面，各是其所是，各非其所非，以致"彼亦一是非，此亦一是非"，各执一隅之见而难以相容。在《庄》学看来，"贵贱""大小""有无""是非"等，都是相对的，因此人们尽可不必拘于一端，凝滞于物而不能自拔。李白为人，洒脱不拘，没有什么陷溺于一端而终身沉潜于是的地方，不能说与《庄子》中的这种齐物思想无关。

李白有他心目中的一些崇拜对象，但时而又有一些贬薄之词，似前后矛盾，令人难以理解。例如他在谈到对儒家人物中的尧、舜与孔子等人的评价时，就有这种情况。又如他在诗文中屡次提及姜太公吕尚，希望自己也能像他那样，有机会遇到文王，一展抱负，但他在《效古》其一中又说："光景不可留，生世如转蓬。早达胜晚遇，羞比垂钓翁。"则又说是羞与吕尚为伍了。

李白极为推崇诸葛亮,屡在诗文中提及。诸葛亮所处的时代和立身处世的态度,在李白看来,都与自身有其相似之处,因此他总是期盼着有朝一日能像卧龙一样奋飞于世。《留别王司马嵩》曰:"余亦南阳子,时为《梁甫吟》。"《南都行》曰:"谁识卧龙客,长吟愁鬓斑。"《读诸葛武侯传书怀赠长安崔少府叔封昆季》诗曰:"余亦草间人,颇怀拯物情。"甚至在他晚年,永王璘派韦子春等人三上庐山邀他参加军队时,他也联想到了刘备三请诸葛亮之事,兴冲冲地下山应征。然而他在《邺中赠王大劝入高凤石门山隐居》一诗中,却又提出了另一论调,云是:

> 君王制六合,海塞无交兵。壮士伏草间,沉忧乱纵横。飘飘不得意,昨发南都城。紫燕枥上嘶,青萍匣中鸣。投躯寄天下,长啸寻豪英。耻学琅邪人,龙蟠事躬耕。富贵吾自取,建功及春荣。

李白对陶渊明的态度也有前后不一致的地方。一般说来,陶渊明不为五斗米折腰的高尚品格,隐逸情趣,都与他的理想相合,因而常见褒赏之词,但在《九日登巴陵置酒望洞庭水军》中却又说:"酣歌激壮士,可以摧妖氛。龌龊东篱下,泉明不足群。"对此采取了断然否定的态度。

根据某些专家的统计,李白最为倾倒的战国人物是鲁仲连。裴斐说:"诗文中出现的战国人物——包括策士、谋臣、君主、卿相、门客、侠士——多矣!出现次数最多也是他最倾倒的则是鲁仲连。共见于十九首诗文。《古风》其十:'齐有倜傥生,鲁连特高妙。明月出海底,一朝开光曜。却秦振英声,后世仰末照。意轻千金赠,顾向平原笑。

吾亦澹荡人,拂衣可同调。'《别鲁颂》:'谁道太山高? 下却鲁连节。谁云秦军众? 摧却鲁连舌。独立天地间,清风洒兰雪。'鲁连以布衣之位折卿相之权,却秦军,收聊城,功成拂衣而去,因为人所共赏,但谁也不像他这样倾慕到了崇拜的程度。"①

但是李白在《鸣皋歌送岑征君》中却又发表了另一论调:

> 哭何苦而救楚? 笑何夸而却秦? 吾诚不能学二子沽名矫节以耀世兮,固将弃天地而遗身。

这里他对鲁仲连"却秦"的义举却又认为"沽名矫节"而大加鄙薄了。

如上所言,李白时而会一反常态,对一向推崇的人发出异样的声音,论者或以时事变迁与个人的处境不同来作解释,这当然可以找出种种理由来婉转解说,但仍然反映出了李白受道家影响而形成的这一个人特点。因为他对历史人物也持齐物的态度,认为都是偏于一端而有局限的,因此他并不绝对崇拜他人。这或许也可用他秉性傲岸来作解释,但他学习《秋水》篇而欣赏其旨趣,庄学中的"齐物"思想和相对观点,当然也会发生影响。

这种万物齐一的理论,给李白的思想盖上了一层朦胧与游移的色彩,但如了解到这层庄学的因缘,也就可以对他思想上的复杂与矛盾之处作出解释。大家知道,李白终生学道,但在《鲁郡叶和尚赞》中说:"寂灭为乐,江海而闲。逆旅形内,虚舟世间。邈彼昆阆,谁云可攀?"为了歌颂释家涅槃之乐,极言道家成仙之难。有的学者据此以为李白将舍道入释,因而定为后期之作。实则李白晚年也没有舍道入释之意,这里大家可能对他这种齐物之风注意不够。

---

① 裴斐《李白与历史人物》(上),载《文学遗产》1990 年第 3 期。

按照学者的分析,信从庄子学说的人每流向虚无主义,但李白可没有发展到这一地步。这也说明李白虽曾涉猎道家哲学,但他毕竟不是哲学家类型的人,齐物思想助长了他睥睨一世的气概,但他一直想建功立业,而且要立大功,建不世之伟业。因此,他虽曾有情绪低沉之时,却从来没有让虚无主义占主导地位。

李白受《庄子》的影响,除受《秋水》等篇中的思想影响之外,还受《逍遥游》等篇中思想的影响。其中大鹏的形象,给他以感悟,以启发,故始终以大鹏自许。李白对自己的才能和奋斗的方向,从不采取虚无主义的态度。他追求超越一切局限,也不为齐物的思想所控制。

"逍遥游"与大鹏

李白向以大鹏自比。他离开家乡到达江陵遇到司马承祯,又受到这位著名的天台道士的赞誉,称他"有仙风道骨,可与神游八极之表",因作《大鹏遇希有鸟赋》以自广。后意有未尽,又经改写,命名为《大鹏赋》;当他历尽艰难,怀恨而殁时,又在《临路歌》中哀叹"大鹏飞兮振八裔,中天摧兮力不济"。显然,大鹏作为象征,李白以此寄寓自己超越尘世的抱负与气概。

《庄子》一书中的一些重要论点曾对李白产生过巨大影响。《逍遥游》中的大鹏形象,水击三千里,抟扶摇而上者九万里,但从庄子的眼中看来还是不足企慕的。因为大鹏的腾空而起,还是有待于风的凭借,因为"风之积也不厚,则其负大翼也无力",这种"逍遥"不能算是真正的逍遥,《庄子》追求的是无待的逍遥。"若夫乘天地之正,而御六气之辩,以游无穷者,彼且恶乎待哉?"李白不是哲学家,因而从未运用哲学语言介绍自己的"逍遥"观点,但在诗文中,认为逍遥还是有待的。《古风》其三十三曰:

北溟有巨鱼，身长数千里。仰喷三山雪，横吞百川水。凭陵随海运，炟赫因风起。吾观摩天飞，九万方未已。

从这一角度来说，李白与《庄》学的用意尚隔一层。因为他虽然想远超世俗，然而毕竟是红尘中人，他还是在寻找各种凭借而盼望得到腾飞的机遇。这对他这样一位追求自由与独立人格者来说，也产生了很多痛苦。这就促使他在《梦游天姥吟留别》中自由翱翔一番之后又不得不发出了压抑的呐喊："安能摧眉折腰事权贵，使我不得开心颜。"

实际说来，李白在《古风》其三十三中抒发抱负时，只是直接援引《逍遥游》中原文，似乎不能提高到哲学观点的层面上论述其思想。但是细析起来，李白在《大鹏赋》中的一些见解，与《庄》学之间存在着复杂的关系，时而相合，时而不合。《赋》的末尾有云：

俄而希有鸟见谓之曰："伟哉鹏乎，此之乐也。吾右翼掩乎西极，左翼蔽乎东荒。跨蹑地络，周旋天纲。以恍惚为巢，以虚无为场。我呼尔游，尔同我翔。"于是乎大鹏许之，欣然相随。此二禽已登于寥廓，而斥□之辈空见笑于藩篱。

这一段文字，是从《庄子·逍遥游》中生发出来的。大鹏与蜩、学鸠的对比，大小悬殊，一直引起人们的兴趣。但《庄子》中由此体现的观点，原意究竟怎样，却难把握，后人争执不一。

郭象的注释，影响后世甚巨，其释"逍遥游"曰："夫大小虽殊，而放于自得之场，则物任其性，事称其能，各当其分，'逍遥'一也，岂容胜负于其间哉？"又释蜩与学鸠之笑大鹏曰："苟足于性，则虽大鹏无以自贵于小鸟。小鸟无羡于天池,而荣愿有馀矣。故小大虽殊,逍遥一也。"①

《庄子》一书,《齐物论》中的思想向占重要位置。向、郭之释《逍遥游》中的这一寓言,也是"齐物"思想的体现。大鹏与蜩、学鸠在体貌与神力上有巨大的差异,只是按其自得于性而言,却应"齐物等量"。因此蜩与学鸠虽似微不足道而在各方面居劣势,却也有其足以自我满足的地方。魏晋时期的玄学家提出的这种解说,一直对后人起支配作用。李白在《代寿山答孟少府移文书》中说:"且达人庄生,常有馀论,以为尺鷃不羡于鹏鸟,秋毫可并于大山。由斯而谈,何小大之殊也?"秋毫与太山之喻出于《齐物论》,说明李白也以齐物的观点对待尺鷃与大鹏的关系,与向、郭等人之说一致。

但李白在《大鹏赋》中明白表示有小大之分,而且处处以大自负,藐视貌似弱小的一类。《独漉篇》中说:

> 神鹰梦泽,不顾鸱鸢。为君一击,鹏搏九天。

与此雷同的观点,所在多见。《赠宣城赵太守悦》中也说:"夔龙一顾重,矫翼凌翔鹤。"

李白以大鹏自居,傲视蜩与学鸠一类,与向、郭义大异,但却真实地显现出了他的人生态度。他自视奇高,喜以管、葛自许,实际上对管、葛一流人物还有不以为意之处。苏轼在《李太白碑阴记》中援引晋代夏侯湛的《东方朔画赞》中语,所谓"戏万乘若僚友,视俦列如草芥",

---

① 《世说新语·文学》"《庄子·逍遥篇》旧是难处"条下刘孝标注引向子期、郭子玄《逍遥义》曰:"夫大鹏之上九万,尺鷃之起榆枋,小大虽差,各任其性。苟当其分,逍遥一也。然物之芸芸,同资有待,得其所待,然后逍遥耳。唯圣人与物冥而循大变,为能无待而常通,岂独自通而已。又从有待者不失其所待;不失,则同于大通矣。"说明向、郭二"义"一致,郭袭向义。

正是这种大鹏意识的表现。他超越一切,傲视侪辈,从而树立了卓然挺拔迥出人世的形象。但细析上述《独漉篇》中的文字,却又可以发现一个可怪的现象,"神鹰梦泽"时一击之物,即是李白心目中的神物大鹏。按此事原出刘宋时刘孝标所著的《幽明录》一书,文曰:

> 楚文王好猎。有人献一鹰,王见其殊常,故为猎于云梦。毛群羽族,争噬共搏。此鹰瞪目,远瞻云际,俄有一物鲜白,不辨其形,鹰便竦羽而升,蠢若飞电。须臾,羽堕如雪,血下如雨,有大鸟堕地,度其羽翅,广数十里。时有博物君子曰:"此大鹏雏也。"(《太平广记》卷四六〇引)

这里的大鹏之雏却又成了神鹰爪下的牺牲品了。可见李白的心日中,没有什么绝对的神圣之物。何物为佳,一切均随行文之时神之所至而作抑扬。这里显示的态度,上面已有介绍,只有相对而无绝对。大鹏不是什么绝对的神圣之物,很难说是他个人的什么图腾,大鹏只是李白超越精神的一种象征。

《庄子》一书如何形成,学术界颇多争议。至今还有很多问题未能达成共识。《逍遥游》《齐物论》二文内容是否相通,学者间意见也存在分歧。《逍遥游》中的小大之辩,浦江清就认为难用"齐物"的观点加以解释,"郭象说:'小大虽殊,逍遥一也。'则是庄子之旨,在齐大小。问题是庄子在别篇里有齐大小的思想,在这一篇里没有,不但没有,而且说小不如大"。因为庄子原文中没有赞成蜩与学鸠的笑,反而一再加以指斥,故庄子的原意本在说大,以小笑大,适见其陋。浦氏此说自是一家之见,未必能说服其他研治《庄》学的学者。但大鹏与二虫的差距,本属常识范围内的事;小鸟、大鸟之喻,古人亦常用。《史记·陈涉世家》中说:"嗟乎,燕雀安知鸿鹄之志哉!"后人颇多这种比喻。唐初高迈在《鲲化为鹏赋》中说:"况鹪鹩之辈,尺鴳之徒,易安易给,其足其居。须臾之间,腾踯无数;醒酲之内,翩翩有馀。伊小大之相纪,亮在人而亦尔。"(《文苑英华》卷一三五)可知一般的人都是从人情物态上去理解《逍遥游》中大鹏与二虫的差距的。李白在《大鹏赋》中的观点亦属此类,而非哲学上的思考。

浦江清以为:"《逍遥游》中所说的'游',与《楚辞》中所见'远游'有关系,由楚国方士之宗教神仙思想,转变以成道家之哲学理论。"①李白的大鹏意识以及由此衍生的大小之辩,看来正是从古代的宗教神仙思想中产生的。

今按《逍遥游》中说道:"齐谐者,志怪者也。谐之言曰:'鹏之徙于南冥也,水击三千里,抟扶摇而上者九万里,去以六月息者也。'"说明大鹏这种神鸟的灵异事迹,出于齐谐所述。齐谐究竟是一个人,抑或一种书,至今亦无定说,但古时常见人名与书名合一的情况,《齐谐》一书可能即由齐谐其人所述,而齐谐其人,当是战国时期的一位方士。② 他所传述的大鹏故事,也非个人编造,引用的是其时广泛流传的一种神话传说。《逍遥游》中还曾提到"汤之问棘是已"一说,又将大鹏故事重述了一遍。《列子·汤问》篇记"殷汤问于夏革","革"与"棘"同音通用,故此处亦即"汤之问棘"故事。夏革称:"有溟海者,天池也。有鱼焉,其广数千里,其长称焉,其名为鲲。有鸟焉,其名为鹏,翼若垂天之云,其体称焉。"《庄子·逍遥游》与《列子·汤问》篇中的记载,显

---

① 浦江清《逍遥游之话》,载清华大学中国文学会编《语言与文学》,中华书局 1937 年版;后收入《浦江清文集》,人民文学出版社 1989 年版。
② 陆德明《经典释文》卷二六释"齐谐"曰:"司马(彪)及崔(譔)并云人姓名,简文云书。"《抱朴子·内篇·论仙》曰:"虽有禹、益、齐谐之智,而所识者未若所不识之众也。"南朝宋东阳无疑有《齐谐记》七卷,可知魏晋之后即以齐谐为传志怪之神仙家,李白也从这一角度接受齐谐所提到的大鹏神话传说。

然同出一源。此亦可证,大鹏确为古代神话传说中的一种神禽。李白的文学思想受《楚辞》的影响很大,继承的是南方宗教与神话传说的传统,因此他在《大鹏赋》中描绘大鹏的逍遥游时,没有采用向、郭等人的齐小大之说。

《庄》学本有很多流派,李白就性之所近而作抉择,并不坚守一说,也不为郭象等说所牢笼。后人要想把握李白思想的脉络,首先得从他的宗教与神仙思想的背景上加以考察。

"功遂身退天之道"

《老子》第九章中说:"持而盈之,不如其已。揣而锐之,不可长保。金玉满堂,莫之能守。富贵而骄,自遗其咎。功遂身退天之道。"道家认为:"祸兮福之所倚,福兮祸之所伏。"人处顺境时,就得防止其向不顺利的方向转化,因此"功遂"之后就应"身退",以免在贵盛的顶峰上跌落深谷。历史上不乏这样的先例。秦代的李斯,晋代的陆机,贵盛一时,旁人及时提醒,自己也觉得前境有险,但迷恋权位,不能坚决引退,卒致灭门之祸。李白屡次声称他要功成身退,与道家这一富有哲理的启示当有关系。《行路难》其三曰:

> 有耳莫洗颍川水,有口莫食首阳蕨。含光混世贵无名,何用孤高比云月。吾观自古贤达人,功成不退皆殒身:子胥既弃吴江上,屈原终投湘水滨。陆机雄才岂自保?李斯税驾苦不早,华亭鹤唳讵可闻?上蔡苍鹰何足道?君不见,吴中张翰称达生,秋风忽忆江东行。且乐生前一杯酒,何须身后千载名?

《古风》其十六曰:

功成身不退，自古多愆尤。黄犬空叹息，绿珠成衅仇。何如鸱夷子，散发弄扁舟？

可知李白的功成身退思想也是总结了历史上的许多相关事例而得出的结论。

李白仰慕的人中，有范蠡、鲁仲连、张良、谢安等人，都可作为功成身退的范例。在这类人中，他对鲁仲连与谢安尤为倾倒。这是因为鲁仲连与谢安的历史尤具传奇色彩。他们都能在危乱之中出奇谋以挽救时局，建立不世之功业，又能进退自如，隐遁江湖以自适。对于屡欲建立奇功而又有潇洒出尘思想的李白来说，简直是完美的榜样。因此，他对二人备致仰慕，且反复吟咏。

有的学者认为，李白综合儒家与道家思想，功成身退即是儒家入世与道家出世的结合。这样说也未尝没有一丝道理，但李白的涉世显然与服膺儒术的士子所走的道路有别，而其出世也并不想以隐逸终老。他的这一"功遂身退"思想，具有明显的个人特点，显然出于道家，而非儒道结合等说所能解释。

鲁仲连其人，仅见《战国策》一书，其后司马迁于《史记》中据之列传，有关记载不多，主要集中在义不帝秦与说燕将下聊城二事上。司马迁称他"好奇伟俶傥之画策，而不肯仕宦任职，好持高节"，鲁仲连在成功之后，即逃隐于海上，云："吾与富贵而诎于人，宁贫贱而轻世肆志焉。"这与李白的志向完全一致。《古风》其九中说："齐有倜傥生，鲁连特高妙。明月出海底，一朝开光曜。却秦振英声，后世仰末照。意轻千金赠，顾向平原笑。吾亦澹荡人，拂衣可同调。"他也追求济世与轻世的结合。

李白对谢安的为人、处世和功业也充满着向往。东晋之时，谢安以一身系天下安危，淝水一战，扭转了局势，使胡马不再南侵，谢安本人又表现得那么从容不迫，进退自如，功成名就，东山之志始末不渝。《书情赠蔡舍人雄》曰："尝高谢太傅，携妓东山门。楚舞醉碧云，吴歌断清猿。暂因苍生起，谈笑安黎元。余亦爱此人，丹霄冀飞翻。"《赠常侍御》诗曰："安石在东山，无心济天下。一起振横流，功成复潇洒。"既能尽情享乐，又能干出一番常人无法企及的事业，还能及时引退，潇洒送日月。这样的人物，简直是完美的榜样。李白所追求的，也就是走谢安同样的道路。

从李白的效法对象中，可知李白隐藏在心中的一种微妙心理。处在盛世时，他愿意走司马相如、扬雄的道路，以文学侍从之臣的身份出现，以东方朔般的角色自期，显示他"戏万乘若僚友，视俦列如草芥"的气概。但若时局有变，身逢乱世，则将效法鲁仲连、谢安等人，乘时而出，一展挽狂澜于既倒的雄才，然后及时引退，在历史上留下一个奇士与高士相结合的潇洒出尘的完美形象。

由此可见，李白的"功遂身退"思想深受道家影响，也深刻地烙上了纵横家的印痕。

(三) 神仙思想

羌族火葬与神仙思想

中国自古以来就是一个多民族的国家。各民族的发展历史情况不同，民情风俗各异，各地的葬法也大不相同。《墨子·节葬下》曰：

> 今执厚葬久丧者言曰："厚葬久丧，果非圣王之道，夫胡说中国之君子，为而不已，操而不择哉?"子墨子曰："此所谓便其习，而义其俗者也。昔者越之东，有輆沐之国者，其长子生，则解而食之，谓之宜弟。其大父死，负其大母而弃之，曰'鬼妻不可与居处'。……楚之南，有炎人国者，其亲戚死，朽其肉而弃之，然后埋

其骨,乃成为孝子。秦之西,有仪渠之国者,其亲戚死,聚柴薪而焚之,薰上,谓之登遐,然后成为孝子。此上以为政,下以为俗,为而不已,操而不择,则此岂实仁义之道哉,此所谓便其习而义其俗者也。”

《列子·汤问》篇有相同的记载。《吕氏春秋·孝行览·义赏》篇曰:"氐、羌之民,其虏也,不忧其系累,而忧其死不焚也。"《荀子·大略》篇同,说明氐羌族中自古就有火葬的习俗。仪渠为羌族建立的国家,故《墨子》中有关于火葬的记载。①

　　一种民俗形成之后,往往历千年而不变。楚之南的"朽其肉而弃之,然后埋其骨",是为蛮族地区广泛采用的捡骨葬。李白曾以此葬友,前已叙及,今不赘述。"聚柴薪而焚之"的葬法,即后人常为采用的火葬。自佛教传入后,火葬之风更盛,但从《墨子》《荀子》与《吕氏春秋》等书的描述来看,实指秦地北边羌人的古老葬俗——火葬。

　　羌族起源甚古。《诗·商颂·殷武》曰:"昔有成汤,自彼氐羌,莫敢不来享,莫敢不来王,曰商是常。"殷商甲骨文中即有羌的记载。《史记·周本纪》记武王伐纣,至于商之牧野,号召庸、蜀、羌、髳、微、纑、彭、濮八族之人共同讨伐不道。由于古时该族没有系统的文字记载,因此有关该族的信仰问题,后人知之不多。只是一个民族的习俗往往世代相传,时至后代,羌族仍然实行火葬。《旧唐书》卷一九八《西戎·党项羌传》曰:"党项羌,在古析支之地,汉西羌之别种也。……死则焚尸,名为火葬。"可证唐代羌族仍然实行火葬。

　　羌族的主要活动地区,一直在中国的西部,自河西走廊起,直到关

---

① 《后汉书·西羌传》曰:"平王之末,周遂陵迟,戎逼诸夏,自陇山以东,及乎伊、洛,往往有戎。于是……泾北有义渠之戎。"

中地区,南下至青海、四川一带,一直延伸到今云南等地。这里可以注意的是,羌族与李白家族的活动地区始终很贴近。

李白九世祖李暠于河西走廊建立西凉王朝,历时二世,终为沮渠蒙逊所灭。沮渠蒙逊为卢水胡人。这一民族的族源究竟属于北方的哪一个民族,说法尚有分歧。[①] 有人说是匈奴的别支,有的说是小月氏人,有的则亦归之为羌族。沮渠蒙逊受汉族文化的影响很深,他建立北凉王朝后,仍然着力于保存中原文化,且与南朝刘宋王朝交好。《宋书》卷九八《氐胡列传》记元嘉三年:"[蒙逊]世子兴国遣使奉表,请《周易》及子集诸书,太祖并赐之,合四百七十五卷。蒙逊又就司徒王弘求《搜神记》,弘写与之。"

由上可见,羌族影响所及的地区,流行神仙信仰,所以沮渠蒙逊对干宝编纂的神仙故事特别有兴趣。

按照民族学者与宗教学者的研究,中国神仙思想的产生,起于渤海边的燕齐之地,人们出于海市蜃楼所引起的幻觉,形成海上仙山之说,从而产生了神仙思想。但有的学者更进一层,以为齐乃太公姜尚的封地,姜太公即为羌族首领,因此齐燕之地的神仙思想根源还在于羌人。羌人实施火葬,烈焰升腾之时,人的肉体化为烟气冉冉上升,人们也就认为灵魂开始脱离躯壳而上升天国,这样也就由抽象的灵魂不灭观念慢慢地形成了神仙思想。[②]

---

① 参看《陈寅恪魏晋南北朝史讲演录》第六篇《五胡种族问题》(五)《卢水胡》,万绳楠整理,黄山书社 1987 年版。唐长孺《魏晋杂胡考》曰:"卢水胡的种族照《沮渠蒙逊载记》以及《魏书》《宋书》的《沮渠蒙逊传》并没有说是匈奴,只是沮渠氏的祖先曾为匈奴此官而已,虽照当时通例言之,似不妨认为匈奴别部,但推其由来,很可能与小月氏有关。"载《魏晋南北朝史论丛》,生活·读书·新知三联书店 1955 年版。小月氏长期与羌为邻,深受羌族影响,后与羌族融合。

② 参看闻一多《神仙考》,载《闻一多全集》选刊之一《神话与诗》,古籍出版社 1956 年版。

如上所言,羌族最先分布于中国北部,后由西部东移,进入汉中,再沿岷江流域南下,进入四川、云南一带。值得注意的是,道教正是兴起于这些地区。汉末张鲁凭借五斗米道组织民众,建立政教合一的政权;天师道的祖师张道陵则学道于西蜀的鹤鸣山,在今岷江东岸仁寿县境内。可以推知,四川西部地区的盛行道教,与羌族的原始信仰有关。

后汉至魏晋南北朝时期,巴氏族曾自汉中南下,进入蜀地,建立成汉国。巴氏与羌人经常杂居在一起,宗教信仰也相似,均崇奉道教。李雄任范长生为丞相,号“天地太师”,范长生是道教中的领袖,成汉王朝实奉道教为国教。①

由此可见,李白祖上所居的河西地区,即与神仙思想浓郁的羌族混居,而自李白之父携之入蜀,居住在蜀之西北部绵州昌隆县时,又与羌族地区密迩。② 自汉末起,蜀地即为道教的发源之地,源远流长,神仙思想浓郁,在这样的环境中,也就孕育出了诗仙李白。

羌族神仙与牧羊儿

李白青少年时期,即已热衷于学道求仙,《题嵩山逸人元丹丘山居》诗曰:“家本紫云山,道风未沦落。况怀丹丘志,冲赏归寂寞。”紫云山是著名的道教活动地区,上建道观,李白早年即出入于此。

蜀地名山,自以峨眉为最,道风亦盛。李白出川之前,曾赴峨眉游赏,作《登峨眉山》诗,曰:

---

① 参看唐长孺《范长生与巴氏据蜀的关系》,载《魏晋南北朝史论丛续编》,生活·读书·新知三联书店1959年版。
② 参看胡昭曦《论汉晋的氐羌和隋唐以后的羌族》,载《历史研究》1963年第2期。

蜀国多仙山，峨眉邈难匹。周流试登览，绝怪安可悉？青冥倚天开，彩错疑画出。泠然紫霞赏，果得锦囊术。云间吟琼箫，石上弄宝瑟。平生有微尚，欢笑自此毕。烟容如在颜，尘累忽相失。倘逢骑羊子，携手凌白日。

骑羊子为仙人葛由。《列仙传》卷上曰："葛由者，羌人也。周成王时，好刻木羊卖之。一旦，骑羊而入西蜀，蜀中王侯贵人追之，上绥山，在峨眉山西南，高无极也。随之者不复还，皆得仙道。故里谚曰：'得绥山一桃，虽不得仙，亦足以豪。'山下立祠数十处云。"峨眉山为羌人影响所及的地区，古时即为羌族聚居之地，《华阳国志》卷八《大同志》记太康三年"以蜀多羌夷，置西夷府"，可知其时蜀地西部仍为羌人家园，故"山下"有祠数十处。足见其地崇祀羌族中的神仙香火之盛。绥山为道教名山，与峨眉山属同一系统。

巴蜀地区的人都很崇信葛由。陈子昂《感遇诗》其三十三曰："金鼎合神丹，世人将见欺。飞飞骑羊子，胡乃在峨眉。"其三十六曰："浩然坐何慕？吾蜀有峨眉。念与楚狂子，悠悠白云期。时哉悲不会，涕泣久涟洏。梦登绥山穴，南采巫山芝。探元观群化，遗世从云螭。"说明蜀地仙山对于该地区的人影响至深。羌族神仙已成公众的共同信仰。

李白诗中，一再提及此事，《叙旧赠江阳宰陆调》中说：

我昔北门厄，摧如一枝蒿。有虎挟鸡徒，连延五陵豪。邀遮来组织，呵吓相煎熬。君披万人丛，脱我如羁牢。此耻竟未刷，且食绥山桃。[1]

---

[1] 　这些文字见于宋蜀本、缪曰芑本的李诗注中，咸淳本、《分类补注李太白诗》无。胡震亨《本诗通》以注文为正文，而以正文为注文。

李白转而言及"绥山桃"事,表示欲追随葛由成仙。他在其他诗中,提到"骑羊"之事者甚多,如《留别曹南群官之江南》诗曰:

> 我昔钓白龙,放龙溪水傍。道成本欲去,挥手凌苍苍。时来不关人,谈笑游轩皇。献纳少成事,归休辞建章。……怀归路绵邈,览古情凄凉。登岳眺百川,杳然万恨长。却恋峨眉去,弄景偶骑羊。

诗中详细介绍了他少年时耽学仙术,历经事故蹉跎无成,朝廷仙宫两无着落,追忆蜀地道家踪迹,不由得又想起葛由牧羊之事,说明羌族中的这一神仙故事对他影响至深。

李白诗中喜用"白"字,除"白龙"外,诸如白羊、白鼋、白龟、白鹿、白兔、白虎、白鹦鹉、白蝙蝠、白石等,不一而足。羌族居西,故与白有缘。李白居于西蜀,位于中国西部,又与羌人为邻,他的喜用"白"字,应当与此有关。

安史乱起,李白匆匆南下,而他念及留滞鲁地的爱子伯禽时,作《送萧三十一之鲁中兼问稚子伯禽》曰:

> 高堂倚门望伯鱼,鲁中正是趋庭处。我家寄在沙丘旁,三年不归空断肠。君行既识伯禽子,应驾小车骑白羊。

于此可见蜀地的白羊故事留给他的印象之深了。

按照历史学家与民俗学家的解释,"羌"字从"羊",因为羌人向以畜牧为生,故以羊为图腾。《说文解字·羊部》曰:"羌,西戎牧羊人也。从人、从羊,羊亦声。"《风俗通》曰:"羌,本西戎卑贱者也,主牧羊。故'羌'字从羊、人,因以为号。"(《太平御览》卷七九四引)因此,羌人文化所及之区，白羊这一形象作为吉祥的象征，也就深入人心了。

李白离蜀东下，于荆门小住，即向东南远征，作《初下荆门》诗曰：

> 霜落荆门江树空，布帆无恙挂秋风。此行不为鲈鱼鲙，自爱名山入剡中。

他为什么这样热衷于剡中的名山？当然是由于浙东之地山水清丽，人文荟萃，自东晋以来，一直流传着文人雅士的风流韵事。而且这一地区又是道教的圣地，诸多名山都有神仙留驻。这对李白来说，也具有莫大的吸引力。《古风》其十五曰：

> 金华牧羊儿，乃是紫烟客。我愿从之游，未去发已白。不知繁华子，扰扰何所迫？昆山采琼蕊，可以炼精魄。

李白于天宝之时游过浙东后，终于到了金华，因为这里的金华山也是著名的神仙洞窟。《元和郡县志》卷二六江南道婺州金华县："金华山，在县北二十里，赤松子得道处。"《太平御览》卷六九引《水经》曰："赤松子游金华山，以火自烧而化，故山上有赤松子之祠。"

金华牧羊儿为皇初平，亦即赤松子，葛洪《神仙传》曰：

> 皇初平者，丹溪人也。年十五，家使牧羊。有道士见其良谨，便将至金华山石室中，四十馀年，不复念家。其兄初起行山寻索初平，历年不得。后见市中有一道士，初起召问之曰："吾有弟名初平，因令牧羊，失之四十馀年，莫知死生所在，愿道君为占之。"道士曰："金华山中有一牧羊儿，姓皇，字初平，是卿弟非疑。"初起闻之，即随道士去求弟，遂得相见。悲喜语毕，问初平羊何在？曰："近在山东

耳。"初起往视之，不见，但见白石而还。谓初平曰："山东无羊也。"
初平曰："羊在耳，兄但自不见之。"初平与初起俱往看之，初平乃叱
曰："羊起！"于是白石皆变为羊数万头。初起曰："弟独得仙道如
此，吾可学乎？"初平曰："惟好道，便可得之耳。"初起便弃妻子留
住，就初平学。共服松脂茯苓，至五百岁，能坐在立亡，行于日中无
影，而有童子之色。后乃俱还乡里，亲族死终略尽，乃复还去。初平
改字为赤松子，初起改字为鲁班。其后服此药得仙者数十人。（《太
平广记》卷七引，《艺文类聚》卷九四所引略同）

羌族相信万物有灵，故主多神信仰，而在众神之中，又以天神地位
为高。羌人把众神供奉在山上、屋顶、地里以及石砌的塔中，以一种乳
白色的石英石作为象征，天神则被供奉在每户的屋顶最高处。[①] 皇初
平叱白石成羊，说明皇初平的牧羊故事亦有羌族文化背景，而皇初平
即赤松子，赤松子的传记中有火葬与玉石的明证，说明他是葛由的翻
版，源出羌族之神。由此可知，李白欲弃人间事，从赤松子游。皇初平
所放牧的牲口，也是李白笔下的白羊。

羌族之神移植到了吴越地区神仙洞府，演变成了皇初平的神仙之
说，这也就是后来流传广泛的黄大仙这一道教神仙。这与蜀中仙人李
八百的情况甚为相似。江南民间神仙道教中的李家道，就是由蜀地传
入的，葛洪在《神仙传》和《抱朴子·道意》篇中详细介绍了李八百的事
迹和蜀人李宽至江南传道的经过，时人即称宽为李八百或蜀中另一神
仙李阿。[②]

---

① 参看冉光荣、李绍明、周锡银《羌族史》第六章《羌族的习俗与宗教》，四川
民族出版社 1984 年版。

② 参看胡孚琛《魏晋神仙道教（抱朴子内篇研究）》第二章《魏晋社会的道
教》第四节《魏晋社会的其他道派》（一）"李家道"，人民出版社 1989 年版。

赤松子在神仙谱系中起源甚早,旧传西汉刘向所撰之《列仙传》传世各本均列赤松子于首卷之端,曰:"赤松子者,神农时雨师也。服水玉,以教神农,能入火自烧。往往至昆仑山上,常止西王母石室中,随风雨上下。炎帝少女追之,亦得仙俱去。高辛时,复为雨师。今之雨师本是焉。"所谓"入火自烧",亦即言其在烈火中永生。再与皇初平的事迹联系起来,可以想见当与放牧为生的羌族火葬习俗有关。

李白诗云"金华牧羊儿,乃是紫烟客",可见皇初平与赤松子乃一事之二传。前人言及赤松时,也常与火化之事联系起来。郭璞《游仙诗》其三曰:"赤松临上游,驾鸿乘紫烟。"紫为烈焰上升烟气之色。

《梁书·沈约传》载,沈约于"隆昌元年,除吏部郎,出宁朔将军、东阳太守",亦即主政金华地区。其时曾有咏及赤松子之诗,《赤松涧》诗曰:

> 松子排烟去,英灵眇难测。惟有清涧流,潺湲终不息。神丹在兹化,云軿于此陟。愿受金液方,片言生羽翼。

古代神仙故事中与紫烟之说有关者甚多,《列仙传》卷一中的《宁封子》曰:"封子积火自烧,而随烟气上下。"《啸父》曰:"啸父者,冀州人也。……唯梁母得其作火法,临上三亮,上与梁母别列数十火而升,西邑多奉祀之。"这里提到的"西邑",当指中国西部地区,亦即羌族生活的地段。又卷一《师门》曰:"师门者,啸父弟子也,亦能使火。食桃李葩,为夏孔甲龙师。孔甲不能顺其意,杀而埋之外野。一旦风雨迎之,讫之山木皆焚。孔甲祠而祷之,还而道死。"可知神仙每与"火"密切相关。一些能呼风唤雨的神仙,首先与火有关。[1] 所谓"食桃李

---

[1] 参看王青《汉朝的本土宗教与神话》第五章《方仙道活动及〈列仙传〉神话》,台湾洪叶文化事业有限公司 1998 年版。

蓓",亦当与绥山桃事有关。

李白多次提及赤松子,《古风》其十八曰:"萧飒古仙人,了知是赤松。借予一白鹿,自挟两青龙。"《对酒行》曰:"松子栖金华,安期入蓬海。此人古之仙,羽化竟何在?"《送王屋山人魏万还王屋》诗曰:"落帆金华岸,赤松若可招。"《古风》其十五曰:"金华牧羊儿,乃是紫烟客,我愿从之游,未去发已白。"足见入火自焚的牧羊儿对他具有强大的吸引力。

上述种种,无不说明蜀地的区域文化对李白的影响之巨。羊与神仙一直在他的脑海中浮现。或许他并不自觉这些问题的内涵,但青少年时期所接受的外界影响,地区的文化熏染,对人的一生都会产生潜移默化的作用。

洞天仙府与原始信仰

神仙一般都住在名山洞府之中,此即所谓"别有洞天"是也。道教以为世上有十大洞天,此外还有三十六小洞天,这里都有著名的仙人居处。《云笈七签》卷二七叙太上老君之语,历数三十六小洞天的名目,可知剡中天目山洞天盖涤玄天,位居第三十四;上列金华山洞金华洞元天,位列第三十六,亦即三十六小洞天中的最后一处著名洞天。

杜光庭作《洞天福地岳渎名山记》,综合前此道经上记载的海外五岳、三岛十洲、三十六靖庐、七十二福地、二十四化、四镇诸山,内容极为丰富。从中可知剡中及其附近地区有两大洞天和六个小洞天,还有十个左右的福地。这样的名山秀水,又是神灵出没之区,难怪李白离蜀之后定要"自爱名山入剡中"了。

名山洞府有神仙居住,这只是在道教酝酿成熟后才有这么整齐的规划和完整的记叙。实则人类处在初民阶段时,受万物有灵论的影响,以为每座山上都有山神,每条水中都有水神。《抱朴子·登涉》篇曰："山无大小,皆有神灵。山大则神大,山小即神小也。"这一说明符合古代的实际。

李白思想上印有万物有灵论的痕迹。他也接受了道教的观点,以为每座山中都有精灵,还以为每座洞府都有神仙居住。当他初离蜀地,隐居于安州安陆郡的一座小山——寿山时,却遭到了故交孟少府的揶揄,以为他居住的这座小山"无名无德而称焉"。李白随作《代寿山答孟少府移文书》,云是:

> 淮南小寿山谨使东峰金衣双鹤衔飞云锦书于维扬孟公足下,曰:仆包大块之气,生洪荒之间,连翼轸之分野,控荆衡之远势。盘薄万古,邈然星河。凭天霓以结峰,倚斗极而横嶂。颇能攒吸霞雨,隐居灵仙。产隋侯之明珠,蓄卞氏之光宝。罄宇宙之美,殚造化之奇。方与昆仑抗行,阆风接境,何人间巫、庐、台、霍之足陈耶?

这里申述的也是山无大小、皆有神灵的观点。由于李白对此极为热衷,因此当他处于山中时,常是见到仙人的灵踪,那么飘逸,那么洒脱,在空中自由翱翔,从而产生极大的吸引力。《望黄鹤山》曰:

> 东望黄鹤山,雄雄半空出。四面生白云,中峰倚红日。岩峦行穹跨,峰嶂亦冥密。颇闻列仙人,于此学飞术。

《游泰山六首》其二曰:

> 清晓骑白鹿,直上天门山。山际逢羽人,方瞳好容颜。扪萝欲就语,却掩青云关。遗我鸟迹书,飘然落岩间。其字乃上古,读之了不闲。感此三叹息,从师方未还。

《庐山谣寄卢侍御虚舟》曰：

> 遥见仙人彩云里，手把芙蓉朝玉京。先期汗漫九垓上，愿接
> 卢敖游太清。

从中可知，李白欲往山中的神仙洞府求仙访道，可谓寤寐思之。
《梦游天姥吟留别》诗曰：

> 我欲因之梦吴越，一夜飞度镜湖月。湖月照我影，送我至剡
> 溪。谢公宿处今尚在，渌水荡漾清猿啼。脚著谢公屐，身登青云
> 梯。半壁见海日，空中闻天鸡。千岩万转路不定，迷花倚石忽已
> 暝。熊咆龙吟殷岩泉，栗深林兮惊层巅。云青青兮欲雨，水澹澹
> 兮生烟。列缺霹雳，丘峦崩摧。洞天石扇，訇然中开。青冥浩荡
> 不见底，日月照耀金银台。霓为衣兮风为马，云之君兮纷纷而来
> 下。虎鼓瑟兮鸾回车，仙之人兮列如麻。忽魂悸以魄动，恍惊起
> 而长嗟。惟觉时之枕席，失向来之烟霞。

李白一生喜入名山游，内含多种情趣。山水佳丽，风光宜人，他对
大自然的美别具会心，因而留下了许多描绘山水美的名篇。而他又皈
依道教，步入山中，就像看到了仙人在洞府中的生活。这使他产生无
限憧憬，也使他摆脱了尘世的种种约束。山中岁月与尘嚣隔绝，使他
与大自然融为一体，自身也融入了山水之中。

李白一些脍炙人口的诗，描写他与大自然中的山水交融，细味他
的心意，实把对方视作有生命的个体，因此才能产生感情上的交流，
《独坐敬亭山》曰：

众鸟高飞尽，孤云独去闲。相看两不厌，只有敬亭山。

在他眼中，敬亭山是有生命的一个实体，它面对李白，也显示出欣赏的神情。二者相对，形成感情上的交流，直是难舍难分。这里李白把敬亭山视作悠然独坐时的亲密伙伴。这种感受的背后，有万物有灵的影响遗存。

再看其《月下独酌》，其一诗曰：

花间一壶酒，独酌无相亲。举杯邀明月，对影成三人。月既不解饮，影徒随我身。暂伴月将影，行乐须及春。我歌月徘徊，我舞影凌乱。醒时同交欢，醉后各分散。永结无情游，相期邈云汉。

这番描写，在其他诗人笔下是看不到的。他把天上的月，自身的影，都视作有生命之"人"。他要陪伴"月将影"而行乐，这种奇妙的想法，也与思想深处的万物有灵论有关。

李白《劳劳亭》诗曰：

天下伤别处，劳劳送客亭。春风知别苦，不遣杨柳青。

《对酒》诗曰：

劝君莫拒杯，春风笑人来。桃李如旧识，倾花向我开。

李白认为，春风、杨柳、桃李都是有生命之物，都有人类一般的感情，故而这类诗能激发起读者的共鸣。当然，这里也可用修辞上的拟人化来作解释，以为李白这里只是使用了拟人的手法。但从上引诸诗来看,李白确是把山山水水视作具有生命之灵物,因此他的山水景物才能具有如此鲜活的感情。他能赋予淮南小山——寿山以生命,即因此山与他具有同样的感情。

李白早年在西蜀时接受的原始信仰,伴随他终身,给李诗增加了很多奇幻的色彩。有人认为李白作《月下独酌》一诗时正在醉中,才有这般匪夷所思的自白,只是诗中明言"醒时同交欢,醉后各分散",可知他与月、影的交欢正在醒时,他已明白无误地告诉他人,他所交往的月与影,正是具有人的感情的两种自然物。

李白离蜀之前写有《峨眉山月歌》一首,词曰:

> 峨眉山月半轮秋,影入平羌江水流。夜发清溪向三峡,思君不见下渝州。

平羌江为青衣江的异称。《元和郡县志》卷三一剑南道嘉州龙游县云:"本汉南安县地,周武帝保定元年于此立平羌县;隋开皇三年,改为峨眉县。九年,又于峨眉山下别置峨眉县,改州理平羌县为青衣县,取青衣水为名也。"青衣、平羌,二名同实,盖此地以居住青衣羌而得名。《水经注·青衣水》曰:"[青衣]县,故青衣羌国也。"蜀汉于此讨平羌人,故又名平羌。曹学佺《蜀中名胜记》卷十四"雅州"曰:"《碑目》云:平羌江绳桥碑,在严道县平羌桥,有唐咸通十年上官朴所撰碑,字亦隶体,今在江渎庙。《方舆》云:平羌江源出西徼,绕西北郭,谓武侯平羌夷于此。"由此可知峨眉山一带原为羌人聚居之地,故受羌人原始信仰的影响。李白称月为"君",也以月为有生命的伙伴。沈德潜《唐诗别裁》卷二十曰:"月在清溪、三峡之间,半轮亦不复见矣。'君'字即指月。"揆之上述情理,此说可信。

二、李白与纵横家

李白在《读诸葛武侯传书怀赠长安崔少府叔封昆季》中说：

> 汉道昔云季，群雄方战争。霸图各未立，割据资豪英。赤伏起颓运，卧龙得孔明。当其南阳时，陇亩躬自耕。鱼水三顾合，风云四海生。武侯立岷蜀，壮志吞咸京。何人先见许，但有崔州平。余亦草间人，颇怀拯物情。晚途值子玉，华发同衰荣。托意在经济，结交为弟兄。无令管与鲍，千载独知名。

这里用上一个"拯"字，颇能体现他的情怀。按"拯物"之说，出于《孟子·梁惠王下》，云是汤征四方，"民望之若大旱之望云霓"，"以为将拯己于水火之中"，可知李白这里强调的是个人有"拯"民于水火的愿望。

民处水火之中，当然是乱世。按李白作此诗时尚在开元盛世，而他用一"拯"字自抒抱负，当然不足以说明他在盼望天下大乱，但他憧憬的却也常是一些在乱世中作出惊人成就的杰出之士。这里所举的例证，正是春秋时期的管仲与鲍叔之事。管仲隐没于下层，幸得知友鲍叔推荐，才能得到齐桓公的重用，展现他"九合诸侯，一匡天下"的宏图。这时正处在春秋五霸争战频繁的乱世。

李白《醉后赠从甥高镇》诗曰："时清不及英豪人，三尺童儿唾廉、蔺。"说明他已清醒地认识到：政治清明之时，他所企盼的对象如廉颇、蔺相如等一辈人物是无法出现的。反过来说，政局不清明时，他们也就会出现而拯民于水火之中了。

回顾前面多次提到的《代寿山答孟少府移文书》，李白自申怀抱时就想"申管、晏之谈，谋帝王之术"。他想拨乱世而返之于正，拯民于水火之中。由此可见，他所追求的目标，仰慕的对象，都很具体，都是一些突现于乱世的人物，不像他在歌颂一些治世良臣时，只是泛泛地称引一些常见的故实。

（一）赵蕤与《长短经》

上面我们已经引用到赵蕤《长短经》中一些涉及异端的记载。今以此书对李白的影响至巨，再作申述如下。

大家知道，李白青年时期受到赵蕤的影响很大。《唐诗纪事》卷十八引东蜀杨天惠《彰明逸事》曰："隐居戴天大匡山，往来旁郡，依潼江赵征君蕤。蕤亦节士，任侠有气，善为纵横学，著书号《长短经》。太白从学岁馀。"赵蕤的事迹流传下来的不多。《北梦琐言》卷五曰："赵蕤者，梓州盐亭县人也。博学韬钤，长于经世。夫妇俱有节操，不受交辟，撰《长短经》十卷。王霸之道，见行于世。"

《长短经》一书，检其内容，确是所谓王霸之道。赵蕤在《长短经序》中虽然称孔子为先师，赞扬他作《春秋》《孝经》，自称其书为《儒门经济长短经》，然而按之全书，察其论点，可知它与儒家关系甚浅，实与纵横家与法家为近。

赵蕤的一个重要思想，便是强调"时宜"，也就是说，采取政治行动时要审时度势。他在《长短经》的《序》中，系统地阐述了这种观点：

> 作法于理，其弊必乱，若至于乱，将焉救之？是以御世理人，罕闻沿袭，三代不同礼，五霸不同法，非其相反，盖以救弊也。是故国容一致，而忠文之道必殊；圣哲同风，而皇王之名或异，岂非随时设教沿乎此，因物成务牵乎彼。沿乎此者，醇薄继于所遭；牵乎彼者，王霸存于所遇。故古之理者，其政有三：王者之政化之，霸者之政威之，强国之政胁之，各有所施，不可易也。《管子》曰：

"圣人能辅时,不能违时,智者善谋,不如当时。"邹子曰:"政教文
哲,所以匡救也。当时则用之,过则舍之。"由此观之,当霸者之
朝,而行王者之化,则悖矣。当强国之世,而行霸者之威,则乖矣。
若时逢狙诈,正道陵夷,欲宪章先王,广陈德化,是犹时越客以拯
溺,白大人以救火,善则善矣,岂所谓达于时变欤!

这段话的主旨,就在说明审时度势的重要。首先要对"时"作出判断,
看是处在治世还是乱世,然后采取相应的措施,看是施行王道呢,还是
施行霸道,抑或施行强道。而他这里对"王""霸"及"强国之政"的区
分,正是沿用了先秦法家的观点。

上考战国之时,政治思想领域内就流传着这三种治国的理论,由
儒入法的荀子在《王制》篇中说:"王夺之人,霸夺之与,强夺之地。夺
之人者臣诸侯,夺之与者友诸侯,夺之地者敌诸侯。臣诸侯者王,友诸
侯者霸,敌诸侯者危。"说明荀子虽已具有法家的初步思想,但基本上
仍固守儒家的立场,偏重王道。到了他的学生韩非时,也就转而注重
强国之术了。他在《奸劫弑臣》中说:"治国之有法术赏罚,犹若陆行
之有犀车良马也,水行之有轻舟便楫也,乘之者遂得其成。伊尹得之,
汤以王;管仲得之,齐以霸;商君得之,秦以强。"而商鞅采取强国之术
的经过,见于《史记·商君列传》,里面详细记叙了他以王道、霸道、强
国之术三次进说秦孝公的经过。前两次的进说,未被孝公接受,最后
一次进说,取得了很大的成功,"景监曰:'子何以中吾君?吾君之欢
甚也。'鞅曰:'吾说君以帝王之道比三代,而君曰:"久远,吾不能待。
且贤君者,各及其身显名天下,安能邑邑待数十百年以成帝王乎?"故
吾以强国之术说君,君大说之耳!'"

由上可知,赵蕤《长短经》中的理论乃沿商鞅、韩非而来。赵蕤把
法家学说作为纵横家参与政治活动的理论根据。社会处在变动之中,

人们就得顺应时势,如有政治活动,也就应该观察当前处在怎样的情况之下,从而善自抉择,采取相应的措施。这就是赵蕤特别强调的从政原则,即"达于时变"。

先秦法家审时度势的结果,认识到政治措施必须与变化中的时局相应。处在战乱频仍之时,仍然想行儒家所向往的王道,也就等于画饼充饥,因为时代已经不同,前此有效的措施已经过时了。因此韩非在《五蠹》篇中提出的总结性意见是:"世异则事异","事异则备变"。

赵蕤在《序》的开头就标明了理论的源头:

> 赵子曰:"匠成舆者,忧人不贵;作箭者,恐人不伤。彼岂有爱憎哉? 实伎业驱之然耳。是知当代之士,驰骛之曹,书读纵横,则思诸侯之变;艺长奇正,则念风尘之会。此亦向时之论,必然之理矣。"

这种理论,直承韩非而来。《韩非子·备内》篇曰:

> 王良爱马,越王勾践爱人,为战与驰。医善吮人之伤,含人之血,非骨肉之亲也,利所加也。故舆人成舆,则欲人之富贵;匠人成棺,则欲人之夭死也。非舆人仁而匠人贼也。人不贵,则舆不售;人不死,则棺不买,情非憎人也,利在人之死也。

韩非以为人人都有趋利避害的本能,有人愿意看到人家升官发财,有人愿意看到人家生病死亡,这并不是由人的本性有善有恶而引起的,而是决定于他们在社会上的地位有异和处境不同,因此他们所追求的"利"也就不同。法家认为执政者就应针对人的这一特点,掌握赏罚两手,用重赏去鼓励人们服从君主的统治,并为之出死力;用重罚去制止人们违犯现行的制度,防止他们作恶。这与儒家主张的德治差异甚大。

赵蕤认为:时代不同,则政治活动家的主张和措施也应随着改变;人们的社会地位和处境不同,那么他们的利之所在也就不同。从这样的前提出发,也就会得出"当代之士,驰骛之曹,书读纵横,则思诸侯之变;艺长奇正,则念风尘之会"的结论,并以此作为"向时之论,必然之理"了。从正面来说,时世混乱,社会上会出现纵横家和信从纵横学说的人;反过来说,纵横家和信从纵横学说的人就希望时世混乱,个人可以利用形势大显身手。赵蕤的理论,或许还是接受了隋唐嬗代之时混乱时局馀波的影响,因而才在唐代初盛之际较偏僻的川西地区浮现的吧。

这种理论曾对李白起过潜移默化的影响。他在《避地司空原言怀》中说:"刘琨与祖逖,起舞鸡鸣晨,虽有匡济心,终为乐祸人。"这是本诸《晋书·祖逖列传》史论而言的。史臣曰:"祖逖散谷周贫,闻鸡暗舞,思中原之燎火,幸天步之多艰。原其素怀,抑为贪乱者矣。"李白追随永王璘,欣然下庐山入幕,以为可以大显身手,与祖逖之事有相通处。按照赵蕤的理论,也正是实践了"书读纵横,则思诸侯之变"的理论,可见李白的纵横思想决定了他必然会下山随从永王璘。

李白从赵蕤学习时,正在世界观的熔铸时期,联系到他后来的一些表现进行考察,可知这时学到的一切,对他一辈子都产生了影响。当他天宝之前初游淮扬时,曾作《淮南卧病书怀寄蜀中赵征君蕤》诗,可见他对赵蕤怀有很深的感情,并对他俩一起学习的这一段历史极为珍视,难以忘怀。而他又生长在一个胡化的家庭之中,儒门的影响比较淡薄,其他学派的思想较易渗入,除道家思想外,法家和纵横家的思想发生的影响甚大,这些地方可以明显地看出赵蕤对他的影响。

如上所言,《长短经》中出现了如下一些特点:

赵蕤一生，似未出过家乡地区，因此他的阐发纵横家说，主要是从总结历史经验着手的。《霸图》《七雄略》《三国权》等大类的区分，以及全书各篇文章中涉及的历史事件，大都集中在战国、三国、南北朝等几个混乱特甚的时期。这时的一些政治活动家，除战国时期有著名的纵横家外，其他一些纵横捭阖大肆活动的政治家，赵蕤都将他们归入"长短"类内，并一一征引他们的事迹和活动，作为实例，证成自己的理论。

赵蕤在书中最为称道的人物，是傅说、太公、苏秦、张仪、鲁仲连、汉高祖、汉光武、张良、韩信、诸葛亮及谢安。赵蕤推崇诸葛亮，或许因为诸葛亮的经历对他深具吸引力，因为诸葛亮原来也是一个隐士，未出茅庐，已知天下将三分，这对赵蕤来说，无疑是很好的榜样。但诸葛亮的分析天下大势，与赵蕤的活动实际上有很大的不同。赵蕤的理论，只是停留在分析过去的历史经验上，诸葛亮的理论，却是从分析当前的政治形势而得出的结论。苏秦、张仪等人游说诸侯时，也要对对方的处境和条件作一番具体的分析，赵蕤书中却对当前形势毫不涉及。

赵蕤生平不详，估计安史乱起之时他已去世，所以未曾有过实际的政治活动。假如安史乱起之时他还健在，那么按照他的理论，很有可能出来实践一番的。看来他一直生活在开元前后这一段相对平静的时期，使他觉得还未形成实施纵横家说的土壤，因而"夫妇俱有节操，不受交辟"，仅"撰《长短经》十卷"，就以"征君""草莽臣"终世的吧。

时至开元之世，蜀地还有人在学习纵横之术，本身就是一件奇怪的事，也是该地区域文化的一种奇怪现象。如上所言，纵横之术总是产生在动乱的时代，隋末衰乱，社会上一度出现纵横之术的传播。李百药《封建论》曰："况晋氏失驭，宇县崩离；后魏乘时，华夷杂处。重之以关河分阻，吴楚悬隔，习文学者尚长短纵横之术，习武艺者尽干戈战争之心。"太宗时名臣魏徵亦尝热衷此道，《旧唐书》本传曰："徵少孤贫,落拓有大志,不事生业,出家为道士。好读书,多所通涉。见天下渐乱,尤属意纵横之说。"但在唐代政治趋于稳定之后,这一潮流即告消歇。赵蕤的生活年代上距唐初已达百年左右,社会早已安定,因而他所研究的纵横之术,已是书斋中的产物了。

李白的情况有所不同。他身逢安史之乱,又遇到了肃宗和永王璘的内争,这样也就给了他一种印象:实践个人理论和实现个人抱负的时机到来了。

当然,李白的参与王室内争,不能用作学习纵横之术的人必然喜欢时局混乱的典型事例,但是这种学说还是潜在地起着作用。李白早就意识到,天下太平之时,像他这样的纵横奇才是无法施展才能的。安史乱前不久,李白曾作《赠宣城赵太守悦》一诗,内有句云:"溟海不震荡,何由纵鹏鲲?"他早就懂得:像他这样企图一举千里的大鹏,必须遇到"震荡"的"海运",①而这也就是他多次提到的"大运"。安史乱起,他避地庐山,永王璘征召他时,韦子春等人三次上山礼聘,李白审时度势之后,终于认为施展个人才能的机会到了。这种信念愈来愈强,终于欣然下山,准备在混乱的时局中一显身手,但随着李璘的兵败,纵横之术也就破产了。

(二) 诸葛亮与三顾茅庐

李白也很崇拜诸葛亮。诸葛亮风流潇洒的风姿和旋转乾坤的才华,对他深具吸引力。他在《留别王司马嵩》诗中说:"余亦南阳子,时为《梁甫吟》。……愿一佐明主,功成还旧林。"《赠友人三首》其三中

---

① 《庄子·逍遥游》曰:"北冥有鱼,其名为鲲。鲲之大,不知其几千里也。化而为鸟,其名为鹏。鹏之背,不知其几千里也,怒而飞,其翼若垂天之云。是鸟也,海运则将徙于南冥。南冥者,天池也。"宋林希逸《南华真经口义》曰:"海运者,海动也。""冥"通"溟"。

说："蜀主思孔明,晋家望安石。时来列五鼎,谈笑期一掷。"表示要像诸葛亮那样指挥若定,建立奇功。但他和赵蕤相似,也只是把诸葛亮的功业作为历史上的事例而进行探讨,而不能学到诸葛亮的真实本领,对当前的形势作具体分析。李白毕竟是个文人,长期过着名士的生活,对现实的政治局势缺乏清醒的认识,而又自视奇高,这就不可避免地要步入逆境。

刘备三顾茅庐时,诸葛亮对天下大势作了精辟的分析,这就是著名的"隆中对"。诸葛亮指出:汉末以来,豪杰并起,曹操拥百万之众,挟天子以令诸侯,不可与争锋;孙权据有江东,已历三世,国险而民附,贤能为之用,这可以作为奥援而不可以侵夺。全国范围内可以考虑用作发展地盘的,只是荆州和益州。这一番话,说明诸葛亮确是具有超人的战略眼光,事后刘备按照他的分析做去,竟成三分天下的霸业。

李白的情况就不同了。韦子春等人三上庐山去请他时,他动心了,《读诸葛武侯传书怀赠长安崔少府叔封昆季》诗曰:"当其南阳时,陇亩躬自耕,鱼水三顾合,风云四海生。"他常是陶醉在这类历史的类比中。《与贾少公书》中说:"王命崇重,大总元戎,辟书三至,人轻礼重。"他只是感到荣宠,但对天下大势可没有作出什么具体的分析。在他的脑海中,只是浮现出过去历史上的一幅幅动乱景象,于是他一则把唐王朝与安史一伙的战争比作楚汉相争,再则把永王璘的企图割据江东比作晋元帝在江东即位。他对当前形势的看法,可谓"知古而不知今,谓之陆沉"。①

《猛虎行》中说:

> 旌旗缤纷两河道,战鼓惊山欲倾倒。秦人半作燕地囚,胡马

---

① 见《论衡·谢短》。

翻衔洛阳草。一输一失关下兵，朝降夕叛幽蓟城。巨鳌未斩海水动，鱼龙奔走安得宁。颇似楚汉时，翻覆无定止。

范文澜说："李白的政治见解很差。他在《猛虎行》里，把唐朝与安史叛军平等看待，说'颇似楚汉时，翻覆无定止'。既然看不出安史是叛逆，永王李璘割据东南对朝廷的危害更不会看出。"[1]这种评价是公允的，李白确是昧于形势。

崔宗之《赠李十二》诗曰："李侯忽来仪，把袂苦不早。清论既抵掌，玄谈又绝倒。分明楚汉事，历历王霸道。"可见李白对楚汉之争向来感兴趣。这时错把唐王朝和安史之间的战争看作楚汉之争的再起，也就犯了严重的历史类比错误。

他在诗中多次提到楚汉相争，《登广武古战场怀古》中曰：

> 楚灭无英图，汉兴有成功，按剑清八极，归酣歌《大风》。伊昔临广武，连兵决雌雄。分我一杯羹，太皇乃汝翁。……拨乱属豪圣，俗儒安可通？沉湎呼"竖子"，狂言非至公。抚掌黄河曲，嗤嗤阮嗣宗。

这里他对阮籍的藐视项、刘表示不平。在他看来，项羽是起义的好汉，刘邦是成功的英雄，而李白在介绍刘邦的过人之处时，则不数其他政治、军事上的荦荦大端，而仅举他对待父亲之事为例。《史记·项羽本纪》记载，项羽俘虏刘邦父亲之后，置之俎上，声言要烹太公，以此威胁刘邦屈服，刘邦却答之曰："我与项羽俱受命怀王，曰'约为兄弟'，吾

---

① 见《中国通史简编》(修订本)第三编第二册第七章《唐五代的文化概况》，人民出版社 1965 年版。

翁即若翁,必欲烹而翁,则幸分我一杯羹。"司马迁写这一番话,是在如实地暴露刘邦的无赖嘴脸,历代儒者均视此为悖逆之辞。[①] 李白介绍刘邦的过人之处时,唯独介绍这一悖逆之事,并对此表示欣赏,而称对刘邦此举表示异议的人为"俗儒",可见他对儒家制订的一些人伦准则持不屑一顾的态度。这种极端功利主义的思想,已与法家观点为近。

但在李白脑中印象最深的,便是东晋的政局,这在他的诗文中一再提及。《永王东巡歌》中,他以风云际会的高昂情绪,写下了如下字句:

> 三川北虏乱如麻,四海南奔似永嘉。但用东山谢安石,为君谈笑静胡沙。(其二)
> 龙盘虎踞帝王州,帝子金陵访古丘。春风试暖昭阳殿,明月还过鸦鹊楼。(其四)

李白这次政治上的失败,遭到长流夜郎的严惩,并且受到了"世人皆欲杀"的舆论谴责[②],或许出乎他的意料,因为他的本意确是想"一扫胡尘"而没有什么闹分裂的阴谋成分在。李白的心地极为纯真,他对政治局面中的钩心斗角确实了解太少了。因此,历代都有人为他抱

---

① 凌稚隆辑《史记评林》,引王楘曰:"高祖与项羽战于彭城,为羽大败,势甚急迫,鲁元公主、惠帝弃之,夏侯婴为收载行,高祖怒欲斩婴者十馀,藉谓吾力不能存二子,不得已,弃之可也。他人为收,岂不甚幸,何断断然欲斩之? 其天性残忍如此。高祖岂特忍于二子,于父亦然。当项羽置太公于俎上,赫焰可畏,无地措身,而分羹之言,优游暇豫,出于其口,恬不知愧,幸而项羽听项伯之言而赦之;万一激其愤怒,果就鼎镬,高祖将何以处?"同治甲戌年(1874)长沙魏氏养翮书屋刊本。

② 杜甫《不见》诗中说:"不见李生久,佯狂真可哀,世人皆欲杀,吾意独怜才。"

不平。《苕溪渔隐丛话》前集卷五引《蔡宽夫诗话》曰："太白之从永王璘,世颇疑之,《唐书》载其事甚略,亦不为明辨其是否。独其诗自序云:'半夜水军来,浔阳满旌旄,空名适自误,迫胁上楼船。从赐五百金,弃之若浮烟,辞官不受赏,翻谪夜郎天。'然太白岂从人为乱者哉?盖其学本出纵横,以气侠自任,当中原扰攘时,欲借之以立奇功耳。"这一番辩白,有说得中肯的地方,但李白自叙的话,却也未尽合乎事实。按李白在《经乱离后天恩流夜郎忆旧游书怀赠江夏韦太守良宰》诗中,有"迫胁上楼船"等句,按诸实际,有为自己辩解而曲意掩饰的地方。他在《永王东巡歌》中如此兴高采烈,直到《南奔书怀》时,还与永王璘持同一立场,称追逐他的军队为"北寇",他的态度也可算是够坚定的了。

(三)游侠与纵横的结合

纵横家和游侠本是各不相谋的,但到汉代之后,二者开始结合,喜好纵横的人,每每也有任侠的作风。《史记·司马相如列传》:"司马相如者,蜀郡成都人也,字长卿。少时好读书,学击剑,故其亲名之曰犬子。相如既学,慕蔺相如之为人,更名相如。"司马贞《索隐》引《吕氏春秋》剑伎曰:"持短入长,倏忽纵横之术也。"自此之后,蜀地也就逐渐形成了一种纵横游士和行侠仗义相结合的传统。

卢藏用《陈氏别传》曰:"子昂奇杰过人,姿状岳立。始以豪家子,驰侠使气,至年十七八未知书。"陈子昂在《赠严仓曹乞推命禄》中也说:"少学纵横术,游楚复游燕。"体现了蜀地文士兼综纵横术和游侠风概于一身的特点。

《唐诗纪事》卷十八引东蜀杨天惠《彰明逸事》叙李白早年在蜀时事曰:"隐居戴天大匡山,往来旁郡,依潼江赵征君蕤。蕤亦节士,任侠有气,善为纵横学,著书号《长短经》。太白从学岁馀。"这段历史,对李白思想作风的形成当有直接的影响。

李白的任侠之风,在当时人的记载中,在他自己的诗篇里,都有记叙。刘全白《唐故翰林学士李君碣记》曰:"少任侠,不事产业,名闻京师。"范传正《唐左拾遗翰林学士李公新墓碑序》曰:"少以侠自任。"李白在《结袜子》诗中则曰:"燕南壮士吴门豪,筑中置铅鱼隐刀。感君恩重许君命,太山一掷轻鸿毛。"可见他对古时的豪杰专诸、高渐离等人评价甚高。历史上的侠义之士,也是他心目中的向慕对象。

李白还曾对年轻时期的豪侠作风作过自我介绍,《叙旧赠江阳宰陆调》诗中说:

> 风流少年时,京洛事游遨。腰间延陵剑①,玉带明珠袍。我昔斗鸡徒,连延五陵豪。邀遮相组织,呵吓来煎熬。君开万丛人,鞍马皆辟易。告急清宪台,脱余北门厄。

李白的这种经历,也是其他文人没有遇到过的。因为他与京城中的流氓集团发生了冲突,几遭不测。这些五陵少年,有北门禁军作后台,看来李白还被他们拘执于军中,因而引以为"耻"。幸亏陆调至监察部门告急,将他营救出来。这一事件的前因后果不清楚,但可了解李白游侠活动的内容,并非全是排难解纷、风骨凛然的高义行动。他的任侠,已经带有唐代豪士的特点,如豪奢逸乐、纵酒狎妓、斗殴杀人等。

李白《留别广陵诸公》诗曰:"金羁络骏马,锦带横龙泉。"说明他

----

① 王琦注曰:"一本自'腰间延陵剑'以下作'骖骊红阳燕,玉剑明珠袍。一诺许他人,千金双错刀。满堂青云士,望美期丹霄。我昔北门厄,摧如一枝蒿。有虎挟鸡徒,连延五陵豪。邀遮来组织,呵吓相煎熬。君披万人丛,脱我如猙牢。此耻竟未刷,且食绥山桃'。"瞿蜕园、朱金城《李白集校注》曰:"王注所云,即两宋本、缪本注语。"

平时的装束,就规仿侠士。但这或许还是唐代文士常见的装束。仗剑出游,表示他们有尚武的一面。不过李白时而袖藏匕首,这就像是专为斗殴杀人而准备的凶器,近于刺客了。崔宗之《赠李十二》诗曰:

袖有匕首剑,怀中茂陵书。双眸光照人,词赋凌相如。

李白是真杀过人的,他还为此而感到自豪。魏颢《李翰林集序》曰:"少任侠,手刃数人。"这当是根据李白的自述而有此记叙的。李白在《赠从兄襄阳少府皓》诗中也说:"托身白刃里,杀人红尘中。当朝揖高义,举世钦英风。"①而他在《结客少年场行》中说:"笑尽一杯酒,杀人都市中。"《侠客行》中说:"十步杀一人,千里不留行。"《白马行》中说:"杀人如剪草,剧孟同游遨。"均以此为豪举而颂扬。

令人费解的是:唐代建国至此已有上百年之久,开元、天宝之际,社会秩序早已稳定,法制的执行不可能很疏。武后时徐元庆为父亲复仇,手刃仇人,《春秋》重复仇,而陈子昂议此事,以为"宜正国之法,置之以刑,然后旌其闾墓,嘉其徽烈"。②《资治通鉴》卷二一四玄宗开元二十三年载:"殿中侍御史杨汪既杀张审素,更名万顷。审素二子瑝、琇皆幼,坐流岭表;寻逃归,谋伺便复仇。三月丁卯,手杀万顷于都城,系表于斧,言父冤状。……议者多言二子父死非罪,稚年孝烈,能复父仇,宜加矜宥,张九龄亦欲活之。裴耀卿、李林甫以为如此,坏国法,上亦以为然,谓九龄曰:'孝子之情,义不顾死,然杀人而赦之,此涂不可启也。'乃下敕……付河南府杖杀。士民皆怜之,为作哀诔,榜于衢路。

---

① 此据宋蜀刊本、缪曰芑刊本《李太白文集》,玉海堂影刻宋咸淳刊本《李翰林集》,胡震亨《李诗通》。他本无此四句。
② 《复仇议状》,载《陈子昂集》卷七。

市人敛钱葬之于北邙,恐万顷家发之,仍为疑冢数处。"可见其时之重国法如此。为什么李白杀人之后还能若无其事？封建社会之中,虽然非法之事常会出现,下层小民更难受到应有的保障,但唐代律令已颇完备,因而个别遭害之事容或有之,李白在"手刃数人"之后不受任何追究,原因何在,仍值得研究。

《唐律》卷八《斗讼律》曰:"诸斗殴杀人者,绞。以刃及故杀人者,斩。虽因斗,而用兵刃杀者,与故杀同。"《疏议》:"为人以兵刃逼己,因用兵刃拒而伤杀者,依斗法。馀条用兵刃,准此。"可见唐律于此规定得很严格。李白杀人的具体情况究竟怎样,已难确知,但不管怎样,总是触犯了刑律,他却不知刑律为何物,说明他的思想中根本没有什么法制观念。

李白"手刃数人"之事,看来发生在蜀地,不大可能发生在中原地区。西蜀边鄙,群山阻隔,中央政权的统治力量相对来说比较薄弱,法令的执行也就比较松懈,这才可能出现杀人不受惩治之事。李白这种杀人斗殴、争强好胜的作风显与他人不同,不能不引起朋辈的诧异。

杜甫生长在中原地区,与李白早年相遇,有《赠李白》诗云:

秋来相顾尚飘蓬,未就丹砂愧葛洪。痛饮狂歌空度日,飞扬跋扈为谁雄？

这诗正好反映出了两种背景不同的区域文化中所培育出来的文士的不同观念。杜甫见到李白"飞扬跋扈",也就提出了疑问:痛饮狂歌,空度岁月,又有什么意义？飞扬跋扈,斗殴杀人,又称什么英雄？这种疑问,怕是当时大多数的文士都会提出来的。

按古来文士向视"跋扈"为贬义词,《后汉书·梁冀传》载,汉质帝目梁冀为跋扈将军，此乃古人习知之事；"飞扬跋扈"亦为含有贬义的成语，《北齐书》卷二《神武帝纪》下，载高欢称侯景常有"飞扬跋扈"之志，《北史·齐高祖本纪》同，当是这一成语的最早出处。杜甫自云"读书破万卷"，这些历史往事，他不应不知，这里却用此一成语形容李白，也是以其过度放纵之故。

《通典》卷一七六《州郡六》曰："巴蜀之人，少愁苦而轻易淫佚。……土肥沃，无凶岁，山重复，四塞险固。王政微缺，跋扈先起。"李白作风与此相合，可见其立身行事颇富巴蜀民风的特征。杜佑此处用上"跋扈"一词形容此地的豪杰之士，这与杜甫的用语又是何等一致。

由上可见，蜀地的情况颇为特殊。这一地区的情况有别于中原，这一地区的文士自然会有其明显的特点。

纵观其地与李白同时的一些文士，不论外地寓此的官员，还是本地出身的人员，常具有豪侠的作风。若将这些人的事迹合在一起综合考察，更能看清蜀地的民情风俗，这对考察李白的特殊作风，可起到参照作用。

郭震（元振）出身文士。新、旧《唐书》本传记载，当他任通泉尉时，任侠使气，不以细务介意，"前后掠卖所部千馀人，以遗宾客，百姓苦之"。通泉属梓州，与绵州接壤，郭元振的年代介于陈子昂、李白之间，而先后相接。他的作为异乎寻常，很难设想中原地区也会出现这一情况。所以如此，当以蜀地仍然保留着掠卖奴隶的传统与风气，因此地方官吏也成了横行不法独霸一方的豪强。

鲜于仲通也是开元、天宝时期的一位文士。[①] 他的为人，人们有

---

① 参看拙著《杜甫身后的求全之毁和不虞之誉》一文中的"鲜于仲通"部分，原载《草堂》总第十期，后收入拙著《文史探微》，上海古籍出版社1987年版；《周勋初文集》第三册，江苏古籍出版社2000年版。

不同的评价，但他的作风却也反映了蜀地文人的共同特点。他是阆州新政人。阆州属山南西道，与剑南道的梓州为邻境，其民情风俗，同样具有蜀地的特点。

通观陈子昂、鲜于仲通等豪族的情况，可以发现有很多相同之处。卢藏用《陈氏别传》曰："陈子昂，字伯玉，梓州射洪县人也。本居颍州，四世祖方庆，得墨翟秘书，隐于武东山，子孙家焉。世为豪族。父元敬，瑰玮倜傥。年二十，以豪侠闻。属乡人阻饥，一朝散万钟之粟而不求报，于是远近归之，若龟鱼之赴渊也。"颜真卿《中散大夫京兆尹汉阳郡太守赠太子少保鲜于公神道碑》曰："〔鲜于〕匡赞生士简、士迪，并早孤，为叔父隆州刺史匡绍所育，因家于新政。士简、士迪皆魁岸英伟，以财雄巴蜀，招徕宾客，名动当时，郡中惮之，呼为'北虏'。士简生令徵，公之父也。倜傥豪杰，多奇画，尝倾万金之产，周济天下士大夫。"可见巴蜀之地有一批从外地移居来的豪族。他们以财富雄于乡里，颇有独霸一方之势。这与其时中原地区的一些世家大族面目大异。

隋唐嬗代之际，四方豪杰并起，其时力量最为强大的，有所谓"山东豪杰"，"乃一胡汉杂糅，善战斗，务农业，而有组织之集团"。[①] 由于历史条件的变化，时至开元、天宝之时，中原地区已无此类豪强存在，但在僻处一隅的巴蜀之地，由于交通不便，风气闭塞，社会发展缓慢，在许多家庭中，却还存在着类似的豪强之风。这也是巴蜀地区的社会比之中原地区其发展的阶段总要慢上半拍的明证。

随着唐代政权建设的走上正轨，社会秩序趋于稳定，巴蜀地区豪强家族的子弟也不能不注意提高自己的文化水准，借以在政治上取得

---

① 　陈寅恪《论隋末唐初所谓"山东豪杰"》，载《金明馆丛稿初编》，上海古籍出版社 1980 年版。

出路。陈子昂和鲜于仲通等人都经历了一个极为相似的转变阶段。卢藏用《陈氏别传》又曰:"子昂奇杰过人,姿状岳立。始以豪家子,驰侠使气,至年十七八未知书,尝从博徒,入乡学,慨然立志。因谢绝门客,专精坟典,数年之间,经史百家,罔不该览。尤善属文,雅有相如、子云之风骨。"颜真卿《中散大夫京兆尹汉阳郡太守赠太子少保鲜于公神道碑》又曰:"公少好侠,以鹰犬射猎自娱,轻财尚气,果于然诺。年二十馀尚未知书,太常切责之。县南有离堆山,斗入嘉陵江,形胜峻绝,公乃慷慨发愤,屏弃人事,凿石构室以居焉。励精以学,至以针钩其脸,使不得睡。读书好观大略,颇工文,不好为之。开元二十年,年近四十,举乡贡进士,高第。……方及知命,始擢一第。"

由上可知,巴蜀地区居住着不少文化背景各异的民族。其中一些强宗豪族是从外地迁来的胡族后裔,尽管定居内地很久,已有相当程度的汉化,但仍保持着固有的豪侠之风。他们大都经历过一段学习汉族典籍进而借此谋求进身的过程。鲜于仲通的经历有其代表意义。陈子昂的家族虽然没有什么关于胡族血统的记载,但《唐诗纪事》卷八叙子昂事,引《独异记》曰:

子昂初入京,不为人知。有卖胡琴者,价百万,豪贵传视,无辨者。子昂突出,谓左右曰:"辇千缗市之。"众惊问,答曰:"余善此乐。"皆曰:"可得闻乎?"曰:"明日可集宣阳里。"如期偕往,则酒肴毕具,置胡琴于前。食毕,捧琴语曰:"蜀人陈子昂有文百轴,驰走京毂,碌碌尘土,不为人知。此乐贱工之役,岂宜留心?"举而碎之,以其文轴遍赠食者。一日之内,声华溢郡。[1]

① 按《独异记》当为《独异志》之误。《太平广记》卷一七九引《独异志》,即此文,而叙事为详。《唐诗纪事》引文有节录。

这件有趣的轶闻中透露出一丝消息,陈子昂其人与胡族文化也有关系,这与他"驰侠使气"的作风正相一致。

李白家族与陈氏、鲜于氏的情况相比也有类似的地方。李白之父从西域迁来,范传正《唐左拾遗翰林学士李公新墓碑序》上说:"父客以逋其邑,遂以客为名。高卧云林,不求禄仕。"说明他汉化未深,还没有具备进入士大夫行列的条件,但家财富厚,已成僻处一隅的富豪。李白《上安州裴长史书》上说:"昔与逸人东严子隐于岷山之阳,白巢居数年,不迹城市,养奇禽千计,呼皆就掌取食,了无惊猜。"这种作风,在中原地区的文士中是见不到的。而他这种闲逸的生活,如无财力为后盾,则是无法实现的。其后他又说到"曩昔东游维扬,不逾一年,散金三十馀万,有落魄公子,悉皆济之"。如无巨大的财力,则其轻财好施也是无法做到的。

综上所言,李白在弱冠时"手刃数人"而不被追究,不受惩治,除了说明蜀地法网疏漏,异于中原地区外,也可说明他家本是地方上的豪强。——一户从远方胡地迁来的豪强。

李白也有折节读书的过程。他在接受汉族传统文化时有异于其时一般文士的经历,并不在经史上下功夫。他顺情而动,喜任侠,学纵横术,走着与陈氏、鲜于氏相似而又有异的道路。比之鲜于家族,李客入居蜀地的时间要短得多,昌隆县又僻在一隅,处在群山阻隔而又接近西部其他民族的边壤,这些不同于上述诸人的特点,当对李白的成长也有影响。

近人有称四川一地为"盆地文化"者。这是从四川一地的地形着眼,而论证其文化特点的。

众所周知,四川的东、西、南、北四方都有高山阻隔,交通极为不便,李白的《蜀道难》一诗之所以激动人心,正以其笔墨传神,道出了此地艰险的地形特点。这在古代来说,自然条件的限制,更易阻隔与外界的联系，从而显示其自成一体的文化特征。居住蜀地的人，与中原地区的人相较，往往具有鲜明的文化上的特点。《隋书》卷二九《地理志》叙及蜀地时曰："蜀郡、临邛、眉山、隆山、资阳、泸川、巴东、遂宁、巴西、新城、金山、普安、犍为、越嶲、牂柯、黔安，得蜀之旧域。其地四塞，山川重阻，水陆所凑，货殖所萃，盖一都之会也。……其边野富人，多规固山泽，以财物雄役夷獠，故轻为奸藏，权倾州县。此亦其旧俗乎？又有獠、狿、蛮、賨，其居处风俗，衣服饮食，颇同于獠，而亦与蜀人相类。"这里介绍的情况，后代仍然如此。而在唐代之前，历经战乱，曾有好几个民族建立过政权，四周还有多种民族杂居，这些都给蜀地的民风染上了特殊的色彩。

地方志中还有记载说李白之母为蛮人。王琦《李太白全集辑注》附录六《遗迹》引《四川总志》云：

> 龙安府平武县有蛮婆渡，在江油青莲坝，相传李白母浣纱于此，有鱼跃入篮内，烹食之，觉有孕，是生白。《广舆记》：白生蜀之青莲乡，旧志以为彰明人，盖平武实割江、彰、剑、梓之地以为邑，今蛮婆渡、青莲乡俱隶平武，则白生之地在今平武无疑矣。

这一传说，后起的有关方志大都承用。方志中每袭旧说，陈陈相因，但由此反而可以表明此说由来已久，流传很广，并由口传成为笔录，载之邑乘。

李白之母为蛮人，没有材料可以证实，但李白一家生活的地区内有蛮族杂居，则可根据上述传说而得此结论。

李白出蜀之前一直生活在西戎与南蛮的杂居之区，势必会受到他们的某些影响，即如李白特有的豪侠之风，应当也与此有关。

一般说来，游牧民族中人以射猎为生，平时过的即是戎马生涯，故多豪侠之士。如哥舒翰，即以豪侠著称。《旧唐书》本传曰："世居安西。翰家富于财，倜傥任侠，好然诺，纵蒱酒。"李白的作风与之相近。任华《杂言寄李白》曰："白璧一双买交者，黄金百镒相知人。平生傲岸，其志不可测。数十年为客，未尝一日低颜色。"也是豪侠任气的表现。

李白写下了许多歌颂游侠的名篇，如《侠客行》《白马篇》《幽州胡马客歌》《行行且游猎篇》《结袜子》等，歌颂了游侠豪放不羁的胸怀与仗义赴难的情操。内中的主角，也是战国至汉代的著名侠士，如专诸、朱亥、侯嬴、高渐离、剧孟等人。

这些战国时期的游侠，慷慨激烈，所作所为，确非常人能及。司马迁《史记》特辟《游侠列传》一门，经过他的生花妙笔，更把这些人的壮举描写得光彩四溢。李白性好任侠，歌颂这些历史人物，也是本人怀抱的宣泄。

李白常用乐府的形式颂扬游侠。由于乐府诗有承袭的传统，李白所抒发的感情也常是难见个人的独特感想，但李白的感情常是沉溺于前代，则是一件值得深思的事。

《侠客行》中说："谁能书阁下，白首《太玄经》?"《行行且游猎篇》中说："儒生不及游侠人，白首垂帷复何益?"《白马篇》中说："羞入原宪室，荒径隐蓬蒿。"均对儒生苦学笃志的精神表示鄙薄，而对古来的游侠，表示歆慕，这就说明身为唐代文士的李白具有与众不同的特点，他绝不可能与其他人一样走当代儒生的必由之路，由科举求得晋身。他有侠士杀身谋国孤举一掷的精神。士为知己者死，而他又误以永王璘为知己者，从而种下了失败的祸根。

总结上言，可知蜀地的历史进程比起中原地区来总要慢上半拍。这也就是说，中原地区已经进入新的发展时期，蜀地却还常是停留在前一阶段，蜀地的文士，其学术思想、文化观念，还是热衷于前一时期的士人参与的活动。

例如今文经学，本是西汉时期的官方学术，文士可由此进入仕途，故不论在朝在野，均曾取得独尊的地位。东汉时期，古文经学兴起，出现了马融、郑玄等著名经师，今文经学开始衰落，但在蜀地，却仍沿袭先时的传统，今文经学一直占有显要地位，《三国志·蜀书·尹默传》曰："益部多载经文而不崇章句。"其后也就形成了蜀地的地方之学与家族之学。① 又如与今文经学密切相关的谶纬之学，盛行于东汉时期，但到魏晋之后，各个时期的一些帝王出于防范他人利用谶纬进行政治活动，危及皇权，故屡下禁令，但在蜀地，此学却长盛不衰，元稹《元氏长庆集》卷二四《乐府·胡旋女》自注："纬书曰：僧一行尝奏玄宗曰：'陛下行幸万里，圣祚无疆。'故天宝中岁幸洛阳，冀充盈数。及上幸蜀，至万里桥，乃叹谓左右曰：'一行之奏其是乎？'"说明自盛唐至中唐时这一蜀地流传甚广之轶闻，亦载之纬书。

时至开元时期，天下大定之后，最后还有赵蕤的《长短经》一书出现，这也是该地区的文化有异于中原地区文化的明证。

上述种种，可知蜀地因自然条件的关系，文化上积淀的现象非常突出，这对了解唐代诗人李白的特点至关重要。

前已提到，卢藏用《陈氏别传》中称陈子昂"四世祖方庆得墨翟秘书"，赵儋《大唐剑南东川节度观察处置等使户部尚书兼御史大夫梓州刺史鲜于公为故右拾遗陈公建旌德之碑》中则云"得墨子五行秘书，白虎七变"，由此可知，蜀地确有一些不见他处的"秘书"，此亦可见蜀地文化之特异。

查《抱朴子·内篇·遐览》，记道经有《墨子枕中五行记》五卷，又

---

① 参看贾晋华《蜀文化与陈子昂、李白》，载《唐代文学研究》第 3 辑，广西师范大学出版社 1992 年版。

曰:"其变化之术,大者唯有《墨子五行记》,本有五卷,昔刘君安未仙去时,钞取其要,以为一卷。其法用药用符,乃能令人飞行上下,隐沦无方。含笑即为妇人,蹙面即为老翁,踞地即为小儿,执杖即成林木,种物即生瓜果可食。画地为河,撮壤成山,坐致行厨,兴云起火,无所不作也。"后面提到"又有《白虎七变法》,取三月三日所杀白虎头皮,生驼血、虎血,紫绶、履组、流萍,以三月三日合种之,初生草似胡麻,有实,即取此实种之。一生辄一异,凡七种之,则用其实合之,亦可以移形易貌,飞沉在意。与《墨子》及《玉女隐微》略同。过此不足论也"。陈氏拥有的"秘书",可能就是上述葛洪介绍的"道经""异书"。道经而冠以"墨子"之名,说明墨家后学已与道家合流,且已成为道教中的重要组成成分。巴蜀为道教的重要基地,又有行侠之风,而墨家其后即流为游侠。可知蜀地的民风,渊源有自,这些都已成了蜀地的特殊文化背景。

安史乱起,李白避难迁居庐山,爱子伯禽则仍滞留山东,这使他感到不安,希望有人能够帮助儿子脱离险境。其时适有门人武谔前来,愿意承担这项任务,李白随作《赠武十七谔》一诗赠之,序曰:"门人武谔,深于义者也。质木沉悍,慕要离之风。潜钓川海,不数数于世间事,闻中原作难,西来访余。余爱子伯禽在鲁,许将冒胡兵以致之。酒酣感激,援笔而赠。"武谔其人,明为游侠一类人物;李白的这一门人,明为游侠中人。这一事例颇耐寻味,不知李白是否在以诗艺授人?还是因意气相投而在游侠圈子中收容门徒?

三、李白与儒家的背违

唐人思想上束缚较少,各种各样的人都可以在社会上立足,各种不同思想都有人在钻研与倡导,史书上经常可以见到一些思想奇特行为怪异的人。

唐初君主在宗教思想上采取三教圆融的方针,对各种外来宗教也并不歧视,儒、释、道三教都放在重要的位置上。盛唐诗人中,王维崇佛,故有诗佛之称;李白崇道,故有诗仙之称;杜甫崇儒,故有诗圣之称。但他们在某种主导倾向之外,也兼崇其他宗教。如王维,除崇信佛教外,也推崇道教,而他立朝为官,又以儒家教义为宗旨;杜甫除崇信儒家外,也有推崇佛教、道教的表现。李白的情况与此相似。但各家情况千差万别,所以每个人的思想往往别具异彩。

应该说,儒家注重人事,少谈鬼神怪异,因此不能说是一种宗教。儒家讲求应天顺民,慎终追远,实属伦理中一种形而上学的论证,也与其他宗教的神道观念有别。而且历代王室始终把祭祀天地作为自身的一种身份与特权,小民无缘参与,更无可能主持祭祀,因此儒家的伦理教育,也就与宗教距离颇远。下面再讨论李白与儒家的关系。

(一) 非圣无法

研究李白的专家都说李白信奉儒家,因为在他的诗文中,就有许多尊崇儒家人物的言论;他在表达自己的政治抱负时,也有许多关于儒家政治理想的表述。实则这些地方情况甚为复杂,还有深入探讨的馀地。

这里先讨论李白对圣人与尧舜之道的看法。

儒家喜谈三代之治,以为尧舜之道是治世的极则,李白也有推崇尧舜的言论,因此有人以此坐实李白也信从儒家之道。

中国自汉代起,思想定于一尊,儒家学说已成士人必须遵奉的正统思想。唐代情况亦复如此。《贞观政要》卷一《政体》中载贞观七年(633)太宗与魏徵论自古理政得失,以为时当隋末大乱,恐不易致化;魏徵以为"乱后易教,犹饥人易食",正是求治的好时机,若行帝王之道三年，便见成效。封德彝等以为"三代以后，人渐浇讹，故秦任法律，汉杂霸道，皆欲化而不能，岂能化而不欲？若信魏徵所说，恐败乱国家"。但魏徵坚持己见。唐太宗采魏徵之说，力行不倦，数年间，海内康宁，突厥破灭，因谓群臣曰："贞观初，人皆异论，云当今必不可行帝道、王道，惟魏徵劝我。既从其言，不过数载，遂华夏安宁，远戎宾服。"可知唐代帝王一直倡导帝王之道，并且以为在政治上已见成效。

李白生活在这样的环境中，面对的是悠久的传统，他在行文时，当然也会有某种程度的接受。例如《与韩荆州书》中说："且人非尧舜，谁能尽善？"以为尧舜具有完美的人格。《崇明寺佛顶尊胜陀罗尼幢颂序》中介绍李琬之治鲁郡，"方将和阴阳于太阶，致吾君于尧舜"，也把尧舜视作圣君的典范。

但细察李白之推尊儒家圣贤，似乎有一种"入乡随俗"的感觉，不像杜甫表达其政治理想时希望"致君尧舜上"那么虔诚。值得注意的是，李白在另一些诗文中对尧舜大为不恭。

《怀仙歌》中说："尧舜之事不足惊，自馀嚣嚣直可轻。巨鳌莫载三山去，我欲蓬莱顶上行。"可见他以仙道为追求的最高目标，尧舜之道云云，颇有不在话下之概。

他在乐府《远别离》中还援用了一种与儒家之道截然背违的传说，诗曰：

> 尧舜当之亦禅禹，君失臣兮龙为鱼，权归臣兮鼠变虎。或云：尧幽囚，舜野死。九疑联绵皆相似，重瞳孤坟竟何是？

考《史记·五帝本纪》张守节《正义》引《括地志》，转引《竹书》曰："昔尧德衰，为舜所囚也"；"舜囚尧，复偃塞丹朱，使不与父相见也。"李白此说应当即出于此。《竹书纪年》中把禅让之事说成与后世的篡夺之事无异，这一离经叛道的说法，自为持有正统观点的史家所不容，因而逐渐湮没了。自从晋代时人从汲冢中发现此书后，只有张守节等人将之作为仅供参考的异说而录存下来。其后一些喜欢猎奇的人偶尔提及此事，例如罗泌《路史·发挥》五亦引《竹书纪年》此说，苏鹗《苏氏演义》引《竹书纪年》曰："舜篡尧位，立丹朱城，俄又夺之。"苏鹗还著有《杜阳杂编》一书，而《杜阳杂编》与《路史》，按照传统分类，正可归入"百家"中的"奇书"一类。

刘知幾《史通·疑古》曰："《尧典·序》又云：'将逊于位，让于虞舜。'孔氏注曰：'尧知子丹朱不肖，故有禅位之志。'案《汲冢琐语》云'舜放尧于平阳'，而书云某地有城，以囚尧为号。识者凭斯异说，颇以传授为疑，然则观此二书，已足为证矣。"刘氏以疑古著称，故有此论。他所提到的某城，可能指小成阳，《水经注·瓠子河》曰："按小成阳在成阳西南半里许实中，俗谚以为囚尧城。"可见这种囚尧之说，因为"其文不雅驯，荐绅先生难言之"，只能在记载异说的史籍与保存异说的民间故事中传播。李白少读"百家""奇书"，这类"尧幽囚，舜野死"的异说，正是"轩辕以来，可得闻矣"的一个实例。[1]

按尧舜的圣贤说属于鲁国史书《春秋》的系统，《竹书纪年》等汲冢遗书为魏国史书，所记古史应当源自《晋春秋》，即《乘》的传统。[2] 李白采择的这一异说源于儒家古史系统之外的另一传统。

赵蕤《长短经》卷三《反经》篇引《慎子》曰："父有良子而舜放瞽

① 参看拙著《韩非子札记》中的《韩非对尧舜的批判》一文，江苏人民出版社1980年版；又载《周勋初文集》第一册，江苏古籍出版社2000年版。

② 《孟子·离娄下》："孟子曰：'王者之迹熄而《诗》亡，《诗》亡然后《春秋》作。晋之《乘》，楚之《梼杌》，鲁之《春秋》，一也；其事则齐桓、晋文，其文则史。'"西晋时期，有人在汲郡的魏墓中发现写在竹简上的古史十二篇，中如太甲杀伊尹、文丁杀季历等说，与舜囚尧说类同，在后代成了异端。

瞍。"也是一种不见其他记载的异端之说。舜囚其君尧,又放其父瞽瞍,与唐代正统观念中的明君大圣情况大异,实为作恶多端的奸臣逆子。李白学到的历史知识中有如此异端的传说,也就有其可能形成特殊的思想观念。可见蜀地其时还保存着许多不见于其他地方的载籍,因而有此不同的区域文化的特点。

李白对孔子的态度也与此相似,既有尊崇的一面,也有鄙薄的一面。其尊崇的一面,放在唐代来看,可谓常态;其鄙薄的一面,则可谓异端。应该说,后者更能反映李白的真实思想,更能体现其独特的个性。

自汉代起,历代王朝均奉儒家为正宗,孔子具有至高无上的地位。李白对孔子颇多尊崇之词,《古风》其一曰:"《大雅》久不作,吾衰竟谁陈?"其下历叙后世文学界之演变,以为日趋绮丽衰弊,必须起而矫之。"我志在删述,垂辉映千春。希圣如有立,绝笔于获麟。"表示自己著述时,将追踪孔子,创作淳朴真古的诗篇。

他在《崇明寺佛顶尊胜陀罗尼幢颂序》中说:"礼乐大坏,仲尼不作,王道其昏乎!"《武昌宰韩君去思颂碑》中又说:"仲尼大圣也,宰中都而四方取则。"可见李白对孔子制礼作乐的贡献及其政绩均极赞扬。

李白对孔子的不为世用表示惋惜,又以此比方自己的沦落不遇。《书怀赠南陵常赞府》曰:"君看我才能,何似鲁仲尼?大圣犹不遇,小儒安足悲。"类似的论调诗文中不一而足。

从上面所举的例证中可以看出,李白对孔子持尊崇的态度,他称孔子为"大圣",称自己为"小儒",似乎极为谦卑自抑,但在发问中提出自己的才能比孔子怎样?从封建社会中的世态人情来说,则又显得很狂傲。这种态度,在他同时的诗人中不可能出现。

李白在《庐山谣寄卢侍御虚舟》中说:"我本楚狂人,凤歌笑孔丘。"这里用上一个"笑"字,则不恭之意立见。①

按接舆讥讽孔子的故事,除见于《论语·微子》外,又见《庄子·人间世》篇。李白受道家的影响至深,又沉溺于道教的成仙之说,因而下面接着写道:"手持绿玉杖,朝别黄鹤楼。五岳寻仙不辞远,一生好入名山游。"他对孔子仆仆风尘的艰难处世之道显然有微词。

《庄子》中常见嘲讽儒家人物的言词。李白在《古风》其三十中说:"大儒挥金槌,琢之诗礼间。"就是引用《庄子·外物》篇中的寓言而对儒者进行辛辣讽刺的。这里还对儒家立身处世的一些原则表示嗤鄙。

《行行且游猎篇》曰:"儒生不及游侠人,白首垂帷复何益?"《白马篇》曰:"……发愤去函谷,从军向临洮。叱咤经百战,匈奴尽奔逃。归来使酒气,未肯拜萧曹。羞入原宪室,荒径隐蓬蒿。"这里还对贫而乐道的儒者加以彻底的否定。

李白曾经浪游过山东。这一地区正是孔、孟的故乡,儒家的流风遗韵尚存。其时李白大约遇到过一些扞格不入的事,感到不愉快,因此在《五月东鲁行答汶上翁》《嘲鲁儒》等诗中反映了出来。前诗云:"顾余不及仕,学剑来山东。举鞭访前途,获笑汶上翁。下愚忽壮士,未足论穷通。"后诗云:

> 鲁叟谈《五经》,白发死章句。问以经济策,茫如坠烟雾。足著远游履,首戴方山巾。缓步从直道,未行先起尘。秦家丞相府,不重褒衣人。君非叔孙通,与我本殊伦。时事且未达,归耕汶水滨。

---

① 楚狂接舆暗示孔子应在仕途上急流勇退,首见《论语·微子》,并无讽刺之意。李白用一"笑"字,只能说是他个人的态度。

这里透露出来的讯息，表明李白的思想与时人差异甚大。他轻视鲁儒，不惜引李斯、叔孙通为同调。李斯其人，帮助秦始皇推行焚书坑儒的政策，自汉以后，一直受到世人的谴责。叔孙通其人，汲汲于仕进，历事且十主，而又昌言兴礼乐，定朝仪，因此他在士人心目中的地位是不高的。叔孙通曾骂不愿随他进京做官的两位鲁生为"鄙儒"，而司马迁作《史记·叔孙通列传》，实际上是以此二人为例，讽刺叔孙通为趋时的"鄙儒"，后代的看法也大抵如此。[①] 李白这里强调儒学要达"时事"，正是从否定儒家所强调的操守和出处大节等原则着眼的。

由上可知，李白对鲁地的儒生，不论是古代的儒生，还是当前的儒生，都持鄙薄的态度。但他在《任城县厅壁记》中赞扬县令贺公之政绩时，则对儒家之道大加赞扬，内云：

> 宽猛相济，弦韦适中。一之岁肃而教之，二之岁惠而安之，三之岁富而乐之，然后青衿向训，黄发履礼。耒耜就役，农无游手之夫；杼轴和鸣，机罕颦蛾之女。物不知化，陶然自春。权豪锄纵暴之心，黠吏返淳和之性。行者让于道路，任者并于轻重。扶老携幼，尊尊亲亲，千载百年，再复鲁道。

这番颂词，虽然冠冕堂皇，却了无新意，不能不说只是掇拾陈词。联系李白撰文的时地来看，更会产生此举只是一种入乡随俗的表面文章的感觉。

---

① 高塙《史记钞》卷四言叔孙通"历仕委蛇，周旋人情，纯是软熟圆通一派作用，岂即所谓知时变、识世务者耶？太史公赞语，若美若讽，馀味曲包。"丁晏《史记馀论》曰："叔孙生谀臣耳！史公论其希世度务，道固委蛇，又借鲁两生语形容之，讥刺深矣。班生赞叔孙通舍枹鼓而立一王之仪，而删史公语，失之。"前人如此议论尚多，不具列。

下面接着讨论李白的政治理想问题。

李白早年在《代寿山答孟少府移文书》中自述政治理想时曰："达则兼济天下，穷则独善一身。"此说出于《孟子·尽心下》，论者以为此例可作李白服膺儒家之道的明证。

李白晚年随韦子春下庐山，参加永王璘幕府时，作《赠韦秘书子春》诗曰："苟无济代心，独善亦何益?"说明他的首要目标是兼济天下，而非独善其身。

但李白的思想极为复杂，往往诸说并存，难衷一是。他在提出一说之后，接之以另一说，其间难以系统的学理去区划。就以《代寿山答孟少府移文书》来说，首引《老子》"无名天地之始，有名万物之母"二句，接着又引"达人庄生""尺鹨不羡于鹏鸟，秋毫可并于太山"之喻，可见他在运用理论进行辩说时，依靠的是道家学说。李白其时隐居寿山，沉浸于道术，"弄之以绿绮，卧之以碧云，嗽之以琼液，饵之以金砂"，然用世之心未尝或忘。因为他对个人的政治才能有极高的估计，总以为是历史上的太公、傅说、管仲一流人物，因此他不愿在牛刀不小试的情况下遽而隐没，总想在立不世之奇功后再退隐山林，所谓"事君之道成，荣亲之义毕，然后与陶朱、留侯浮五湖，戏沧州"，可见他在出处问题上与儒家人物的态度有根本的不同。

所谓"达则兼济天下，穷则独善一身"，按照他在上述文字中的描述，"独善一身"时之处境与儒家的理想就距离甚远。儒家也有他们心目中的隐者，但与李白心目中的隐者情趣大异。《论语·泰伯》曰："子曰：'笃信好学，守死善道，危邦不入，乱邦不居。天下有道则见，无道则隐。邦有道，贫且贱焉，耻也；邦无道，富且贵焉，耻也。'"可见儒者之隐居避世，只是一种自全的手段，而李白所追求的隐居生活，则是在功成名就之后，再回归大自然的一种人生态度。

儒家"兼济天下"的用意似与李白积极用世的态度一致，实则也有不同。如何"达",从唐代士人来说,最正规的道路是在中第之后再步步升迁,或是通过从军、献赋或隐逸养望等途径谋得晋身。这些除科举外,李白都试过了,但他的最大愿望则是仿效前代一些杰出之士,走一种骤升高位的理想之路,所谓"不求小官"而遽登大位。他的仕进观念,并不遵循儒家人物的规范。因此,不能仅仅依据李白诗文中偶见的"事君""荣亲"等语就判定他是儒家之道的信徒。应该看到,李白在政治上谋求发展时,终与纵横家为近而与儒家为远。

(二) 平交王侯

儒家的治世原则是明上下之序,严夷夏之防。明上下之序,就是以礼治天下。人处社会之中,君臣上下,都要遵循一定的准则,形成互动。君主要爱护臣民,臣民得拥戴君主。下级服从上级,民众服从官长,犹如家长要爱护子女,子女得服从家长。因此,在上的君主又称君父,在下的百姓则称子民。子民自然应该恭敬地听从长上。

《论语·颜渊》曰:

> 齐景公问政于孔子,孔子对曰:"君君、臣臣、父父、子子。"公曰:"善哉!信如君不君,臣不臣,父不父,子不子,虽有粟,吾得而食诸?"

儒家认为,治国的关键在于建立严格的等级制度和维护上下有序的社会准则。儒家重视礼制,对此进行了多方面的论证。

李白的特异之处就在其"平交王侯"的思想。他在《冬夜于随州紫阳先生餐霞楼送烟子元演隐仙城山序》中说:"吾不凝滞于物,与时推移。出则以平交王侯,遁则以俯视巢、许。"这种"平交王侯"的思想,《少年行》中也有反映,中云:"府县尽为门下客,王侯皆是平交人。"尽管严羽在《沧浪诗话》中指出此诗"只有数句类太白,其他皆浅近浮俗,决非太白所作"。但伪托者对李白的思想看来也有所认识,因而能够突出其"平交王侯"的一面。

实际说来,唐代之时已经缺少士人"平交王侯"的社会基础。杜甫之与汉中王李瑀或许也有"平交"的一面,但李瑀是一位谨洁之极的人,由于政治上怕迫害,他似已显得很平民化了。① 因此严格地说,我们已难举出有哪一位士人曾有"平交王侯"的经历。或许有些山人高士曾经出入王公贵族之门,然而这又很难说是具有"平交王侯"的风概。这类人物,常是以清客的面目出现,他们涉足王公贵族之门,目的也不外求得引荐而出仕,希冀一展抱负。他们的言词中,看不到什么昂扬的气概,这与李白在诗文中表现出来的态度截然有别。

李白在《与韩荆州书》中说:

> 白闻天下谈士相聚而言曰:"生不用万户侯,但愿一识韩荆州。"何令人之景慕,一至于此耶! 岂不以有周公之风,躬吐握之事,使海内豪俊奔走而归之,一登龙门,则声誉十倍。所以龙盘凤逸之士,皆欲收名定价于君侯。愿君侯不以富贵而骄之,寒贱而忽之,则三千宾中有毛遂,使白得颖脱而出,即其人焉。白陇西布衣,流落楚汉。十五好剑术,遍干诸侯;三十成文章,历抵卿相。虽长不满七尺,而心雄万夫。王公大人,许与气义,此畴曩心迹,安敢不尽于君侯哉!

---

① 杜甫有《戏题寄上汉中王三首》《奉汉中王手札》等诗多首,后诗中云"前后缄书报,分明馈玉恩",可见他与汉中王往之亲密。按汉中王瑀为让皇帝宪之子,其父处嫌疑之地,一生谨畏,李瑀仅因谏肃宗不收群臣马助战,即遭贬谪,见《新唐书·三宗诸子·让皇帝宪附传》。

毛遂自荐，事见《史记·平原君列传》，是古史中的佳话。此人自负其才，脱颖而出，为赵国争得了很大荣誉。《传》称："毛先生一至楚，而使赵重于九鼎大吕；毛先生以三寸之舌，强于百万之师。"这些往事，对李白来说，起到了鼓舞的作用。

李白在上述书信中表明，他的愿望是走战国游士毛遂一样的道路。

战国游士活跃于政坛，得益于时代的赐予。社会上有重士之风，使他们有脱颖而出的机会。其时著名的四公子均养士三千，他们不惜纡尊屈贵，接引游士。平原君的一位美人，见到躄者盘散行汲而忍俊不禁，而公子又不能及时处置，遂致引起门下众客的不满，竟杀美人以谢；信陵君为了求得奇士，乃对大梁夷门监者侯嬴与屠者朱亥极尽礼敬，卒得其助。因此，一些隐没在底层的游士之所以能够崭露头角，一展光辉，还因其时统治阶层中的众多人士爱才如命，多方汲引。李白在《送薛九被谗去鲁》中说："……田家养老马，穷士归其门。蛾眉笑躄者，宾客去平原，却斩美人首，三千还骏奔。毛公一挺剑，楚赵两相存。孟尝习狡兔，三窟赖冯谖。信陵夺兵符，为用侯生言。春申一何愚，刭首为李园。贤哉四公子，抚掌黄泉里，借问笑何人？笑人不好士。"他之所以多次提及平原君与信陵君等人的重士，则是希望当代也有一批达官贵人能像四公子那样爱惜征拔人才，但李白的天真却使他忽略了，他生活的时代已远非战国。

大家知道，李白早年从赵蕤问学，这一特殊的经历，对他一生产生了重大影响。今按《长短经》卷一中有《论士》一篇，历举秦汉以前诸侯贵族重士的事例，其中就有齐宣王见颜斶之事。按此事原见《战国策·齐策四》，文曰：

齐宣王见颜斶曰："斶前！"斶亦曰："王前！"宣王不悦。左右曰："王，人君也；斶，人臣也。王曰斶前，斶亦曰王前，可乎?"斶对曰："夫斶前为慕势，王前为趋士；与使斶为趋势，不如使王为趋士。"王忿然作色曰："王者贵乎? 士贵乎?"对曰："士贵耳，王者不贵。"王曰："有说乎?"斶曰："有。昔者秦攻齐，令曰：'敢有去柳下季垄五十步而樵采者，死不赦！'令曰：'有能得齐王头者，封万户侯，赐金千镒。'由是观之，生王之头，曾不若死士之垄也。"

齐宣王之左右当然不能同意此说，与之展开了激烈的辩难。颜斶随即引用了历史上的许多事例，所谓尧有九佐，舜有七友，禹有五丞，汤有三辅，随后加以总结道："《老子》曰：'虽贵必以贱为本，虽高必以下为基。是以侯王称孤、寡、不谷，是其贱之本与！'夫孤、寡者，人之困贱下位也，而侯王以自谓，岂非下人而尊贵士与！夫尧传舜，舜传禹，周成王任周公旦，而世世称曰明主，是以明乎士之贵也。"

《论士》篇中还引用了郭隗说燕昭王的故事。按此即黄金台之说，《战国策·燕策一》详记此事，曰：

> 燕昭王收破燕后即位，卑身厚币以招贤者，欲将以报仇。故往见郭隗先生曰："齐因孤国之乱而袭破燕，孤极知燕小力少，不足以报，然得贤士与共国，以雪先王之耻，孤之愿也。敢问以国报仇者奈何?"郭隗先生对曰："帝者与师处，王者与友处，霸者与臣处，亡国与役处。诎指而事之，北面而受学，则百己者至。先趋而后息，先问而后嘿，则什己者至。人趋己趋，则若己者至。冯几据杖，眄视指使，则厮役之人至。若恣睢奋击，呴藉叱咄，则徒隶之人至矣。此古服道致士之法也。王诚博选国中之贤者而朝其门下，天下闻王朝其贤臣，天下之士必趋于燕矣。"

燕昭王的礼贤下士，成了后人传诵的佳话，故事情节中不断增加绚烂色彩。《史记·燕召公世家》转录《战国策》中的记载，也仅说"昭王为隗改筑宫而师事之"，但到魏晋南北朝时，便已出现所谓"黄金台"之说。《文选》卷二八"乐府下"录鲍照《放歌行》曰："夷世不可逢，贤君信爱才。明虑自天断，不受外嫌猜。一言分珪爵，片善辞草莱。岂伊白璧赐，将起黄金台。"李善注引《上谷郡图经》曰："黄金台，易水东南十八里，燕昭王置千金于台上，以延天下之士。"这一轶闻太令人神往了，怀才不遇之士，感触尤多。李白曾在诗文中反复加以吟咏，《古诗》其十五曰：

> 燕昭延郭隗，遂筑黄金台。剧辛方赵至，邹衍复齐来。奈何青云士，弃我如尘埃。珠玉买歌笑，糟糠养贤才。方知黄鹤举，千里独徘徊。

李白诗中屡次引用这一典故，足以说明此事对他的影响之深。他是多么希望当代贵人也能重现这一段历史！

李白初入长安，无人赏识，仕途蹇碍，随即想起了历史上的这一往事。《行路难》其二曰：

> 君不见，昔时燕家重郭隗，拥篲折节无嫌猜。剧辛乐毅感恩分，输肝剖胆效英才。昭王白骨萦蔓草，谁人更扫黄金台？行路难，归去来！

李白二入长安，遭到小人的谗毁，赐金还山后，曾北上幽燕，这时他看到了安禄山正在谋划叛乱，而唐明皇执迷不悟，疏远贤臣，信用奸邪之辈。李白既为国家和人民担忧，又痛个人不得抒其怀抱，于是在

归途中登临黄金台时,不禁呼天痛哭,《经乱离后天恩流夜郎忆旧游书怀赠江夏韦太守良宰》曰:

> 十月到幽州,戈鋋若罗星。君王弃北海,扫地借长鲸。呼吸走百川,燕然可摧倾。心知不得语,却欲栖蓬瀛。弯弧惧天狼,挟矢不敢张。揽涕黄金台,呼天哭昭王。无人贵骏骨,绿耳空腾骧。乐毅傥再生,于今亦奔亡。

唐人有干谒之风,文士喜向有权位者求助,希望得到他们的推荐与援引,一涉仕途。李白的干谒对象中,有皇室一系中人。在李白看来,他们真像燕昭王般具有诸侯的身份。于是他在寄诗求助时,一再引用黄金台之说。

安史乱起,全国震荡,吴王祇起兵勤王,表现出了很大的气魄。李祇为太宗第三子吴王恪之孙,袭封嗣吴王,出为东平太守。安禄山反,河南之地相继沦陷,祇募兵拒战,玄宗壮之,累迁陈留太守,持节河南道节度使,历太仆、宗正卿。[①] 中间他还曾一度出任庐江太守,适与李白相遇,李白为作《为吴王谢责赴行在迟滞表》,说明李祇即将进京陛见。既有这一机缘,李白遂有《寄上吴王》三首,其三曰:

> 英明庐江守,声名广平籍。洒扫黄金台,招邀青云客。客曾与天通,出入清禁中。襄王怜宋玉,愿入兰台官。

吴王后即赴京任职。只是他任职的太仆、宗正卿地位虽高,终系闲职,

---

① 李祇事迹附见《旧唐书》卷七六《太宗诸子·吴王恪传》、《新唐书》卷八十《太宗诸子·郁林王恪·嗣吴王祇传》。

日后李白也没能利用这个机会一展鸿图。

天宝十五载(756)，玄宗下诸王分镇诏，永王璘领四道节度使率兵东下，路经浔阳时，令韦子春等三上庐山礼聘李白入幕。永王璘是当今的诸侯，李白这次真的感到黄金台事又重现了。他在《在水军宴赠幕府诸侍御》诗中兴奋地说：

> 英王受庙略，秉钺清南边。云旗卷海雪，金戟罗江烟。聚散百万人，弛张在一贤。霜台降群彦，水国奉戎旃。绣服开宴语，天人借楼船。如登黄金台，遥谒紫霞仙。卷身编蓬下，冥机四十年。宁知草间人，腰下有龙泉。浮云在一决，誓欲清幽燕。……所冀旄头灭，功成追鲁连。

可惜李白的这一美梦不到一两个月就宣告破灭。肃宗命高适等人前来围剿，永王军队溃散，李白仓皇南奔，途中作《南奔书怀》诗，居然还念念不忘这次骤登显位的得意情景：

> 天人秉旄钺，虎竹光藩翰。侍笔黄金台，传觞青玉案。……秦赵兴天兵，茫茫九州乱。感遇明主恩，颇高祖逖言。过江誓流水，志在清中原。拔剑击前柱，悲歌难重论。

可惜李白所赏识的这位"诸侯"非但没有给他什么帮助，反而把他拖入了"从逆"的陷阱。《永王东巡歌》其五曰："二帝巡游俱未回，五陵松柏使人哀。诸侯不救河南地，更喜贤王远道来。"可惜的是这位远道而来的诸侯随即与今帝发生了尖锐的冲突，因为这时的政局已不允许再有独霸一方的诸侯存在，更不能允许诸侯发展壮大，那么对于这些诸侯所礼敬的"黄金台"上客，也就只能是城门失火，殃及池鱼了。

时至唐代,统治者已依据儒家宗旨设计了严密的等级制度,不论是谋求入仕也好,入仕之后的逐步升迁也好,都得循序渐进,这些都与李白的愿望相违,因而不愿受其束缚。时代毕竟不同了,他不可避免地陷入不能适应新情况而不断遭到失败的境地。可以说,李白是一位怀有早期士人的理想,而在后期士人所面临的已经依据儒家准则而确定下来的大环境中不断碰壁的诗人。

实际说来,战国时期的诸侯竞相网罗奇能异才之士,这是时代的需要。春秋后期,政治动荡,王官失守,孔子开私门讲学之先河,凡具束脩者均可从之受业,士的身份随之也发生了根本的变化。一些并不具有贵族血统,或与宗主国关系疏远的人,也有可能涉足政坛,出任要职。因为春秋后期各诸侯国兼并成风,一些国家为了避免失败,不能再依靠原有的贵族来支撑了。在世袭制的诸侯国领导层中,如果出任要职的主要人员能力不够,就有可能导致整个国家的覆灭,为了救亡图存,也就不得不起用一些与该国无血缘关系且出身并非贵族的游士来担当要职,于是纵横游说之士应运而起。他们往往具有更开阔的政治眼光,能够提出一些更切实际的战略措施。《战国策》中介绍的那些纵横游说之士,尽管人品大都不高,但都具有上述特点,这是与春秋时期的贵族政治中人不同的。

李白从先秦士人的事迹中受到鼓舞,那种自尊、自信、自负其才的品格,成了他"平交王侯"的精神力量。于是他在下面一些诗句中抒发了自己的怀抱,《送韩准裴政孔巢父还山》曰:

出山揖牧伯,长啸轻衣簪。

《宣城九日闻崔四侍御与宇文太守游敬亭余时登响山不同此赏醉后寄崔侍御》其一曰:

手执一枝菊,调笑二千石。

《玉壶吟》曰:

揄扬九重万乘主,谑浪赤墀青琐贤。

《流夜郎赠辛判官》曰:

昔在长安醉花柳,五侯七贵同杯酒。气岸遥凌豪士前,风流肯落他人后?

《忆旧游寄谯郡元参军》曰:

黄金白璧买歌笑,一醉累月轻王侯。

这种思想,固守"士"的立场。不尊重长上,突破了"上下之序"。既不受儒家思想的束缚,显然不能将李白归为儒家中人。

(三) 突破夷夏之防

儒家严夷夏之防。孔、孟生活在春秋、战国之时,其时周室已衰,时局混乱,所谓"四夷交侵",时时威胁着中原文化的传承,因此儒家提出的这一理论,具有团结中原华夏各族抵御外来侵略的用意。鲁成公十五年冬十有一月,叔孙侨如会晋士燮、齐高无咎、宋华元、卫孙林父、郑公子鳅、邾娄人,会吴于钟离。《公羊传》曰:"曷为殊会吴? 外吴也。曷为外也?《春秋》内其国而外诸夏,内诸夏而外夷狄。王者欲一乎天下,曷为以外内之辞言之? 言自近者始也。"这是儒家学说中的一项重要原则,后人一直信守弗渝。《春秋繁露·王道》篇曰:"亲近以来远,故未有不先近而致远者也,故内其国而外诸夏,内诸夏而外夷狄。"

后人论及边疆民族问题时,无不遵循这项原则以立论。《汉书·匈奴传论》曰:"故先王度土中,立封畿,分九州,列五服,物土贡,制外内,或修刑政,或昭文德,远近之势异也,是以《春秋》内诸夏而外夷狄。"

唐代情况有所不同。唐太宗持开放的民族政策,颇欲消除各族之间的隔阂,因此其政权内部,颇多汉族之外的异族中人,这对当时社会各界人士的民族观念产生了一定的影响。不过李唐王朝向以华夏文化的正统自居,因此儒家的夷夏观念不可能有根本的改变。一些尊太宗为天可汗的少数民族中人,每当异族入侵中原时,往往坚持尊王的态度,与中央政权持同一立场。

李白与同时的一些文士观念上有显著不同,就反映了唐代民族观念的复杂情况。今以玄宗时期发生的几起战事为例,说明李白的民族观点。

在李白的一生中,唐王朝与边疆民族发生的重大冲突,计有三次:一为安史之乱,二为哥舒翰的攻打石堡城,三为杨国忠的攻打南诏。这些都是牵动全国人心的大事。许多文人在诗文中叙及这些事件,并且表明了自己的政治态度。可以看出,李白对待这三次事件的态度与众不同,这与他所受的教育有关,归根结底,则与他出身家庭的特殊文化背景有着内在的联系。

这里先叙安史之乱。

安禄山是营州柳城胡人,母为突厥巫师,史思明是营州宁夷州突厥杂种胡人,他们的军队中,虽有大批汉人参加,但以同罗与奚、契丹等东北边疆各族人民为主。安禄山曾筑垒于范阳之北,屯雄武城,储兵积谷,养上述诸族八千人为假子。安史乱军之所以剽悍,就因北方游牧民族尚武善战的缘故。安史乱军馀部转为藩镇,又因文化背景不同之故,得与唐军相持,割据东北诸镇,其影响直至唐末。

这支军队攻入洛阳、长安,由于民族成分不同,其特点容易辨识。一般汉族文人,大都接受过儒家传统中严夷夏之防的教育,这时大都表现出同仇敌忾的情绪,不论是起兵抗争的颜真卿,还是陷敌后乘机脱走的杜甫,抑或被迫投降的王维,都持对立的态度。杜甫《北征》中说:"东胡反未已,臣甫愤所切。"《彭衙行》中说:"别来岁月周,胡羯仍搆患。"他们的拥护王室,抗拒安史乱军,正是继承了儒家尊王攘夷的传统。

李白也反对安、史的叛乱,就在《永王东巡歌》中,第二首说"但用东山谢安石,为君谈笑静胡沙";第十一首说"南风一扫胡尘静,西入长安到日边"。这是因为安、史乱军攻入了长安,给人民造成巨大的灾难。李白的反对安禄山,与其时广大士人一致,但却没有什么尊王攘夷的色彩。他只是反对胡人的入侵中原,给人民带来苦难。

下面再讨论哥舒翰的攻打石堡城。

哥舒翰是开元、天宝时期的著名战将。在他镇守西陲时,曾因抵御吐蕃的侵袭而博得时人的讴颂,但在他的主持下,也有一件激烈的战事,引起过人们的不同评价。那就是天宝八载(749)六月,哥舒翰以六万三千人之众,攻拔吐蕃石堡城,结果死去士卒数万。按诸实际,哥舒翰是奉玄宗之命进行这一场战争的,但在封建社会中人们议论政事,往往不便牵涉到决策者皇帝,只能把执行者作为议论的对象。大家对哥舒翰的看法也就反映出了尊王与否的问题。

哥舒翰虽以勇武著称,却也并非一介武夫,《旧唐书》卷一○四本传上说:"翰好读《左氏春秋传》及《汉书》,疏财重气,士多归之。"在他的幕府中,集中了一大批文人。他曾奏严挺之之子武为节度判官,河东吕谭为度支判官,前封丘尉高适为掌书记,另一文人萧昕也曾任掌书记之职。其中当以高适的名声为大。

高适曾写下过许多诗篇,叙及他入河西、陇右节度幕府中的经历,抒发了他对哥舒翰的尊崇之情。当他自长安西去,初入哥舒翰幕府时,作《自武威赴临洮谒大夫不及因书即事寄河西陇右幕下诸公》诗,中有句云:

> 顾见征战归,始知士马豪,戈鋋耀崖谷,声气如风涛。隐轸戎旅间,功业竞相襃。献状陈首级,饫军烹太牢。俘囚驱面缚,长幼随巅毛。甂袅何蒙茸,血食本羶臊。汉将乃儿戏,秦人空自劳。①

在此前后,他还作有《同李员外贺哥舒大夫破九曲之作》一诗,内云:

> 遥传副丞相,昨日破西蕃。作气群山动,扬军大旆翻。奇兵邀转战,连弩绝归奔,泉喷诸戎血,风驱死虏魂。头飞攒万戟,面缚聚辕门,鬼哭黄埃暮,天愁白日昏。石城与岩险,铁骑皆云屯。长策一言决,高踪百代存。

尽管哥舒翰起于边疆的少数民族,但在其掌书记高适笔下,叙及他的战绩时,却总是把哥舒翰攻打的对象,那些属于另外系统的边疆民族,描写得很不堪。这里明显地反映出了儒家教育严夷夏之防这一观念所培养出来的大汉族主义的狭隘心态。

储光羲有《哥舒大夫颂德》诗,基调与上述二诗相似,也明确地提

---

① 此诗有甚高之文学与史料价值,而不见于传世高适诸诗集,敦煌伯2552唐诗选残卷存此佚诗。

到了石堡城之役。内云：

> 戎人昧正朔，我有轩辕兵。陇路起丰镐，关云随旆旌。河湟训兵甲，义勇方横行。韩魏多锐士，蹴张在幕庭。大罪肆决轧，石堡高峥嵘。攻伐若振槁，孰云非神明。嘉谋即天意，骤胜由师贞。

储光羲的大汉族主义情绪就要强烈得多。他对哥舒翰的攻打石堡城，持歌颂的态度。"颂德"之"德"，正包括这次战役在内。

王维在天宝九载（750）二月之前，仍官库部郎中时，作《贺神兵助取石堡城表》。① 众所周知，王维以佞佛著称，这里他却是赤诚地宣扬道教神仙之说，为哥舒翰攻取石堡城作涂饰。他先介绍天宝八载绛郡太平县百姓王英杞的报告，云是"于万春乡界，频见圣祖，空中有言曰：'我以神兵助取石堡城。'"据说当时地方上具经郡县陈说，且有文状申奏；其后又于梓州威洞挖得一龛尊像，亦符老子的垂示，因此王维说：

> 伏惟开元天地大宝圣文神武应道皇帝陛下，以道理国，以奇用兵，先天而法自然，终日不离辎重，故得仙君居九霄之上，屡降中州；圣祖在千古之前，还临后叶。视之不见者今见，听之不闻者今闻。仍敕神兵，以助王旅。天丁力士，潜结鹳鹅；星剑云旗，暗充貔虎。遂歼逆命之虏，果屠难拔之城。

---

① 陈铁民《王维年谱》（载《王维新论》，北京师范学院出版社 1990 年版）、张清华《王维年谱》（学林出版社 1988 年版）均系于天宝八载。参看金丁《王维丁忧时间质疑》，载《文学遗产增刊》第 13 辑，中华书局 1963 年版。

恬淡寡欲的王维,面对儒家所谓"夷夏"的问题时,也就情绪激昂,持论偏颇了。可见这次攻拔石堡城之役,对于当时的文士来说,波动很大,其反应则相当一致,大都站在正统王朝的立场,赞扬哥舒翰的用兵,而对其牺牲的惨烈、付出的代价是否值得,则存而不论。

李白的情况颇为不同。他曾作有《述德兼陈情上哥舒大夫》诗,曰:

> 天为国家孕英才,森森矛戟拥灵台,浩荡深谋喷江海,纵横逸气走风雷。丈夫立身有如此,一呼三军皆披靡。卫青谩作大将军,白起真成一竖子。①

此诗何时所作,情况不明,内中对哥舒翰的战功只是泛泛地作了歌颂,并不涉及对战绩的评价。这与其他文士是有区别的。

又李白《古风》其十四中有"阳和变杀气,发卒骚中土。三十六万人,哀哀泪如雨……"等语,反对边疆战争,萧士赟以为"此诗专指北边而言,当是为哥舒翰攻吐蕃石堡城之事而作也。"《分类补注李太白诗》郭云鹏本又引徐祯卿说,表示同意。此说虽未能定其必是,但可见李白之反对残民拓边战争,乃是一贯的主张。又李白在《答王十二寒夜独酌有怀》诗中有云:

> 君不能学哥舒,横行青海夜带刀,西屠石堡取紫袍。

---

① 此诗古今都有人疑为伪作。朱谏《李诗辨疑》卷上曰:"述德则有之。无有陈情之辞,疑当有阙文也。"瞿蜕园、朱金城《李白集校注》驳之曰:"不知投赠即是陈情,此疑所不必疑。"又此诗见于宋代类书《锦绣万花谷》后集卷十四,署名正作李白《赠哥舒翰》,可证宋人见到的文献也明白表示这是李白的投赠之作。

这当然是在这一战役之后才写的诗，可以看出其时哥舒翰仍在高位，威名尚未受损，而李白有此评论，更能说明其见解的高超。当广大的文士尚陶醉于哥舒翰的战功，竞作颂德之作时，李白却有反战的言论，对此事件作出截然不同的评价，并且谴责哥舒翰的邀功黩武。这一特殊的现象，正可说明其立场观点的异于常人，而这又可追溯他所承受的文化背景，与众不同。这也就是说，他所受的教育，有异于其他汉族文人。

最后还可以再讨论一下鲜于仲通攻打南诏之事。

如果说，唐王朝与吐蕃争夺青海地区的战争，是非曲直，一时难于判断的话，那么唐王朝与南诏的战争，是非曲直比较容易看清。唐代的史书上记载比较详细，南诏阁罗凤也及时树立《南诏德化碑》记载此事。① 二者除因立场、观点不同而词气有异外，基本事实却出入不大。原因之起，在于唐王朝的边疆官吏腐败蛮横。天宝九载，南诏的云南王阁罗凤去谒见上属都督，路过云南郡（姚州）。该族习惯，南诏王出行则与妻子同行，但太守张虔陀竟与他妻子私通，且对他进行敲诈勒索，阁罗凤不答应，张虔陀就屡次羞辱他，并且密报他的"罪行"。阁罗凤忿怒，发兵攻杀张虔陀，夺取了云南城等地。鲜于仲通于是年十二月出任剑南节度使。他虽是高车族的后裔，但已汉化。为人暴躁，不能采取正确的政治措施，也就出兵攻打。南诏向来臣服于唐，这时仍想委曲求全，乃遣使者谢罪，愿还虏得人口物品，改过自新，重筑云南城。但阁罗凤也表示，如仍进攻，则将归附吐蕃。鲜于仲通囚禁使者，进攻白崖城，遭到激烈反抗，大败而还。南诏遂向吐蕃称臣。其时唐王朝由杨国忠执政，自不甘罢休，乃于天宝十三载（754）命剑南留后李宓再次发兵攻打，结果又在太和城下遭到惨败，李宓被擒，七万大军死

---

① 《南诏德化碑》，阮福《滇南古金石录》亦载，可参看。

者十之七八。至此前后战死者已达二十馀万人。但阁罗凤后来还在太和城中建立《南诏德化碑》，表示叛唐非其本意，告诫臣属，后世可能还要归唐，应当把碑指给唐使者，明白我的本心。可见此事之起，最重要的原因在于唐王朝的腐败和处置不当。

西南边疆上的这一重大事件，中原地区的人当然不可能了解得很清楚，但是此事经历的时间前后达数年之久，骚扰全国，朝野震动，中原文士必然也有所知。然而在存世的一些诗文中，却是一片同仇敌忾的愤恨之声。这也可以举些作品来分析。

高适于天宝十二载(753)作《李云南征蛮诗》，序曰：

> 天宝十一载，有诏伐西南夷，右相杨公兼节制之寄，乃奏前云南太守李宓涉海自交趾击之。道路险艰，往复数万里，盖百王所未通也。十二载四月至于长安。君子是以知庙堂使能，而李公效节，适忝斯人之旧，因赋是诗。

可知李宓前后攻打南诏两次。天宝十一载，曾从水路自交趾进攻过南诏，高适描述战争的情况，有云"鼓行天海外，转战蛮夷中，梯巘近高鸟，穿林经毒虫。……野食掘田鼠，晡餐兼莍僮，收兵列亭堠，拓地弥西东"。描写甚为具体，可知其时中原士人对于南诏的情况大体上还是了解的。

高适在诗的开端写道：

> 圣人赫斯怒，诏伐西南戎，肃穆庙堂上，深沉节制雄。

俨然一副天朝上国的姿态。可见高适的立场，坚定地站在中央王朝一边。

储光羲作《同诸公送李云南伐蛮》诗,从开头和结尾来看,就可以发现其情绪之激烈:

> 昆明滨滇池,蠢尔敢逆常。天星耀铁锁,吊彼西南方。邦人颂灵旗,侧听何洋洋。京观在七德,休哉我神皇。

由此可见,那些汉族文人遇到与外族发生战争时,往往不分青红皂白,表现出强烈的仇恨情绪,高适和储光羲在鲜于仲通云南出师丧败的一两年之后,又对李宓的攻打南诏大发颂词,充分反映出这种狭隘而偏激的情绪。联系上述诸人对哥舒翰的歌颂之词,这种特点应该更易看清了。

储光羲创作此诗,题曰"同诸公",可见一起创作同类诗歌的人不少。因为这是同一文化背景下培养出来的士人共有的情绪,可以推知这些没有流传下来的诗歌内容相同,词汇也有相同处,只是技巧水平有高下之分罢了。

对待南诏问题,李白又表现出了强烈的个人特点。他对唐王朝的攻打南诏而带给广大人民的苦难,深表同情,多次声讨这场不义之战。他在《古风》其三十四中说:

> 羽檄如流星,虎符合专城,喧呼救边急,群鸟皆夜鸣。白日曜紫微,三公运权衡,天地皆得一,澹然四海清。借问此何为,答言楚征兵,渡泸及五月,将赴云南征。怯卒非战士,炎方难远行,长号别严亲,日月惨光晶。泣尽继以血,心摧两无声。困兽当猛虎,穷鱼饵奔鲸。千去不一回,投躯岂全生? 如何舞干戚,一使有苗平!

李白对征南诏之役持批判的态度，这与同时的文士截然不同，与上述诸人的诗作相比较，不难看出其特异之处。

历史的发展证明了李白的观点客观公正。南诏之役，暴露出唐王朝的虚骄与无能，然仍一意孤行，倒行逆施。过此不久，安史之乱即起，从此兵连祸结，人民也就辗转于沟壑。后人痛定思痛，对此有了新的认识。刘湾《云南曲》曰："百蛮乱南方，群盗如猬起。骚然疲中原，征战从此始。"白居易《新丰折臂翁》曰："翁言贯属新丰县，生逢圣代无征战。惯听梨园歌管声，不识旗枪与弓箭。无何天宝大征兵，户有三丁点一丁，点得驱将何处去，五月万里云南行。"从此以后，南诏之战不断为人所诟病。

通过上述三项历史事件，可知李白考察民族纠纷时颇有其与众不同的个人特点。这就是：众人反对安史之乱，他也反对安史之乱；众人对石堡城之战和云南战事持支持的态度，李白则持反对的态度。可知他既反对外族的扰乱华夏，也反对中央政权的对外扩张，进行残民的战争。

自唐初至玄宗执政的前期，已有上百年的历史，唐王朝的声威远播各方，但也埋伏着衰败的各种因子。其时的许多文人，却仍沉溺在天下一统的美景之中。唐代文士以从军为出身正途，像高适等直接从事军旅生活的人，与主将或王朝持同一观点，容易理解，但像王维、储光羲等本与军旅无缘的文士，这时却表现出了强烈的仇视外族的情绪，从而与李白有截然不同的表现，这当然与各人的出身、经历与所受的教育有关。一句话，李白此举说明他具有与众不同的文化背景。

从天宝时期上述诸诗人对待边疆战事的态度来看，可以区分为两类，王维、高适、储光羲等人所持的态度，以及表现于诗文中的言辞，都与李白不同。他们依据《春秋》以立论，以为边衅之起，乃因对方乖逆顺之理。王维《贺神兵助取石堡城表》中说："遂奸逆命之虏，果屠难拔之城。"储光羲《哥舒大夫颂德》诗中说:"戎人昧正朔,我有轩辕兵。"因此他们以为唐军之攻吐蕃与南诏,乃是出师讨伐,高适《李云南征蛮诗序》曰:"天宝十一载,有诏伐西南夷。"诗曰:"圣人赫斯怒,诏伐西南戎。"储光羲《哥舒大夫颂德》诗曰:"攻伐若振槁,孰云非神明。"均可看出这些诗人依据儒家教义而抒发的敌忾之情。

《文心雕龙·征圣》篇曰:"《春秋》一字以褒贬。"上述"伐"字,就体现出了《春秋》大义。

《春秋》庄公三十年"齐人伐山戎",《公羊传》曰:"此盖战也。何以不言战?《春秋》敌者言战,桓公之与戎狄,驱之尔。"这里是说齐桓公与山戎不能并列,所以用一"伐"字。《春秋繁露·精华》篇曰:"《春秋》慎辞,谨于明伦等物者也。是故有小夷言伐不言战。"高适等人这里也贬吐蕃、南诏为"小夷",体现出大汉族主义的骄横情绪。

儒家的夷夏观念,在历史上所起的作用,不是几句话就说得清楚的。一般说来,儒家中人更为重视文化问题,并不纯从种族、血统等方面区分夷夏。如果华夏中人的行为违反了伦理,儒家中人也视之为夷狄,而边疆民族中人如能按伦理办事,则也视为同类。但华夏地区与边疆民族的社会发展阶段往往并不一致,而各地的习俗也往往呈现出差异。假如边疆上某些文化水平较低的民族进犯中央王朝管辖地区,那汉族文人常是采取激烈的抗拒态度,为维护或挽救正统王朝的命脉而抗争,然而民族之间的纠纷往往一时难分清是非,而汉族文人常是激于片面的情况介绍,加以大汉族主义的优越感,这时便往往在儒家夷夏观念的激励下,作出种种偏激的反应。

在王维、高适、储光羲等人的笔下,使用了很多污辱边疆民族的言词。如上所云,高适《自武威赴临洮谒大夫不及因书即事寄河西陇右幕下诸公》诗有"俘囚驱面缚,长幼随巅毛。毡裘何蒙茸,血食本膻臊"之句;《同李员外贺哥舒大夫破九曲之作》有"泉喷诸戎血,

风驱死虏魂。头飞攒万戟,面缚聚辕门"之句。这类边塞诗中,虽然
亢扬着从军诗人的激奋情绪,却使用了很多从生活方式上蔑视对方
的言辞。①

储光羲与王维友善,后代有归之于田园诗人一派者,施补华《岘佣
说诗》曰:"储光羲《田家》诸作,真朴处胜于摩诘。"然而他在上述有关
边疆战事的诗歌中,其情绪之激昂,措辞之激烈,都可列为诸人之冠。
例如上述《同诸公送李云南伐蛮》诗中的一些词句,不妨重新引用
一下:

> 昆明滨滇池,蠢尔敢逆常。天星耀铁锁,吊彼西南方。邦人
> 颂灵旗,侧听何洋洋。京观在七德,休哉我神皇。

按"蠢尔"一词,出于《诗经·小雅·采芑》。《采芑》一诗,记周宣王命
方叔南征之事,有云:"蠢尔蛮荆,大邦为仇。方叔元老,克壮其犹。方
叔率止,执讯获丑。""京观"一词,出于《左传》宣公十二年邲之战,楚人
大败晋人,"而收晋尸以为京观",杜预注:"积尸封土其上,谓之京
观。"这也是战胜者夸耀战功羞辱对方的一种措施。储光羲用这种词
汇来表达他同仇敌忾的情绪,中间还说:"封豕骤跧伏,巨象遥披攘。
回溪深天渊,揭厉逾舟梁。玄武扫孤蜮,蛟龙除方良。雷霆随神兵,硼
磕动穹苍。斩伐若草木,系缧同犬羊。馀丑隐巃河,啁啾乱行藏。"几
乎是从头到尾使用了丑化边疆少数民族的语言,这更表现出他狭隘的
仇视外族的心理。

---

① 《论语·宪问》记孔子评管仲曰:"微管仲,吾其被发左衽矣。"也对北方
边疆民族的发式和服饰表示异议。因为儒家向视服饰为礼制的一部分。后代文
士反对异族时,也就往往从服饰方面着眼,而表达其夷夏之辨的感情。

为什么储光羲在南诏战事上有更为突出的表现呢？这也应当与他熟习儒家教义有关。在盛唐诗人中，储光羲的儒学修养或可列入上乘。殷璠《河岳英灵集》卷中叙储氏著作曰："璠尝睹公《正论》十五卷、《九经外义疏》二十卷①，言博理当，实可谓经国之大才。"可知储光羲其人，不同于一般只能吟诗作赋的文士。他在经学方面有著作，因此能熟练地驱使经典中的典故和文字，那些表现正统观点和丑化外族的词汇，摇笔即来。储诗之有上述异乎寻常的特点，也就可以理解了。

　　李白在诗中没有什么丑化南诏的词语，甚至连大家习惯用的"蛮"字也不出现。李白的这一特点，除了与他出身胡化家庭因而具有不同的文化背景有关外，还应与其早年生活在蜀地接受到南蛮文化的影响有关。

　　通过对上述几位诗人的作品的比较，可知基于儒家夷夏之辨而出现的"尊王攘夷"思想，与各人的儒学修养成正比。一般的人易为大汉族主义的情绪所驱使，在对待边疆纷争时往往丧失理性的分析，而对事件本身不能作出客观的考察。

　　在李白的作品中，就看不到这种偏激的情绪，对于石堡城之战和云南的战争，他持批判态度，矛头指向势要人物给广大人民带来的灾难，没有什么污蔑对方的言辞，这是异乎寻常的思路。所以如此，看来只能用李白其人具有不同于其他汉族文人的文化背景来作出解释。而他受儒家的影响为小，并不遵循儒家的教义以行事，或用以判断是非，这也是他有别于其他人的重要原因之一。

　　也许有人会从李白的诗文中找到一些仇视"胡人"的字句，例如《胡无人》中的描写即是。言词最为激烈的，或许要以《送外甥郑灌从军三首》为最甚，其词曰：

---

　　① 《唐诗纪事》卷二二引作《九经分义疏》。

李白评传

六博争雄好彩来,金盘一掷万人开。丈夫赌命报天子,当斩胡头衣锦回。

丈八蛇矛出陇西,弯弧拂箭白猿啼。破胡必用龙韬策,积甲应将熊耳齐。

月蚀西方破敌时,及瓜归日未应迟。斩胡血变黄河水,枭首当悬白鹊旗。

根据专家的研究,此诗与《胡无人》一样,都写在安史乱中。诗中发泄了对乱军的仇恨,不能以此作为仇视边疆民族的例证。

总的说来,李白追求的是边疆平静无事,各族之间和好相处。他对开元、天宝时期边疆战争的看法,反映在一首乐府诗中,《战城南》曰:

去年战桑乾源,今年战葱河道。洗兵条支海上波,放马天山雪中草。万里长征战,三军尽衰老。匈奴以杀戮为耕作,古来惟见白骨黄沙田,秦家筑城备胡处,汉家还有烽火燃。烽火燃不息,征战无已时。野战格斗死,败马号鸣向天悲。乌鸢啄人肠,衔飞上挂枯树枝。士卒涂草莽,将军空尔为。乃知兵者是凶器,圣人不得已而用之。

四、历史的积淀

(一) 蜀地前贤

巴蜀地区实为四面环山的盆地。古时人类克服自然障碍的能力较弱,交通上的困难,限制人们的活动,因此这一地区的人不易与外围地区的人沟通,也不易到中国北部的政治中心去开拓,这就给了巴蜀地区的人一种巨大的压力。如何突破自然界的限制,到更广阔的天地中去谋求发展，一直是蜀地人士试图加以突破的难题。

李白的家僻在西蜀。对于蜀道之难，他是深有感触的。《蜀道难》中反复地说："蜀道之难难于上青天！"这种天险，在古人看来，人力很难突破，只有具有神力的人才能奏功。《蜀道难》中提到："蚕丛及鱼凫，开国何茫然。尔来四万八千岁，不与秦塞通人烟。西当太白有鸟道，可以横绝峨眉巅。地崩山摧壮士死，然后天梯石栈相钩连。"瑰丽的传说，呈现出现实生活中的悲壮情景，正是"地崩山摧壮士死，然后天梯石栈相钩连"。但死去的壮士，绝不止《蜀王本纪》等书中提到的五人①，"五丁力士"只是打开蜀地封闭状态的一些志士的代表。

这一故事在时间上倒是反映了历史的真实。战国时期，秦蜀两地沟通，随后蜀地逐渐纳入中原地区所建立的中央王朝的疆域。但蜀地去中原地区崭露头角的人毕竟数量还少。汉武帝时，司马相如得狗监杨得意的推介，以他在赋作方面的杰出才能，得到汉武帝的赏识，成了最负盛名的一名文学侍从之臣。② 司马相如的业绩，为蜀地的文士树立了典范，给予后人巨大的启迪。自此之后，司马相如一直成为蜀人追求成名的榜样，其后几个世代的文士都曾希望踏着他的足迹走向京师。

---

① 《艺文类聚》卷九四《兽部中·牛》引《蜀王本纪》："秦惠王欲伐蜀，乃刻五石牛，置金其后，蜀人见之，以为牛能大便金。牛下有养卒，以为此天牛也，能便金。蜀王以为然，即发卒千人，使五丁力士拖牛成道，致三枚于成都，秦得道通，石牛力也。后遣丞相张仪等随石牛道伐蜀。"

② 《史记·司马相如列传》："蜀人杨得意为狗监，侍上。上读《子虚赋》而善之，曰：'朕独不得与此人同时哉！'得意曰：'臣邑人司马相如自言为此赋。'上惊，乃召问相如。相如曰：'有是。然此乃诸侯之事，未足观也。请为天子游猎赋，赋成奏之。'上许，令尚书给笔札。"

司马相如之后，王褒①、扬雄②均以善赋而得到西汉几位帝王的赏识，也获得了仕宦的机会。这样，蜀地文士献赋而任文学侍从成了一种传统，对后代文士产生了强烈的吸引力。

李白一家自西域迁至西蜀。李家原来就重视汉魏六朝的文化传统，这时便很自然地沿着前代文人的足迹前进。《秋于敬亭送从侄耑游庐山序》曰："余小时，大人令诵《子虚赋》，私心慕之。"可见司马相如的成功经验对李家产生的影响。

李白在《赠张相镐》其二中说："十五观奇书，作赋凌相如。"说明他在早年学习时期，即以司马相如为榜样。但李白之为人自有其特点，他秉性高傲，绝不甘居人下，所以"小时"虽然"慕之"，但到"十五"之后，已有"凌"驾其上的志气。《大猎赋》中就有这种豪迈的气概。《序》中说：

> 白以为赋者，古诗之流，辞欲壮丽，义归博远。不然，何以光赞盛美，感天动神？而相如、子云竞夸辞赋，历代以为文雄，莫敢诋讦。臣谓语其略，窃或褊其用心。《子虚》所言，楚国不过千里，梦泽居其大半，而齐徒吞若八九，三农及禽兽无息肩之地，非诸侯禁淫述职之义也。《上林》云："左苍梧，右西极。"考其实，地周袤才经数百。《长杨》夸胡，设网为周陆，放麋鹿其中，以搏攫充乐。《羽猎》于灵台之囿，围经百里而开殿门。当时以为穷壮极丽，迄今观之，何龌龊之甚也。

---

① 《汉书·王褒传》曰："王褒，字子渊，蜀人也。……上令褒与张子侨等并待诏，数从褒等放猎，所幸宫馆，辄为歌颂，第其高下，以差赐帛。"

② 《汉书·扬雄传》："先是时，蜀有司马相如，作赋甚弘丽温雅，雄心壮之，每作赋，常拟之以为式。……孝成帝时，客有荐雄文似相如者，上方郊祠甘泉泰畤、汾阴后土，以求继嗣，召雄待诏承明之庭。"

看来这也就是他在读了大量的"奇书"之后，试图"凌"驾司马相如等人的一种尝试。

李白在《上安州裴长史书》中还提到："前礼部尚书苏公出为益州长史，白于路中投刺，待以布衣之礼，因谓群寮曰：'此子天才英丽，下笔不休，虽风力未成，且见专车之骨。若广之以学，可以相如比肩也。'四海明识，具知此谈。"苏颋为唐代著名文士，自然熟知蜀地的文学传统，他以司马相如的继起者来看待年轻的李白，当然对他会起很强的激励作用。

开元十二年(724)，李白离蜀东下，进入江汉流域。一出荆门，顿觉天地开阔，精神昂扬。《上安州裴长史书》中说："以为士生则桑弧蓬矢，射乎四方，故知大丈夫必有四方之志。乃仗剑去国，辞亲远游，南穷苍梧，东涉溟海。见乡人相如大夸云梦之事，云楚有七泽，遂来观矣。"按"楚有七泽"之说见司马相如《子虚赋》，正是李白早年熟读之文。于此可见司马相如对他影响之深。

李白沿江而下，东游维扬时，资金耗尽，又加患病，心情很落寞，对蜀地的先贤与友人倍加忆念，《淮南卧病书怀寄蜀中赵征君蕤》诗曰："朝忆相如台，夜梦子云宅。"可见扬、马这两位文坛前辈在他心中的地位。

再从扬、马二人的不同情况来看，李白的气质，显然与司马相如为近，而与扬雄为远。司马相如生活在汉景帝至汉武帝时期，由于汉代初年还曾一度封建诸侯，因而社会上还存留着纵横之士的馀风。刘汉王室又兴起于楚地，因此楚王室的成员，上自帝王下至分封各地的王族中人，每喜好辞赋，从而容留有不少文学之士。司马相如喜击剑，慕蔺相如之为人，正是战国纵横馀风的表现。李白每仗剑出游，亦好纵横家，与司马相如的作风如出一辙，可见他正沿着蜀地前辈司马相如的轨迹前进。

司马相如于景帝时曾游梁孝王幕，与枚乘等前辈以辞赋应对于诸侯，后得君主近侍的推介，以《子虚上林赋》而获宠于武帝。这番经历，也深印于李白的脑海。《梁园吟》曰："梁王宫阙今安在？枚马先归不相待。"意欲步枚、马之后尘，希望遇到好士的梁孝王辈人物。当他于安史乱起后遇到吴王祗时，也就在《寄上吴王》其一中正式提出，云是"谬以词赋重，而将枚马同"，希望汉代之事重现于今日。当他因永王璘事获罪长流夜郎半道归来之时，虽已年迈，然仍抱有以辞赋而获邀圣眷的期望，《自汉阳病酒归寄王明府》曰："圣主还听《子虚赋》，相如却欲论文章。"认为司马相如般的美妙往事还能再次重现。

应该看到，司马相如虽以辞赋获重名，但不甘心以文学侍从的身份终其一生。日后他终于多次获得重任出使蜀地，巩固汉朝边防，安抚西南夷，能在家乡父老面前获得荣耀，也显示出了很高的政治才能。司马相如还预见死后汉武帝会来征集他所作的辞赋，因而写下了规划一代盛典的封禅文，此事果然得到了武帝的赞叹，以为司马相如在国家的大典礼上也有建树。李白多次提到他之得到明皇的赏识，乃因"献赋有光辉"，因而以文学侍从之臣的身份步入政坛，也觉得是顺理成章的事。他最感到失望的是，因遭到群小的谗害而骤然结束近侍生涯，不能由此进而施展政治上的抱负，因而不能像司马相如般显示其多方面的才能。

李白在《白头吟》其二中说："相如去蜀谒武帝，赤车驷马生辉光。"他于天宝元年（742）奉诏入京，也恍如司马相如之事的重现，《赠从弟南平太守之遥二首》其一曰："汉家天子驰驷马，赤车蜀道迎相如。"当他因谗而被放还时，在《赠崔侍御》中还说："何当赤车使，再往召相如。"他是多么希望司马相如般的历史能再次在他身上重现。《宣城哭蒋征君华》曰："果得相如草，仍馀封禅文。池台空有月，词赋旧凌云。"既哀死者，亦复自伤。因为自己虽由辞赋而得明皇的欣赏，但未能像司马相如留下封禅文那样显示出更高的识见。

司马相如出蜀时传说曾有誓言,《华阳国志》卷三《蜀志》于"蜀郡州治"下曰:"城北十里有升仙桥,有送客观。司马相如初入长安,题市门曰:'不乘赤车驷马,不过汝下也。'"李白离蜀之后再没有回家过一次,原因何在,难以确说,但从他喜用"赤车"的典故来看,是否可作如下推断:他也曾想像司马相如那样,发迹之后再回故乡,但他最后未能像司马相如那样,赤车驷马而过市门,因而负气未回的吧。

司马相如与卓文君之间的恋情,不拘礼法,而又风流旖旎;这种轶闻,与李白的志趣相合,因而一再出现其笔下。《玉真公主别馆苦雨赠卫尉张卿二首》之二曰:"投箸解鹔鹴,换酒醉北堂。"《怨歌行》曰:"鹔鹴换美酒,舞衣罢雕龙。"《白头吟》其二曰:

> 相如去蜀谒武帝,赤车驷马生辉光。一朝再览《大人》作,万乘忽欲凌云翔。闻道阿娇失恩宠,千金买赋要君王。相如不忆贫贱日,官高金多聘私室。茂陵姝子皆见求,文君欢爱从此毕。……东流不作西归水,落花辞枝羞故林。头上玉燕钗,是妾嫁时物,赠君表相思,罗袖幸时拂。莫捲龙须席,从他生网丝,且留琥珀枕,还有梦来时。鹔鹴裘在锦屏上,自君一挂无由披。妾有秦楼镜,照心胜照井。愿持照新人,双对可怜影。覆水却收不满杯,相如还谢文君回。古来得意不相负,只今唯有青陵台。

李白多次挟妓出游,因此在今人看来,他对异性的感情似乎并不专注,但这只是当时的习俗,不能苛求于李白。他与同居者刘姓女子与鲁一妇人以中途分手告终,这也有关唐人风气,凡没有举办过婚礼者无法律保障,旋分旋合,情况多见。但李白对宗夫人的情谊可就不同了。即使在外飘荡时,仍千里相思,感情非常深沉。他对许夫人的情谊,从留存的个别文字看,也是很投合的。这与《白头吟》中反映的情绪相合。

李白对扬雄的兴趣,不如对司马相如强烈。扬雄也以能赋而成名,且以献赋而得幸,李白每将他与司马相如并举。《秋夜独坐怀故山》曰:"夸胡新赋作,谏猎短书成。"上句指扬雄谏猎之《长杨赋》,下句亦指司马相如谏猎之事。李白每以扬雄的身份喻己,《答杜秀才五松山见赠》诗曰:"昔献《长杨赋》,天开云雨欢。当时待诏承明里,皆道扬雄才可观。"《温泉侍从归逢故人》曰:"汉帝长杨苑,夸胡羽猎归。子云叨侍从,献赋有光辉。"表明自己也属文学侍从之臣,对此身份表示满意。但扬雄为人寂寞自守,潜心著述,已经脱尽战国游士的风范,与李白的秉性有很大的不同,因而他在《侠客行》中又说:

> 闲过信陵饮,脱剑膝前横。将炙啖朱亥,持觞劝侯嬴。三杯吐然诺,五岳倒为轻。眼花耳热后,意气素霓生。救赵挥金槌,邯郸先震惊。千秋二壮士,烜赫大梁城,纵死侠骨香,不惭世上英,谁能书阁下,白首《太玄经》?

综上所言,可知蜀中先贤司马相如、扬雄二人的事迹曾对李白产生很大的影响。他们都是从文学侍从的位置上谋求升攀,而发展的情况颇不相同,司马相如取得了成功,扬雄则显得暗淡无光。李白的秉性与抱负近于司马相如,故对之尤为倾倒,对于扬雄,则时而显示出不屑以为榜样之意。

(二)晋代情结

大家知道,唐代诗人喜欢用汉王朝来指代当今王朝,例如白居易在《长恨歌》开头就说"汉皇重色思倾国",用以指代唐明皇的访求美色。这倒不一定是因为白氏对当代君主有所隐讳而采取障眼法，因为唐人对本朝的君主可以公开褒贬，不像其他朝代那样动多忌讳，因而这种以汉喻唐的手法，可能出于一种共同的心态，以为只有国力强盛的汉代才能作为唐王朝的代词。这一特点在盛唐诗人中尤为明显，他们对后继的魏晋南北朝，兴趣就要少得多。在他们的笔下，魏晋时期的一些名士，例如《世说新语》中的许多脍炙人口的典故，还常是出现在笔下，其他一些政治人物，也就少受注目了。

但在安史乱起玄宗逃离长安之时，有的文人也就联想到了五胡乱华、晋室南渡之事，产生了很多历史类比的感慨。其中高适、李白二人对此表达得最为深刻，郁勃而富于激情。二人均喜王霸之道①，又不受儒家尊君思想的过度束缚，在同情晋室的沦没时，也斥责了晋王朝的腐败和给百姓带来的灾难。高适在《登百丈峰》其二中说：

> 晋武轻后事，惠皇终已昏。豺狼塞瀍洛，胡羯争乾坤。四海如鼎沸，五原徒自尊。而今白庭路，犹对青阳门。朝市不足问，君臣随草根。②

李白在《赠张相镐》其二中说：

> 想象晋末时，崩腾胡尘起。衣冠陷锋镝，戎虏盈朝市。石勒

---

① 《旧唐书·高适传》曰："适喜言王霸大略，务功名，尚节义，逢时多难，以安危为己任。"李白《门有车马客行》曰："叹我万里游，飘飘三十春。空谈霸王略，紫绶不挂身。"《经乱离天恩流夜郎忆旧游书怀赠江夏韦太守良宰》诗曰："试涉霸王略，将期轩冕荣。"

② 参看拙撰《高适年谱》广德元年(763)，上海古籍出版社 1980 年版。后收入《周勋初文集》第四册，江苏古籍出版社 2000 年版。

窥神州,刘聪劫天子。抚剑夜吟啸,雄心日千里。誓欲斩鲸鲵,澄
清洛阳水。

他们对唐王朝因政治上的失误而造成的灾难都感到愤慨,但如何面对
当前的现实,解决危机,二人却有截然不同的观点。

安禄山攻入长安,唐明皇逃往蜀地避难,颠簸于道路时,听从宰相
房琯的建议,分封诸王,使各统兵讨贼。高适其时正追随明皇入蜀,对
此立即表示反对。肃宗听说他有独尊嗣主的建议,立即把他吸收到自
己的阵营中去,并且派他担任围剿永王的主要任务。《旧唐书》本传上
说:"有唐已来,诗人之达者,唯适而已。"因为他在历史的转折关头,
能够认清形势,选择正确的政治方向,成为拨乱反正的唐室有功之臣。

李白的情况就不同了。他在这次动乱中,正站在高适的对立面。
从政治分野来说,他是站在永王一边,从而被已继位的肃宗确认为叛
逆者。

安禄山起兵反叛后,李白携妻子宗氏仓皇南下,旅居庐山。永王
璘受命领四道节度使,经营南方。他控制着江淮租赋,自以为控制了
唐王朝的经济命脉,乃听从其子襄城王玚与众谋士之计谋,不从肃宗
指令,率水军沿江东下,进入江东地区。将过浔阳城时,遣韦子春等三
上庐山礼聘李白入幕。李白信从纵横之学,本以旋乾转坤的谋士自
居,这时以为个人施展政治才能的时机已到,遂不听妻子宗氏劝阻,匆
忙下山加入永王璘的幕府。

其时一些有关的诗人处在这种剧烈动荡的时势下,都得在肃宗、
永王二人的分野中作出政治上的抉择。高适是积极站在肃宗一边,受
命前去讨伐永王的高级官员;杜甫困在陷落的长安城中,听到肃宗在
灵武接位,立即舍命出奔,加入已经正式称帝的肃宗阵营。这时投入
永王一边而知名的文士,实际上只有李白一人。

李白对唐王朝的内部情况有所了解,例如他在天宝初年供奉翰林时,对朝廷内部的混乱和腐败曾有所揭露,当他漫游四方时,对百姓的困苦也有所认识,并曾表示深切的同情。但他不像杜甫那样,陷入困顿疾苦的底层,因而他对唐代社会的变化,总觉得隔了一层,而他又经常沉浸在历史的类比中,这时看到安史乱军中的骨干尽多胡人,也就以为五胡乱华的历史又重现了。《经乱后将避地剡中留赠崔宣城》诗中说:

双鹅飞洛阳,五马渡江徼。何意上东门,胡雏更长啸?

"双鹅"事出《世说新语·赏誉》"董仲道卓荦有致度"下刘孝标注引王隐《晋书》,曰:"董养字仲道,太始初,到洛下,干禄求荣。永嘉中,洛城东北角步广里中地陷,中有二鹅,苍者飞去,白者不能飞。问之博识者,不能知。养闻叹曰:'昔周时所盟会狄泉,此地也。卒有二鹅,苍者胡象,后明当入洛,白者不能飞,此国讳也。'"《晋书·五行志中》"羽虫之孽"内亦记此事,末云:"是后,刘元海、石勒相继乱华。"这是晋代的一种民间传说,李白写入诗中,足见此事曾在他脑海中留下深刻的印象。

石勒为羯人,他依上东门而长啸,王衍见而异之,以为日后必为天下患。这是两晋之交的一件大事。李白对胡人安禄山谋反前后的情况有所了解,这时便很自然地联想起了历史上的往事。

李白加入永王幕府,身处水军之中,面对滔滔大江,也就想起了"五马游渡江,一马化为龙"的故事。① 晋元帝在建康建立东晋王朝,前后立国百年之久,涌现出众多的风流名士,留下了许多脍炙人口

① 《晋书》卷二八《五行志中》"诗妖"曰:"太安中,童谣曰:'五马游渡江,一马化为龙。'后中原大乱,宗藩多绝,唯琅邪、汝南、西阳、南顿、彭城同至江东,而元帝嗣统矣。"

的佳话,这些常在李白的诗文中出现。当他身处大江之上,北望远方乱军时,也就想起了东晋时期一些抵御胡兵南侵的往事,从而以谢安自居,希望在这国家存亡的关键时刻,发挥他旋乾转坤的政治才能。

他在《永王东巡歌》其二中说:

> 三川北房乱如麻,四海南奔似永嘉。但用东山谢安石,为君谈笑静胡沙。

李白向以奇士自居,他所向往的对象,是鲁仲连、诸葛亮等人。他在初入长安失意归来之时,在《梁园吟》中就说:"东山高卧时起来,欲济苍生未应晚。"处在当前的形势下,谢安的形象更具吸引力了。谢安风流儒雅的风姿和扭转危局的能力,正是李白追求的榜样。《赠友人三首》其三曰:"蜀主思孔明,晋家望安石。"隐然以诸葛亮与谢安自许。《与贾少公书》中叙及永王三次派人上山邀请他时,他就感到刘备三顾茅庐的往事又重现了。永王所代表的唐王朝与安史乱军在长江两岸对立,历史往事强烈地涌上心头,他就感到"谢安"的身份何等重要,真是一身系天下安危,所以他在《与贾少公书》中说:"谢安高卧东山,苍生属望。"历史与现实混成一片,他在略作犹豫之后,终于兴冲冲地投入了永王的队伍。

但李白的这次出山却遭到了严重失败。当他随从永王东下到达润州、金陵一带时,高适奉肃宗之命前来围剿。这时军队中的一些将领不再接受永王指令,表示归附肃宗,李白的思想却扭转不过来,在《南奔书怀》一诗中对诸将的倒戈表示不满。当他仓皇回到浔阳旧地,也就被投入狱中。这时他的处境是很险恶的,他只能利用过去的关系,向老友高适求援,但高适似未有所反应,或许其时高适正任讨伐永王的统帅,对于从逆诸者不便表态吧。

这次李白尚属侥幸,宣慰大使崔涣和御史中丞宋若思加以援救,李白随即出狱,并且进入了宋若思的幕府。宋若思的父亲宋之悌是李白的老友①,或许这层关系也起了作用。看来宋若思待他不错,因而生活很惬意,还得到重用。李白从不沉沦颓废,对自己的能力从不丧失信心。他的政治见解和政治信念,是由他特殊的家庭背景和文化熏陶熔铸成的,因而从不轻易放弃。当他在宋若思幕中站稳脚跟,取得发言权后,随即为宋中丞作《自荐表》,提出了东山再起的要求,希望"拜一京官,献可替否,以光朝列"。这时他还作有《为宋中丞请都金陵表》,企图重温晋代风流的旧梦。《表》中说:

> 今自河以北,为胡所凌;自河之南,孤城四垒。大盗蚕食,割为洪沟。宇宙岠岮,昭然可睹。臣伏见金陵旧都,地称天险。龙盘虎踞,开启自然。六代皇居,五福斯在。雄图霸迹,隐轸由存。咽喉控带,萦错如绣。天下衣冠士庶,避地东吴,永嘉南迁,未盛于此。

李白对东晋的向往,何等执着,可以说是怀有一种情结。他足迹遍天下,曾在许多都市中居留,但次数最多,时间又长的地方,可能要以金陵一地为最。六代豪华,名士云集,文物鼎盛,文采风流,时时激发他的诗情,在在引起他怀古的胸怀。② 他在《月夜金陵怀古》中说:

---

① 参看郁贤皓《李白诗〈江夏别宋之悌〉系年辨误》,载《南京师院学报》1978年第3期;后收入《天上谪仙人的秘密》,台湾商务印书馆1997年版。
② 参看金启华《李白与金陵》,江苏省文史研究馆建馆五十周年纪念文集《馆员文存》,凤凰出版社2003年版。

苍苍金陵月,空悬帝王州。天文列宿在,霸业大江流。渌水
绝驰道,青松摧古丘。台倾鸳鹊观,宫没凤凰楼。别殿悲清暑,芳
园罢乐游。一闻歌《玉树》,萧瑟后庭秋。

他还作有《金陵三首》,集中抒发他的感怀,诗曰:

晋家南渡日,此地旧长安。地即帝王宅,山为龙虎盘。金陵
空壮观,天堑净波澜。醉客回桡去,吴歌且自欢。

地拥金陵势,城回江水流。当时百万户,夹道起朱楼。亡国
生春草,离宫没古丘。空馀后湖月,波上对瀛洲。

六代兴亡国,三杯为尔歌。苑方秦地少,山似洛阳多。古殿
吴花草,深宫晋绮罗,并随人事灭,东逝与沧波。

而在他的诗集中,以"金陵"一地开头命名的诗题不下一二十首,可见
他在此地投入的感情之多,与众多的同好者徘徊之久,例如《题金陵王
处士水亭》诗下,即有原注曰:"此亭盖齐朝南苑,又是陆机故宅。"
诗云:

王子耽玄言,贤豪多在门。好鹅寻道士,爱竹啸名园。树色
老荒苑,池光荡华轩。此堂见明月,更忆陆平原。

足见他对西晋名流陆机、王衍与东晋名士王羲之、献之父子等人的眷
念之深。

安史之乱未起,他似已预见天下将乱。安史乱军南下,犹如晋末
的五胡乱华,东晋在金陵立国,继承中原一脉,历史的联想,使他一再
萌发重现东晋往事的美梦。这时肃宗在李泌等人的策划下,依靠郭子

仪、李光弼等将领的苦战,再加上回纥骑兵的支援,正在扭转局势,逐步取得胜利,李白却仍固执地希望唐王朝的政治中心移至南方,重新演出一幕超越永嘉南渡的壮丽史诗。

但残酷的王室之争难容诗情的文化憧憬,李白还是受到追究,再次被捕,并且受到流放夜郎的严惩。这时他已步入暮年,当他遇赦归来,于江夏遇到僧人贞倩,颇感情意相投,遂作《江夏送倩公归汉东序》,重申以当代谢安自居的信念。他说:

> 昔谢安四十,卧白云于东山;桓公累征,为苍生而一起。

尽管这时他已六十高龄,但仍然雄心不已,"今圣朝已舍季布,当征贾生",他还希望能像谢安那样,挥洒自如地稳定政局,为苍生造福,建立另一个文采风流的江南王朝。

从历史上看,李白的先祖西凉李暠始终以中原文化的继承者自命,奉东晋之正朔,如今李白又想重温东晋旧梦,说明他受魏晋南北朝时期文化的影响至深,因而有此执着的表现,处在历史转折关头,似乎又想见到历史之重现吧。

(三) 五胡十六国的旧梦

李白赐金还山后,漫游金陵,作《登金陵凤凰台》诗,曰:

> 凤凰台上凤凰游,凤去台空江自流。吴宫花草埋幽径,晋代衣冠成古丘。三山半落青天外,二水中分白鹭洲。总为浮云能蔽日,长安不见使人愁。

论者以为李白其时仍然眷怀君国,因为中国向来把君主比作白日,把首都长安视为国家的象征。不见白日与长安,说明他在中谗而被排挤出朝廷后,虽身在江湖,仍心存魏阙,对玄宗抱有希望。

但这时的白日已为浮云所蔽,也就是说君主受到了奸邪之辈的包围与蒙蔽。这应该是指杨氏一门与高力士一流人物。《苕溪渔隐丛话》前集卷五引《潘子真诗话》云:"陆贾《新语》曰:'邪臣蔽贤,犹浮云之障日月也。'太白诗'总为浮云能蔽日,长安不见使人愁',盖用此语。"这一提示颇具启发意义。

但历史上还有一件往事,用作此诗出处,似更贴切。《资治通鉴》卷一〇三晋孝武帝宁康二年冬十二月云:"[赵]整,宦官也,博闻强记,能属文;好直言,上书及面谏,前后五十馀事。慕容垂夫人得幸于[苻]坚,坚与之同辇游于后庭,整歌曰:'不见雀来入燕室,但见浮云蔽白日。'坚改容谢之,命夫人下辇。"李白不太引用汉初一些不太重要的子书,他更喜欢引用魏晋南北朝时期的一些轶事。这也是李白的一大特点,与唐代其他诗人不同。

李白诗中反复出现有关淝水之战与五胡十六国事。《登金陵冶城西北谢安墩》诗曰:

> 晋室昔横溃,永嘉遂南奔。沙尘何茫茫,龙虎斗朝昏。胡马风汉草,天骄蹙中原。哲匠感颓运,云鹏忽飞翻。组练照楚国,旌旗连海门。西秦百万众,戈甲如云屯。投鞭可填江,一扫不足论。皇运有返正,丑虏无遗魂。谈笑过横流,苍生望斯存。冶城访古迹,犹有谢安墩。凭览周地险,高标绝人喧。想象东山姿,缅怀右军言。梧桐识佳树,蕙草留芳根。白鹭映春洲,青龙见朝暾。地古云物在,台倾禾黍繁。我来酌清波,于此树名园。功成拂衣去,归入武陵源。

《司马将军歌》曰:"狂风吹古月,窃弄章华台。"《永王东巡歌》其八曰:"长风挂席势难回,海动山倾古月摧。""古月"一词,即为"胡"的隐语。古代通称少数民族中人为"胡",李白则用晋代的隐语来称呼,同时诗人中未见其例,由此也可觇知李白对于这一时段情况之熟悉。

顾炎武《日知录》卷二七《李太白诗注》条曰:

> 太白诗有《古朗月行》,又云:"今人不见古时月。"王伯厚引《抱朴子》曰:"俗士多云今日不及古日之热,今月不及古月之朗。"是则然矣,而又云"狂风吹古月,窃弄章华台",又曰"海动山倾古月摧",此所谓古月,则明是"胡"字,不得曲为之解也。然太白用此亦有所本,《晋书·符坚载记》:"古月之末乱中州,洪水大起健西流。"①此其本也。

与此类同,李白诗中还有一些六朝俗语。《江夏使君叔席上赠史郎中》曰:"仙郎久为别,客舍问何如。"瞿蜕园、朱金城《李白集校注》曰:"问何如为六朝风俗,即相见时问讯之寒暄语也。《颜氏家训·勉学篇》'体中何如则秘书'是也。"说明李白对于其时社会上的风俗习惯,既有兴趣,又很了解。

正由于李白对魏晋南北朝时期情况熟悉,诗文中常用一些僻典,一般读者难于理解。例如《鲁郡尧祠送窦明府薄华还西京》诗中说:"朝策犁眉骒,举鞭力不堪。"此马究为何物? 詹锳主编的《李白全集校

---

① 《晋书》卷一一四《符坚载记下》曰:"初,坚即伪位,新平王彤陈说图谶,坚大悦,以彤为太史令。尝言于坚曰:'谨案谶云:"古月之末乱中州,洪水大起健西流,惟有雄子定八州。"此即三祖、陛下之圣讳也。'"按坚祖名洪,伯父名健,父名雄,是谓"三祖"。

注汇释集评》引《资治通鉴》卷一〇〇曰："[姚]襄所乘骏马曰黧眉
䯄。"胡三省注："黧音黎……黑而黄色曰黧。䯄,古瓜反,黄马黑喙曰
䯄。"王琦《李太白文集辑注》则引《十六国春秋》曰："姚襄所乘骏马曰
黧眉䯄,日行千里。《说文》:䯄,黄马黑喙也。黧,黑也。黧眉䯄,则
黄马而黑眉者矣。古犂、黧字通用。"李白把姚襄独特的一匹坐骑作为
典故,可谓僻典,于此可见他对五胡中人的关注。

李白在《送舍弟》一诗中又提到其时的另一匹名马,云:"吾家白额
驹,远别临东道。"詹锳《李白全集校注汇释集评》引《晋书·凉武昭王
李玄盛传》曰:"武昭王讳暠,字玄盛……姓李氏,汉前将军广之十六
世孙也。……尝与吕光太史令郭黁及其同母弟宋繇同宿,黁起谓繇
曰:'君当位极人臣。李君有国土之分,家有騲草马生白额驹,此其时
也。'吕光末,京兆段业自称凉州牧,以敦煌太守赵郡孟敏为沙州刺史,
署玄盛效谷令。敏寻卒,敦煌护军冯翊郭谦……等以玄盛温毅有惠
政,推为宁朔将军、敦煌太守。玄盛初难之,会宋繇仕于业,告归敦煌,
言于玄盛曰:'兄忘郭黁之言邪? 白额驹今已生矣。'玄盛乃从之。"王
琦《李太白文集辑注》引《晋书》,即引《凉武昭王李玄盛传》。

詹书于"集评"中引明刻伪署严沧浪、刘会孟评点《李太白集》载明
人批曰:"虽系本家,'白额驹'终是犯忌语。"因为李玄盛是李白与其
从弟的九代祖,按照礼法,李白在赠弟的诗中不宜用先祖典故,但这也
只是明代人的见解。唐人禁忌较少,尤其是像李白这样一位不受礼法
拘禁的奇士,这里用不到以犯忌来指责李诗。何况"白额驹"毕竟不是
什么李暠的代名。

李白还有一首聚讼纷纭的诗,其中一个典故难于确解。《答王十
二寒夜独酌有怀》诗曰:"与君论心握君手,荣辱于余亦何有。孔圣犹
闻伤凤麟,董龙更是何鸡狗!"董龙究系何人? 唐代其他诗人均未提
及,詹锳《李白全集校注汇释集评》引《资治通鉴》卷一〇〇穆帝永和十

二年："秦司空王堕性刚峻，右仆射董荣、侍中强国皆以佞幸进，堕疾之如仇，每朝，见荣未尝与之言。或谓堕曰：'董君贵幸无比，公宜小降意接之。'堕曰：'董龙是何鸡狗，而令国士与之言乎！'"胡三省注："龙，董荣小字。"后代注家否定此诗者甚多。萧士赟曰："按此篇造语叙事，错乱颠倒，绝无伦次，董龙一事，尤为可笑，决非太白之作，乃先儒所谓五季间学太白者所为耳，具眼者自能别之。"朱谏《李诗辨疑》等书大都信从萧说，斥此诗为伪作。

近人对此作了深入的研究，大都认为萧士赟等人的看法没有什么根据。此诗作于李邕、裴敦复为李林甫迫害致死后，李白满腔悲愤，对佞幸小人加以贬斥，故有"董龙更是何鸡狗"之语，用典何等帖切。只是一般人对这一历史往事不太熟悉，因而萧士赟等人反而视为怪异，竟有"可笑"之说了。

李白乐府诗中有《秦女卷衣》一首，其意何指，难以确说。胡震亨《李诗通》卷二曰：

> 梁吴均有《秦王卷衣》，其事莫详。今考《晋·载记》，秦苻坚灭燕，得慕容冲，有龙阳资，爱幸之，与其姊清河公主并宠。宫人莫进《长安引》"一雌复一雄，双飞入紫宫"歌之。均辞云"秦帝卷衣裳，持此赠龙阳"，白诗"顾无紫宫宠，敢拂黄金床"，似皆为此事咏也。崔国辅有作："虽入秦帝宫，不上秦帝床。夜夜玉窗里，与他卷衣裳。"可互证。若云嬴秦，安得有男宠事乎？备记之，俟通识者。

胡氏之说很有启发意义。嬴秦之时无男宠事，故此诗当咏前秦时事无疑。

综合上述各诗加以考察，可知李白确有喜用魏晋时期五胡十六国人掌故的特点。这当然与他独特的家庭文化背景有关。东晋时期的往事常萦绕于心头，五胡中的一些创业君主的轶事，也引起他的关注，先祖李暠创业时的轶闻，也铭刻于脑际，这是李白的个人特点。在唐代其他诗人中，是一道独特的亮彩。也可以说，在中国文学史上一无同类情况发生。由此也就突现出了李诗的独特个性。

鼇眉骐等僻典，王琦引《十六国春秋》为证，詹锳等人则改引《资治通鉴》为证。《资治通鉴》为后出之书，司马光在编写这些历史时根据的是什么典籍，已难确考，照理来说，他所依据的应当也是崔鸿《十六国春秋》一书。但崔鸿之书早佚，晁说之述司马康语，以为其父司马光所见到的《十六国春秋》亦非全书，[1]不过这在李白之时，当能看到魏晋南北朝时遗留下来的典籍。即如上述王堕斥佞臣董龙之语，所谓"董龙更是何鸡狗"，亦见《晋书·符坚载记》，而所叙为略，然可推知这类材料唐初保存尚多。李白此语，当据崔鸿《十六国春秋》或同时其他典籍。又李白《在水军宴赠幕府诸侍御》诗中有"月化五白龙"之句，乃指后燕太史丞梁延年梦月化为五白龙事。梁氏梦中占之，以为当有臣为君，故慕容熙卒称帝。后人注此诗，均引《十六国春秋·后燕录》为证。[2] 李白用此典，不知原出何书，但依据的当是十六国时的原始材料。

五胡十六国时，时局混乱，各族首领建立的国家地区虽狭小，国力也不强，但各族建立之后，其君主每规仿汉族建立的政权，编写国史，一些史家也有私撰各国历史者。刘知幾在《史通·古今正史》篇中对

---

① 晁说之《答贾子庄书》曰："说之累年来尝欲求崔鸿《十六国春秋》、萧方等《三十国春秋》，勤未之得。司马公休言，温公所考《十六国春秋》亦非崔鸿之全书。"载《嵩山文集》卷十五。按公休为司马康之字。

② 参看刘琳《明清几种〈十六国春秋〉之研究》，载《文史》1999 年第 1 辑（总第 46 辑），中华书局 1998 年 12 月出版。

此有详细记载。李白喜用这些国土上出现的典故,当与他喜读这类史书有关。当然,这类传说也有可能得之于先世传闻。

李白每以前秦君主苻坚宠信的谋士王猛自喻。王猛扪虱而谈的洒脱形象,旁若无人的高傲身姿,专擅朝政而成霸王之业,无疑也是他所追求的目标,仿效的对象。《赠韦秘书子春》中说"扪虱话良图",《赠张相镐二首》其一中说"扪虱对桓公",说明五胡十六国时这些谋士的功业对他具有很大的吸引力。

李白在《赠嵩山焦炼师序》中说:"嵩丘有神人焦炼师者,不知何许妇人也。又云生于齐梁时。"这里当然是对道教中人的神化描述。但由此亦可见,他常是沉浸在魏晋南北朝时的一些场景中,而他觉得齐梁与唐代又紧相衔接,齐梁时期的一些事件就像发生在当前一样,从而诗中常是出现其他诗人的作品中无法见到的前朝轶闻。

第五章 李白的创作

一、李白与汉魏六朝文学的摹拟之风

段成式《酉阳杂俎》前集卷十二《语资》曰："[李]白前后三拟词选，不如意，悉焚之。唯留《恨》《别赋》。"今李白《拟恨赋》尚存，王琦注曰："古《恨赋》，齐梁间江淹所作，为古人志愿未遂抱恨而死者致慨。……今《别赋》已亡，唯存《恨赋》矣。"

读者可能会产生疑问：李白天才盖世，目空千古，难道会那么看重《文选》中的作品？他的作品最富创新精神，难道这位天才少年真的曾把巨大精力放在摹拟上？

宋祝穆《方舆胜览》卷五三"眉州"下有"磨针溪"，曰："在象耳山下。世传李太白读书山中，未成，弃去。过是溪，逢老媪方磨铁杵，问之，曰'欲作针'。李白感其意，还卒业。媪自言武姓，今溪旁有武氏岩。"这是一种民间传说，意思是说李白之所以事业有成，有赖于他下过铁杵磨成针的功夫。这个传说很有教育意义，其精神颇合乎实际。李白的赋、乐府以及古诗等众多作品，都曾广泛地向前人学习，留下很多摹拟的痕迹。

如与盛唐时期的其他诗人相比，李白这个人特点尤为突出。

李白同辈的诗人，如孟浩然、王昌龄、王维、高适等人，各有各的笔法，各有各的风格。他们当然也有一番学习前人的经历，但从他们的作品来看，留下明显的摹拟痕迹者不多。不像李白的集子中，就从开端的赋、乐府、古风三部分来看，就可以发现不少摹拟之作。

李白的这一情况，当与他成长的特殊环境有关。

李白为西凉李暠之后。陇西李氏本为世代相传的世家大族，李暠所建之国又处在异族包围圈中，因而他曾努力保护并致力于传承中原文化，从李白之父的教育方针来看，家族中一直保留着中原文化的传统。李白一直怀有晋代情结，关注五胡十六国的历史往事，这些地方无不反映出他家族中的这一特殊心态。而他三拟《文选》，正反映了他对汉魏六朝文学传统的重视。因为《文选》中所包容的，正是这一时期文学的精华。

李白在培植诗文的创作能力的过程中，用现在的话来说，他在苦练基本功时，首先在临摹前人作品上下了很大的功夫。这也是前人普遍遵行的法则，特别是在汉魏六朝阶段，这一做法尤其受到人们的重视。李白三拟《文选》，正是魏晋南北朝文学传统的具体体现。

大家知道，前人学书时，首先要有一段临帖的功夫；学画时，首先要有一段临摹画谱的功夫。魏晋南北朝时已然，学书时先学习前代书家的笔法，学画时首先学习前代画家的用笔、布局与粉彩。下面仅对魏晋南北朝人临摹前人诗作的风气作一番分析。

钟嵘《诗品》评诗分上、中、下三品，又列"古诗"于上品之首，可见"古诗"在他心目中的地位。钟氏评曰："其体源出于《国风》。陆机所拟十四首，文温以丽，意悲而远，惊心动魄，可谓几乎一字千金。"古直《诗品笺》曰："陆机《拟古》，今存十二首，见《文选》。"今按《文选》中有《古诗》十九首，即今所谓"古诗十九首"是也。钟嵘之时，古诗数量甚多。《诗品》中还说："'去者日以疏'四十五首，虽多哀怨，颇为总杂，旧疑是建安中曹［植］、王［粲］所制。"可见建安文人的作品与"古诗"风格类似，颇难区分，而太康文人之起，又是在学习建安文学的基础上取得发展的。

刘宋代晋而起，宗室中人多见喜好文学者，他们广泛地向前代文学学习。南平王铄好文,摹拟"古诗",取得了与太康之英陆机类似的成绩。《南史·刘铄传》上说:"少好学,有文才。未弱冠,《拟古》三十馀首,时人以为亚迹陆机。"《金楼子·说蕃》篇上也有同样的记载,可见时人对于"古诗"的重视,以及文坛高手对于摹拟的热衷。

刘宋时期的几位著名诗人,如陶渊明、谢灵运、鲍照,他们的集子里都有数量很多的拟古之作。《陶渊明集》中有《拟古》诗九首,《拟挽歌辞》三首,论者以为陶氏个人风格明显,不类《古诗》原有风格,但陶渊明曾受《古诗》影响,"拟"诗乃追仿之作,当无疑义。陶《集》中还有《杂诗》十二首等,源出《古诗》的痕迹也清晰可辨。

谢灵运有《拟魏太子〈邺中集〉诗八首》,前有小序,用曹丕的口吻说明拟作的缘由。摹拟的对象,除魏太子外,还有众人一致推重的王粲、陈琳、徐幹、刘桢、应玚、阮瑀、平原侯植七人。所拟之诗前面亦附小序,介绍八人的身世与心情。由此可见,宋初文人极为向慕建安文人的文采风流,对他们的作品揣摩甚力。晋宋之交的众多文人是在学习与继承建安文学的基础上发展起来的。

众所周知,李白受鲍照的影响很深。杜甫《春日忆李白》诗曰:"白也诗无敌,飘然思不群。清新庾开府,俊逸鲍参军。"鲍照也是创新精神特别明显的一位诗人。但有趣的是,鲍照在摹拟上下的功夫最深。

查今存《鲍明远集》,除《拟古诗》八首之外,另有《拟古诗》一首,此外还有《拟"青青河畔草"》《拟"客从远方来"》《拟"青青陵上柏"》等诗,又有《拟阮公"夜中不能寐"》等诗。除以"拟"字标明的摹拟之作外,有以"学"字标示的,如《学古诗》、《学刘公幹体》五首、《学陶彭泽诗》等;又有以"代"字标示的,如《代蒿里行》十四首、《代苦热行》九首、《代白纻舞歌》三首等;又有以"绍"字标示的,如《绍古辞》七首等。最后一种标示方式,是鲍照的独创。

魏晋南北朝人还常用"效"字标明作品的仿效前人,如江淹、范云均作有《效古诗》。这一时期的人还采用其他方式标示,如萧纲有《戏作谢惠连体十三韵诗》,祖孙登有《赋得"涉江采芙蓉"》诗;"戏作""赋得",也都成了摹拟前人之作的一种新方式。他们有时还笼统地用"古意"二字标题,实际上也是仿效古诗而作。

李白仿效前人,所用的标题,常见有"效古""拟古""学古""古意""感遇""感兴"等名目,由此可见李白在摹拟上所下的功夫之深。

魏晋南北朝时,五言诗的写作取得了很大的成就,一些名家开始形成个人的独特风格,因而出现了陶彭泽体、谢灵运体、鲍明远体等名称,这些个性鲜明的诗人往往在摹拟上也下了很大的功夫。这种似乎矛盾的现象,正可说明继承和发展的辩证关系。因为后起诗人所仿效的那些前辈,他们所形成的独特风格里面就有很多可取的成功经验;后人向之学习,可以较快地把握住一些行之有效的创作经验,从而掌握写作规律,避免暗中摸索而误入歧途。他们在学习阶段就可在短时期内取得较好的成绩。如果他是一位杰出的诗人,能在继承前人的基础上有所前进,而又结合个人的特点,随着时代的发展,获取重要的题材,那么就有可能取得成功。因此,魏晋南北朝时弥漫于文坛的摹拟之风,解决了五言诗的继承和发展问题。经过历史的冲刷,一些只会摹拟的平庸诗人遭到了淘汰,一些在继承前人的基础上又有新的发展的诗人取得了成功。历史表明,这些诗人往往也就是最有创新精神的人。

李白走的就是这样一条道路。他在出蜀前,曾把很多精力放在摹拟上,出蜀之后,眼界大开,认识了很多奇能异材之士,增加了阅历,感受到了时代的脉搏,随之逐渐形成了个人的独特风格。加之他天分过人,文化背景有异,他的独创性也就得到了充分的发挥。

由此可知,摹拟与创新之间存在着对立统一的辩证关系。李白年轻时在摹拟前人上下了很大的功夫，但他只是作为学习的一种锻炼，并不以此自囿，为此他还发表过很多反对摹仿的意见，《古风》其三十五曰："丑女来效颦，还家惊四邻；寿陵失本步，笑杀邯郸人。"可知那些东施效颦、邯郸学步者，只能留作他人笑柄，不可能取得什么成就。李白在摹拟与创新之间取得了协调发展，完美地解决了继承和发展的问题。

李白追步前人，还用"代"字写作诗篇，如《代美人愁镜》《自代内赠》等，手法也是前有所承的。

按《楚辞》之中常见双重性别的现象。屈原表达个人的志洁行芳时，常用美人香草的手法。君主是一国的代表，臣民眷怀故国，常以恋心君主的形式表现。屈原怀念怀王，表现于《离骚》中，则作美人的眷顾君主。到了魏晋之时，又发展成了另一种摹拟手法，作者如对前代的某一诗人进行摹拟，则每设想其身处何种境地，具有哪一种心态，从而摹仿他的笔法，写作某一种特定风格的作品。这里首先就有一个设身处地的问题。与此类同，他们写作一些关怀他人的诗时，则亦设身处地，以这一人物的口吻来叙述。应该说，这也是一种摹拟，只是另一种特殊身份上的摹拟。

建安时期这种创作的风气很盛。其时兵荒马乱，家庭破碎者很多，男女流离失所，彼此借诗抒发思念之情。曹氏父子多感怀之作，而曹丕在邺下主持文会时，还留下了很多同情出妇与寡妇的诗篇。曹丕《寡妇赋序》曰："陈留阮元瑜与余有旧，薄命早亡，每感存其遗孤，未尝不怆然伤心。故作斯赋，以叙其妻子悲苦之情。命王粲等并作之。"曹、王二赋今存《艺文类聚》卷三四。又曹丕、王粲均作有《出妇赋》，情况类同。

曹丕、曹植均有《代刘勋出妻王氏诗》，这是以诗表达的代拟之作。曹丕还有七言乐府《燕歌行》，假托女子的口吻抒发离愁，已是千古传诵的名篇。李白的《自代内赠》等作品的写作手法,由此而来。他不正面抒写对妻子的思念,而是代拟妻子对他的思念,于此更可见到心心相印,伉俪情深。这类诗篇远绍《楚辞》,近接魏晋南北朝的传统,也是在摹拟的大潮中涌现的另一类诗篇。

下面对李白的各体诗歌分别论述,一一阐发他在继承与发展的问题上所取得的成绩。

二、李白与赋

李白为西凉李暠之后,上几代又长期在中国北部地区活动,因而对魏晋南北朝时的一段历史特别有兴趣。他在蜀中阶段的早期创作中,即可发现深受魏晋南北朝文学的影响。段成式云李白曾前后三拟《文选》,不如意,悉焚之,唯留《别》《恨赋》。今李白集中尚存《恨赋》一篇,而《别赋》已亡。

江淹《恨赋》,今见《文选》卷十六,传世的各种《江文通集》中均有著录。持与李白《拟恨赋》对照,不难发现二者极为相似。江《赋》以"试望平原,蔓草萦骨,拱木敛魂。人生到此,天道宁论。于是仆本恨人,心惊不已。直念古者,伏恨而死"开端,李《赋》则以"晨登泰山,一望蒿里,松楸骨寒,草宿坟毁。浮生可嗟,大运同此。于是仆本壮夫,慷慨不歇,仰思前贤,饮恨而没"开端:不论从结构来看,还是从情调来看,完全一致。只是李白加入了他所喜欢的乐府中语,并用"大运"一词代替江淹所用的"天道",道家色彩更为鲜明。

第二段中,江《赋》写秦帝魂断,李《赋》则写汉祖晏驾;第三段中,江《赋》写赵王幽囚,李《赋》则写霸王自刎;第四段中,江《赋》写李陵降北之心态,李《赋》则写荆轲奇谋不成之愤惋;第五段中,江《赋》写明妃远嫁,李《赋》则写陈后失宠;第六段中,江《赋》写敬通见诋,李《赋》则写屈原放逐；第七段中，江《赋》写嵇康下狱，李《赋》则写李斯受戮；第八、九段，不再陈述某一人物的恨事，而是畅叙富贵不再、繁华烟灭的惨痛。江《赋》末云："自古皆有死，莫不饮恨而吞声。"李《赋》则云："与天道兮共尽，莫不委骨而同归。"二者的用笔与抒发的感慨，完全一致。

李白此赋摹拟的痕迹十分明显，故历代注家无不明示其刻意模仿之脉络。萧士赟注曰："江淹尝叹古人遭时否塞，志不伸而作《恨赋》，李白此作，终篇拟之云。"王琦注曰："古《恨赋》，齐梁间江淹所作，为古人志愿未遂抱恨而死者致慨。太白此篇，段落句法，盖全拟之，无少差异。"由此可见李白少时浸润于六朝文学之深。

李白还写了许多抒情小赋，如《惜馀春赋》《愁阳春赋》《悲清秋赋》等。从题目看，均为伤春悲秋之作；从句法看，则受楚辞的影响为大，造句亦相仿佛，中如"愁帝子于湘南"，乃承《九歌·湘夫人》而来；"若有人兮情相亲"，"若有一人兮湘水滨"，乃承《九歌·山鬼》而来；"归去来兮，人间不可以托此"，乃承《楚辞·招魂》而来……这类出于《楚辞》的抒情小赋，六朝时期数量甚多。如拿李白这些小赋与《六朝文絜》等书中所收的六朝小赋相比照，当可发现风格上有很多一致之处。

《悲清秋赋》中有句云："登九疑兮望清川，见三湘之潊潋。……余以鸟道计于故乡兮，不知去荆吴之几千。"核之时地，当是乾元二年流放归来赴零陵时作。其时故人刑部侍郎李晔、中书舍人贾至亦遭严谴，远贬巴陵，三人于楚地相聚，同游洞庭，曾留下唱酬的诗歌多篇。内有贾至《洞庭送李十二赴零陵》诗，说明李白后又曾赴零陵一游。他感时伤怀，而有《悲清秋赋》之作。身临楚地，也就感到秋色凄清，从而有"荷花落兮江色秋，风嫋嫋兮夜悠悠"之句，有如《九歌·湘夫人》中的"嫋嫋兮秋风，洞庭波兮木叶下"中的情调，以骚体抒发哀思了。

《愁阳春赋》中有句云：“若乃陇水秦声，江猿巴吟。明妃玉塞，楚客枫林。试登高而望远，痛切骨而伤心。”宛如江淹《恨赋》《别赋》中的一段。元祝尧《古赋辨体》卷七评《惜馀春赋》曰：“太白诸短赋，雕脂镂冰，只是江文通《别赋》等篇步骤。”又祝氏同卷评《愁阳春赋》曰：“赋也。上句先用连绵字以起下句之意，正是学《九辩》第一首语意。及至‘若乃’以下，则又只是梁陈体。”可知李白的抒情小赋，源于楚辞与齐梁赋家。说明他对前代各个阶段的代表文体，都曾下过一番摹拟的功夫。

这类作品，绝大部分应当是他早期所作，大约也是在“三拟《文选》”的同一阶段产生的。因为其中只是运用了一些现成而常用的词汇和典故，抒发的是伤春悲秋的永恒主题，其中没有什么特定时段或特定场景的描写，可以想到这类作品应当是在书斋中的产物。有的李白研究者据“想游女于岘北，愁帝子于湘南”等句推测《惜馀春赋》应为江南送人之际怀念安陆许氏而作，但汉皋解佩、帝之二女没于湘水之渚，乃是古代作品中习用之典，从何看出这里有实指的意思？上二句之下又有“披卫情于淇水，结楚梦于阳云”之句，是不是也可根据“卫”“楚”二地而推断此赋的写作地点？

上述事实说明，《酉阳杂俎》上记载的李白三拟《文选》之说是可信的。由此可知李白受汉魏六朝文学的影响很深，他首先走临摹的路子，后来再发展出个人的风格。而他身为蜀人，学习赋作时，尤为重视对前辈名家大赋的摹拟。

李白《秋于敬亭送从侄耑游庐山序》曰：“余小时，大人令诵《子虚赋》，私心慕之。”可知他从年幼时起，即深受司马相如的影响。这也是很自然的。自从司马相如崛起于蜀地，后起的文士无不深受其影响。

蜀地向称四塞之国，交通不便，古时因条件所限，尤见闭塞。只是从汉文帝时文翁兴文教起，才有一批批的文士出现。其中司马相如是杰出的一员。他以辞赋受知于汉武帝，但努力保持个人的独立人格，以区别于俳优般的赋家，如枚皋之流；而他又有政治能力，奉使安抚西南夷，衣锦还乡，更招引了这一地区后继者的仰慕。因此，后代蜀地常有赋家出现。

扬雄继司马相如而起，以献赋得官，且享盛誉，这位乡先辈的业绩，也博得了李白的歆羡。《东武吟》中云："因学扬子云，献赋甘泉宫。天书美片善，清芬播无穷。"《答杜秀才五松山见赠》诗曰："昔献《长杨赋》，天开云雨欢。当时待诏承明里，皆道扬雄才可观。"可见他对扬雄赋作方面的成就也极关注。

扬、马均以写作逞辞大赋著称。论者以为二人的大赋沉博宏丽，可以视为汉赋的典范。《文选》之中，就收入了司马相如、扬雄的不少赋篇。李白出蜀不久逗留扬州时作《淮南卧病书怀寄蜀中赵征君蕤》诗，内云："朝忆相如台，夜梦子云宅。"表达他对扬、马的恋慕与向往。

《文选》之中，京都、郊祀、畋猎、宫殿等赋，列于全书的前端，表示这些大赋描写的对象极为重要。《文心雕龙·诠赋》篇曰："夫京殿苑猎，述行序志，并体国经野，义尚光大。"李白现存的大赋有《明堂赋》《大猎赋》和《大鹏赋》三篇，正是刘勰所称"义尚光大"的一些鸿篇巨制。

《大猎赋序》开头就说："白以为赋者，古诗之流也。辞欲壮丽，义归博远。不然，何以光赞盛美，感天动神？"可知《大猎赋》等作品也是继承《文选》中的逞辞大赋而作。"大猎"之作继承的当然是司马相如《子虚赋》、扬雄《长杨赋》的传统。但李白随后却说："而相如、子云竞夸辞赋，历代以为文雄，莫敢诋讦。臣谓语其略，窃或褊其用心。《子虚》所言，楚国不过千里，梦泽居其大半，而齐徒吞若八九，三农及禽兽无息肩之地，非诸侯禁淫述职之义也。"这就显出李白的本来面目来了。

前已说到,李白受蜀中前贤司马相如、扬雄的影响很大,他意欲献赋朝廷,也是想汲取二人的成功经验,但他心志高傲,绝不甘心居人之后。上述贬抑《子虚赋》的一些说词,或许只是为邀皇上的眷顾而作的翻案文章,但也是他真实心态的暴露。他天性狂放,一直有超越扬、马二人创作成就的雄心与抱负。《赠张相镐二首》其二曰:"十五观奇书,作赋凌相如。"这层意思在《大猎赋》中实现了。

《大猎赋》中的笔法,和《子虚赋》中的写法一样,也是一层一层推进,后起者推倒前人,再后起者又一次推倒前人,口气越来越大,描写越来越夸张。《大猎赋》中说:"《上林》云:左苍梧,右西极。考其实地,周袤才经数百。《长杨》夸胡,设网为周阹,放麋鹿其中,以搏攫充乐。《羽猎》于灵台之囿,围经百里而开殿门,当时以为穷壮极丽,迨今观之,何龌龊之甚也。"随后他就大事铺张,把"皇唐"狩猎的声势尽情渲染了一番。然而不管李白作赋如何翻腾有致,基本格局未变,仍是一副汉赋的描写手段。祝尧《古赋辨体》卷七曰:"赋也。与《子虚》《上林》《羽猎》等赋,首尾布叙,用事遣辞,多相出入。"

这赋也曾受到后人的称誉,例如郭沫若在《李白与杜甫》开端不久就举此例说:"有些辞句在气魄上很足以令人佩服。试举数句如下:'擢倚天之剑,弯落月之弓;昆仑叱兮可倒,宇宙噫兮增雄。河汉为之却流,山岳为之生风。羽旄扬兮九天绛,猎火燃兮千山红。'诗情韵调的清新激越,的确是超过了汉代的司马相如,更远远超过了同时代人杜甫所自鸣得意的《三大礼赋》。"

李白的大赋虽然是模仿前人而作,但绝不能是前人作品的复制,它必然会带有作者个人的特点,透露出时代的气息。李白的大赋,已是唐人体格,这在古代以汉赋赋体为正宗的评论者眼中,已是水平低了一层。祝尧在同一著作中评《明堂赋》曰:"赋也。实从司马、扬、班诸人之赋来。气豪辞艳,疑若过之,若论体格,则不及远甚。盖汉赋体未甚俳，而此篇与后篇《大猎》等赋则悦于时而俳甚矣。晦翁云：'白有逸才，尤长于诗，而其赋乃不及魏晋。'斯言信矣。"

李白的《明堂赋》，倒像是继汉代而起的一篇宫殿赋。其描写的手法，也是前有什么，背靠什么，远则什么，近则什么，"其左右也"，则又有什么……下面再用"其阛阓也""其深沉奥密也"来铺陈；中多四方异物，明堂掌故。这些铺陈手段与汉赋颇多相近之处。

但祝尧称之为"俳"，朱熹称之为"不及魏晋"，也就是说李白的大赋之中掺杂进了很多齐梁人的手法。因为《明堂赋》《大猎赋》中存在着大量的骈句，因而文辞绵密，比之汉赋更见美艳；但因作者刻意安排，因而缺乏汉代大赋的浑朴之气。下面摘引李赋中的两段文字，以见一斑：

> 势拔五岳，形张四维。轧地轴以盘根，摩天倪而创规。楼台崛岉以奔附，城阙嵾岑而蔽亏。珍树翠草，含华扬蕤。目瑶井之荧荧，拖玉绳之离离。撖华盖以悦溡，仰太微之参差。（《明堂赋》）

> 总八校，搜四隅，驰专诸，走都卢。赿乔林，撇绝壁。抄猕猴，揽貊貁。囚鼬鼯于峻崖，顿觳觫于穸石。养由发箭，奇肱飞车，巧眊更嬴，妙兼蒱且。坠鹔鹩于青云，落鸿雁于紫虚。捎鸽鹘，漂鸱鹞。殚地庐与神居。斩飞鹏于日域，摧大凤于天墟。龙伯钓其灵鼇，任公获其巨鱼，穷造化之谲诡，何神怪之有馀？（《大猎赋》）

上引郭沫若所称赞的那一段话，即指与上面两段文字一样的骈句。

《西京杂记》卷二曰："司马相如为《上林》《子虚赋》，意思萧散，不复与外事相关，控引天地，错综古今，忽然如睡，焕然而兴，几百日而后成。其友人盛览，字长通，牂牁名士，尝问以作赋，相如曰：'合綦组以成文,列锦绣而为质,一经一纬,一宫一商,此赋之迹也。赋家之心,苞括宇宙,总揽人物,斯乃得之于内,不可得而传。'览乃作《合组歌》《列锦赋》而退,终身不复敢言作赋之心矣。"《西京杂记》旧称刘歆之作,根据近人考证,当为晋人葛洪所编。上引司马相如的赋论,并非本人原话,实为魏晋人的赋学观。① 所谓"合綦组以成文,列锦绣而为质,一经一纬,一宫一商"云云,在早期的汉赋中尚未呈现。西汉时期的宫殿苑猎赋,尽管气势恢宏,但在修辞上尚无刻意编排的痕迹,因而呈现的是浑朴气象。李白此赋,则是在魏晋时人赋论的基础上更加夸张,词彩上人工安排的成分更显,从而后人有"不及魏晋"的评论。

《西京杂记》上说赋家之心"苞括宇宙,总揽人物",用来描写李白的创作心态,倒是很贴切的。李白所以有此大的气魄,当与其特殊的身世有关。从他童年时起,即曾身历大漠河山,又加上蜀地弥漫的原始信仰,自身宛如凌驾空中,俯视大地上的一切,才能写出气势不凡的逞辞大赋。

李白的这两篇大赋,作于何时,虽有研究者联系历史上唐代帝王兴建明堂与畋猎的记载,断其作年,但因缺乏内证,始终得不出一种大家都能接受的结论。按大赋的创作,需要积累资料,精心组织,因此一篇大赋的完成,非有数年的时间不可。张衡作《二京赋》,左思作《三都赋》,都花了十年的时间。② 李白写作这两篇赋,也不可能用时过短。

---

① 参看拙撰《〈西京杂记〉中的司马相如赋论质疑》,载《周勋初文集》第三册《文史知新》,江苏古籍出版社 2000 年版。此文原名《司马相如赋论质疑》,发表于《文史哲》1990 年第 4 期。

② 《后汉书·张衡传》曰:"时天下承平日久,自王侯以下,莫不逾侈,衡乃拟班固《两都》作《二京赋》,因以讽谏。精思傅会,十年乃成。"《晋书·左思传》曰:"造《齐都赋》,一年乃成。复欲赋三都,会妹芬入宫,移家京师,乃诣著作郎张载访岷邛之事。遂构思十年,门庭藩溷皆著笔纸,遇得一句,即便疏之。自以所见不博,求为秘书郎。"

假如他见到明堂的建筑之后再撰文，或是听到皇帝出猎的讯息之后再动笔，则煌煌二赋在他乡作客时于短期内完成，看来不太可能。尽管李白天分过人，下笔神速，但二赋用典之多，结构之密，即使敏慧过人者也得翻检书本，采访他人，精心组织，不可能全凭记忆就能组织成文。赋史中还未见到创作宫殿、畋猎大赋而倚马可待的先例。须知张衡、左思等人也是才智过人的人物，这些历史上的先例应予重视。

如果考虑上述因素，那么似可判定，李白的《明堂赋》《大猎赋》也是在蜀中时期的摹拟之作。二赋中都自称"臣白"，也只是追慕司马相如、扬雄献赋成功的先例，而有这一称呼的。李白写作与乡贤同类的赋作，准备机会到来时献给当今皇上，因而亦步亦趋，也以文学侍从之臣自居了。

《明堂赋》在结束正文时曰：

> 岂比夫秦、赵、吴、楚，争高竞奢。结阿房与丛台，建姑苏及章华。非享祀与严配，徒掩月而凌霞。由此观之，不足称也。况瑶台之巨丽，复安可以语哉！

这种结束语，与汉大赋的用语相似，这种地方也显出摹拟的痕迹。

钱钟书论左思《蜀都赋》曰："'擢修干，竦长条，扇飞云，拂轻霄，羲和假道于峻岐，阳乌回翼于高标。'刘逵注：'言山木之高也。'按李白《蜀道难》'有六龙回日之高标'，固取于此，而其《明堂赋》：'掩日道，遏风路，阳乌转影而翻飞，大鹏横霄而侧度'，亦正用左形容山木者增饰而挪移之于宫阙。"[1]可知李白在作赋的手法上曾广泛地向前人学习。

---

[1] 　见《管锥编》第三册，第1153页，中华书局1979年版。

但李白的这些赋毕竟也有他个人的特点。其中一些写作手法与汉赋的发展方向不合。例如赋中形容建筑物的高度,采用极端夸张的手法,与实际情况距离颇远。赋史表明,随着人们学识的提高以及地理、建筑等自然科学的普及,一些过度的描写也就不再受人重视。大家希望用实证的态度去对待描写对象。左思《三都赋序》曰:"班固曰:'赋者,古诗之流也。'先王采焉,以观土风。见'绿竹猗猗',则知卫地淇澳之产;见'在其版屋',则知秦野西戎之宅,故能居然而辨八方。然相如赋《上林》,而引卢橘夏熟;扬雄赋《甘泉》,而陈玉树青葱。班固赋《西都》,而叹以出比目;张衡赋《西京》,而述以游海若。假称珍怪,以为润色。若斯之类,匪啻于兹。考之果木,则生非其壤;校之神物,则出非其所。于辞则易为藻饰,于义则虚而无征。且夫玉卮无当,虽宝非用;侈言无验,虽丽非经。而论者莫不诋讦其研精,作者大氐举为宪章,积习生常,有自来矣。"然而李白写作逞辞大赋时,以为司马相如等人夸张得还不够,因而更发挥了他天才的想象力与"大言"的本能,这就说明李白的大赋是对汉代大赋的发展,而与魏晋之后赋家的发展道路不同。按照现在的看法,他不走魏晋之后的写实道路①,仍将辞赋视作一种夸饰性文学作品,从而将辞赋的特点推向了极致。从这一角度看,则又可认为祝尧等人以魏晋赋为准则而贬抑李白的大赋,属于不重发展的保守观点。

李白的《大鹏赋》,在前此的赋史中未见同类之作。过去的赋家写作禽鸟类赋时,大都笔触纤细,无气势之可言,李白此赋大气磅礴,描写的对象与他的抱负一致。大鹏也就是他睥睨一世的个人气概的化身。众所周知,大鹏是庄子在《逍遥游》中创造的一种形象。李白受道

---

① 参看拙作《左思〈三都赋〉成功经验之研讨》,载《周勋初文集》第三册《文史知新》,江苏古籍出版社 2000 年版。

家的影响至深，此赋在介绍李白思想时已作分析，此处从略。

　　李白还作有《剑阁赋》一篇，乃送友人王炎入蜀而作。李白没有到过剑阁，因此《赋》中形容地势之险峻，也完全出之于想象。这一篇《赋》描写自然现象的地方不多，"剑阁"只用作个人惜别之情的衬托。只是此《赋》篇幅虽小，却也有其特色。全文可分前后两段，前一段言剑阁的形势，用"前有""上则""旁则"区分而逐层铺排，用的是大赋的常用手法；后一段纯用骚体抒写自己送别友人的心情，中如"望夫君兮安极，我沉吟兮叹息"等句，袭用《楚辞》中的成句，尤可见到李白沉溺于《楚辞》之深。他在作抒情的诗文时，每径以楚骚的辞句表达。《剑阁赋》一文，正综合了汉大赋与齐梁小赋的特点，因此可以这样认为，《剑阁赋》也是一种摹拟之作，里面运用了他学习汉赋与齐梁小赋的多种手法。

三、李白与乐府诗

　　在唐代诗人中，李白写作的乐府诗最多。据宋郭茂倩《乐府诗集》所录，初盛唐诗人写作的乐府诗，除郊庙歌辞和燕射歌辞外，计有四百五十首左右，其中李白作有一百四十九首，约占总数的三分之一。又在李白的乐府诗中，汉魏六朝古题占到百分之八十以上，而在其馀的百分之二十中，有十一首近代曲辞，为供奉后庭而作；其他十七首新乐府辞，其格调也多近于古乐府，有的则与清商乐府中的小曲相近，由此可见李白与乐府的渊源之深。

　　权德舆《左谏议大夫韦公（渠牟）诗集序》曰："初，君年十一，尝赋《铜雀台》绝句，左拾遗李白见而大骇，因授以古乐府之学，且以瑰琦轶拔为己任。"此事并见《新唐书·韦渠牟传》与《唐诗纪事》卷四八《韦渠牟》。权德舆还曾为韦渠牟作墓志，云韦氏卒于贞元十七年（801），寿五十三岁。由此上推,韦渠牟十一岁时当乾元二年(759),李白正由夔州遇赦东下,路经江夏之时。按韦渠牟为韦景骏之孙,韦冰之子,而李白与韦冰为旧交。其时韦冰正在江夏逗留,李白乃作《江夏赠韦南陵冰》《寄韦南陵冰余江上乘兴访之遇寻颜尚书笑有此赠》二诗赠之。前诗中云:"胡骄马惊沙尘起,胡雏饮马天津水。君为张掖近酒泉,我窜三巴九千里。"可知安史乱起之时,韦冰正在河西张掖任职,而当李白遇赦归来时,却于江夏遇到了他。韦冰还曾在南陵县任过县令,李白常在宣城一带活动,或许此时即已相识。李白这时看到老友之子甚为聪慧,欣喜之馀,也就把自己在写作乐府时积累的创作经验相授了。

个人的经验固然可以从创作中积累而得,但要指点他人创作,则必须授以法则,而这往往通过摹拟而掌握。犹如古人学书学画一样,通过临帖摹画而掌握其用笔,文学创作也一样,古人往往通过摹拟而掌握此中技巧。

如上所言,李白曾三拟《文选》,《文选》"诗"体中收有"乐府"一类,内收古乐府与汉魏六朝乐府共四十首,李白屡次言及班婕妤、曹操、鲍照、谢朓等人的乐府,这当然与他热衷于学习《文选》有关,但与李白的乐府创作有关者,则决不仅限于《文选》中所录的这些作品。他的注意力,遍及汉魏六朝时的许多乐府名篇。

我们如将李白的一些乐府诗与相关的古乐府词作比较,可以明显地看出前者乃模仿后者而成,例如左延年《秦女休行》曰:

> 始出上西门,遥望秦氏庐。秦氏有好女,自名为女休。休年十四五,为宗行报仇。左执白杨刃,右据宛鲁矛。仇家便东南,仆僵秦女休。女休西上山,上山四五里。关吏呵问女休,女休前置辞:"平生为燕王妇,于今为诏狱囚。平生衣参差,当今无领襦。明知杀人当死,兄言快快,弟言无道忧。女休坚辞为宗报仇,死不

疑。"杀人都市中,徼我都巷西。丞卿罗东向坐,女休凄凄曳梏前。两徒夹我,持刀刀五尺馀。刀未下,朣胧击鼓赦书下。

李白《秦女休行》则曰:

> 西门秦氏女,秀色如琼花。手挥白杨刀,清昼杀仇家。罗袖洒赤血,英声凌紫霞。直上西山去,关吏相邀遮。婿为燕国王,身被诏狱加。犯刑若履虎,不畏落爪牙。素颈未及断,摧眉伏泥沙。金鸡忽放赦,大辟得宽赊。何惭聂政姐,万古共惊嗟。

古今学者对此诗曾作过很多分析,认为李白之作更见精练,文采也更为彰显。左延年其人,生平不详,大约总是一位民间的歌手,因此他所写作的文词,用笔古朴,犹如说故事者的直白。中云"平生为燕王妇,于今为诏狱囚",通过强烈的反差增强故事的跌宕,尽管不太符合常理,却因故事性强,生动有趣,成了民间文学中的常用手法。李白在拟作中增加了"聂政姊"等个人喜爱的战国游侠故事,但也保留了"婿为燕国王,身被诏狱加"的生动情节。显然,李白这诗乃摹拟左氏之作。明胡震亨《李诗通》卷一评此诗曰:"白拟乐府,有不与本辞为异,正复难及者,此类是也。"

　　魏晋南北朝时的诗人大量写作乐府诗。如把李白的诗与前人的拟作相比较,可见李白之作每直承汉代古乐府而来。例如《乐府诗集》卷二八《相和歌辞》三中录古辞《陌上桑》一诗,郭氏题解曰:"一曰《艳歌罗敷行》。《古今乐录》曰:'《陌上桑》歌瑟调。古辞《艳歌罗敷行》《日出东南隅》篇。'崔豹《古今注》曰:'《陌上桑》者,出秦氏女子。秦氏,邯郸人,有女名罗敷,为邑人千乘王仁妻。王仁后为赵王家令。罗敷出采桑于陌上,赵王登台见而悦之,因置酒欲夺焉。罗敷巧弹筝,乃作《陌上桑》之歌以自明,赵王乃止。'《乐府解题》曰:'古辞言罗敷采桑,为使君所邀,盛夸其夫为侍中郎以拒之。'与前说不同。若陆机'扶桑升朝晖',但歌美人好合,与古词始同而末异。又有《采桑》,亦出于此。"按陆机拟作尚见《文选》卷二八《乐府》,题作《日出东南隅行》,又云"或曰《罗敷艳歌》"。《玉台新咏》卷三录此,即作《艳歌行》,可知陆之拟作即以"美人好合"为主题。不论从故事的本身或使用的文词来说,都以追求"艳"为目的。而他人之作,如魏武帝曹操则用以咏游仙,魏文帝曹丕则用以咏军旅,均与古乐府诗之主旨大异。李白拟作,则恪遵古乐府之主旨,而与曹操父子、陆机等人之乐府不同,词曰:

美女渭桥东,春还事蚕作。五马如飞龙,青丝结金络。不知谁家子,调笑来相谑。妾本秦罗敷,玉颜艳名都。绿条映素手,采桑向城隅。使君且不顾,况复论秋胡。寒螀爱碧草,鸣凤栖青梧。托心自有处,但怪傍人愚。徒令白日暮,高驾空踟蹰。

如将众作加以比较,可知由于时代变迁的缘故,李白的拟作带有唐人的特点,古朴之风不存,然而故事情节的开展,却是亦步亦趋。人物的出场,使君的挑逗,罗敷的婉拒,故事的结尾,二诗几乎完全一致。于此亦可征知李白之于乐府确是下过一番摹拟的功夫。

总的看来,前人写作乐府诗时虽有规仿古辞的风气,但自汉末起,即已开始摆脱古辞题意而另铸新辞。李白不然,他在众多的乐府诗中,留下很多恪守规矩的拟作。还有一些乐府诗,如《临江王节士歌》《于阗采花》等,古词不存,李白拟作紧紧扣住题意,也当是摹拟的作品。

由于李白乐府或其诗歌出于乐府古词的痕迹至为明显,每个时代都有人列出李诗的一些篇章字句,论述其从摹拟到创新的变化过程。

兹介绍几种有代表性的意见如下：

宋范晞文《对床夜语》卷三曰：

> 李太白《北上行》，即古之《苦寒行》也。《苦寒行》首句云"北上太行山，艰哉何巍巍"，因以名之也。太白词有云："磴道盘且峻，巉岩凌穹苍。马足蹶侧石，车轮摧高冈。"又"杀气毒剑戟，严风裂衣裳"，此正古词"羊肠坂诘屈，车轮为之摧。树木何萧瑟，北风声正悲"。太白又有"奔鲸夹黄河，凿齿屯洛阳。猛虎又掉尾，磨牙皓秋霜"，亦古词"熊罴对我蹲，虎豹夹路啼"。又"汲水涧谷阻，采薪陇坂长。草木不可餐，饥饮零露浆"，是亦古词"行行日已远，人马同时饥。担囊行取薪，斧冰持作糜"，特词语小异耳。

明杨慎《升庵诗话》卷七"太白用古乐府"曰：

> 古乐府"暂出白门前，杨柳可藏乌。欢作沉水香，侬作博山炉"。李白用其意，衍为《杨叛儿》，歌曰："君歌《杨叛儿》，妾劝新丰酒。何许最关情，乌啼白门柳。乌啼隐杨花，君醉留妾家。博山炉中沉香火，双烟一气凌紫霞。"古乐府："朝见黄牛，暮见黄牛，三朝三暮，黄牛如故。"李白则云："三朝见黄牛，三暮行太迟，三朝又三暮，不觉鬓成丝。"古乐府云："春风复多情，吹我罗裳开。"李反其意云："春风复无情，吹我梦魂散。"古人谓李诗出自乐府古选，信矣。其《杨叛儿》一篇，即"暂出白门前"之郑笺也。因其拈用，而古乐府之意益显，其妙益用。

胡震亨《唐音癸签》卷九《评汇》五：

太白于乐府最深，古题无一弗拟，或用其本意，或翻案另出新意，合而若离，离而实合，曲尽拟古之妙。尝谓读太白乐府者有三难：不先明古题辞义原委，不知夺换所自；不参按白身世遭遇之概，不知其因事傅题、借题抒情之本指；不读尽古人书，精熟《离骚》《选》赋及历代诸家诗集，无繇得其所伐之材与巧铸灵运之作略。今人第谓太白天才，不知其留意乐府，自有如许功力在，非草草任笔性悬合者，不可不为拈出。

李白某篇或某句出自前人，例证太多，难以枚举。这里只想指出一点，即李白受鲍照的影响甚大，一些乐府模拟鲍作而又有所变化，如《白纻辞》三首，其一下萧士赟曰："太白此词，全篇句意间架，并是拟鲍明远者。"其三下曰："按此三篇句意字固皆与明远者相出入，岂此曲体制当如是邪？抑拟之而作也？会有知言者矣。"

他所写作的有些诗，虽然不像《秦女休行》等那样亦步亦趋，但从全篇的布局看，或是从局部的写作手法看，都可发现古乐府的痕迹，于此亦可知其浸润于古乐府之深。如《鲁城北郭曲腰桑下送张子还嵩阳》诗曰：

送别枯桑下，凋叶落半空。我行懵道远，尔独知天风？谁念张仲蔚，还依蒿与蓬。何时一杯酒，更与李膺同。

此诗首句言及"枯桑"，第四句言及"天风"，明从乐府古辞《饮马长城窟行》中化出。《文选》卷二七《乐府·古辞·饮马长城窟行》中有云："枯桑知天风，海水知天寒。"李白将此衍为四句，突现送别时之场景。"桑"下送客，不免触景生情，唯觉天"风"袭袭，"寒"气逼人，人在此时，犹如枯桑之随风而散，此情何堪？明刻伪署严沧浪、刘会孟评点《李太白集》载明人批曰："前四句只就古乐府演义。古乐府次句'绵绵思远道'。"此意已隐含诗中，也是此诗之主旨。李善注曰："枯桑无枝，尚知天风；海水广大，尚知天寒。君子行役，岂不离风寒之患乎？"李白全诗发挥这种忧思，把古乐府的精神融合在当前情景中，更使此诗产生了千古同悲的浑然境地。《江上秋怀》诗曰："山蝉号枯桑，始复知天秋。"用意类同。

李白与元演的交情极为深厚，曾同游仙城山与太原等地。天宝之时，李白作《忆旧游寄谯郡元参军》长诗，历叙二人四会四别之情谊，末云："呼儿长跪缄此辞，寄君千里遥相忆。"即用上述古乐府《饮马长城窟行》中之诗意。古辞末云："呼儿烹鲤鱼，中有尺素书。长跪读素书，书上竟何如？上有加餐食，下有长相忆。"李白即景生情而用此典，足见其对古乐府的娴熟。又李白《秋浦寄内》诗曰："有客自梁苑，手携五色鱼。开鱼得锦字，归问我何如？"也是模仿《饮马长城窟行》中的表现手法。实则汉代使用帛书，故以鱼形的木笈包扎，唐时用纸，无须再以木笈包裹，李白沿用古辞，只能说明其沉湎于古辞之深。[1]

又李白《赠汉阳辅录事二首》其二曰："汉口双鱼白锦鳞，令传尺素报情人。其中字数无多少，只是相思秋复春。"仍是隐用《饮马长城窟行》中的诗意而少加变化。在李白说来，驱使乐府中语已达挥洒自如的境地。从"双鱼"此典使用频率之高，又可看到李白对于乐府的兴趣之浓厚。

上面以《饮马长城窟行》为例，说明古乐府对李白的影响。这类例证甚多，如《书怀赠南陵常赞府》诗中云："问我心中事，为君前致辞。"《效古》其一中云："入门紫鸳鸯，金井双梧桐。"《江夏赠韦南陵冰》中

---

[1] 参看闻一多《乐府诗笺》内之《饮马长城窟行》，载《闻一多全集》选刊之四《诗选与校笺》，古籍出版社 1956 年版。

云："人闷还心闷，苦辛常苦辛。"均为古乐府中常见的笔法。李白学此有得，不但用在自己的创作中，而且总结其法则，用以指导他人创作乐府，凡此均可用来说明李白所取得的创作成就与他努力学习古乐府有关。

李白有《闻谢杨儿吟〈猛虎词〉因此有赠》一诗，而在《寻鲁城北范居士失道落苍耳中见范置酒摘苍耳作》中又有"自咏《猛虎词》"之句，杨齐贤注以为《猛虎词》即是乐府《猛虎行》，其说可信。由此也可看到他对乐府的喜好。

按李白的创作历程而言，他在出蜀前，沉潜于汉魏六朝的典籍与文化之中，三拟《文选》，应是青少年时期的事。出蜀之后，人事鞅掌，飘泊不居，已无三拟《文选》的闲暇与心情。他的拟仿乐府，应当也在青少年时期，但出蜀之后，仍然喜爱此道，并在创作中不断运用前此积累的心得。李白之诗特多句子错落的杂体，即与他对乐府的爱好有关。

我国文学向称诗骚传统，但乐府的出现，对后代文学的影响不容忽视。魏晋南北朝人的五言诗，即从乐府中发展而出。李白因家世的关系，受古乐府的影响至深，这不但可从文集中的乐府部分看出，而且这种影响贯彻一生。可以说，不了解李白与乐府的关系，也就无法了解李诗的成就。

四、李白的古风组诗

在五言诗的发展史上，《古诗十九首》发生的影响最大。汉末之时，社会动荡，谋生为难，文士飘流各处，家庭不得团聚，个人又看不到出路，因而多伤离惜别、哀叹年华虚度之作。历代王朝中人，每有相近的遭遇，因而都会产生类似的情绪，于是以"古诗"为典范进行拟作，不断产生拟古的诗篇。一些诗人，结合个人的特殊遭遇，还发展出了其他题材的组诗，如阮籍的《咏怀》、郭璞的《游仙》等。其后阮籍的《咏怀》诗又由别子而蔚为大宗，后人继起拟作，如支遁作《咏怀诗》五首、《述怀诗》二首，内寓深沉之玄思，而又带有释徒的特点，宗教气息浓厚。庾信有《拟咏怀诗》二十七首。唐初陈子昂、张九龄继起，分别作有《感遇诗》三十八首与十二首，"感遇"的内涵也就是"咏怀"。此外，张氏还作有《秋怀》诗多首，也属同一类型之作。

李白的有些五言古诗，直承《古诗十九首》而来，抒写的是类似的情绪。《书情寄从弟邠州长史昭》曰：

李白行吟图，近人张大千作

自笑客行久，我行定几时？绿杨已可折，攀取最长枝。翩翩弄春色，延伫寄相思。谁言贵此物？意愿重琼蕤。

按《古诗十九首》之九曰：

庭中有奇树，绿叶发华兹，攀条折其荣，将以遗所思。馨香盈怀袖，路远莫致之。此物何足贡，但感别经时。

两相比较，可知李白此诗乃从《古诗》化出，格局与情调均相仿佛。又《南阳送客》诗曰：

斗酒勿与薄，寸心贵不忘。坐惜故人去，偏令游子伤。离颜怨芳草，春思结垂杨。挥手再三别，临歧空断肠。

清乾隆敕编《唐宋诗醇》卷六评曰："从《古诗十九首》脱化而出，词意俱古。咏至五、六，可谓蕴藉风流矣。"

李白《古风》中的有些句子，更是直接规仿《古诗十九首》中的字句，如《古风》其十中有句云："人生非寒松，年貌岂长在！"即出《古诗》中的"人生非金石，岂能长寿考"。《古风》其四十四中的"君子恩已毕，贱妾将何为"，即出《古诗》中的"君亮执高节，贱妾亦何为"。其他类别的诗中类似情况尚多，不列举。

下面重点讨论李白的《古风》组诗中一些情况较复杂的诗篇。李白《古风》其二十五曰：

世道日交丧，浇风散淳源。不采芳桂枝，反栖恶木根。所以桃李树，吐花竟不言。大运有兴没，群动争飞奔。归来广成子，去入无穷门。

清王夫之《唐诗评选》卷二曰："大似庾子山入关后诗。"清陈沆《诗比兴笺》卷三曰："骨气高奇,颇近射洪、阮公。世人读《古风》者,但取游仙飘逸之词,衷怀不系耳。"

此诗内涵甚为丰富:有对时世衰乱的哀叹,有对风俗浮薄的愤慨,有欲超脱远引的怀抱……对于前人咏怀之作,似乎都有得其一端的地方,所以王、陈等人以为此诗风格近于阮籍、庾信的《咏怀》,陈子昂的《感遇》和郭璞的《游仙》。这种分析有其合理的地方,李白曾经广泛地向前人学习。由于境遇相近,因而在继承五言诗的抒情传统时,也就自然而然地出现了一些暗合前人之处。

由上可见,李白《古风》继承的是"咏怀""感遇"的传统。他受魏晋南北朝时期的诗风影响很大,因此《古风》之中的很多作品直承阮籍《咏怀》而来。李白《古风》其五十四曰:

> 倚剑登高台,悠悠送春目。苍榛蔽层丘,琼草隐深谷。凤皇鸣西海,欲集无珍木,鸒斯得匹居,蒿下盈万族。晋风日已颓,穷途方痛哭。

这诗明为同情阮籍身世而发,实则借他人之酒杯,浇胸中之块垒,发抒相似的感受就是了。李白的这一"古风",风格亦近阮籍《咏怀》。又李白《古风》其五十九开端曰:"恻恻泣路歧,哀哀悲素丝。路歧有南北,素丝易变移。万事固如此,人生无定期。"阮籍《咏怀》其二十开端曰:"杨朱泣歧路,墨子悲素丝。"李诗明从阮诗化出,于此亦可征知李白《古风》与阮籍《咏怀》的继承关系。

李白《古风》其二曰:

蟾蜍薄太清，蚀此瑶台月。圆光亏中天，金魄遂沦没。蟏蛸入紫微，大明夷朝晖，浮云隔两曜，万象昏阴霏。萧萧长门宫，昔是今已非。桂蠹花不实，天霜下严威。沉叹终永夕，感我涕沾衣。

胡震亨《李诗通》卷六曰："此诗旧注以为白咏玄宗宠武妃废王皇后事。'桂蠹'一联实用废后诏'皇后华而不实，不可承宗庙'语，其说是矣。然白之意自谓当世相如惟我，赋《长门》悟主，我事耳。"[①]明唐汝询《唐诗解》卷三亦曰："按：玄宗皇后王氏为武妃所诋而被废，故太白作此诗。言蟾蜍蚀月，以比武妃之逼后。月光亏而魄没，见后已废而忧死也。蟏蛸借日之光以成形，今入紫微而日之朝晖反为所损，以比武妃蛊惑帝心至于荒乱也。苟日月具为阴邪所伤，而苍生无所仰照，则万象皆昏冥矣。因言后之被废，正如陈后之居长门，然陈后嫉妒而使皇嗣几绝，实有可废之条，今皇后抚下有恩，明皇特以武妃之故而谋废之，则非汉武比矣，所谓昔是而今非也。且帝以后无子而罪其'华而不实'，然不观诸桂树乎？桂蠹则不能成实，宠分则不能有子，奈何遽以严霜之威加之哉！大抵国家之乱，起自房闼，我因念及此事，为之慨叹沾衣也。"

此诗注者异说甚多，而以上说为可信。胡氏特揭"桂蠹"一词与废后诏中用语相印证，具有说服力。阮籍《咏怀》诗中也常运用这种隐约而又具体的笔法来抒发感慨，如其十六内有"是时鹑火中，日月正相

<hr>

① 《旧唐书》卷五一《后妃列传上·玄宗废后王氏》："开元十二年秋七月己卯，下制曰：'皇后王氏，天命不祐，华而不实。造作狱讼，朋扇朝廷，见无将之心，有可讳之恶。焉得敬承宗庙，母仪天下，可废为庶人，别院安置。'"

望"句暗指司马师废齐王芳之时日即是。① 李白又以司马相如自喻,则可推断此诗为居蜀时作。其时李白正沉浸在司马相如作赋而得亲近汉主的憧憬中,故在拟写《选》诗时也透露出了这一时代背景。

李白《古风》中还有一些典型的游仙诗,如其四十一曰:

> 朝弄紫泥海,夕披丹霞裳。挥手折若木,拂此西日光。云卧游八极,玉颜已千霜。飘飘入无倪,稽首祈上皇。呼我游太素,玉杯赐琼浆。一餐历万岁,何用还故乡? 永随长风去,天外恣飘扬。

萧士赟注:"此是游仙篇。然以比兴观之,亦有深意。"此说符合实际。李白的这一类诗出于郭璞《游仙》,而郭氏的《游仙》也是从阮籍《咏怀》诗中发展出来的,诸诗均有迷离恍惚、归趣难求的特点,然而都与当时政局密切相关。郭璞为方术之士,他大规模地写作游仙诗,形成了一种新的门类。李白亦崇道,且曾受道箓而正式成为道士,因此其游仙之作,可以发现中有直承郭诗而来的脉络。

钟嵘《诗品》把郭璞之诗列入中品,评曰:"《游仙》之作,词多慷慨,乖远玄宗,其云'奈何虎豹姿',又云'戢翼栖榛梗',乃是坎壈咏怀,非列仙之趣也。"李白的诗具有同样的特点,其十九曰:

> 西上莲花山,迢迢见明星;素手把芙蓉,虚步蹑太清。霓裳曳

---

① 古代二十八宿中以井、鬼、柳、星、张、翼、轸七宿为朱雀七宿,其中柳、星、张三宿俗称鹑火。鹑火运行至南方星空正中,为农历九、十月之交。《左传》僖公五年载晋灭虢事,卜偃答晋侯问,云是"鹑火中",伐虢成功。何焯以为阮诗用晋灭虢事喻魏齐王嘉平六年九、十月之际司马师废魏帝曹芳而立高贵乡公曹髦事,见清何焯《义门读书记》卷四六《文选·诗》(阮嗣宗《咏怀诗》),崔高维点校本,中华书局1987年版。

广带，飘拂升天行。邀我登云台，高揖卫叔卿。恍恍与之去，驾鸿凌紫冥。俯视洛阳川，茫茫走胡兵。流血涂野草，豺狼尽冠缨。

这诗也属游仙之作，与郭璞《游仙》近似，后者《游仙诗》之三有句云"赤松临上游，驾鸿乘紫烟"，白诗则曰："邀我登云台，高揖卫叔卿。恍恍与之去，驾鸿凌紫冥。"李诗明从郭诗化出。只是郭诗体现出来的魏晋诗歌特点，仅为抒发某种情绪而难以实指；李白为盛唐时人，胸怀坦露，目睹安史乱军荼毒生灵之惨，诗人在全诗结束之时也就从云端走向了人间，直露地点明时事了。

以上列举阮籍《咏怀》、郭璞《游仙》与李白相关的一些作品，说明五言诗的发展，自《古诗十九首》起到李白为止一些曲折的传承关系。其间经过几位杰出诗人的创造，在题材上有开拓，在风格上有变化，中间一些发展的踪迹，都反映在李白的《古风》组诗内。诗歌反映时代，因而各个时期的诗歌中还有其特定的时代风格。魏晋南北朝诗，不论是"咏怀"还是"游仙"，无不显得含蓄蕴藉。尽管阮籍、郭璞等人各有其个性，但在其个人特点上无不盖有时代的烙印。李白的这一组诗也有含蓄蕴藉的特点，这是他努力学习前代诗歌掌握了前代作家的成功经验，因而具有某些同类诗歌的共同特色。但李白所处的时代已与前时大不相同，又加上他天才卓荦，开拓性强，因而他的《古风》又带有个人的英豪之风，明显地表现出盛唐气象，这里正具体而生动地体现出继承与发展的关系。

李白三拟《文选》，对诗歌中各种门类都曾认真学习，除"咏怀""感遇"类外，对"咏史"类的诗歌也很关注。他的《古风》中就有不少咏史之作，如其五十三曰：

战国何纷纷，兵戈乱浮云。赵倚两虎斗，晋为六卿分。奸臣欲窃位,树党自相群。果然田成子,一旦弑齐君。

此诗当亦有所寓意。它与"游仙"的不同,只是使用的素材一为"史实",一为"仙话"罢了。

按李白《古风》其九"庄周梦胡蝶"一首,并见殷璠《河岳英灵集》卷上,题作《咏怀》。殷璠一书成于天宝十二载(753),其时李白健在,可知作者原来并不题作"古风"。韦縠《才调集》卷六录《古风》曰:"泣与亲友别,欲语再三咽。勖君青松心,努力保霜雪。世路多险艰,白日欺红颜。分手各千里,去去何时还。"八句自成一首,与宋蜀本、缪曰芑本同。又见《分类补注李太白诗》卷二,即其二十"昔我游齐都"一首,"泣与亲友别"八句前后尚有其他文字,说明五代之时李白的这一组诗尚多异本。又《分类补注李太白诗》卷二中《古风》其八"咸阳二三月,宫柳黄金枝。绿帻谁家子,卖珠轻薄儿"一首,其十六"宝剑双蛟龙,雪花照芙蓉。精光射天地,雷腾不可冲"一首,宋蜀本与缪曰芑本均编入第二十二卷,题作《感寓》。凡此均可说明《古风》这一组诗并非李白自编,宋本系统的李《集》尚保持诗题原名。

那么"古风"这一组诗究竟是怎样分出来的呢?想来此非李白自编,而是出自他人之手。李白生前曾将手稿先后交给魏颢、贞倩与李阳冰,请代为编集,说明他自己没有动手整理诗稿。魏颢、贞倩二人也没有将稿子整理好,只有李阳冰将李白临终前交出的手稿编成《草堂集》十卷,并流传了下来。其后乐史、宋敏求、曾巩等人继续作整理,但只是在诗篇上作了一些增补,在篇目的年代上作了一些调整。《古风》诸作年代都很难确指,而据清人赵翼研究,一些可以考知年代的作品顺序有乱,如"西上莲花山"一首言及安史乱事,时在天宝末年,宋蜀本列于其十七;"羽檄如流星"一首言及南诏之战,时在天宝十载(751)与十二载（753），反列于其三十四。① 可知曾巩也未打散原来的编次，"古风"组诗应当保持《草堂集》的原有编次，"古风"一目当为李阳冰所拟，这一名称自与继承《古诗》传统有关。

如上所云，《古风》中的一些诗，原来题作"咏怀""感遇"，这自然是后人以其内容相通而后归纳入《古风》组诗中去的。但这种情况为数不可能太多，绝大多数的诗应当原来就题为《古风》，李阳冰不可能为了添一新类而将原诗题目大批去掉，一一改题《古风》。

李白写了那么多继承《古诗十九首》咏怀传统的古诗，大部分的作品应当也在蜀中拟写。他在早年集中精力学习汉魏六朝文学，模拟《古诗》，应当也是主要内容之一。有的作品则明为出蜀后作，这类诗歌语气比较激昂，涉世多时，情绪自然复杂，不像《古诗》那般清淳了。

五、李白与五言古诗

五言诗成熟于魏晋南北朝，五言近体则至后期才慢慢成形，因此这一时期文坛上最广泛流行的诗体，是五言古诗。钟嵘《诗品》中的作家，自上品中的曹植、陆机、谢灵运起，到下品中的鲍行卿、孙察等，主要的作品都是五言古诗。

梁代之前的优秀作品都收录在《文选》内。诗歌一体，东汉末年之前未见成熟的佳作，因此收在《文选》中的作家作品，主体部分即为魏

---

① 《瓯北诗话》卷一："《古风》五十九首非一时之作，年代先后，亦无伦次，盖后人取其无题者，汇为一卷耳。如第十四首述用兵开边之事，讥明皇黩武，则天宝初年事也；第十九首'俯视洛阳川，茫茫走胡兵'，则安禄山陷东都时也；二十四首铺张斗鸡之贾昌，则开元中事也；三十四首'渡泸及五月，将赴云南征'，则鲜于仲通用兵云南时事也；三十七首'而我竟何幸，远身金殿旁'，则白供奉翰林后放还山时作也。"按赵氏所据者为《分类补注李太白诗》本，故《古风》序次与宋蜀本不同。

李白评传

晋南北朝时的五言古诗。后来也就有人称这一文体为"选体"。严羽《沧浪诗话·诗体》中即曾列有"选体"一目，而又加注曰："《选》诗时代不同，体制随异，今人例谓五言古诗为'选体'，非也。"后人继起批判者尚多，如翁方纲在《格调论中》所说，持论与严羽相同，以为这一名词有以偏概全之病。但我们如从大处着眼，把五古视作《文选》中诗歌的主体，这一主体可以代表魏晋南北朝诗的最高成就，那么问题也就不致会有太多的误解。

朱熹《朱子语类》卷一四〇《论文（下）》曰："李太白终始学《选》诗，所以好。"明杨慎《升庵诗话》卷七中也有同样的评语。这里指的主要也应当是五言古诗。

李白对魏晋南北朝时的一些作家很推崇。现举诗中屡次提及的几位著名诗人为例，逐一探究。

李白对陶渊明的为人和恬淡情怀很欣赏，因为他本人也有喜隐居的一面，在人生态度上有一致之处。当他见到一些具有风雅情趣的友人时，就会联想到前时的陶渊明，如《赠崔秋浦》其一曰："吾爱崔秋浦，宛然陶令风。门前五杨柳，井上二梧桐。"其二曰："崔令学陶令，北窗常昼眠。抱琴时弄月，取意任无弦。"诗中所用的典实，都出于陶诗或有关其为人的记载。因为这类典故烂熟于胸，时而径自写入己作，《山中与幽人对酌》诗曰："两人对酌山花开，一杯一杯复一杯。我醉欲眠卿且去，明朝有意抱琴来。"诗意与句法浑融无迹，已经不再是用典的问题了。二人生活态度的一致，在诗中得到了完美的表达。

李白还作有《春日醉起言志》五古一首，词曰：

处世若大梦，胡为劳其生？所以终日醉，颓然卧前楹。觉来眄庭前，一鸟花间鸣。借问此何时？春风语流莺。感之欲叹息，对酒还自倾。浩歌对明月，曲尽已忘情。

陶渊明嗜酒,李白亦以嗜酒称。二人都有许多抒写饮酒情兴的诗篇。李白的这类作品中,时而可见陶潜的影子,特别是这一首《春日醉起言志》,风调也相似。这当是他常时吟玩陶氏饮酒诗的缘故。《分类补注李太白诗》萧士赟曰:"太白此诗,拟陶之作也。"明刻伪署严沧浪、刘会孟评点本则曰:"甚适,甚达,似陶,却不得言学陶。"在诗歌品味问题上,读者的主观成分很重,见仁见智,往往得不出一致的结论。这一问题,看来还是徐增《而庵说唐诗》分析得较入理。徐氏云:"此诗极摹陶靖节。陶却自然,李一味摆脱,笔有逸气,往往见才,是不及陶处。"这里作出高下之分则无必要。因为诗人性分不同,即使是摹拟之作,也必然会反映出个人的独特风格。李白的独特风格,正是在努力摆脱渊明体时表现出来的。而他之所以要努力摆脱,正自觉于不能停留在摹拟上,李诗隽迈超逸,自有其独特的个性与风格。

谢灵运喜出游,李白也沉溺于山水,在这一点上有共同的地方。谢灵运以写作山水诗著称,留下了不少五古名篇,李白效《选》诗,深受这类作品的影响。

谢灵运曾在江西与浙东任职,因此在彭蠡、永嘉两地写下了不少诗篇,还留下了不少后人追慕的踪迹。每当李白前往二地时,自然会想起谢灵运的往事。《庐山谣寄卢侍御虚舟》曰:"闲窥石镜清吾心,谢公行处苍苔没。"《入彭蠡经松门观石镜缅怀谢康乐题诗书游览之志》曰:"谢公之彭蠡,因此游松门。余方窥石镜,兼得穷江源。将欲继风雅,岂徒清心魂。"表示将继谢公之后,写作同类山水诗。

李白多次至浙东,徜徉山水之间时,也常联想到谢灵运的往事,为此还曾形诸梦寐。《与周刚清溪玉镜潭宴别》诗曰:

康乐上官去,永嘉游石门。江亭游孤屿,千载迹犹存。

《送王屋山人魏万还王屋》诗中曰：

> 眷然思永嘉，不惮海路赊。挂席历海峤，回瞻赤城霞。赤城渐微没，孤屿前嶤兀。水续万古流，亭空千霜月。……路创李北海，岩开谢康乐。松风和猿声，搜索连洞壑。

《梦游天姥吟留别》中言及"谢公宿处今尚在，渌水荡漾清猿啼。脚著谢公屐，身登青云梯。半壁见海日，空中闻天鸡"名句，足见他对谢氏胜迹的向往了。

谢灵运的五古，可以代表魏晋南北朝时诗歌领域中的高度成就。他的一些名篇名句，博得了李白的热爱。《赠从弟南平太守之遥》其一曰："梦得'池塘生春草'，使我长价登楼诗。"《酬殷佐明见赠五云裘歌》曰："故人赠我我不违，著令'山水含清晖'。顿惊谢康乐，诗兴生我衣。襟前'林壑敛暝色'，袖上'云霞收夕霏'。"可见他对谢诗的倾倒。这样，李白在五言古诗的写作中必然也会受到谢客的影响。

李白曾经长期在宣城一带逗留。此地山水清丽，使他徘徊而不能去。谢朓曾在此地任职，李白又极喜爱谢朓的诗，因此他在这一地区游赏时常是引起有关谢朓的联想，既念其为人，又欣赏其诗歌。《宣州谢朓楼饯别校书叔云》《秋登宣城谢朓北楼》等诗中，都有深沉的追念之词。而他提及谢朓时，则亦标举名句以示钦佩。《秋夜板桥浦泛月独酌怀谢朓》诗曰："汉水旧如练，霜江夜清澄。长川泻落月，洲渚晓寒凝。独酌板桥浦，古人谁可征？玄晖难再得，洒酒气填膺。"《金陵城西楼月下吟》曰："月下沉吟久不归，古来相接眼中稀。解道'澄江净如练'，令人长忆谢玄晖。"这在才高气傲的李白笔下，是难得见到的推崇之词。

李白的五言古诗，既继承了二谢的传统，从诗体来说，当然也可称之为"选体"。这正说明他有重继承的一面，也是他"将复古道"的一个方面。但李白在各种诗体的写作中都显示出杰出的创造力。他的个性，他的才气，反映于诗中，也就突破了"选体"的原有风貌。《月夜江行寄崔员外宗之》为李诗中的五古名篇，诗曰：

> 飘飘江风起，萧飒海树秋。登舻美清夜，挂席移轻舟。月随碧山转，水合青天流。杳如星河上，但觉云林幽。归路方浩浩，徂川去悠悠。徒悲蕙草歇，复听菱歌愁。岸曲迷后浦，沙明瞰前洲。怀君不可见，望远增离忧。

《唐宋诗醇》卷六评曰："可谓工于发端，警句亦直逼二谢。"日人近藤元粹《李太白诗醇》卷三则评曰："开阔壮丽，自是太白口吻。"

大家知道，李白的乐府歌行受鲍照的影响很大，杜甫《春日忆李白》诗中说："白也诗无敌，飘然思不群。清新庾开府，俊逸鲍参军。"既说明了李诗似鲍，也可以认为李白五古有其继承鲍诗的一面。明许学夷《诗源辨体》卷十八曰："李白五言古，轶荡处多似明远而矫逸过之，子美称其'俊逸鲍参军'是也。至如'浮阳灭霁景''朝发汝海东''飘飘江风起'……等篇，偶俪虽出灵运，而流利自然，了不见斧凿痕。"

李白《送友人寻越中山水》诗曰：

> 闻道稽山去，偏宜谢客才。千岩泉洒落，万壑树萦回。东海横秦望，西陵绕越台。湖清霜镜晓，涛白雪山来。八月枚乘笔，三吴张翰杯。此中多逸兴，早晚向天台。

《李太白诗醇》卷三于"千岩"二句下引谢曰："太白专学鲍明远，亦有全用其句处，如鲍云'千岩盛阻积，万壑势萦回'是也。"

由上可知，李白在五言古诗的创作上曾广泛地向魏晋南北朝人学习，受到其时一些优秀作家的影响，但又不受其绳束，故能超越前人而形成自己独特的风格。

杜甫在《与李十二白同寻范十隐居》诗中又说："李侯有佳句，往往似阴铿。"阴铿为齐梁时人，诗名甚大，然作品遗失过多，今人已难知其全貌。李白在哪些地方与其相似，也难确指。但杜甫其时能将二人之诗并列而作比较，且杜诗作于李白生前，有可能经其认可，故此说自可信从。清陈仅《竹林答问》曰："太白《宫中行乐词》诸作，绝似阴铿。少陵之评，故非漫下。"此说可供参考。

总结上言，可知前引朱熹、杨慎评李白之语可信。李白三拟《文选》，故在五古的创作上曾广泛地向魏晋南北朝人学习。《古风》其四十一开端"朝弄紫泥海，夕披丹霞裳"二句，萧士赟曰："此篇人多疑两句为不类起句，殊不知正是取法《选》诗体。如'朝发邺都桥，暮济白马津''朝发广莫门，暮宿丹水山''朝旦发阳厓，景落憩阴峰'之类，皆起句也。"这些地方，李白学习《选》诗的痕迹具体而生动地呈现出来了。

李白《古风》其三十曰：

> 玄风变太古，道丧无时还。扰扰季叶人，鸡鸣趋四关。但识金马门，谁知蓬莱山？白首死罗绮，笑歌无休闲。渌酒哂丹液，青娥凋素颜。大儒挥金槌，琢之诗礼间。苍苍三珠树，冥目焉能攀？

明刻伪署严沧浪、刘会孟评点《李太白集》载明人批曰："肆口道去，亦自快然，但觉不甚古雅。"这也是很自然的。时代毕竟不同了。魏晋南北朝人的五言古诗都显得淡雅，作者的个人色彩不甚强烈，李白的诗已有明显的个性，语言也已显得亢爽，尽管上诗谈的是玄风的问题，但已与前人涉及玄言的诗篇不同，李白的个性跃然纸上，已无前人五古那种浑穆之气。又《古风》其十三"胡关饶风沙"一首,言及"阳和变杀气,发卒骚中土,三十六万人,哀哀泪如雨",明为哀悯边境纷争、民生困苦而作,贴近现实,故风格与前古诗已截然不同。李白的这类诗歌,发展的痕迹至为明显,已成典型的盛唐诗歌。这些地方,正可看出李白顺应时代潮流,结合自己的个性,力求发展而已自成一格。

清施补华《岘佣说诗》曰:"太白五言古犹是魏晋遗则,唯天才超妙,逸气横生,遂有尺寸未合处。"说明的正是李白继承魏晋古诗而又作出重大发展的事实。

六、李白的歌行与七言古诗

李白写作了很多标明为"歌""行""吟""词""曲"的作品,如《襄阳歌》《南都行》《江上吟》《横江词》和《君道曲》等。宋蜀本《李太白文集》将李白的诗文分类编排,《古风》《乐府》之后,即继之以《歌吟》上、下,这也就是大家所说的"歌行"一类了。

"乐府"与"歌吟"意思相近,这些诗歌都是可以演唱的。只是时至唐代,李白写作的乐府诗到底能不能歌唱,已经说不清楚。个别作品,如《清平调》三首,虽属"新题乐府",但有记载证明它是可以歌唱的。[①]而如《蜀道难》《黄葛篇》等乐府诗,没有什么材料可以证明其曾用于歌唱,看来已属案头文学了。

中国文学史的唐诗专家普遍认为,歌行是从乐府中发展出来的。从文体发展的角度看,此说有其道理,例如郭茂倩《乐府诗集》中的"杂

---

① 《松窗杂录》曰:"上乘月夜召太真妃以步辇从。诏特选梨园弟子中尤者,得乐十六色。李龟年以歌擅一时之名,手捧檀板,押众乐前欲歌之。上曰:'赏名花,对妃子,焉用旧乐词为?'遂命龟年持金花笺宣赐翰林学士李白,进《清平调》词三章。……龟年遽以词进,上命梨园弟子约略调抚丝竹,遂促龟年以歌。"

歌谣辞"中有《襄阳童儿歌》，前有小序介绍此歌之由来，序文乃从《晋书·山简传》中摘出，歌名亦依《传》文拟定。李白据之拟名《襄阳歌》，也咏山简于襄阳任职时之醉态。只是李白此歌篇幅加大，尽情抒发人生无常及时行乐的感想，中间还用上了"清风明月不用一钱买，玉山自倒非人推"二长句；结尾曰："舒州杓，力士铛，李白与尔同死生。襄王云雨今安在，江水东流猿夜声。"明白点出这是个人的创作。这种写法，在李白的乐府诗中是看不到的。由此可见，李白歌行体的诗歌与乐府诗之间有着继承和发展的关系，然已纯属创新之作，题目亦当为李白仿乐府而自拟，因而应属李白自制的歌行体的古诗。

李白曾对乐府下过一番摹拟的功夫。他在熟练地掌握了相关技巧之后，在七言古诗的写作上作了多方面的开拓。一般说来，李白的乐府诗很少涉及时事，因为摹拟的成分重，内容常是囿于乐府古题规定的范围，即使有所发挥，也不致距离过远。但在他后期写作的一些乐府中，却也明白地抒发个人的某些感想了。例如《猛虎行》一诗，中间说道：

> 昨日方为宣城客，掣铃交通二千石。有时六博快壮心，绕床三匝呼一掷。楚人每道张旭奇，心藏风云世莫知。三吴邦伯多顾眄，四海雄侠皆相推。萧、曹曾作沛中吏，攀龙附凤当有时。溧阳酒楼三月春，杨花漠漠愁杀人。胡人绿眼吹玉笛，吴歌白纻飞梁尘。

其中叙及个人行踪，已经阑入时事了。李白在乐府体的基础上发展出了最具个人特色的歌行体；他的天才，他的气概，促使他突破了古人程式而作出重大发展，从而使歌行体的写作取得了前所未有的成就。《岘佣说诗》曰："太白七古，体兼乐府，变化无方。"说的就是这层意思。

李白的这类作品，写作的时地与目的，一般都很明显。如《梁园吟》，开头就说"我浮黄河去京阙，挂席欲进波连山。天长水阔厌远涉，访古始及平台间"。可知此为李白离京乘舟自黄河东下，抵达汴梁后之作。诗中又云"平头奴子摇大扇，五月不热疑清秋"。可知此乃初夏时作。李诗结束时又说："东山高卧时起来，欲济苍生未应晚。"可知其时李白志在用世，然尚未出仕，故仍以高卧东山之谢安自居。由此判断，李白此诗当为开元之时初入长安后之作。

李白的歌行中，在"歌""行"之下经常加上副标题，说明写作此诗的动机，如《鸣皋歌奉饯从翁清归五崖山居》《幽歌行上新平长史兄粲》；有的歌行则径自拟就表明写作旨趣的题目，如《侍从宜春苑奉诏赋龙池柳色初青听新莺百啭歌》《金陵城西楼月下吟》，这类作品也就与一般的长诗无甚区别了。

李白的这类作品有其个人特点，也是这一文学体裁长期发展的结果。

中国古代的诗歌，本以合乐为重。《诗》三百，孔子皆弦歌之。季札赴鲁观乐，《诗经》中的作品逐类演奏。汉乐府已以五言为主，篇幅也已加长，后人受其影响，竟以五言抒情，写作的诗篇篇幅也加大，这就出现了很多文人署名写作的歌行。歌行是在摆脱乐府的绳束下发展起来的一种诗体，与乐府本难截然区划，只是在魏晋南北朝众多文人投入写作后，终于具备了自身的一些特点。唐代之后，这些特点越来越明显，到了盛唐诗人笔下，乃呈异彩纷呈之势。

魏晋南北朝时的诗人写作乐府诗时，已经大量采用七言句式，比起以五言为主的汉乐府来，虽多两字，却已显得摇曳多姿，在抒情的功能上增加了不少便利。只是句式的纯熟运用，也要经过长时间的锻炼，其时诗人往往只是在五言句前加一些虚字的句头，如"不道""只应""自言""但愿"等，这样的七言歌行，虽已呈现新貌，但其总体成就是有限的。

因为歌行与乐府有着极为紧密的渊源关系，文人写作的一些歌行中，也常采用叠字、顶针、回文对等技法；又因魏晋南北朝时骈文的写作特为兴盛，七言歌行的作者也常采用骈句相对的笔法。再加上梁、陈之后，君王好文，风气浮靡，于是文坛之上，无论诗文，都追求华彩，这些因素自然会反映到文人的七言歌行写作中来。

唐代初期这一情况没有多大改变，自武后到中宗的一段时间内，宫庭与士大夫的邸宅中，经常举行酒会。文士席间挥毫，竞作歌行体的长诗，文场角逐，已成一时风气。这类即景颂德的作品一般都缺乏有价值的内容，但在接受了前人的纯熟技法外，还致力于如何开端，如何写景，如何结尾，从中发展出了很多可取的技巧。中间写景的句子，每用华丽的骈句组成，结尾时的语言，除照例的颂圣外，也要注意如何更上一层，使人不致有文意俱尽的感觉。这类作品要以沈佺期、宋之问的成果为佳，这与他们在律诗的成型上所作出的努力是一致的。①

时代在发展，社会在变动，政治形势也发生了很大的变化。伴随着朝气蓬勃的盛唐时代的到来，歌行体的写作有了新的发展。李峤、张说、郭震等先驱者，在作品中注入了明显的个性，作品的气概也显得昂扬，唐诗特色逐渐呈现，六朝馀风逐渐销歇。开元之后，王维、高适、岑参、崔颢等人出现于文坛，歌行体的写作呈现出新的面貌。他们的长诗都以单句为主，以气运词，诗人心胸坦露，因而诗坛上出现了众多完美的抒情歌行。

李白以其特殊的经历与胸怀，写作的歌行更是呈现出与众不同的面貌。

---

① 参看葛晓音《初盛唐七言歌行的发展——兼论歌行的形成及其与七古的分野》，原载《文学遗产》1997 年第 5 期；后收入《诗国高潮与盛唐文化》，北京大学出版社 1998 年版。

李白的有些长诗,如《江夏行》,乃承晋宋乐府而来,风格亦极度类似,然因其系李白自拟曲名,所以郭茂倩《乐府诗集》归入"新乐府辞",宋蜀本《李太白集》则归入"歌吟"一类。胡震亨《李诗通》卷四曰:"按白此篇及前《长干行》篇,并为商人妇咏,而其源似出《西曲》。盖古者吴俗好贾,荆、郢、樊、邓间尤盛。男女怨旷哀吟,清商诸《西曲》所繇作也。第其辞,五言二韵,节短而情有未尽。白往来襄、汉、金陵,悉其土俗人情,因采而演之为长什。一从长干上巴峡,一从江夏下扬州,以尽乎行贾者之程,而言其家人失身误嫁之恨,盼归怨望之伤,使夫呕吟之者足动其逐末轻离之悔,回积习而禆王风。虽其才思足以发之,而踵事以增华,自从《西曲》本辞得来,取材固有在也。"

　　李白的有些歌行,实际上是某一诗体的组诗,如《永王东巡歌》十一首、《上皇西巡南京歌》十首,就是两套七绝组诗。又如《秋浦歌》十七首,则以五言为主,大部分为五绝,而其十则为六句。前四句曰:"千千石楠树,万万女贞林;山山白鹭满,涧涧白猿吟。"王琦曰:"首四句皆叠二字,盖仿《古诗》中'青青河畔草'一体。"可见李白的这一类歌行,已属唐时体式,不拘一格,而仍处处显示其摹拟前人之处。

　　李白作《横江词》六首,均为七绝,唯第一首开头二句作五言。李白之诗不受诗体原有格局的束缚,显得挥洒自如,不断突破程式,这也是他张扬个性的表现。

　　按宋蜀本"乐府"类内有《少年行》三首。前二首分别作五言、七言,前者似有残缺,后者纯为七言绝句。第三首与之不相连续,学术界有以之为伪作者,[①]然此诗已为《文苑英华》所著录,故其作年仍距李

---

　　① 宋严羽《沧浪诗话·考证》曰:"太白集中《少年行》只有数句类太白,其他皆浅近浮俗,决非白所作,必误入也。"萧士赟注持论同。朱谏《李诗辨疑》、胡震亨《李诗通》等均以为伪作。

白生时不远。可以一提的是，此诗实非乐府，而是一首歌行体的七言古诗。但不管此诗是真是假，从三首《少年行》来看，李白的乐府诗无定格可言。他在写作时常是突破程式而以歌行的方式表达。

李白作有两首《鸣皋歌》，前一首题内"歌"字下又云"送岑征君"，纯用骚体；后一首题内"歌"下又云"奉饯从翁清归五崖山居"，则为长篇七言歌行。如以诗体而言，后诗自属正格。但如上所言，李白不受绳束，在诗体上也喜欢突破程式，例如送岑征君的这一首《鸣皋歌》，明朱谏《李诗辨疑》卷上曰："旧注萧士赟以为赋体，若然，当编入《大鹏》《明堂》等赋篇下。"施补华《岘佣说诗》则曰："《鸣皋歌》是骚体，混入七古，大谬。"可见李白的一些歌行，不能简单地以后世文体论的眼光去区分。他虽时用"歌""行""吟""词""曲"等作诗题，然已突破常规，在原来的意义上有所变化，目的只在发扬自己的个性。

李白歌行体的作品突破原来诗体命意的地方很多。例如"吟"这一种诗体，按其本义而言，当然是抒发悲情的作品，如《白头吟》《陇头吟》等。宋张表臣《珊瑚钩诗话》卷三曰："吁嗟慨叹、悲忧深思谓之吟。"姜夔《白石诗说》曰："悲如蛩螀曰吟。"明胡震亨《唐音癸签》卷一曰："吟以呻其郁。"上述"吟体"作品即如此。但如李白的《玉壶吟》，自述入朝始末，虽有"高咏涕泗涟"之句，然又以东方朔之奇才自许，以为"谪仙"游戏人间，所以并非悲戚无以自解之辞。又如《江上吟》一篇，乃感功名富贵无常，意在及时行乐，与古来悲戚之"吟"体不合。凡此均可说明李白的歌行已经突破前代规范，他在继承前人的基础上已经作出了很大的发展。

在李白的心目中，文体之间并没有严格的界线，传统的界限可以超越。后人匍匐于此脚下，不敢越雷池一步，李白则不受约束，时而加以突破。如果说李白在《玉壶吟》中的抒写已有超越"吟"体的倾向，但尚有其恪守规范的一面，那么他在《江上吟》中，也就不再墨守陈规，因而这一"吟"字的含义也就只是吟咏的一般意义了。

李白写作的"歌行",诸体并用。《鸣皋歌送岑征君》这一"骚"体的显著特征为中加"兮"字,而句式错落不一。虽以七言为主,亦多四、五、六言。全诗末尾一段,更是众式并陈,笔触极尽翻腾之能事。文曰:

> 鸡聚族以争食,凤孤飞而无邻。蝘蜓嘲龙,鱼目混珍。嫫母衣锦,西施负薪。若使巢、由桎梏于轩冕兮,亦奚异乎夔龙蹩躠于风尘?哭何苦而救楚,笑何夸而却秦!吾诚不能学二子沽名矫节以耀世兮,固将弃天地而遗身。白鸥兮飞来,长与君兮相亲。

上述文字除结尾两句中加"兮"字外,其馀各句的句式均有变化。"鸡聚族以争食,凤孤飞而无邻","哭何苦而救楚,笑何夸而却秦",均为排比的六字句。前两句为正写,后两句为反问,插在段落中间,在整段文字中起到开拓和领起的作用。"蝘蜓嘲龙,鱼目混珍,嫫母衣锦,西施负薪",连用四个比喻,揭露世上美丑不分、忠奸莫辨的现状。前人早已指出,这是模仿屈原《卜居》和贾谊《吊屈原文》中之句。① 这些短句之后,接着写的却是"若使巢、由桎梏于轩冕兮,亦奚异乎夔龙蹩躠于风尘?"用的是散文的笔法,但也是一种诗化的长句;其下又有"吾诚不能学二子沽名矫节以耀世兮,固将弃天地而遗身"二句,则是一般的散文作品中也难得见到的长句了。

这些长句,很好地表达了李白的胸怀。他的激情,他的愤郁,若用

---

① 萧士赟注曰:《鸣皋歌》一篇,本末《楚辞》也,而世误以为诗,因为出之。其略曰:'蝘蜓嘲龙,鱼目混珍。嫫母衣锦,西施负薪。'此谆谆效屈原《卜居》及贾谊《吊屈原》语,而白才自逸荡,故或离而去之之云。"

一般的五言句、七言句来表达，显然力度不够，只得先连用上四句四言，在急迫的音节中表达他的不平，然后采用长句一泄积愤。这样的表达方式，才能表达他激越的感情。

清朱庭珍《筱园诗话》卷三曰：

> 七古以长短句为最难，其伸缩长短，参差错综，本无一定之法。及其成篇，一归自然，不啻天造地设，又若有定法焉。非天才神力，不能入妙。太白最长于此。后人学太白者，专务驰骋豪放，而不得其天然合拍之音节，与其豪放中别有清苍俊逸之神气，故貌似而实非也。

总结上言，可知在李白的作品中，七言古诗数量最多，也最为成功。宋蜀本《李太白文集》一律称之为"歌诗"。"歌诗"之内除"古风"外，首列"乐府"与"歌吟"，二者之间也确有先后与发展的关系。

李白曾经努力学习汉魏六朝文学，对汉乐府下过一番摹拟的功夫，因此他的古诗，比之初唐的同类作品，具有自然浑朴的风格。他虽然也曾在宫廷内当过供奉，但在一般情况下，并不刻意追求诗体的工丽华贵。这是他的个人特点，也是由他特殊的文化背景与学习历程所决定的。

李白的七言古诗，很多注释者在某些诗下往往注明应该正称之曰"杂言诗"。按照上面的分析，可知李白的七言古诗继承骚体与乐府的地方为多，而受初唐歌行的影响为小。李白"杂言"的特点，正体现了他"将复古道、非我而谁"的自我期待。由此可见，趋新未必就是成功，"复古"未必定会失败。而自摹拟下手，也未必就是无能。李白"三拟《文选》"，"将复古道"，广泛地向"楚辞""乐府"学习，取得了巨大的成就。一些错落有致的句式，大气内旋的豪情，形成独一无二的鲜明个性。而他这样的出身，这样的经历，这样的抱负，盛唐诗人中不见他例，因而这样的诗歌也就成了无可比拟的独特精品。

七、李白与绝句

阅读李白的绝句，首应注意它与乐府的关系，因为李白的一些作品是在学习当地民歌和前代乐府的基础上写成的。

开元十二年（724），李白离蜀东下，途经三峡时，作《巴女词》。词曰：

> 巴水急如箭，巴船去若飞。十月三千里，郎行几岁归？

巴地民歌，丰富多彩，曾寓此地的人都会有所感受。杜甫《暮春题瀼西新赁草屋五首》其二曰："万里巴渝曲，三年实饱闻。"李白在巴渝之地停留颇久，这诗应当也是在听到"巴渝曲"后有感而作。《巴女词》的写作继承了民间歌谣中的常用手法，即用女子的口吻抒发离别之悲，而这也是南朝乐府民歌中常用的一种手段。

李白沿江东下，路过荆州时，则作《荆州歌》。歌曰：

> 白帝城边足风波，瞿塘五月谁敢过？荆州麦熟茧成蛾，缲丝忆君头绪多，拨谷飞鸣奈妾何？

明张含辑《李诗选》卷二："[杨]升庵云：此歌有汉谣之风。又云：唐人诗可入汉魏乐府者，惟太白此首及张文昌《白鼍谣》、李长吉《邺城谣》三首而止。"可见《荆州歌》与汉乐府有渊源关系。这诗通首作七言，而全诗五句，与一般的文人之作不同。诗中以"丝"谐音"思"，缲丝头绪多喻女郎思绪之乱,也是南朝乐府中常见的抒情手段。①

　　大家知道,乐府中的篇幅短小之作,要以南朝民歌为多。如《子夜》《读曲》等,大都产生于吴越之地。这一地区风景秀丽,文化发达,又多江南道教圣地,因而对李白具有莫大的吸引力。他曾多次往来于此,从而写下了不少乐府体的五、七言诗。如《越女词》五首曰:

　　　　长干吴儿女,眉目艳星月。屐上足如霜,不着鸦头袜。
　　　　吴儿多白皙,好为荡舟剧。卖眼掷春心,折花调行客。
　　　　耶溪采莲女,见客棹歌回。笑入荷花去,佯羞不出来。
　　　　东阳素足女,会稽素舸郎。相看月未堕,白地断肝肠。
　　　　镜湖水如月,耶溪女如雪。新妆荡新波,光景两奇绝。

前二首诗咏吴女,后三首诗咏越女,组诗而泛称"越女",诗题不知何人所拟? 诗中言及"长干""吴""耶溪""东阳""会稽""镜湖",都是吴越地区的山水佳丽之地和商贾云集之区。南朝乐府涉及的地点也常是这些地方。

　　胡震亨《李诗通》卷五曰:"越中书所见也。谢灵运《东阳溪中赠答》:'可怜谁家妇,缘流洗素足。明月在云间,迢迢不可得。''可怜谁家郎,缘流乘素舸。但问情若为?月就云中堕。'此诗所本。"胡氏此说未免过于绝对。谢灵运之诗曾受吴越民歌的影响,李白曾受谢诗的影响,尤其是在组诗第四首中,更有痕迹可寻。但要指实李白的这一组

----

　　① 《七日夜女歌》曰:"婉娈不终夕,一别周年期。桑蚕不作茧,昼夜长悬丝。"《华山畿》曰:"闻欢大养蚕,定得几许丝。所得何足言,奈何黑瘦为?"《采桑度》曰:"伪蚕化作茧,烂漫不成丝。徒劳无所获,养茧持底为?"按《乐府诗集》列以上三歌为"清商曲辞"中的"吴声歌曲"。参看王运熙《论吴声西曲与谐音双关语》,载《乐府诗述论》,上海古籍出版社1996年版。

诗《越女词》均出谢氏《东阳溪中问答》，则似不必如此拘泥。江南地区多水，民间妇女常是临流濯足。处在封建时代，这对其他地方来的士人，印象当很深刻，李白形诸吟咏，当是即景生情，而仿当地民歌成此五绝。

李白还作有《浣纱石上女》一诗，曰：

> 玉面耶溪女，青蛾红粉装。一双金齿屐，两足白如霜。

此诗虽咏西施，实写眼前所见。也对江南女子的不穿鞋袜印象特深，所用诗体亦近江南民歌。

李白诗中还用了一些本地风光的俗语，如"鸦头袜""卖眼""白地"等。王琦注曰："卖眼，即楚《骚》'目成'之意。梁武帝《子夜歌》：'卖眼拂长袖，含笑留上客。'"①于此亦可窥知李诗五绝与南朝乐府的继承关系。

他的其他一些五绝，如《渌水曲》等，都有同样的特点。此诗末句云"愁杀荡舟人"，历代诗评者均极口称赞"愁杀"一词使用之妙，实则李白在这些地方采用口语入诗，故能直截痛快，如出肺腑。《古风》其三十一叙秦人入桃花源事，句云："秦人相谓曰，吾属可去矣。"用的是直白的口语，说明李白的使用语言，已达无往不可的境地。清贺裳《载酒园诗话又编》曰："'秦人相谓曰'，乃史中叙事法，谁敢入之于诗？吾不难其奇而难其妥。尝叹李长吉费尽心力，不能不借险句见奇，孰若太白用寻常语自奇！"

---

① 上述俗语均出《越女词》。"目成"一词出于《楚辞·九歌》中的《少司命》，曰："满堂兮美人，忽独与余兮目成。"朱熹《楚辞集注》："言美人并会，盈满于堂，而司命独与我睨而相视以成亲好。"

李白在襄阳停留时,又作《襄阳曲》四首,词曰:

> 襄阳行乐处,歌舞《白铜鞮》。江城回渌水,花月使人迷。
> 山公醉酒时,酩酊高阳下。头上白接篱,倒著还骑马。
> 岘山临汉江,水渌沙如雪。上有堕泪碑,青苔久磨灭。
> 且醉习家池,莫看堕泪碑。山公欲上马,笑杀襄阳儿。

襄阳一地,自古以来即多民歌民谣,吴歌、西曲中的西曲,产生于此地者甚多。西曲的内容,和吴歌一样,也多男女欢爱之词。因为地处商业中心,也多男女伤离惜别之语。但襄阳一地的民歌中,常见一些吟唱地方长官山简的歌谣。竹林七贤中的名士山涛之子山简,字季伦,也以好酒著称。在他出任荆州刺史时曾留下不少佳话。《世说新语·任诞》曰:"山季伦为荆州,时出酣畅。人为之歌曰:'山公时一醉,径造高阳池。日莫(暮)倒载归,茗艼无所知。……'"刘孝标注引《襄阳记》曰:"汉侍中习郁于岘山南,依范蠡养鱼法作鱼池。池边有高堤,种竹及长楸,芙蓉菱芡覆水,是游宴名处也。山简每临此池,未尝不大醉而还,曰:'此是我高阳池也!'襄阳小儿歌之。"可见襄阳民歌中有形容山简醉态的讴谣,李白此诗则是用乐府体的五绝复述此事,其受前代乐府的影响则是不言自喻的。

王琦于《襄阳曲》下注曰:"《襄阳曲》,即《襄阳乐》也。《旧唐书》:《襄阳乐》,宋随王诞所作也。诞始为襄阳郡,元嘉二十六年仍为雍州。夜闻诸女歌谣,因作之。其歌曰:'朝发襄阳来,暮至大堤宿。大堤诸女儿,花艳惊郎目。'"李白作《大堤曲》,抒写男女欢爱之词,也与前此的南朝乐府传统有关。

李白《集》中还有《子夜吴歌》四首,更可见其与吴歌、西曲的继承发展关系。又李白还曾作有《静夜思》一首,乃自创乐府新辞,千古以来脍炙人口。辞曰：

床前看月光，疑是地上霜。举头望山月，低头思故乡。

近人刘永济《唐人绝句精华》曰："清李重华《贞一斋诗说》谓五言绝发源《子夜歌》，别无巧妙，取其天然，二十字如弹丸脱手为妙。李白此诗绝去雕采，纯出天真，犹是《子夜》民歌本色，故虽非用乐府古题，而古意盎然。"于此可见李白沉溺于南朝乐府之深。

李白的七绝，后人极口称颂。明李攀龙《〈唐诗选〉序》曰："［太白］五、七言绝句，实唐三百年一人。盖以不用意得之，即太白亦不自知其所至，而工者顾失焉。"这里是说李白的五、七言绝出于自然，不是拘扭于形式技巧者所可比拟。这当然也是学习乐府得其神髓之故。清田雯《古欢堂集》卷十七《杂著》曰："七言绝句起自古乐府，盛唐遂踞其巅，太白、龙标，无以加矣。"李白七绝居盛唐之巅，而他又是摹拟古乐府而深有所得者。

李白作《横江词》六首，其二曰：

海潮南去过寻阳，牛渚由来险马当。横江欲渡风波恶，一水牵愁万里长。

明杨慎《升庵诗话》卷七曰："古乐府《乌栖曲》：'采菱渡头拟黄河，郎今欲渡愁风波。'太白以一句衍作二首，绝妙。"

与此类似，下面再引《早发白帝城》一绝，诗曰：

朝辞白帝彩云间，千里江陵一日还。两岸猿声啼不住，轻舟已过万重山。

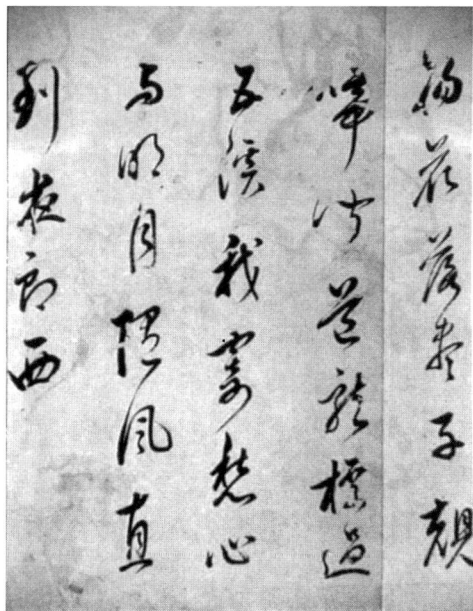

清姜宸英书李白《闻王昌龄左迁龙标遥有此寄》

众所周知，这诗为概括《水经注·江水二》所载盛弘之《荆州记》中言"巫峡江水之疾"一段而成。盛文末云："有时朝发白帝，暮到江陵，其间千二百里，虽乘奔御风，不以疾也。"李白将之压缩成四句，与《荆州记》中之文各尽其妙，倍增文坛佳趣。清黄生《唐诗摘钞》卷四曰："一、二即'朝发白帝，暮宿江陵'语，运用得妙；以后二句证前二句，趣。"凡此均可说明李白七绝与汉魏六朝文学渊源之深。

李白之诗多以气胜，如与他的歌行并读，可知一些七绝实为具体而微的歌行，一气贯注，而又波澜起伏，故明许学夷《诗源辩体》卷十八曰："太白七言绝多一气贯成者，最得歌行之体。"

李白作《宣城见杜鹃花》诗，曰：

蜀国曾闻子规鸟，宣城还见杜鹃花。一叫一回肠一断，三春三月忆三巴。

《唐宋诗醇》卷八曰："如谚如谣，却是绝句本色。效之则痴矣。"说明此诗酷似民间歌谣，已入化境，非一般文人所能拟就。

又《山中与幽人对酌》诗曰：

两人对酌山花开，一杯一杯复一杯。我醉欲眠卿且去，明朝有意抱琴来。

此诗亦用民间谣谚口吻写出，而用字不避重复，仍得自然之趣。清王偁《岷阳诗说》曰："作诗用字，切忌相犯，亦有犯而能巧者。……太白诗'一杯一杯复一杯'反不觉相犯。夫太白先有意立，故七字六犯，而语势益健，读之不觉其长。"而此诗命意亦与汉魏六朝有关，乃仿陶潜口吻写出。《唐宋诗醇》卷八曰："用成语妙如己出。前二句古调，后二句谐，拗体正格。"李白学习乐府之馀，于歌行体大肆开拓，又在近体七绝上一显身手，其间自有其曲折而明显的脉络可寻。

八、李白与律诗

中国古典诗歌向分古体与近体两种。古体中的主要门类有五言与七言，这在上面已经作过分析；近体包括绝句与律诗，绝句部分已在前面讨论过，现在再谈李白写作的律诗，探讨其中的一些特点。下面先谈李白的五律。

李白的五律有两种面貌，一为格律谨严，一为以古运律。这里先谈第一种情况。

现存李白五律,要以《访戴天山道士不遇》的产生为早。诗曰:

> 犬吠水声中,桃花带露浓。树深时见鹿,溪午不闻钟。野竹
> 分青霭,飞泉挂碧峰。无人知所去,愁倚两三松。

此诗平仄粘对均甚妥帖,中间二联对仗工整,可称完美。清顾安《唐律消夏录》卷三曰:"从水次有人家处,渐渐走到深林绝壑之间,而道士竟不知在何处也。仙乎!仙乎!此等诗随手写出,看他层次之妙。"此评实际上有自相矛盾之处。既言层次妙,则作者必然经过一番安排,从此诗格律来看,也可知道李白在组织结构上确曾下过一番功夫,如此即不能言其"随手写出"。清贺贻孙《诗筏》曰:"无一字说'道士',无一字说'不遇',却句句是'不遇',句句是'访道士不遇'。何物戴道士?自太白写来,便觉无烟火气,此皆以不必切题为妙者。"这里是说李白此诗纯从描绘外景入手,无一字涉及李白写作此诗的意图,而心中所想却于描写之中自然流露。作者要想取得这一效果,如无一番安排,也是不可设想的。

通过上面的分析,可知李白写作此诗,不管从字句上看,还是从结构上看,都是刻意经营之作。

清屈复《唐诗成法》卷三曰:"不起不承,顺笔直写六句,以不遇结。唐人每有此格。……'水声''溪午''飞泉''桃花''树''钟''竹''松'等字,重出叠见,不觉其累者,逸气横空故也。然终不可为法。"因为古人作诗,讲究避免犯重,而像这诗,"水声"与"飞泉"为一物,"树""桃""竹""松"为一类,重复之甚,也可看出李白其时尚在学诗的起始阶段,因而显得还不太老练,但终以逸气过人之故,使人不易发觉修辞方面的累赘。

由此可见,李白开始学诗时,在形式技巧上曾下过一番苦功,绝不

是一任天才即可成器的。

李白的早期创作中，还有一首五律《寻雍尊师隐居》，今亦征引于下，略作分析：

> 群峭碧摩天，逍遥不记年。拨云寻古道，倚树听流泉。花暖青牛卧，松高白鹤眠。语来江色暮，独自下寒烟。

这也是一首完美的五律。平仄粘对均合规矩，显然是初学阶段经过仔细推敲而写成的。民国王文濡辑《唐诗评注读本》卷五曰："首句属地说，次句属人说，三、四句正写'寻'字。既得其处，则先写'青牛''白鹤'，用映衬法；末以语罢下山作结，层次井然。先以拨云而上，后乃冲烟而下，用字俱有照应。"《李太白诗醇》卷五引翼云曰："起句写隐居，三、四以'寻'字意承，见尊师之居，超然物外也。五、六既至隐居，而以物性之自然为映衬也。七、八以回去为合，先以拨云而上者，今乃冲烟而下，用字俱有照应。"二家都已看到李白写作此诗时经营的苦心。这样的诗，不能以为李白是天才，一气呵成就可取得成功。诗中体现的一些字句与结构上的用心，不是仅以作者为天才就可作出解释的。

上面讲的是李白写作五律的一个方面，他字斟句酌，恪守律诗绳墨。按时间来看，这一情况，发生在学诗的开始阶段，大都作于蜀居苦学时期。《彰明逸事》曰："时太白齿方少，英气溢发，诸为诗文甚多，微类《宫中行乐词》体。今邑人所藏百篇，大抵皆格律也。"从《彰明逸事》中记载的一些诗歌来看，都是民间流传的作品，中多后人附会之词，但李白早年曾尽心于格律，则当系事实。

杨天惠称李白早年所作诗歌类同《宫中行乐词》体，是说这类五律与他中年供奉内庭时应诏而作的《宫中行乐词》同一体格。有关《宫中

行乐词》的创作缘起,《本事诗·高逸》中云:

> [玄宗]尝因宫人行乐,谓高力士曰:"对此良辰美景,岂可独以声伎为娱?倘时得逸才词人吟咏之,可以夸耀于后。"遂命召白。时宁王邀白饮酒,已醉;既至,拜舞颓然。上知其薄声律,谓非所长,命为《宫中行乐》五言律诗十首。……白取笔抒思,略不停缀,十篇立就,更无加点。笔迹遒利,凤跱龙拏,律度对属,无不精绝。其首篇曰:"柳色黄金嫩,梨花白雪香。玉楼巢翡翠,金殿宿鸳鸯。选妓随雕辇,征歌出洞房。宫中谁第一,飞燕在昭阳。"文不尽录。

《唐摭言》卷十三《敏捷》亦记此事。因为《本事诗》《唐摭言》所记李白任翰林待诏的年代与史书所载不合,诗歌的编排与唐代的几种选本也有不合之处,因而近人詹锳等人以为"二书所记尚未可尽信也"。①

按上述二书,作者孟棨与王定保均为唐末人,距离李白创作之时已久,道听途说,中有窒碍难通之处,也在情理之中。但这一组诗出于李白之手,为应诏而作的宫词,则无可疑。敦煌残卷等文献中早有记录。只是唐人记作全诗十首,今存八首就是了。

这八首诗,富艳精工,气韵天成。李白一气挥洒,竟能达到"律度对属,无不精绝"的地步,这固然是由于李白天才卓绝,但也是他早年于此下足苦功,熟能生巧,故于需要之时,即能写出格律精严的诗作。明汪瑗《李诗五言辩律序》曰:

---

① 詹锳《李白诗文系年》系此组诗于天宝三载甲申(744)下,曾对前人记载的种种疑点一一评论,作家出版社1958年版。

夫太白秉天纵之资,积渊泉之学,每欲以恢复大雅自任,故平
生不甚喜作律诗,非不能律也。后人不谅,遂谓太白为偏才,长于
古,不长于律,而选李诗者亦多草草。此编虽仅百馀首,然对偶精
妙,音韵铿锵,众体咸备,莫不合格。雄浑悲凉之句,互见递呈。
其《宫中行乐词》八首,非特辞调可爱,寓意深婉,深得《国风》讽谏
之体,尤非他人所能及者。孰谓《三百篇》之后,独杜少陵也欤哉?
孰谓太白不闲于律,为一偏之才也欤哉?

这一评论,对李诗内容的分析,似可不必如此附会;但纠正大家对李白
的偏见,是有益的。

　　李白有《送友人入蜀》五律一首,《唐宋诗醇》卷七曰:"此五律正宗
也。"此亦可知李白沉潜有得,可以写出规范的五律。

　　李白还有《春日归山寄孟六浩然》长律一首,可谓组织细密、精心
结撰之作,诗曰:

　　　　朱绂遗尘境,青山调梵筵。金绳开觉路,宝筏度迷川。岭树
攒飞栱,岩花覆谷泉。塔形标海日,楼势出江烟。香气三天下,钟
声万壑连。荷秋珠已满,松密盖初圆。鸟聚疑闻法,龙参若护禅。
愧非流水韵,叨入伯牙弦。

元方回《瀛奎律髓》卷四七曰:"太白负不羁之才,乐府大篇翕忽变化,
而此一律诗乃工夫缜密如此,与杜审言、宋之问相伯仲。别有《赠浩
然》诗曰:'醉月频中圣,迷花不事君。'虽飘逸,不如此诗之端整。"明黄
克缵、卫一凤辑《全唐风雅》卷九引黄云:"太白五言长律,此首最为工
致,盖其才高,不用苦思,此则从思索中来也。"李白此诗明显地反映出
了初唐律诗的一些特点,同时表明李白曾认真地向前人学习过。

开元十二年(724)，李白二十四岁，离蜀出游，胸襟更形开阔，诗风随之发生了变化。他不再拘守律诗的严格束缚，所作运以浩气，突破原来的程式，从而呈现出五古的某些特点，后人称之为以古运律。下面引二诗以见一斑。李白《登新平楼》诗曰：

　　去国登兹楼，怀归伤暮秋。天长落日远，水净寒波流。秦云起岭树，胡雁飞沙洲。苍苍几万里，目极令人愁。

明杨慎《升庵诗话》卷四曰："高棅选《唐诗正声》，首以五言古诗，而其所取，如……李太白'去国登兹楼，怀归伤暮秋'……皆律也，而谓之古诗，可乎？譬之新寡之文君，屡醮之夏姬，美则美矣，谓之初笄室女，则不可。"又如《送张舍人之江东》诗曰：

　　张翰江东去，正值秋风时。天清一雁远，海阔孤帆迟。白日行欲暮，沧波杳难期。吴洲如见月，千里幸相思。

许印芳《律髓辑要》卷一曰："此诗立格在古、律之间。其调法，在律体中有不可效用者。起二句，分之则首句乃平调，次句乃拗调，皆律体也；合之则上下不粘，乃古体也。五句本是拗调，而六句以古句作对，上下相粘，亦古体也。比皆律体之所禁忌，不得以古人偶有此格而效用之。"

　　杨慎、许印芳为明清时期的评论家，自然要以后人对格律上的严格要求来看待李白的律诗。他们一方面不得不承认这些作品取得了很高成就，一方面又语重心长地告诫他人不可仿效。因为这些作品已是古律难分。高棅归入古诗中，固然不是，许印芳作律诗看待，也不合。近体定型之后，李白的五律往往突破其程式，于是诗评家们在称赞一番之后,随之细加剖析,每指出其不合格处,防止后人起而效法。

从大处看,李白在五律上的这一特点也是他"将复古道"的一种表现。由于他受"选体"的影响深,习用不拘格律的古诗句法,从事五律的创作时,也就不拘定格,以古入律了。

再从李白的个性来看,秉性豪放,本是不受绳束的人,平仄粘对等格律,他在学诗阶段已能熟练掌握,但终与个性不合,因此当他出川之后,也就一气挥洒,即使写作近体,也不拘于形式了。于是李白的很多五言诗,古律难分,后人难于归类,也就时而引起评论家的不满。例如《南阳送客》一诗,明梅鼎祚选辑、屠隆集评《唐二家(李杜)诗钞评林》卷四曰:"此诗旧列五言古,然实律耳。"

李白还有好几首五律,从头到尾都无对偶,如《对酒忆贺监二首》其二曰:

> 狂客归四明,山阴道士迎。敕赐镜湖水,为君台沼荣。人亡馀故宅,空有荷花生。念此杳如梦,凄然伤我情。

明陆时雍《唐诗镜》卷二十曰:"初唐以律行古,局缩不伸;盛唐以古行律,其体遂败。良马之妙,在折旋蚁封;豪士之奇,在规矩妙用。若……《对酒忆贺监》《宿五松山下荀媪家》《宿巫山下》《夜泊牛渚怀古》,清音秀骨,夫岂不佳,第非律体所宜耳。"这是明清以来诗体已趋固定之后评论家的一般见解,属于正统的观点,但其倾向则趋于保守,对于李白的创新精神不能正确对待。

即以《唐诗镜》中提到的《夜泊牛渚怀古》一诗来看,飘逸隽永,令人神往。诗曰:

牛渚西江夜，青天无片云。登舟望秋月，空忆谢将军。余亦能高咏，斯人不可闻。明朝挂帆席，枫叶落纷纷。

宋严羽《沧浪诗话·诗体》曰："律诗有彻首尾不对者。盛唐诸公有此体。……太白'牛渚西江夜'之篇，皆文从字顺，音韵铿锵，八句皆无对偶者。"清王尧衢《古唐诗合解》卷七曰："此诗以古行律，不拘对偶，盖情胜于词者。"

总计李白今存诗作，古诗占十分之八稍弱；近体诗中，五律还有九十首左右，七律只有十首，内中一首还只有六句。这是因为律诗在形式上要求严，而七律因字数多的缘故，格律上需避忌的地方更多，这与李白个性不合，因而少作此体的吧。

但李白秉性好胜。崔颢作《黄鹤楼》诗，取得了很大的成就，李白就蓄意要与之争胜。然崔颢此诗形制颇异，因其前半是古风的格调，后半才是律诗的格调。前面四句中，平仄与正规的平起式不合，三、四句还不对仗，"黄鹤"一词又连用了三次，这些都是与律诗，甚至是一般的诗歌，在体式和作法上不能相容的。李白写作《登金陵凤凰台》诗，在结构上下了很大的功夫，极力与之较量，故明高棅《唐诗品汇》卷八三引范德机（梈）评诗曰："登临诗首尾好，结更悲壮，七言律之可法者也。"

李白还有一首与《登金陵凤凰台》诗相仿佛的《鹦鹉洲》诗，曰：

鹦鹉来过吴江水，江上洲传鹦鹉名。鹦鹉西飞陇山去，芳洲之树何青青。烟开兰叶香风暖，岸夹桃花锦浪生。迁客此时徒极目，长洲孤月向谁明？

这诗与崔颢《黄鹤楼》也相仿，显系摹拟而成。清张揔《唐风采》卷五引质公曰:"此篇凡三'鹦鹉'、三'江'、三'洲'、二'青青'字,其法皆出于《黄鹤楼》《龙池篇》①二作,与《凤凰台》同一机杼,而天锦灿然,亦一奇也。"清汪师韩《诗学纂闻》则曰:"李白《鹦鹉洲》一章,乃庚韵而押'青'字。此诗《唐文粹》编入七古,后人编入七律,其体亦可古可今,要皆出韵也。"

综合上言,可知李白写作的七律,与他写作的五律一样,内有一些格律谨严之作,但大多数的七律,同样具有古、律难分的情况。凡此均可说明李白好复古道,于魏晋南北朝诗沉潜至深,因而总是带有上一时期的某些遗痕。尽管李白本人已是盛唐诗人中的杰出人物,但在研究他的成就时,不能割断他与前人的血肉联系。

清沈德潜《唐诗别裁》卷十三评李白《鹦鹉洲》曰:"以古笔为律诗,盛唐人每有之,大历后,此调不复弹矣。"从中可见李白"以古笔为律诗"的特点,可以作为处理继承与发展的辩证关系的范例,也可作为诗歌发展史上某一阶段的代表。这一情况可以给予后人很多启发与思考。

九、李白的文学思想

目前编写中国文学批评史的专家似乎都有一种共同倾向,凡是著名的作家,都作理论家看待。此人如只留下诗作,也要摘出若干句子,

---

① 《龙池篇》为沈佺期之作。明凌氏盟鸥馆朱墨套印本李于麟《唐诗广选》卷四于沈佺期《龙池篇》书眉引田子艺云:"人但知太白《凤皇台》出于《黄鹤楼》,不知崔颢又出于《龙池篇》,若《鹦鹉洲》,又《凤皇台》馀意耳。四篇机杼一轴,天锦灿然,各用叠字成章,尤为奇也。"参看拙作《从"唐人七律第一"之争看文学观念的演变》,载《文学评论》1986年第3期,后载《文史探微》,上海古籍出版社1986年版;《周勋初文集》第三册,江苏古籍出版社2000年版。

构拟出这位诗人的理论体系。因此，目下流行的一些较大型的批评史中都有"李白"一章。他们用以阐发的材料，主要是"古风"五十九首中的第一首"大雅久不作"和《本事诗·高逸》中的一段李白自白；前者的性质为文学创作，后者为晚唐人所作的一种小说中的记载。二者内容有其一致的地方，似乎都有复兴古道的倾向，因此论者每据之立论，以为李白推崇《大雅》而鄙薄六朝。但这又与李白其他创作中透露的观点不一致，从而发生了许多见仁见智的不同意见。今将二文征引于下，然后进行分析。

《古风》其一曰：

> 《大雅》久不作，吾衰竟谁陈？王风委蔓草，战国多荆榛。龙虎相啖食，兵戈逮狂秦。正声何微茫，哀怨起骚人。扬、马激颓波，开流荡无垠。废兴虽万变，宪章亦已沦。自从建安来，绮丽不足珍。圣代复元古，垂衣贵清真。群才属休明，乘运共跃鳞。文质相炳焕，众星罗秋旻。我志在删述，垂辉映千春。希圣如有立，绝笔于获麟。

《本事诗·高逸》曰：

> 白才逸气高，与陈拾遗齐名，先后合德。其论诗云："梁陈以来，艳薄斯极，沈休文又尚以声律，将复古道，非我而谁与！"故陈（子昂）、李（白）二集，律诗殊少。尝言："兴寄深微，五言不如四言，七言又其靡也。况使束于声调俳优哉！"

李白每有这种情况，发表某种意见时就强调这一种观点，不计其他，因此常与其他地方发表的意见不合。例如《古风》其一中说"自从建安来,绮丽不足珍",就与其他诗文中的意见相左。大家可以举出大量例证来反诘。李白极为推崇谢灵运、谢朓等人的作品,如《劳劳亭歌》曰:"我乘素舸同康乐,朗咏清川飞夜霜。"《赠从弟南平太守之遥二首》其一曰:"梦得'池塘生春草',使我长价登楼诗。"《金陵城西楼月下吟》曰:"月下沉吟久不归,古来相接眼中稀。解道'澄江净如练',令人长忆谢玄晖。"《秋夜板桥浦泛月独酌怀谢朓》曰:"独酌板桥浦,古人谁可征? 玄晖难再得,洒酒气填膺。"他对其他一些南朝诗人,也有赞美之词,如《经乱离后天恩流夜郎忆旧游书怀赠江夏韦太守良宰》诗曰:"览君荆山作,江、鲍堪动色。"说明他对江淹、鲍照也有很高的评价。杜甫在《与李十二白同寻范十隐居》诗中说:"李侯有佳句,往往似阴铿。"说明李白的创作特色有与阴铿相合的地方。这诗作于李、杜同游山东之时,李白应当见到这诗,杜甫如此写,自然有其根据。

　　由此可见,李白将建安以后的文学一笔抹煞,自有其特别的用意。那么这种观点又是怎样形成的呢?

　　这里可以对《本事诗》中所记录的"五言不如四言"之说先进行考察。

"五言不如四言"说的理论根源

　　李白受魏晋南北朝文学的影响很深,这在前面几章中已经多次说明,他的"五言不如四言"之说,明显受到魏晋南北朝时理论界的影响。

　　魏晋南北朝时的文人创作以诗为大宗,四言、五言的数量最多,比较之下,当然又以五言诗的趋势为好。自刘宋时起,写作五言诗的人越来越多,写作四言诗的人越来越少,但四言这一诗体的数量虽少,地位却显得尊贵。

　　按理说,诗体只是一种形式,本无尊贵与否的问题,只是由于中国历史悠久,自古以来就有尊重传统的风气,于是在四言、五言之间也有强作区分者。

春秋之时出现了《诗三百》这一总集,历代相传这书曾经儒家始祖孔子的整理,汉代独尊儒术,推尊《诗三百》为经,自后历朝历代的学子必须自幼精习,伏膺诗教,这样必然会在人们的思想上盖上深刻的烙印,从而将《诗经》奉为文学上的典范。《诗经》中以四言诗为主要体裁,四言由此显得特别尊贵。

《文选》中的很多四言诗乃应诏、公宴之作。文士处在这种场合,面对帝王或是皇亲贵戚等权臣,自然要用最庄严的口吻陈述。因为传统的关系,他们大都采用四言写作。这样做,可以表现自己恭敬肃穆的心态和尊重对方的诚意。犹如近世文言、白话的运用。民国时期,白话文在日常应用中已占主导地位,但人们向上陈述时,还是要用文言写作,因为文言继承传统,因而显得更庄重,更规范。魏晋南北朝人采用四言写作时,大约就是这种心态。与此相近,魏晋南北朝的士人相互交往时,也常采用四言写作。这在《文选》"赠答"类中很多见。尤其是在魏晋时期,更为普遍。

文学界的这种情况反映到理论中时,也就出现了推尊四言、压抑五言的现象。

挚虞的《文章流别集》是早期的一部文学总集,里面选了哪些作品,因全书已佚,已无法考知,但附于书前的评述部分却还有残文保存在一些典籍中,后人编为《文章流别论》,内中就有涉及"诗"类的一些评语:

> 《书》云:"诗言志,歌永言。"言其志谓之诗。古有采诗之官,王者以知得失。
>
> 古之诗有三言、四言、五言、六言、七言、九言。古诗率以四言

为体,而时有一句、二句杂在四言之间。后世演之,遂以为篇。古诗之三言者,"振振鹭,鹭于飞"之属是也,汉郊庙歌多用之。五言者,"谁谓雀无角?何以穿我屋"之属是也,于俳谐倡乐多用之。六言者,"我姑酌彼金罍"之属是也,乐府亦用之。七言者,"交交黄鸟止于桑"之属是也,于俳谐倡乐世用之。古诗之九言者,"洞酌彼行潦挹彼注兹"之属是也,不入歌谣之章,故世希为之。夫诗虽以情志为本,而以成声为节。然则雅音之韵,四言为正,其馀虽备曲折之体,而非音之正也。①

挚虞的这番议论,洋溢着尊重传统的精神。四言出于《诗经》,《诗三百》由采诗之官采集得来,借给王者提供鉴诫;《诗》原是合乐的,经常在宗庙或其他一些庄重的场合演出,挚虞着眼于此将它与三言至九言的不同歌诗作比较,以为四言独得诗体之正。

颜延之《庭诰》曰:"五言流靡,则刘桢、张华;四言侧密,则张衡、王粲。若夫陈思王,可谓兼之矣。"(《太平御览》卷五八六引)说明曹植在四言、五言的写作上都取得了杰出的成就。曹氏一门天才卓荦,创作成就各有所长,曹操在四言的写作中灌注进了个性,曹丕在七言诗一体上有突破性的开拓,但最负盛名的曹植,则在传统的四言与新创的五言上取得了协调的发展。他的创作可以作为诗体的分界,其后作五言诗的人日见其多,至刘宋后更是占尽上风了。

刘勰在《文心雕龙·明诗》中也有类似的言论:

----

① 《艺文类聚》卷五六引,今据严可均《全晋文》卷七七引。《晋书·挚虞传》曰:"虞撰《文章志》四卷,注解《三辅决录》,又撰古文章,类聚区分为三十卷,名曰《流别集》,各为之论,辞理惬当,为世所重。"参看牟世金《〈文章流别志、论〉原貌初探》,载《中华文史论丛》1987年2、3期合刊。

李白评传

故铺观列代，而情变之数可监；撮举同异，而纲领之要可明矣。若夫四言正体，则雅润为本；五言流调，则清丽居宗；华实异用，惟才所安。故平子得其雅，叔夜含其润，茂先凝其清，景阳振其丽。兼善则子建、仲宣，偏美则太冲、公幹。

纪昀评《文心雕龙》上述文字曰："此论却局于六朝习径，未得本源。夫雅润、清丽，岂诗之极则哉！"此说不失为有得之见，但"雅润""清丽"之说，只是刘勰对前代文学特点的概括说明，其间并无强分高下之意。一代人有一代人的美学标准，纪氏此说似微嫌挑剔。刘氏以"雅润"评四言，以"清丽"评五言，当然是反映了六朝人对诗的要求。但也不难看出，《文心雕龙·明诗》篇中有关四言、五言的主张与自挚虞而来的观点可谓一脉相承。

挚虞、刘勰均以"四言为正"，其特点为"雅"，这是魏晋南北朝时士族中人的共识。《晋书·列女·王凝之妻谢氏传》曰：

> 王凝之妻谢氏，字道韫，安西将军奕之女也。聪识有才辩。叔父安尝问："《毛诗》何句最佳？"道韫称："吉甫作颂，穆如清风。仲山甫永怀，以慰其心。"安谓有雅人深致。

《世说新语·文学》篇云：

> 谢公因子弟集聚，问《毛诗》何句最佳。遏称曰："昔我往矣，杨柳依依；今我来思，雨雪霏霏。"公曰："讦谟定命，远猷辰告。"谓此句偏有雅人深致。

刘孝标注释谢安引用之《诗》曰："《大雅》诗也。毛苌《注》曰：'讦，大也。谟,谋也。辰,时也。'郑玄注曰:'猷,图也。大谋定命,谓正月始和,布政于邦国都鄙。'"此亦可见,这一时期的人对于继承《诗经》传统而创作的四言诗何以均以"雅"字称许了。

《文心雕龙·章句》篇曰:"至于诗颂大体,以四言为正。"刘勰论文重继承,他的这一观点,比之上述诸人似乎还有更为尊重经典的地方。这里尤应注意的是,刘勰的理论并不偏于一端,他的生活年代比之挚虞等人要晚得多,因此他对后起诗体的美感特点更多关注,所谓"华实异用,唯才所安",以为文士就其才性所长,从事某一诗体的创作,均可达到高度成就。这里正体现了刘勰的"折衷"观点。张衡得其"雅",嵇康得其"润",二人的创作风貌当然与《诗经》不同,可知刘勰并不为传统的规范所束缚,因为学习传统的结果不可能回复到过去。但张衡、嵇康的创作自有继承《诗经》中的优良传统而得其一体的地方。

纪昀以为"雅润""清丽"非诗之极则,从而责备刘勰"未得本源",须知刘勰是从文学发展的观点考察各家不同风貌的,这里本无需乎回复到纪昀所追求的本源上去。

颜延之在《庭诰》中说:"挚虞文论,号称优洽。"可见他对《文章流别论》中的观点也是充分肯定的。刘勰以为曹植兼具四言、五言之善,与颜延之的观点一致,说明挚虞、颜延之与刘勰之间在有关诗体的理论上也有继承和发展的关系。

刘勰说是"五言流调","流"字寓流行义,这也不能算是什么贬词,但与"正"相对,则自有低一层次的意思。刘勰的这一观点在《乐府》篇中也有反映,文曰:"魏之三祖,气爽才丽,宰割辞调,音靡节平,观其'北上'众引,'秋风'列篇,或述酣宴,或伤羁戍,志不出于慆荡,辞不离于哀思,虽三调之正声,实《韶》《夏》之郑曲也。"这也就是说,曹操的《苦寒行》、曹丕的《燕歌行》等乐府诗,出于汉乐府清商三调,原为周代的古乐曲，故有传统上的依据，因而从乐调来说可谓得其"正"；然而观其志，察其辞，则与"郑风"相当，故称之为《韶》《夏》之郑曲"。刘勰宗经，要求继承传统之"正"，反对后起的一些过度的情思，这些地方褒贬之意更见明确。

钟嵘在《诗品序》中说："夫四言，文约意广，取效《风》《骚》，便可多得，每苦文繁而意少，故世罕习焉。五言居文词之要，是众作之有滋味者也，故云会于流俗。岂不以指事造形，穷情写物，最为详切者邪？"他对诗体作了细致的分析，指出五言诗的优点是表现力强，更能穷情写物，因而诗"味"更浓。这一理论，对于五言新体的支持与推动，甚为有力。

但钟嵘的上述看法，仍然有与魏晋南北朝时众多文士一致的地方。他说五言诗"会于流俗"，实际上也就是称五言为"流"调。而他认为写作四言"取效《风》《骚》，便可多得"，只是说四言诗易于从模仿中取得成功，并不是鼓动人们摆脱《风》《骚》的束缚；相反，他却是极为重视继承《风》《骚》的传统，这点与他人没有什么差别。试观《诗品》中的上品诸人，都是年代较早、直接继承《风》《骚》传统的作者。《古诗》曰"其体原出于《国风》"，李陵曰"其源出于《楚辞》"，班姬曰"其源出于李陵"，曹植曰"其源出于《国风》"，刘桢曰"其源出于《古诗》"，王粲曰"其源出于李陵"，阮籍曰"其源出于《小雅》"，陆机曰"其源出于陈思"，潘岳曰"其源出于仲宣"，张协曰"其源出于王粲"，左思曰"其源出于公幹"，谢灵运曰"其源出于陈思"，可见上品中人或有源出同品之中的上代某一人者，但均源出于《诗》《骚》则无可疑。中、下品中的绝大多数人物则又出于前代的某一高品中人，其受《风》《骚》传统的浸润也是都有脉络可寻的，可见钟嵘对传统的作用何等重视。他以为后人在写作时不要在形式上摹拟《诗经》，但《诗经》的精神还是应该继承而不可须臾忽略的。

《诗品序》中曾说："挚虞《文志》，详而博赡，颇曰知言。"钟嵘对陆机、李充、王微、颜延之等人的学说均有不满，唯独对挚虞的理论评价甚高，这里不排除他对挚氏尊重文学传统的观点有其共鸣之处。他说五言"会于流俗"，当据挚虞所说五言"于俳谐倡乐多用之"而立论。

李白年轻时认真地学习过《文选》，受到魏晋南北朝时期文学的熏染，①因此在理论的表述上，与前一时期的理论界有一致的地方。魏晋南北朝人竞作五言，少作四言，但在理论上却推重四言，贬抑五言；李白经常写作五言诗，很少写作四言诗，但在理论上也要推重四言贬抑五言，可见其沉潜于魏晋六朝文学之深。

李白的诗中，七言句很多，而他又有"七言又其靡也"的否定之词，这种似乎自相矛盾的说法，也应作些分析。

如上所言，魏晋南北朝时一些重视传统的文士在论述诗体时，重四言，抑五言，也就顺理成章地进而贬抑七言这一新体了。《文章流别论》中有云："七言者，'交交黄鸟止于桑'之属是也，于俳谐倡乐世用之。"前此傅玄在《拟四愁诗序》中说："昔张平子作《四愁诗》，体小而俗，七言类也。"陆机在《鞠歌行序》中也说："三言、七言，虽奇宝名器，不遇知己，终不见重。"可见七言这种文坛新物，与五言类同，唐代之前的文人每不予重视，更多贬抑之词。这也是一种传统的偏见。《本事诗》中还介绍说："其论诗云：梁陈以来，艳薄斯极，沈休文又尚以声律，将复古道，非我而谁与！"所谓"将复古道"，就是要求继承传统，回归过去。从他的创作来说，首列古诗与乐府，正是《文选》中所反映的汉魏诗歌的优秀传统。如此看来，《本事诗》中的记载反映了李白思想的真实情况。

---

① 参看裴斐《李白与魏晋南北朝时期诗人》，载《文学遗产》1986 年第 1 期。

李白何以推重《大雅》？

"五言不如四言"之说的用意既已明了，下面就可讨论李白推举《大雅》为最高典范的用意了。

这实际上是魏晋南北朝时一种具有代表意义的理论。古人以为文学与国运相通，因而文学中所反映的社会情况，成了测量国运盛衰的一种风雨表。

《诗经》中的《雅》《颂》部分，古人认为最为庄严神圣的地方，即在追溯种族之所出与叙先王创业之艰难。《大雅》与《周颂》《商颂》中，歌颂始祖降生时的种种灵异，经过历代先王的艰苦奋斗，才能成就商、周两代的辉煌；后代继承者又如何自强不息，克绍箕裘，不断开拓进取。这些用于宗庙祭祀等神圣场合的诗歌，中间交织着激昂与谦抑的情绪，这样的作品自然至尊至高，永远值得后人推重了。

诗歌、音乐、舞蹈反映各国亦即各个地区的民情风俗，借此可觇该国的盛衰，这是一种古老的观念，儒家兴起之前即已形成。《左传》襄公二十九年记吴公子季札赴鲁观乐，依次听取了《诗》三百篇中一些重要地区的诗乐，且一一作出评论，内云：

> 请观于周乐。使工为之歌《周南》《召南》，曰："美哉！始基之矣，犹未也。然勤而不怨矣。"为之歌《邶》《鄘》《卫》，曰："美哉，渊乎！忧而不困者也。吾闻卫康叔、武公之德如是，是其《卫风》乎？"为之歌《王》，曰："美哉！思而不惧，其周之东乎？"为之歌《郑》，曰："美哉！其细已甚，民弗堪也，是其先亡乎？"为之歌《齐》，曰："美哉！泱泱乎，大风也哉！表东海者，其大公乎！国未可量也。"为之歌《豳》，曰："美哉，荡乎！乐而不淫，其周公之东乎？"为之歌《秦》，曰："此之谓夏声。夫能夏则大，大之至也，其周

之旧乎?"为之歌《魏》,曰:"美哉,沨沨乎! 大而婉,险而易行,以德辅此,则明主也。"为之歌《唐》,曰:"思深哉! 其有陶唐氏之遗民乎? 不然,何忧之远也,非令德之后,谁能若是?"为之歌《陈》,曰:"国无主,其能久乎?"自《郐》以下无讥焉。为之歌《小雅》,曰:"美哉! 思而不贰,怨而不言,其周德之衰乎? 犹有先王之遗民焉。"为之歌《大雅》,曰:"广哉! 熙熙乎! 曲而有直体,其文王之德乎?"为之歌《颂》,曰:"至矣哉! 直而不倨,曲而不屈,迩而不偪,远而不携,迁而不淫,复而不厌,哀而不愁,乐而不荒,用而不匮,广而不宣,施而不费,取而不贪,处而不底,行而不流,五声和,八风平,节有度,守有序,盛德之所同也。"见舞《象箾》《南籥》者,曰:"美哉! 犹有憾。"见舞《大武》者,曰:"美哉! 周之盛也,其若此乎?"见舞《韶濩》者,曰:"圣人之弘也,而犹有惭德,圣人之难也。"见舞《大夏》者,曰:"美哉! 勤而不德,非禹其谁能修之?"见舞《韶箾》者,曰:"德至矣哉! 大矣,如天之无不帱也,如地之无不载也,虽甚盛德,其蔑以加于此矣。观止矣! 若有他乐,吾不敢请已!"

季札对各地民情风俗和政治得失的评论,可称允当。其中对《雅》《颂》的论证,以为至善至美,乃盛德之反映。这种观点一直影响到后代。李白在《古风》其三十五中说:"《大雅》思文王,颂声久崩沦。"与此相合。

中国向以夏、商、周三代的开国之时为黄金时代。圣主在位,民风淳朴,万众一心,国力不断提升,社会上洋溢着和谐和欣欣向荣的气氛。但自战国之后,情况可就不同了。诸侯割据,全国陷于四分五裂,迨至秦统一全国,却又因残暴异常而驱民于水火,这就是李白诗中所说的"王风委蔓草,战国多荆榛。龙虎相啖食,兵戈逮狂秦"。至是世风日下,《雅》《颂》的精神也就难于再现了。

李白以《雅》《颂》精神为最高准则,考察后世文学,必然会把一些衰乱特甚的时代,如魏晋南北朝时所产生的作品,视为低下之作了。

唐朝是在魏晋南北朝四百年动乱的基础建立起来的。唐初君臣对前朝旧事记忆犹新,他们反复探讨这一时期的政权为什么旋兴旋灭,不能长治久安。他们从文学方面考察,认为自刘宋时起的绮艳文风,尤其是梁、陈二代的宫体,正是败坏社会风气、导致国家灭亡的"亡国之音"。

唐初的史学家总结历史的经验教训时,认为文学一直有向华艳方面发展的趋势。魏徵在《隋书·经籍志》的"集部总论"中说:

> 宋玉、屈原,激清风于南楚;严、邹、枚、马,陈盛藻于西京。半子艳发于东都,王粲独步于漳、滏。爰逮晋氏,见称潘、陆,并黼藻相辉,宫商间起,清辞润乎金石,精义薄乎云天。永嘉已后,玄风既扇,辞多平淡,文寡风力。降及江东,不胜其弊。宋、齐之世,下逮梁初,灵运高致之奇,延年错综之美,谢玄晖之藻丽,沈休文之富溢,辉焕斌蔚,辞义可观。梁简文之在东宫,亦好篇什,清辞巧制,止乎衽席之间;雕琢蔓藻,思极闺闱之内。后生好事,递相放习,朝野纷纷,号为"宫体"。流宕不已,讫于丧亡。陈氏因之,未能全变。

文学影响社会风气,与国运息息相关,因此一些政坛要人对此表示关注,要求改善文风,借以改变社会风气。《隋书·李谔传》记其上隋文帝论文书中认为古先哲王以《诗》《书》《礼》《易》化民,故民风淳和:

降及后代，风教渐落。魏之三祖，更尚文词，忽君人之大道，好雕虫之小艺。下之从上，有同影响，竞骋文华，遂成风俗。江左齐、梁，其弊弥甚，贵贱贤愚，唯务吟咏。遂复遗理存异，寻虚逐微，竞一韵之奇，争一字之巧。连篇累牍，不出月露之形；积案盈箱，唯是风云之状。世俗以此相高，朝廷据兹擢士。禄利之路既开，爱尚之情愈笃。

自此之后，文士发表同类意见者甚多。有的愈趋极端，一直向上推去，认为屈原、宋玉已经显出不好的苗头，自汉之下这种趋势迄未好转，如王勃《上吏部裴侍郎启》曰：

自微言既绝，斯文不振，屈、宋导浇源于前，枚、马张淫风于后。谈人主者，以宫室苑囿为雄；叙名流者，以沉酗骄奢为达。故魏文用之而中国衰，宋武贵之而江东乱。（《文苑英华》卷六五六）

李华《赠礼部尚书孝公崔沔集序》曰：

屈平、宋玉，哀而伤，靡而不远。《六经》之道遁矣。（《文苑英华》卷七〇一）

贾至《工部侍郎李公集序》曰：

仲尼删《诗》述《易》，作《春秋》而叙帝王之书，三代文章，炳然可观。泪骚人怨靡，扬、马诡丽，班、张、崔、蔡，曹、王、潘、陆，扬波扇飚，大变风雅。宋、齐、梁、隋，荡而不返。（《文苑英华》卷七〇一）

独孤及《殿中侍御史萧府君文章集录序》曰：

> 尝谓扬、马言大而迂，屈、宋词侈而怨。沿其流者，或文质交丧，雅郑相夺，盍为之中道乎？（《文苑英华》卷七〇一）

可以看出，李白"自从建安来，绮丽不足珍"的一番议论，与某些友人的观点一致，正是从过去的理论发展下来的。李白基于文学与国运相通的传统观念，以《雅》《颂》精神为准则，批判后起的不良文风。他的批判重点，在于"梁、陈以来，艳薄斯极，沈休文又尚以声律"，因此他要"复古道"，继承《雅》《颂》精神，从而批判一味追求"绮丽"的不良风气。

但李白的眼光并不停留在关注历代诗歌的发展上，他的目的是在要求"圣代复元古，垂衣贵清真"。《古风》其四十六中说："一百四十年，国容何赫然。"时至开元盛世，文坛上理当有恢廓的气象，文风不应偏于一端，而应"文质相炳焕"；《雅》《颂》精神应当体现为"垂衣贵清真"的气象，即一切都应显示出清真与自然，这样才能人才辈出，文坛上兴起蓬蓬勃勃的新气象。这是他的期望，也是他的美学要求。

《古风》的编排顺序与《本事诗》的文献价值

古往今来，人们一致认为李白的创造性极强，思想上少有束缚，然而他又公然宣称"将复古道，非我而谁？"似乎有些不好理解。有些学者对此无法解释，就对《本事诗》的文献价值提出质疑，以为该书所记本为小说家言，有关李白的这一记载本不足信。

根据目下一些专家的研究，孟棨《本事诗》中的很多篇章实为集纳前人著述而成，成分很复杂。有的径自前人作品中摘出，有的经过改写，因为偏重故事情节，个别地方或出于编造，但孟棨自编的故事则是很少的。① 即如上述李白故事中，前后几段文字，如贺知章称李白为谪仙人，玄宗召李白醉中草《宫中行乐词》十首等，所记事实或与他书有所出入，但均有其根据。孟棨在《本事诗序》中说："其有出诸异传怪录，疑非事实者，则略之。"可知他对所记的史实作过一番考核，不可信者不录。有关李白的传闻，他是采摭认为可信的材料才加著录的。

有的学者认为李白是儒家信徒，故而以为《古风》其一中的复古理论是在发挥儒家诗论。此诗置于李太白集之首，目的即在开宗明义，以"风""雅"为己任，而这也是《古风》这一组诗的中心思想。有的学者甚至认为目下流传的李白集应是李白自编的。李白将"大雅久不作"一诗置于前端，目的即在突出个人的政治理想。

李白是否儒家信徒，前面论述已多，今不赘述。有关李集的编纂，则还可略作申论。

按《古风》这一组诗，前后顺序不明，既不按内容分类，又不按写作年代排列，看来不大可能出于作者自编。况且这一组古诗原来不叫"古风"，这在前面《李白的古风组诗》中已有评论，今亦不赘。

这一组诗，继承的是阮籍《咏怀》、陈子昂《感遇》的传统，实为针对现实中的问题而抒发感慨，后人不应以其有"古风"之名而以为他在提倡复兴古道。

这一组诗既然不可能为李白自编，那么由谁编定？推究起来，这种编排当出李阳冰之手。

李白去世之时，正寓居当涂，曾面托李阳冰编集且撰序文。李阳冰《草堂集序》叙此事曰："临当挂冠，公又疾亟。草稿万卷，手集未修。枕上授简，俾予为序。"这一文集，流传到了宋代，乐史《李翰林别集序》

---

① 参看王梦鸥《本事诗校补考释》前言，载《唐人小说研究》三集，台湾艺文印书馆 1974 年版。

李白评传

曰："李翰林歌诗，李阳冰纂为《草堂集》十卷，史又别收歌诗十卷，与《草堂集》互有得失，因校勘排比为二十卷，号曰《李翰林集》。今于三馆中得李白赋、序、表、赞、书、颂等亦排为十卷，号曰《李翰林别集》。"宋敏求在《李太白文集后序》中追述李阳冰、乐史二家编集情况后又说："[英宗]治平元年(1064)，得王文献公溥家藏白诗集上、中二帙，凡广一百四篇，惜遗其下帙。[神宗]熙宁元年(1068)，得唐魏万所纂白诗集二卷，凡广四十四篇。因裒唐类诗诸篇洎刻石所传别集所载者，又得七十七篇，无虑千篇。沿旧目而厘正其汇次，使各相从，以别集附于后。凡赋、表、书、序、碑、颂、记、铭、赞文六十五篇，合为三十卷。"以后曾巩又曾加以整理，《李太白文集后序》中说："《李白集》三十卷，旧歌诗七百七十六篇，今千有一篇。杂著六十五篇者，知制诰常山宋敏求字次道之所广也。次道既以类广白诗，自为序，而未考次其作之先后。余得其书，乃考其先后而次第之。"后来苏州太守晏知止命信安毛渐镂版行世，用的就是曾巩编次本，后世所传《李翰林集》，又大都从毛渐刻本中出。

从上面各家的序文来推断，可知曾巩没有触及"古风"这一组诗，因为中间没有"考次其作之先后"的痕迹。乐史在李阳冰所编《草堂集》十卷的基础上又增加收到的诗文，重编为三十卷，宋敏求则"沿旧目而厘正其汇次，使各相从"，可见他的工作仍以"旧目"为基础，那么"古风"这一大类，不大可能为宋氏所设的新目。"古风"当为《草堂集》中遗留下来的"旧目"。乐史编李集时，去宋氏未远，即使乐氏添设"古风"一目，宋氏也不会称之为"旧目"。

按姚合《赠张籍太祝》诗有"古风无手敌，新语是人知"之句，说明其时"古风"一名已风行。李阳冰的年代比姚合要早，使用"古风"一名，或为文坛上的新词汇。他编"古风"时，可能还不到五十九首。其后宋敏求将原题"咏怀""感遇"之类的诗篇并入，才成目前这个样子。

李阳冰《草堂集序》言李白"不读非圣之书,耻为郑、卫之作,故其言多似天仙之辞。凡所著述,言多讽兴"。把李白说成儒家的信徒,与实际情况不合。但由此可以想到,《草堂集》"旧目"的"古风"中将《大雅》久不作"一首置于前端,倒是体现了李阳冰的意图。

李阳冰将"《大雅》久不作"一首置于"古风"之首,体现的是自己的文学观点,但却扭曲了李白的形象。

当然,这一首诗也反映了李白文学思想的一个方面,但不能称之为根本观念或基本观点。

十、李白的美学追求

李白的美学追求可用"清真"一词来表达。《古风》其一曰:

> 圣代复元古,垂衣贵清真。群才属休明,乘运共跃鳞。文质相炳焕,众星罗秋旻。我志在删述,垂辉映千春。希圣如有立,绝笔于获麟。

关于这一首诗的主旨,能否代表李白的文学思想,学术界有很多争议。但"清真"一词应当可以作为李白文学思想的核心内容,这从其他诗篇中透露的思想,以及他全部创作中透露的美学追求,都可与此相印证。

一位诗人,他的美学追求,又是思想、作风、秉性在文学领域中的具体体现。李白在这方面的特点,可用"真率"一词来表达。"清真"与"真率"是表与里的关系。"清真"特色的呈现,由"真率"的性情所决定。

李白之"真",从为人来说,表现为表里如一。他想的是什么,就做什么,在诗文中就反映什么,中间没有什么掩饰与伪装。

苏辙《诗病五事》其一曰：

> 李白诗类其为人，骏发豪放，华而不实，好事喜名，不知义理
> 之所在也。语用兵，则先登陷阵，不以为难；语游侠，则白昼杀人，
> 不以为非。此岂其诚能也哉！白始以酒诗奉事明皇，遇谗而去，
> 所至不改其旧。永王将窃据江淮，白起而从之不疑，遂以放死。
> （《栾城三集》卷八）

苏辙颇能把握李白的特点，但他作出的价值判断，则是站在儒家正统
立场上加以考察的，其中突出"义理"方面的要求。这些地方，其他宋
人的批判尤为激烈，其中王安石的意见可为代表，对后世发生的影响
也最大。宋释惠洪《冷斋夜话》卷五曰：

> 舒王（王安石）以李太白、杜少陵、韩退之、欧阳永叔诗编为
> 《四家诗集》，而以欧公居太白之上，世莫晓其意。舒王尝曰："太
> 白词语迅快，无疏脱处；然其识污下，诗词十句九句言妇人酒耳。"

后人每称李白诗中以咏醇酒妇人者为主，近代研究者更有因此而称李
白为颓废派诗人者。

在其他诗人的笔下，诗酒风流，酒是豪放性格的反映，是文人酬酢
的重要媒介，也是愁闷心情的消解物，而在李白心中，则是生命以之的
一种嗜物。因此他以酒为代号，自称"酒仙""酒仙翁"。

王安石指责李白诗中屡言醇酒妇人，今人每为之辩解，实则毋庸
回避，李白确有追求感官享受的一面，这在诗中每有直白的表现。如
《襄阳歌》曰：

落日欲没岘山西,倒著接䍦花下迷,襄阳小儿齐拍手,拦街争唱《白铜鞮》,旁人借问笑何事,笑杀山公醉似泥。鸬鹚杓,鹦鹉杯,百年三万六千日,一日须倾三百杯。遥看汉水鸭头渌,恰似葡萄初酦醅。此江若变作春酒,垒曲便筑糟丘台。千金骏马换少妾,醉坐雕鞍歌《落梅》。车旁侧挂一壶酒,凤笙龙管行相催。

《江上吟》曰:

木兰之枻沙棠舟,玉箫金管坐两头。美酒樽中置千斛,载妓随波任去流。

而在《寄远》其七中则云:

妾在舂陵东,君居汉江岛。百里望花光,往来成白道。一为云雨别,此地生秋草。秋草秋蛾飞,相思愁落晖。何由一相见,灭烛解罗衣。

《寄远》这一组诗,论者以为写作年代不一,乃后人集合而成,大约以作于酒隐安陆之时者为多。诗的内容,多寄内之辞,或寄他女,也有自代内作之词。但不管怎样,李白的这些作品有异于常人。古人以为闺帏之内的私情不能形诸笔墨,像李白这样直宣情欲的作品,极为罕见。按"灭烛解罗衣"句直袭《子夜四时歌》中"开窗秋月光,灭烛解罗裳。含笑帷幌里,举体兰蕙香"中前二句而成,朱谏《李诗辨疑》卷下评曰:"辞太媚而意太荒,末句尤为亵谩之甚。"他人对这类词句每行回避,李白则径写入诗中,此亦其真率性情的自然显露,可见其浸润于民歌风调之深。

李白对"酒"与"美人"的偏好,自然是在追求生物本能的享受,是肉体上的一种追求。在其他文人的笔下,也有对酒与美人的吟咏,如陶渊明的嗜酒,宫体作家之咏美色,但很少把这二者结合而作为嗜欲来描写,一般只是借此抒发某种情绪或思想。这与李白的酒色之嗜,有本质上的差异。

谢安是李白的追慕对象,东山挟妓的逸闻,反复在李白的笔下出现,而当李白自蜀地东下,赴金陵游乐时,也就有了纵酒挟妓的种种表现。魏颢《李翰林集序》曰:"间携昭阳、金陵之妓,迹类谢康乐,世号为李东山。① 骏马美妾,所适二千石郊迎,饮数斗醉,则奴丹砂抚《青海波》,满堂不乐,白宰酒则乐。"

李白对这种生活反复加以吟咏。《少年行》曰:

> 五陵年少金市东,银鞍白马度春风。落花踏尽游何处,笑入胡姬酒肆中。

《少年子》曰:

> 青云少年子,挟弹章台左。鞍马四边开,突如流星过。金丸落飞鸟,夜入琼楼卧。夷齐是何人,独守西山饿。

由此可见,李白追求醇酒美人、放纵任侠的生活,还表现出一种洋洋得

---

① 魏颢此处用典误。携妓东山乃谢安事,李白向以谢安之业绩为追求目标。祝穆《舆地纪胜》卷十七《建康府·景物上》:"东山,《金陵览古》云:在县东二十五里。谢安于土山筑营。安放情丘壑,游赏必妓女,与人同乐,必与人同忧。"谢康乐为谢灵运,无携妓东山事。灵运之祖父谢玄因淝水之战有军功而封康乐县公,其后由其子孙袭封,谢安与康乐之封号无关。

意的神态。伯夷、叔齐坚持其不屈的节操,宁愿过清贫的生活,历代士人均视之为高节之士而予以推崇,李白却以其生活清苦而加以鄙薄,可见他对现实享乐的重视,而对古人重视的高节则不予重视。

其他一些著名的清贫之士,也遭到他的贱视。《白马篇》曰:

> 龙马花雪毛,金鞍五陵豪。秋霜切玉剑,落日明珠袍。斗鸡事万乘,轩盖一何高!弓摧南山虎,手接太行猱。酒后竞风采,三杯弄宝刀。杀人如剪草,剧孟同游遨。发愤去函谷,从军向临洮。叱咤经百战,匈奴尽奔逃。归来使酒气,未肯拜萧、曹。羞入原宪室,荒径隐蓬蒿。

儒家人物本以行道为目的,并不刻意追求利禄,在李白看来,这样的生活也嫌枯槁,因此在《嘲鲁儒》等诗中每有轻侮之词。李白对孔子的态度很特别,有尊重的一面,也有轻视的一面,《庐山谣》中说:“我本楚狂人,凤歌笑孔丘。”这在古人看来,就是亵渎神圣了。

李白作诗,很情绪化,每随心境转移而对古人任意驱使,后人往往惊诧于其对圣贤的任意唐突,好像个人没有什么一贯的思想倾向,实则都是他性喜冲动,口无择言,故每有前后相背的表现,这也是李白迥异他人的地方。

唐尧、虞舜,古人向来视为实现理想政治的圣君,但李白的评价也与世人大有出入。当他旅居东鲁时,作《鲁郡尧祠送吴五之琅邪》曰:“尧没三千岁,青松古庙存。”似有肃然起敬之意,但在《鲁郡尧祠送窦明府薄华还西京》中则说:“庙中往往来击鼓,尧本无心尔何苦?门前长跪双石人,有女如花日歌舞。……酒中乐酣宵向分,举觞酹尧尧可闻?何不令皋繇拥彗横八极,直上青天扫浮云?”对尧便有嘲弄之意了。

李白托醉而直抒胸怀，往往把古之名人也一笔骂倒，前诗随后又说："高阳小饮真琐琐，山公酩酊何如我？竹林七子去道赊，兰亭雄笔安足夸？尧祠笑杀五湖水，至今憔悴空荷花。"对于前此他一再推崇的郦食其等人，也已不在话下大肆嘲谑了。可见他随情绪变化而任意改变对古人的评价，中间似无固定的准则可言。因为李白向以个人为事物的中心，因而世间万物，包括古人在内，一切由其驱使。

后人可能惊讶于李白的非圣无法，任意驱使古人，但也不得不佩服李白的任真。他无所顾忌，无所约束，一切以个人的情绪为转移。心里怎么想，当时有什么感受，也就形诸笔端。因而每一首诗都是他内心的独白，都是不受世间各种条条框框束缚的真实心情的流露，内中也包括作为一个肉体的人的自然需求。他人尽可用社会上已趋固定的伦理来否定他的追求，但也应该承认他表达时态度的真率。

李白极为自负，屡发"大言"，总以为是世上少见的人物，但却得不到他人的赏识，故屡遭挫折。天宝初年，得到玄宗的征召，出任翰林供奉，厕身"近臣"之列，眼前似乎出现一片光明，因而在诗文中尽情宣泄。这种扬眉吐气的神气，还曾遭到后世批评者的贬抑，以为过于浅露，缺乏涵养，陆游《老学庵笔记》卷六曰："白识度甚浅，观其诗中如'中宵出饮三百杯，明朝归揖二千石'，'揄扬九重万乘主，谑浪赤墀金琐贤'，'王公大人借颜色，金章紫绶来相趋'，'一别蹉跎朝市间，青云之交不可攀'，'归来入咸阳，谈笑皆王公'，'高冠佩雄剑，长揖韩荆州'之类，浅陋有索客之风。集中此等语至多，世俱以其词豪俊动人，故不深考耳。又如以布衣得一翰林供奉，此何足道？遂云'当时笑我微贱者，却来请谒为交欢'，宜其终身坎壈也。"但这正是李白为人的特点，真诚直率，不作任何矫饰。可知他在创作时，任情率真，灵感突发；故重即兴感受，不受绳束，自然洒脱，一片天真烂漫。

李白通过笔墨而表达时，却又强调一个"清"字。这是因为"自从建安来，绮丽不足珍"。六朝文风，日趋雕琢，也就有损于"真"。他最推崇谢朓的诗，《宣州谢朓楼饯别校书叔云》云"中间小谢又清发"，《送储邕之武昌》曰"诗传谢朓清"，因为谢诗自然清远，无六朝诗歌的弊端，因此他将"清"与"真"字结合，提出一种新的美学追求。

他推崇谢灵运的诗，举"池塘生春草"句为范例；推崇谢朓的诗，则举"澄江静如练"句为范例。这类诗句，清真自然，没有一丝人为的雕饰。《经乱离后天恩流夜郎忆旧游书怀赠江夏韦太守良宰》诗曰："清水出芙蓉，天然去雕饰。逸兴横素襟，无时不招寻。"这里是对韦诗的颂词，实则正是他个人的美学追求。

李白喜用"真"字，这在叙"真率"时已有说明，而他又喜用"清"字，则倾注进了对外界事物的喜好。《单父东楼秋夜送族弟况之秦时凝弟在席》诗曰："卷帘见月清兴来，疑是山阴夜中雪。"面对良辰美景而激发的情绪，用"清"字形容；《下寻阳城泛彭蠡寄黄判官》诗曰："名山发佳兴，清赏亦何穷。"则言欣赏美景时，亦持不染杂念的"清"赏态度。因此，他所赞赏的外界事物，歌是"清歌"，乐是"清乐"，言语为"清谈""清论"，季节为"清秋"，景色为"清景"。《江夏别宋之悌》曰："楚水清若空，遥将碧海通。"他欣赏清淳澄彻之美，天然、自然，不杂一丝杂质。

李白咏《王右军》曰："右军本清真，潇洒在风尘。"《南陵五松山别荀七》曰："俄成万里别，立德贵清真。"《避地司空原言怀》曰："倾家事金鼎，年貌何常新。所愿得此道，终然保清真。"可见李白对"清真"的追求，不论精神世界，抑或物质世界，均以此为极则，不仅限于文学一端。

李阳冰《草堂集序》曰：

自三代已来，《风》《骚》之后，驰驱屈、宋，鞭挞扬、马，千载独步，唯公一人。故王公趋风，列岳结轨，群贤翕习，如鸟归凤。卢黄门云：陈拾遗横制颓波，天下质文翕然一变。至今朝诗体，尚有梁、陈宫掖之风，至公大变，扫地并尽。今古文集，过而不行，唯公文章，横被六合，可谓力敌造化欤！

可见他在清除六朝绮艳文风中所起的作用之大。《古风》其三十五曰：

丑女来效颦，还家惊四邻。寿陵失本步，笑杀邯郸人。一曲斐然子，雕虫丧天真。棘刺造沐猴，三年费精神。功成无所用，楚楚且华身。《大雅》思文王，颂声久崩沦。安得郢中质，一挥成风斤？

这里李白用托古的手法申述其文字主张。他反对摹拟，反对雕琢，追求自然，追求天真。这也就是说，作者应该保持个性之真，达到表达之真。诗人应摆脱世俗的束缚，保持本来面貌的真率，摆脱传统的束缚，追求自由抒写的"清真"。

第六章 李白的特点

一、天性狂放

自隋代起，科举制度日趋完善，朝廷用以取士，士子也以此为出身正途。李白的与众不同之处即在不应科举。原因何在，值得加以探索。

唐代士人的出路是很多的，诸如从军、隐逸、献赋等，李白在不同历史阶段都曾尝试过，在此可以勿赘。除此之外，唐人还有一些踏入仕途的途径，在此可以略作介绍，结合李白的情况而予以探讨。

一是门荫。一些高门贵族的子弟，可以凭借上辈的功勋得官，如杜兼、李德裕等均由此入仕。李白虽云出于陇西李氏，但其先世流落西域，回到蜀地定居时谱牒无存，无法证明其族系之所自出，故无借此进入宦途的任何可能。①

二是入流。宋杨天惠《彰明逸事》中记载，李白"微时募县小吏"，有些专家以此作为李白不能参加科举考试的理由。他们援引《新唐书·选举志上》《旧唐书·宪宗本纪》元和二年所载禁令与《唐会要·贡举中》中的记载，云是上有规定"其尝坐法及为州县小吏，虽艺文可采，勿举"，以此坐实李白不能应科举试。实则此说未必可信。查上述三条材料，均记元和二年事，其时李吉甫任相，不喜科举，故礼部举人特申禁令。《唐会要》云："元和二年十二月敕：自今已后，州府所送进

---

① 参看张泽咸《唐代的门荫》，载《文史》第 27 辑，中华书局 1986 年版。

士,如迹涉疏狂,兼亏礼教,或曾任州府小吏,有一事不合清流者,虽薄有辞艺,并不得申送。"《旧唐书》《新唐书》中节引此文,略去了"有一事不合清流者"一句,遂使敕文本意大不相同。按敕文原意,州县小吏可以应举,但其行事若少有不合士人规范者,州县即不得申送。主李白曾为小吏者引文时不作深究,匆促作出结论,并以此为前提而对李白不应科举作出判断,其结论是很可怀疑的。

李白曾为小吏,在他后来的立身行事,以及时人的记载中,都找不到一丝踪影。刘全白在《唐故翰林学士李君碣记》中说他"志尚道术,谓神仙可致。不求小官,以当世之务自负"。既然连小官都不在眼下,那又怎么会去就"小吏"了呢?

唐时所谓"小吏",一般是指九品以外的吏职人员,时人称之为"流外"的低级职员。然按规定,这类小吏如才能出众或有年劳,也可转入流内,通过各种途径逐步上升,个别也有跻身高位者,如牛仙客,日后甚至做到了宰相。① 但这种情况很少见。李白一直希望通过纵横之术而立抵卿相,那又怎么可能出任"小吏"而甘心沉溺于底层呢?

刘全白与李白曾有交往,《李君碣记》中说:"幼则以诗为君所知。"《旧唐书·李白传》上说是"天宝初,客游会稽,与道士吴筠隐于剡中。既而玄宗诏筠赴京师,筠荐之于朝,遣使召之,与筠俱待诏翰林"。然据近人考证,李白入京实为玉真公主所荐,与吴筠无涉。但他二人同时,俱为道教中的名人,彼此情况应有所知,赵璘《因话录》卷三载刘全白之妹为吴筠之徒,因此刘全白对李白的情况应该了解得很清楚。而

---

① 《旧唐书·牛仙客传》曰:"牛仙客,泾州鹑觚人也。初为县小吏,县令傅文静甚重之。文静后为陇右营田使,引仙客参预其事,遂以军中功累转洮州司马。……其年(开元二十四)十一月,[张]九龄等罢知政事,遂以仙客为工部尚书,同中书门下三品,仍知门下事。"《新唐书》本传同,又云"帝既用仙客,知时议不归,乘间以问高力士,力士曰:'仙客本胥史,非宰相器。'"可知小吏出身者每为人所轻。

他在为李白立碣时郑重介绍说是"不求小官，以当世之务自负"，按之李白日后行踪，也可证明这一说法更为可信。

李白既不求小官，那他又想通过什么途径而"唯求大官"呢？

（一）唐代士人入仕途径中的历史遗痕

历朝历代，统治者都把很多心思放在维护官僚机构的更新与运作上。只有这一机构开展正常有力，统治阶级的根本利益才能得到保证。

自周初至春秋，贵族官僚队伍中实行世卿世禄制度。如郑由七穆执政，鲁由孟孙、叔孙、季孙掌权；到了战国之后，世卿制度逐渐解体，但高官之后享有特权，借先世之馀荫而步入仕途，则一直延续下来。唐代的门荫制度，即其遗痕。

战国之时，世卿世禄之制不能适应时代变迁，日趋没落。其时各诸侯国之间展开着持续不断的兼并战争。诸侯国中的执政者如能力不够，则非但不能维护其身家性命，而且会危及国人，因此一些无能的贵族中人自然遭到了淘汰，只能让一些出身寒微但有能力驾驭政局的人出来应付，于是一些所谓纵横家的人物应运而生。他们崛起于下层，因能纵横捭阖，应付时局，受到诸侯国内统治者的尊重。这等人物辗转四方，无固定的人主，只求有表现自己的机会，从而取得高官厚禄，这对后代士人具有深远的影响。尽管社会秩序正常之后，统治者不再容忍这类人物出现，但在改朝换代之际，时局混乱之时，还是会有人修习纵横之术。例如唐代史官李百药在《封建论》中说："况晋氏失驭，宇县崩离，后魏乘时，华夷杂处。重以关河分阻，吴楚悬隔，习文学者尚长短纵横之术，习武艺者尽干戈战争之心。"（《文苑英华》卷七四一）唐初名臣魏徵也曾钻研纵横之术，《旧唐书·魏徵传》曰："徵少孤贫，落拓有大志，不事生业，出家为道士。好读书，多所关涉。见天下渐乱，尤属意纵横之说。"

汉代实行征辟与察举制度。士人如想得到主持者的垂顾，自当有所表现，不但要有符合道德规范的行为，还要培植名声，让他人了解。魏晋南北朝时实行九品中正制，士人如欲主管人员赏识，也应有所表现。因此，征拔者与希冀脱颖而出者，必然存在着一种互动的关系。

自隋代起，开始实施科举制度。统治者对士人的大门敞得更宽了。应举者依赖血统等先天因素所占的比重大大降低，一些平民出身的士子，符合考试条件者，都有可能步入仕途，这就在士子面前开启了一条宽敞的上升之路。初盛唐士人生机勃发，心胸开朗，是与这一前景有关的。

但唐代科举制度中仍然杂有不少前代征辟制的遗痕。唐代士子的考卷是不糊名的，主试者对应试者的情况很清楚。主考官还以前时的举贤与能者自许，他们倾听旁人的意见，接受他人的推荐，士人也就竞相展示才能，直接找上门来，递上平时所作诗文，此即所谓行卷。唐代士人自始至终盛行干谒。

由于士子前途宽广，日后可能大用，而各级官员都想享有爱贤的美名，于是士人不光是在赴京考试时干谒，即在各地流动时，也不忘干谒。这既可为谋求入仕创造机会，又可谋求生活上的资助，因此在唐人的集子中，经常可以发现干谒之作。

从程序来说，唐代士人一般均先行干谒，再参加考试。李白的与众不同之处，只是仅行干谒，而不参加考试。因为唐代也有不通过考试而立抵卿相的例子，如与李白有交情的肃宗时宰相张镐即是。①

---

① 《新唐书·张镐传》："张镐字从周，博州人。仪状瑰伟，有大志，视经史犹渔猎，然好王霸大略。……游京师，未知名，率嗜酒鼓琴自娱。人或邀之，杖策往，醉即返，不及世务。天宝末，杨国忠执政，求天下士为己重，闻镐才，荐之。释褐衣，拜左拾遗，历侍御史。玄宗西狩，镐徒步扈从。俄遣诣肃宗所，数论事，擢谏议大夫，寻拜中书侍郎，同中书门下平章事。"《旧唐书》本传同。

下面可对李白同辈诗人的干谒情况作些分析。

干谒情况多样,据云王维即以多才多艺而获得高层人物赏识,《太平广记》卷一七九引《集异记》曰:

> 王维右丞年未弱冠,文章得名。性闲音律,妙能琵琶,游历诸贵之间,尤为岐王之所眷重。时进士张九皋声称籍甚。客有出入公主之门者,为其地,公主以词牒京兆试官,令以九皋为解头。维方将应举,言于岐王,仍求庇借,岐王曰:"贵主之强,不可力争,吾为子画焉。子之旧诗清越者可录十篇,琵琶新声之怨切者可度一曲。后五日至吾。"维即依命,如期而至。岐王谓曰:"子以文士请谒贵主,何门可见哉?子能如吾之教乎?"维曰:"谨奉命。"岐王乃出锦绣衣服,鲜华奇异,遣维衣之。仍令赍琵琶,同至公主之第。岐王入曰:"承贵主出内,故携酒乐奉醮。"即令张筵。诸伶旅进。维妙年洁白,风姿都美,立于行,公主顾之,谓岐王曰:"斯何人哉?"答曰:"知音者也。"即令独奏新曲。声调哀切,满坐动容。公主自询曰:"此曲何名?"维起曰:"号《郁轮袍》。"公主大奇之。岐王因曰:"此生非止音律,至于词学,无出其右。"公主尤异之,则曰:"子有所为文乎?"维则出献怀中诗卷呈公主。公主既读,惊骇曰:"此皆儿所诵习,常谓古人佳作,乃子之为乎。"因令更衣,升之客右。维风流蕴藉,语言谐戏,大为诸贵之钦瞩。岐王因曰:"若令京兆府今年得此生为解头,诚为国华矣。"公主乃曰:"何不遣其应举?"岐王曰:"此生不得首荐,义不就试,然已承贵主论托张九皋矣。"公主笑曰:"何预儿事。本为他人所托。"顾谓维曰:"子诚取,当为子力致焉。"维起谦谢。公主则召试官至第,遣宫婢传教,维遂作解头,而一举登第矣。

此事情节曲折，生动有趣，然涉及之人物，年代有不合者，故未必可信。① 但由此却可窥知唐代的社会风气。一些多才多艺的人物，为了求得贵人推荐，可以说是使出浑身解数。他们成功的几率，不全取决于应试时的临场表现，也在于考试之前的角逐。

王维弱冠即入仕，之前生活可称优裕，能诗善画，还精于音乐歌舞。一个人在年轻时能培养出这么多的技艺，家境贫寒者是无法设想的。有的诗人处境困难得多，王昌龄在《上李侍郎书》中说：

> 昌龄久于贫贱，是以多知危苦之事。天下固有长吟悲歌，无所投足，天工或阙，何惜补之？苟有人焉，有国焉，昌龄请攘袂先驱，为国士用。芬丝之务，最急之治，实所甘心。昌龄岂不解置身青山，俯饮白水，饱于道义，然后谒王公大人，以希大遇哉？每思力养不给，则不觉独坐流涕，啜菽负米，惟明公念之。（《全唐文》卷三三一）

众所周知，杜甫于天宝年间旅食京华，仕进无门，生活发生严重困难，不得不向韦济等人多方求助。《奉赠韦左丞丈二十二韵》中说："自谓颇挺出，立登要路津；致君尧舜上，再使风俗淳。此意竟萧条，行歌非隐沦。骑驴三十载，旅食京华春。朝扣富儿门，暮随肥马尘；残杯与冷炙，到处潜悲辛。主上顷见征，欻然欲求伸。青冥却垂翅，蹭蹬无纵鳞。"前此李林甫耍弄阴谋，封杀了士人晋身的途径，遂使杜甫沦入了绝望的深渊。

王昌龄、杜甫与李白有交往。如果说王、杜二人的干谒之作措辞

---

① 　参看陈铁民《王维年谱》注①，原载《文史》第 16 辑，今据《王维新论》本，北京师范学院出版社 1990 年版。

卑下，或与二人的处境与个人的性格有关，那么李白的崇拜者任华，由于秉性有与李白相同处，语气也就有所不同了。他在向人求援时，总是告诫对方，不应露倨傲之态，须知官方若有礼贤下士的高风，则对维护自身利益也大有好处。《上严大夫笺》中说：

　　且君子成人之美，仆忝士君子之末，岂不敢成公之美事乎？是将投公药石之言，疗公膏肓之疾，未知雅意欲闻之乎？必欲闻之，则当先之以卑辞，申之以喜色，则膏肓之疾，不劳扁鹊而自愈矣。公其善听之！何者？当今天下有讥谏之士，咸皆不减于先侍郎矣，然失在于倨，阙在于怒。且《易》曰："谦谦君子，卑以自牧。"《论语》曰："君子之道，忠恕而已矣。"公之顷者似不务此道，非恐乖于君子，亦应招怒于时人。祸患之机，怨仇之府，岂在利剑相击，拔戟相撞，其亦在于辞色相干，拜揖失节，则潘安仁以孙季获罪，嵇叔夜为钟会所图，古来此类，盖非一也。公所明知之，又安可不以为深诫乎？必能遇士则诚于倨，抚下则宏以恕，是可以长守富贵而无忧危矣。成人之美，在此而已矣，念之哉！（《全唐文》卷三七六）

任华作《杂言寄李白》一诗，风格亦近李白之作，中有"任生知有君，君还知有任生未？"之句，末云："今朝忽遇东飞翼，寄此一章表胸臆，倘能报我一片言，但访任华有人识。"言下亦颇自负。但其作品，虽与李白杂言相仿，终因缺乏浩气贯注，只是徒存躯壳。这也说明即使那些仰慕李白引为同好之人，不具备李白的天才，诗文中还是无法呈现出昂首天外的气概。

　　高祖、太宗之时，虽已推行科举制度，然因政权初建，重用者仍为帮助夺取政权的股肱大臣。武后控制政权之后，为了摆脱前时元老的控制,也就通过科举大举选拔出身较低下的人才,打开他们仕进的通路,让他们感到新朝的温暖,以期为我所用。武后还责令各级官员推荐贤能,借此替换前时官员。自此时起,后继王朝一直执行这样的政策,这就为士子开拓了广阔的出路。他们处在这样的条件下,颇多意气风发者,有些狂傲的士人,更是动辄指责官员不能尽到举贤与能的责任,有的甚至直白地说,没有为他个人尽力。《唐摭言》卷六载王泠然的书信,就充分体现了这种据才自傲的态势。他在上书相国燕公张说时说:"公一登甲科,三至宰相,是因文章之得用,于今亦三十年。后进之士,公勿谓无其人。何者?长安令裴耀卿于开元五年掌天下举,擢仆高第,以才相知;今尚书右丞王丘于开元九年掌天下选,拔仆清资,以智见许。然二君者,若无明鉴,宁处要津?是仆亦有文章,思公见也;亦未富贵,思公用也。此非自媒自炫,恐不道不知。"与御史高昌宇书则曰:"往者虽蒙公不送,今日亦自致青云。天下进士有数,自河以北,唯仆而已。光华藉甚,不是不知。君须稍垂后恩,雪仆前耻。若不然,仆之方寸,别有所施。何者?故旧相逢,今日之谓也。仆困穷,如君之往昔;君之未遇,似仆之今朝。因斯而言,相去何远?君是御史,仆是词人,虽贵贱之间,与君隔阔,而文章之道,亦谓同声,而不可以富贵骄人,亦不可以礼义见隔。"(《全唐文》卷二九四)可见其时一些以文才自许的文士之自负。他们与高官之间交往时,能够保持高姿态,责备对方不能赏识沉沦下层的才士,书信之中充塞着郁勃不平之气。王泠然在书信之末甚至威胁道:"倘也贵人多忘,国士难期,使仆一朝出其不意,与君并肩台阁,侧眼相视,公始悔而谢仆,仆安能有色于君乎?"只能说是流于空洞的恫吓了。

从中国过去对文人的评价来说,像王泠然、任华等人,可以称之为狂生。或许初唐时期朝廷责令各级官员选贤举能的流风馀韵尚存,故而文士中的一些人还能据此自占身份。① 但明皇自开元中后期起,暮气日益严重,奸臣长期执政,选贤与能之风日趋衰歇,于是激励文士意气风发的外部环境发生障碍,文才杰出如王昌龄、杜甫等人,也因仕进无门而生活困顿,心情凄楚。这些也是唐代政治由盛转衰的反映。

看来任华的思路与李白最为近似。他上书达官,要求提拔,常是援引战国时的故事,从中汲取精神力量。《唐摭言》卷十一载其《告辞京尹贾大夫书》曰:

> 昔侯嬴邀信陵君车骑过屠门,而信陵为之执绥,此岂辱公子耶?乃所以成公子名耳。王生命廷尉结袜,廷尉俯偻从命无难色,此岂辱廷尉乎?亦以成廷尉之名耳。仆所邀明公枉车过陋巷者,岂徒欲成君之名而已哉?……抑又闻昔有躄者,耻为平原君家美人所笑,乃诣平原君请笑者头,平原君虽许之,终所不忍,居无何,宾客别去过半,君怪之,有一客对曰:"以君不杀笑躄者,谓君为爱色而贱士。"平原君大惊悔过,即日斩美人头,造躄门者谢焉。宾客由是复来。今君犹惜马蹄不顾我,况有请美人头者,岂复得哉?仆亦恐君之门客于是乎解体;仆即解体者也,请从此辞。

不难看出,任华这里使用的笔调,援引的典故,正是李白诗文中常见的战国纵横家说。李白心向往之的,正是这些历史往事的重现。

李白生前就有许多崇拜者,任华之外,还有魏颢等人,但他们与李白之间仍有不同,因为任、魏二人后来都是通过科举求得晋身的。这与李白有着根本的区别。李白终身不与科举沾边。任华等人虽或偶

---

① 参看葛晓音《初盛唐文人的干谒方式》,原载《唐研究》第 1 卷,北京大学出版社 1995 年版;后收入《诗国高潮与盛唐文化》,北京大学出版社 1998 年版。

然引用战国游士的典故，但他们并不追求由此入仕或升迁。王泠然强烈要求相国张说提拔，但他希望得到的，只是拾遗、补阙等职位；要求御史高昌宇的，只是"今年为仆索一妇，明年为留心一官"，若与李白的抱负相比，不免会让人失笑。

士人的精神状态，每随社会变迁而起变化。如上所言，时至开元、天宝之际，政治日趋黑暗，士子的前途日趋暗淡，即使文才杰出如王昌龄、杜甫辈，干谒之时亦不免显示寒碜之态。李白不然，他从僻处一隅的西蜀进入中原大地，仍保持唐初以来一些狂傲之士的风概，而又从战国游士的事迹中汲取精神力量。因此他的干谒之作，昂首天外，卓然有异于人。

（二）李白居蜀时期所培育的游士意识

任华在《告辞京尹贾大夫书》中所列举的例证，亦见李白笔下，下面可引《送薛九被谗去鲁》一诗为代表，且略作分析：

> 田家养老马，穷士归其门。蛾眉笑蹩者，宾客去平原，却斩美人首，三千还骏奔。毛公一挺剑，楚赵两相存。孟尝习狡兔，三窟赖冯谖。信陵夺兵符，为用侯生言。春申一何愚，剋首为李园。贤哉四公子，抚掌黄泉里，借问笑何人，笑人不好士。

这里李白列举战国时期齐国孟尝君、魏国信陵君、赵国平原君、楚国春申君礼敬游士的故事。公子们不惜降低自己的身份，与游士周旋。信陵君对大梁夷门监者侯嬴极为尊重，卒得其助。平原君的一位美人见到游士中的一位蹩者蹒跚行汲忍不住失笑，公子又不能及时处置，遂致引起众多门客的不满，竟杀美人以谢。由此可知，战国时期的这些贵族门下客处境优越，能够得到主子的尊重。他们也确有过人之处，能在关键时刻展示其解决危机的才能。战国游士的一些事迹，对李白一直起着激励的作用。

前已叙及，李白年轻时曾与赵蕤一起学习过纵横家说。赵蕤撰有《长短经》一书，总结历代纵横捭阖者的事迹，阐发其理论。战国时期纵横家的学说，在李白思想上，也就占有重要的位置。

赵蕤与李白一起学习之时，已在玄宗开元之世。其时天下承平已久，外地早已不见尚有学习纵横之术的人。这就显示出了蜀地区域文化的特点。陈子昂的年代略早于赵蕤、李白，居蜀之时，也曾修习纵横之术，《赠严仓曹乞推命录》曰"少学纵横术"，《谏政理书》曰"窃少好三皇五帝霸王之经"，可知赵、李等人继承了蜀地的这一特殊传统。

蜀地文士都曾受到前辈司马相如、扬雄的影响。扬、马以辞赋著称，且由此步入仕途。但他们的行踪也带有纵横游士的遗痕。特别是司马相如。他的生活年代，尚值汉代前期，各地还有一些分封的诸侯。司马相如曾从梁孝王游，后以辞赋得幸于武帝，他所作的大赋，其作用就相当于纵横家的说辞。李白后以诗文侍从明皇，地位犹如司马相如之于武帝。历史上有此先例，他也愿意追随其乡先辈而一展才华。

大家知道，一个人年轻时所培育的思想，往往一辈子都会留下烙印。李白五岁随父入蜀，一直到二十四岁才离蜀东下，蜀地区域文化的烙印，一直伴随他终身。他家的历史，与陈子昂家已有不同，与蜀地的另一豪强鲜于仲通家也有不同。[①]

李家毕竟自西域迁回不久，又居住在蜀地西北边人烟稀少的昌隆县，因而保留有更多的西域文化与蜀地区域文化的特点。陈氏、鲜于

---

① 参看拙著《诗仙李白之谜》中的《侠士风概——李白的纵横游侠之风与蜀地区域文化的内在联系》，台湾商务印书馆 1996 年版；又载《周勋初文集》第四册，江苏古籍出版社 2000 年版。

氏家族子弟,除呈现出豪侠的特点外,随着时代的发展,也就转向折节读书,走科举的道路。陈子昂与鲜于仲通等人,也像魏颢、任华等人那样,后来都由科举晋身,置身仕途。李白不然。他家辗转回到西蜀,看来一直保留着更多的魏晋南北朝时期的文化遗痕,这从李白的学习历程,"五岁学六甲,十岁学百家""十五好奇书"等自白,即可窥知。因此,他从年轻时起即走上了纵横游侠与乡先辈献赋求仕的道路。他不愿也不能与当代其他文士那样,卑躬屈膝,奔走于势要之门,求得举荐,去走科举的道路。他总是希望像吕尚、管仲、诸葛亮等人那样,得到他人的赏识与推荐,让朝廷了解,风云骤起,一展抱负。他希望像战国与汉初的游士那样,得到诸侯的礼敬,展现政治上与文学上的才能,干出一番轰轰烈烈的事业。他也希望能像鲁仲连、谢安等人那样,当国家陷于危亡之时,能出奇策挽救危局,功成身退,潇洒江湖。李白的先天秉赋,浪漫而富于理想;后天的教育,又与近世的情况悬隔,因此他的立身处世,矫矫不群,而他又有百折不回的精神,一直在为实现自身的理想而奋斗。他对自己的才能始终坚信不疑,因此在他奔走四方进行干谒时,其气概也与他人大不相同。

(三) 李白干谒之作中的豪言壮语

李白弱冠之时,曾往成都等地活动,且曾谒见时任益州大都督府长史的苏颋。苏颋为唐代前期的名人,出身高贵,袭封许国公,后与燕国公张说齐名,时称"燕许大手笔"。李白这次干谒的详细情况史无记载,仅见于李白自作的《上安州裴长史书》与杨天惠《彰明逸事》。《书》称苏颋曾当众称赞:"此子天才英丽,下笔不休,虽风力未成,且见专车之骨。若广之以学,可以相如比肩也。"说明李白初试锋芒,即曾取得良好的效果。其后也就信心百倍,意气风发地向各地官长投刺了。

李白其后还曾谒见时任渝州刺史的李邕，今存《上李邕》一诗，云是：

大鹏一日同风起，扶摇直上九万里，假令风歇时下来，犹能簸却沧溟水。世人见我恒殊调，见余大言皆冷笑。宣父犹能畏后生，丈夫未可轻年少。

李邕是当时的名士，素以能文养士著称，故四方文士均奔走门下，求其延誉。《旧唐书·文苑中·李邕传》曰："邕素负美名，频被贬斥，皆以邕能文养士，贾生、信陵之流。执事忌胜，剥落在外。人间素有声称，后进不识，京、洛阡陌聚观；以为古人，或将眉目有异。衣冠望风，寻访门巷。"李白此诗，直露自己的抱负，殊少文饰。首以《庄子·逍遥游》中的大鹏发端，正是他个人超越一切的精神状态的完美写照。其后李白一直以此作为个人的象征，反复吟咏。

李白出川后，寓居安陆，作《上安州裴长史书》，对个人情况作了较详细的介绍，倾吐个人不平凡的政治抱负，"以为士生则桑弧蓬矢，射乎四方，故知大丈夫必有四方之志"。当他北上拜见荆州大都督府长史兼襄州刺史韩朝宗时，递上了著名的《与韩荆州书》，首称天下谈士相聚而言曰："生不用万户侯，但愿一识韩荆州"；"所以龙盘凤逸之士，皆欲收名定价于君侯。愿君侯不以富贵而骄之，寒贱而忽之，则三千宾中有毛遂，使白得颖脱而出，即其人矣"。他一直企盼那些热心征拔人才的人，像战国时的四公子那样，能对自己尽其礼敬，热情举荐。

李白在《上安州裴长史书》的结束时也以战国游士中的一些杰出人物自居，要求对方礼贤下士。书信重申："愿君侯惠以大遇，洞开心颜，终乎前恩，再辱英盼。白必能使精诚动天，长虹贯日，直度易水，不以为寒。若赫然作威，加以大怒，不许门下，逐之长途，白即膝行于前，再拜而去,西入秦海,一观国风,永辞君侯,黄鹄举矣。何王公大人之门,不可以弹长剑乎?"表示自己将如战国时期的聂政、荆轲一样,干出一番惊天动地的事业;又能像孟尝君门下的冯谖一样,最后定能施展出过人的才能,挽救危机,做到家国两利。

(四) 骤登大位的企盼与自信

一般说来,文士的干谒对象,地位总要高些,才能予人资助或提携,这样才有人找上门来。李白的干谒对象,像韩朝宗等,声名远播,奥援有力,李白因此对他抱有很高的期望。只是李白向人求助时,自负其才,声势慑人,言辞极度张扬,则是唐代诗人中绝无仅有的。也只有在盛唐之世,多种文化交融下诞生的这一奇才,才会这样极度逞能。

但李白的这次干谒似未取得预期效果。或许这种过分张扬的表述方式,素以荐才为务的韩朝宗也难于接受吧。

李白的有些干谒之作,则是以向友人陈情的方式表达。《陈情赠友人》诗曰:

> 鲍生荐夷吾,一举致齐相。斯人无良朋,岂有青云望?临财不苟取,推分固辞让。后世称其贤,英风邈难尚。论交但若此,有道孰云丧?

这位友人,其时似已隐居,未必具有在政治上拔擢他人的能力。李白向之求援,可能着眼于经济上的帮助。诗的末尾说:"愿假东壁辉,馀光照贫女。"似即此意。当然,"馀光"也有可能指政治上的荣宠。前面说道:"斯人无良朋,岂有青云望?"即使李白身处逆境,也不会丢弃政治上的抱负。

李白在《读诸葛武侯传书怀赠长安崔少府叔封昆季》诗中说:"托

意在经济,结交为弟兄。无令管与鲍,千载独知名。"李白向之陈情,目的是在吐露心声。诗中说道:"余亦草间人,颇怀拯物情。"说明其时仍未涉足仕途。崔少府叔封兄弟社会地位并不高,但据《新唐书·宰相世系表》二下,崔叔封为清河崔氏之后,任此职者一般均为进士出身,长安尉职升迁的机会又多,所以这一类人的前途一般看好。李白与之结交,希望能有管、鲍之谊,目的不仅限于眼前,而且希望日后能得援助。此诗开端曰:

> 汉道昔云季,群雄方战争。霸图各未立,割据资豪英。赤伏起颓运,卧龙得孔明。当其南阳时,陇亩躬自耕。鱼水三顾合,风云四海生。武侯立岷蜀,壮士吞咸京。何人先见许?但有崔州平。

这里他又自比诸葛亮,希望崔叔封能像汉末的崔州平那样,把他推荐到当今的刘备那里去。

《三国志·蜀书·诸葛亮传》曰:"身长八尺,每自比于管仲、乐毅,时人莫之许也,惟博陵崔州平、颍川徐庶元直与亮友善,谓为信然。"可知诸葛亮也仰慕管仲的业绩。春秋之世,周室衰败,天下分崩,管仲骤起于底层,得到挚友鲍叔的推荐,相齐桓公后,九合诸侯,一匡天下,显示出了卓越的政治才能。诸葛亮身处汉末的混乱时局,也有旋乾转坤的宏大抱负。李白读其传记之时,天下未乱,而有相同的志向,一当安史乱起,永王璘派韦子春等三上庐山请他下山时,也就欣然以为春秋时期和三国之时的政治局面又重现了。

李白的理想中还有另一种期望,不通过什么中介,直接与君主建立联系,骤登高位。他在初下三峡抵达安陆后,就在《代寿山答孟少府移文书》中吐露心声,其中说道:"昔太公大贤,傅说明德,栖渭川之水,藏虞、虢之岩,卒能形诸兆朕,感乎梦想,此则天道暗合,岂劳乎搜访哉?"历史如能重现,那当然是最理想不过的了。但这得有前提,皇帝能够通过某种征兆,某种机缘,了解到他的存在,了解到他的大才,才有可能将之提拔到众人之上,放手让他干一番名标青史的事业。看来李白从一开始就对自己的才能深信不疑,对于今后的从政有一种不切实际而近于天真的想法。

太公、傅说等人,出现于中国历史的早期,他们的事迹颇似神话传说,虽极度绚烂,但总让人感到迷茫,因此后代很难见到有人曾有企盼重现这一奇迹的表示。李白的这一表白,正是他与众不同的表现。

李白于天宝之初,曾应玄宗征召,进入宫廷任翰林供奉。他是怎样进入宫廷的,说法不一,有人认为因献赋而得幸,有人认为因人举荐而为玄宗所知……然据李白自白,他的得幸实由声名远播的缘故。《为宋中丞自荐表》曰:

> 臣伏见前翰林供奉李白,年五十有七。天宝初,五府交辟,不求闻达,亦由子真谷口,名动京师。上皇闻而悦之,召入禁掖。

诸葛亮在《出师表》中自叙早年经历曰:"苟全性命于乱世,不求闻达于诸侯。"李白此处亦以诸葛亮自许,以为自己本不求闻达,只是像汉代的著名隐士郑子真那样,虽隐居民间而声名远播,其后才有"五府交群"之事出现。实则李白对郑子真的隐居谷口并不完全肯定。之前不久,就在《赠韦秘书子春》的诗中说:"谷口郑子真,躬耕在岩石。高名动京师,天下皆藉藉。斯人竟不起,云卧从所适。苟无济代心,独善亦何益?"从他两次用典的差异来看,亦可知其虽似郑子真般隐居在野,然济世之心未尝或忘,故由"五府交辟"而得上邀睿鉴。然据史乘,李白从未得到过任何官府的推荐,这里说的"五府交辟",实际上也只是虚张声势,张扬一番就是了。

由此可见,李白诗文中的所谓夸张,实际上是性格狂放而导致表现张扬。李白曾云世人"见余大言皆冷笑","大言"之人喜夸张,多张扬。他在《北风行》中说:"燕山雪花大如席,片片吹落轩辕台。"论者以为这是夸张,夸张有其基础,实则这与他在《寄王屋山人孟大融》中所说的"亲见安期生,食枣大如瓜"一样,也是性格狂放而以神仙家说表达的一种"大言"。

李肇《国史补》卷上曰:

> 李相泌以虚诞自任。尝对客曰:"令家人速洒扫,今夜洪崖先生来宿。"有人遗美酒一榼,会有客至,乃曰:"麻姑送酒来,与君同倾。"倾之未毕,闻者曰:"某待即取榼子。"泌命倒还之,略无怍色。

李白的情况与此相似,可见这种情况当时很多见。

(五)奇士与高士的结合

李白最津津乐道的,是燕昭王筑黄金台求贤的故事。从李白奔走四方始,到晚年遭贬为止,诗中不时提到历史上的这一往事。而当他遇到吴王祗与永王璘时,更是觉得历史上的这一往事似乎又要重现了。于是李白以诗干谒,《寄上吴王三首》之三曰:

> 英明庐江守,声誉广平籍。扫洒黄金台,招邀青云客。

当他进入永王璘的幕府,得到这位诸侯的礼敬,也就在《在水军宴赠幕府诸侍御》诗中兴奋地说:

绣服开宴语，天人借楼船。如登黄金台，遥谒紫霞仙。……
齐心戴朝恩，不惜微躯捐。所冀旄头灭，功成追鲁连。

由此可见，李白每以战国时期的游士自许。这一时期的士人，如具杰出才能，则常有可能得到有势位者的尊重，也有施展才能的机会。因此这一时期的士人，能够保持独立人格，不为权势所屈，显出自尊、自信的品格，自负其才，不现卑微之态。这对李白"平交王侯"思想的形成，起到了重要作用。

李白早期写作的《代寿山答孟少府移文书》中就显示出了极为张扬的个性，内称"近者逸人李白自峨眉而来，尔其天为容，道为貌，不屈己，不干人，巢、由以来，一人而已"。这里是用道家哲学形容个人的立身处世之道。前时的隐逸生活，可称千古独步，品德高尚，特立独行，古今罕有其比，然而并未泯灭其用世之心，"乃相与卷其丹书，匿其瑶瑟，申管、晏之谈，谋帝王之术，奋其智能，愿为辅弼。使寰区大定，海县清一。事君之道成，荣亲之义毕，然后与陶朱、留侯，浮五湖，戏沧洲，不足为难矣"。说明他的追求隐逸，有其前提，也就是要功成然后身退。隐逸是他的立身处世之道，也是人生的最后归宿，但首先得立不世之大功。犹如管仲、张良等人那样，能出奇谋使寰区大定，海县清一，然后隐遁江湖，悠然仙去。管、晏为奇士，巢、由为高士，他的理想是综奇士与高士于一身，成为范蠡、张良式的人物。

李白在《代寿山答孟少府移文书》中申述个人出处的宗旨是"达则兼济天下，穷则独善一身"。这话出于《孟子》①，本为儒家的政治理想。《移文》中也表示："事君之道成，荣亲之义毕，然后与陶朱、留侯，浮五湖，戏沧洲，不足为难矣。"然在李白的向慕对象中，绝无循吏式的

---

① 见《孟子·尽心上》，原作"穷则独善其身，达则兼善天下"。

人物,也无推行儒家政治理想的良相名臣,他所希望的是,走《长短经》中提到的傅说、太公望、管仲、苏秦、张仪、鲁仲连、张良、诸葛亮、谢安等人的道路。他们或沉沦于下层,得到君主的征辟,骤登大位;或凭借个人的纵横之术,力克群雄,在混乱的时局中起旋转乾坤的作用,使国家转危为安。李白对自己的才能高度自信,高自期许,从而在干谒之作中,不管干求的对象是谁,都表现出昂首天外的气概。其口气之大,声势的逼人,超过了历史上的任何一位干谒者。

赵蕤在《长短经》的序言中,引用《韩非子》中的许多论点阐发纵横家说,因为法家与纵横家都追求功利,有其相通之处,因而后起的纵横学说,如《长短经》其书,即以法家理论为基础而考察政治问题。李斯因助秦始皇焚书坑儒之故,一直遭到后人的唾骂,李白对之则无恶感,只是对他功成之后不能及时身退最后遭致残杀感到惋惜。李白对李斯的起于下层而遽猎高位,还是极为向慕的,常在诗文中加以吟咏,且与傅说、太公望等人并列而加以推崇,《冬夜醉宿龙门觉起言志》曰:"傅说板筑臣,李斯鹰犬人。欻起匡社稷,宁复长艰辛。"《留别于十一兄逖裴十三游塞垣》曰:"太公渭川水,李斯上蔡门。钓周猎秦安黎元,小鱼魕兔何足言。"阅读这样的诗句,可见李白气概之不凡,但也可见其向慕对象与他人有很大的不同。

李白文集中,尽管杂有不少伪作,然仍不难辨识。因为他的高傲品性,自我期许,均出自内心,绝非一些妄自尊大的文人做作得出来的,也非一些志趣不高的狂生所可比拟。他的平交王侯,有道家哲学中齐小大的理论为基础,有纵横家的待时而出扭转危局的自信为支撑,每从神仙家俯视一切的视角看待现实中的芸芸众生,又从前时许多大政治家的生动事迹中寻求激励,这些因素的累积,也就构成了李白独具一格豪迈不羁的气势。

二、谪仙身姿

（一）太白星精与酒仙

李白生长的蜀地有很多特点，对他一生行事，发生过巨大影响。一是此为道教发源地，社会上弥漫着道教与神仙的气氛；二是蜀地产名酒。李白嗜酒，自称酒仙，即与这一背景有关。《太平广记》卷四十引《逸史》，"章仇兼琼"条叙其镇西川时，有纱帽藜枚者四人常至一处饮酒，有神异之迹，诏问孙思邈，云是："此太白酒星耳。仙格绝高，每游人间饮酒，处处皆至，尤乐蜀中。"可知神仙中的酒星与盛产名酒的蜀中有着内在的联系。

道教中有太白真君这一尊神，后世通称太白金星。太白真君主西方，蜀地又以酒称，这就演化出了"太白酒星"这一名称。李白字太白，其父取此名时，身处道教气氛浓郁的蜀地，很有可能考虑到了道教中的这一神名。后来产生的一些传说，就很自然地把李白与道教中的神仙联系起来了。《唐摭言》卷七《知己》曰："李太白始自西蜀至京，名未甚振，因以所业贽谒贺知章。知章览《蜀道难》一篇，扬眉谓之曰：'公非人世之人，可不是太白星精耶？'"贯休《观李翰林真》诗曰："虽号李太白，知是那星精。"也是称他为太白星精的意思。李阳冰《草堂集序》曰："世称太白之精，得之矣。"裴敬《翰林学士李公墓碑》曰："或曰：太白之精下降，故字太白，故贺监号为谪仙，不其然乎！"指出李白的名字与称号都与道教有关，颇有见地。

但李白毕竟生活在现世，"太白之精"已经"下降"尘世，这就只能称为"谪仙人"了。李白荣膺这一称号，看来要到二次入长安后。最早当面称他为谪仙的，便是本身也有"仙"号的名流贺知章。李白《对酒忆贺监二首序》曰：

太子宾客贺公于长安紫极宫一见余,呼余为谪仙人,因解金
龟换酒为乐。怅然有怀而作是诗。

李阳冰在《草堂集序》中提到:"又与贺知章、崔宗之等自为八仙之游,
谓公谪仙人,朝列赋谪仙之歌,凡数百首。"范传正《李公新墓碑序》中
也说:"秘书监贺知章号公为谪仙人,吟公《乌栖曲》,云:'此诗可以哭
鬼神矣。'时人又以公及贺监、汝阳王、崔宗之、裴周南等八人为酒中八
仙。朝列赋《谪仙歌》百馀首。""八仙"的成员组成说法不一,只是李白
为其中重要一员,则是大家一致公认的。

值得探究的是,李白"谪仙"之说何以会得到朝野普遍的认同?分
析起来,李白似乎在以下三点上引起了人们的广泛注意:一是神情不
凡,二是诗酒风流,三是文才出众。"酒中八仙"的得名似乎都与这三
项条件有关。

李白出峡不久,在江陵遇到了著名的道士司马承祯,蒙其赞誉,自
命为神仙的想法陡然腾升。《大鹏赋序》曰:"余昔在江陵,见天台司马
子微,谓余有仙风道骨,可与神游八极之表,因著《大鹏遇希有鸟赋》以
自广。"贺知章的骨相也颇有仙气,卢象《送贺监归会稽歌》曰:"君不
见先生耳鼻有仙骨,自号狂生中有物,金华侍讲三十年,儿戏公卿与
簪笏。"其情况与李白极为相似。南卓《羯鼓录》载,明皇曾称汝阳王
琎"资质明莹,肌发光细,非人间人,必神仙谪坠也"。也是以其风貌
过人而被称为仙的。崔宗之本以相貌出众而受到歌颂,《新唐书》卷
二百二《文艺传》中记"李白浮游四方,尝乘舟与崔宗之自采石至金
陵,著宫锦袍,坐舟中,旁若无人"。杜甫诗中说是"宗之潇洒美少
年,举觞白眼望青天,皎如玉树临风前",则是也有其脱俗傲世的
一面。

李阳冰与杜甫均名这一批人为"酒中八仙",则自然以豪饮为他们

的共同特征。李白《金陵与诸贤送权十一序》曰：

> 吾希风广成，荡漾浮世，素受宝诀，为三十六帝之外臣。即四明逸老贺知章呼余为谪仙人，盖实录耳。

此文末署"酒仙翁李白辞"，说明李白自认为"谪仙"的主要根据之一，就在自小培养的酒量。崔成甫在《赠李十二》诗中也说："天外常求太白老，金陵捉得酒仙人。""酒仙"亦即"酒星"，郑谷《读李白集》曰："何事文星与酒星，一时钟在李先生？"皮日休《七爱诗·李翰林》曰："吾爱李太白，身是酒星魄。口吐天上文，遂作人间客。"凡此又可与前述"太白酒星"之说互证。

李白酒后文思汹涌澎湃，异乎常人，这也是他列名"八仙"的原因之一。李肇《国史补》卷上曰："李白在翰林多沉饮。玄宗令撰乐祠，醉不可待，以水沃之，白稍能动，索笔一挥十数章，文不加点。"《唐摭言》卷十三《敏捷》曰："李翰林应诏草《白莲花开序》及《宫词》十首。时方大醉，中贵人以冷水沃之，稍醒，白于御前索笔一挥，文不加点。"李东阳《怀麓堂诗话》曰："太白天才绝出，真所谓'秋水出芙蓉，天然去雕饰'。今所传石刻《处世若大梦》一诗，序称'大醉中作，贺生为我读之'。此等诗皆信手纵笔而就，他可知已。"李白《冬日于龙门送从弟京兆参军令问之淮南觐省序》中称令问"常醉目吾曰：'兄心肝五藏皆锦绣耶！不然，何开口成文，挥翰雾散？'吾因抚掌大笑，扬眉当之。"此文作于"日落酒罢"时，可见李白酒后文思之盛。

李颀《赠张旭》诗曰："张公性嗜酒，豁达无所营，皓首穷草隶，时称太湖精。……左手持蟹螯，右手持丹经，瞪目视霄汉，不知醉与醒。诸宾方且坐，旭日临东城，荷叶裹江鱼，白瓯贮香粳。微禄心不屑，放神于八纮，时人不识者，即是安期生。"可见李白与张旭的情况极为相似，二人醉后都能把个人擅长的笔墨发挥到极致,而又豪放不羁,神情洒脱,迥异常人,于是都被封为道教中的活神仙了。

(二) 前身合是东方朔

阅读汉末至唐代的传记,可知历代都有关于谪仙的记载。在这众多的"谪仙"中,李白最为看重的是谁? 换句话说,他引前代的哪位"谪仙"为同调? 答曰:东方朔。

李白最为推重东方朔,并且以他为处世的榜样。《书怀赠南陵常赞府》诗曰:

> 岁星入汉年,方朔见明主,调笑当时人,中天谢云雨。一去麒麟阁,遂将朝市乖。故交不过门,秋草日上阶。当时何特达,独与我心谐。

《留别西河刘少府》诗曰:

> 谓我是方朔,人间落岁星。白衣千万乘,何事去天庭?

《送王屋山人魏万还王屋》诗曰:

> 仙人东方生,浩荡弄云海,沛然乘天游,独往失所在。魏侯继大名,本家聊摄城。……东浮汴河水,访我三千里。

上述数诗中,李白把自己和东方朔相比附,并且列出了一些相同之处。按《太平广记》卷六引《洞冥记》与《东方朔别传》,介绍东方朔其人,实为岁星、太白星精下凡。《世说新语·规箴》篇刘孝标注引《列仙传》

曰:"朔,楚人。武帝时上书说便宜,拜郎中。宣帝初,弃官而去,共谓岁星也。"《初学记》卷一引《汉武内传》曰:"西王母使者至。东方朔死,上问使者,对曰:'朔是木帝精,为岁星,下游人中,以观天下,非陛下臣也。'"李白在前面两首诗中提到东方朔为岁星,也自认为是岁星降生,《赠崔司户昆季》诗中说:

> 惟昔不自媒,担簦西入秦,攀龙九天上,忝列岁星臣。布衣侍丹墀,密勿草丝纶。

《风俗通义》卷二《东方朔》曰:"俗言东方朔太白星精。黄帝时为风后,尧时为务成子,周时为老聃,在越为范蠡,在齐为鸱夷子皮,言其神圣能兴王霸之业,变化无常。"李白或许认为自己是太白星精的再世,他也有神圣能兴王霸之业的抱负与自觉。

东方朔的事迹,始见于《史记》和《汉书》的传记。其后有关东方朔的记载日益增多,中多神异之说。而据一些比较可靠的记载,此人才智过人,有很高的抱负,汉武帝虽喜欢他,但不予重用,因此他寄迹朝廷,以酒自晦。这些情况差不多都在李白身上重现了。

夏侯湛作《东方朔画赞》,著录于《文选》卷四七,李白曾三拟《文选》,对这篇文章的内容自然非常熟悉。文中曰:"夫其明济开豁,包含弘大,陵轹卿相,嘲哂豪杰,笼罩靡前,跆籍贵势。出不休显,贱不忧戚。戏万乘若寮友,视俦列如草芥。雄节迈伦,高气盖世,可谓拔乎其萃,游方之外者已。谈语者又以先生嘘吸冲和,吐故纳新,蝉蜕龙变,弃俗登仙,神交造化,灵为星辰……此又奇怪惚恍,不可备论者也。"若将李白的行为与夏侯湛笔下的东方朔对照,不难发现二者具有很多相同之点,所以苏轼在《李太白碑阴记》中引此表示赞同,以为正是李白的写照。① 即如李白最为人所称道的那种平交王侯的思想,乃至醉后命高力士脱靴等异乎寻常的行为,都与东方朔"戏万乘若寮友,视俦列如草芥"的作风相通。东方朔与李白之间,不论从后者的自我介绍来看,还是从其行动来看,都是把自己认同于前者的再世。②

李白在《玉壶吟》中说:

凤凰初下紫泥诏,谒帝称觞登御筵,揄扬九重万乘主,谑浪赤墀青琐贤。朝天数换飞龙马,敕赐珊瑚白玉鞭,世人不识东方朔,大隐金门是谪仙。

这首自述供职翰林经过的诗,借用东方朔的事迹来表达,何等贴切。

东方朔其人,博闻辩智,俳谐狂突,褚少孙把他补入《史记·滑稽列传》,所用文字也是有褒有贬的。《盐铁论·褒贤》篇载大夫曰:"东方朔自称辩略,消坚释石,当世无双,然省其私行,狂夫不忍为。"李白却只取其合于自己志趣的一面,而对东方朔不为人认可的一面,则略而不谈,于此亦可看出李白在出处问题上的取向。

(三) 天上人间的外臣身份

李白诗中提到的神仙很多。若对这些神仙的事迹进行观察,则可发现其与作者的内在联系。"岁星"东方朔其人,作为前代"谪仙人"中的一员,其身份与个人特点,正是李白的异代身影。

---

① 苏轼在引用夏侯湛赞东方生文前云:"士以气为主。方高力士用事,公卿大夫争事之,而太白使脱靴殿上,固已气盖天下矣。使之得志,必不肯附权幸以取容。"载《经进东坡文集事略》卷五二。

② 参看夏晓虹《谈谈李白的"好神仙"与从政的关系》,载《文学遗产增刊》十四辑,中华书局 1982 年版。

李白在《古风》其十七中说：

　　　　西上莲花山，迢迢见明星。素手把芙蓉，虚步蹑太清。霓裳曳广带，飘拂升天行。邀我登云台，高揖卫叔卿。恍恍与之去，驾鸿凌紫冥。

　　卫叔卿的事迹，见葛洪《神仙传》。《太平广记》卷四引此，云是汉武帝时人，"汉仪凤二年，八月壬辰。孝武皇帝闲居殿上，忽有一人乘云车，驾白鹿，从天而下，来集殿前。其人年可三十许，色如童子，羽衣星冠。帝乃惊问曰'为谁'？答曰：'吾中山卫叔卿也。'帝曰：'子若是中山人，乃朕臣也。可前共语。'叔卿本意谒帝，谓帝好道，见之必加优礼，而帝今云'是朕臣也'，于是大失望，默然不应，忽焉不知所在。帝甚悔恨，即遣使者梁伯至中山，推求叔卿，不得见"。这一传说倒是道出了李白的初衷。李白在《金陵与诸贤送权十一序》中自称为"三十六帝之外臣"，可知他的本意，如为当今皇帝所用，也应特加优礼，而以"外臣"的身份立足。这与东方朔的情况类同，故李白愿以文学侍从的身份伴随在明皇身边，在他看来，文学侍从之臣应当就是"外臣"的身份，与行政官僚队伍中人有别。

　　所谓"谪仙"，意即世上有此一等特殊人物，本为天上神仙，因故谪降人间。李白以为他在天上时，实属"外臣"的身份。他是"三十六帝"的"外臣"。那么"三十六帝"又是何种身份呢？

　　道教中以"三十六""七十二"等成数为神秘数字，故有"三十六天罡""七十二地煞"等说。"三十六帝"之说起源甚早，《魏书》卷一一四《释老志》载牧土上师李谱文事，曰：

　　　　又言二仪之间有三十六天，中有三十六宫，宫有一主。最高者无极至尊,次曰大至真尊,次天覆地载阴阳真尊。次洪正真尊,姓赵名道隐,以殷时得道,牧土之师也。牧土之来,赤松、王乔之伦,及韩终、张安世、刘根、张陵,近世仙者,并为翼从。牧土命[寇]谦之为子,与群仙结为徒友。

这种仙话之中又有什么含义呢?

　　神界的一切,本是世间众相的曲折反映,道教中的神统,本是规仿封建社会中的等级制度而编制起来的。但"三十六宫"与"三十六主"之说,只像是一个松散的联合组织,其间没有什么主从、上下之分,这当是北方游牧民族松散的部落联盟这种组织形式在天宫中折射的投影。李白自认为是神界三十六帝中并无明确隶属关系的一位外臣,那他在世上自然也可以外臣的身份归属于任何一位主子了。

　　《魏书·释老志》中的记载,反映的是拓跋魏时的宗教意识。李白一家长期生活在鲜卑族和突厥族的活动地区,因此李白所说的三十六帝外臣,反映的是鲜卑族和突厥族的宗教意识。

　　"外臣"一词用于人世,则指方外之臣。《南齐书·高逸·明僧绍传》载太祖谓僧绍之弟庆符曰:"卿兄高尚其事,亦尧之外臣。"表示"外臣"的身份有别于各级政权之中直属王权统治的行政官僚。这类臣民,与君主保持距离,无紧密的隶属关系,故能保持独立人格,得到统治者的尊重。

　　作为君臣而言,李白诗中屡次提到且有仰慕之意者,有姜尚、管仲与诸葛亮等人。这些人物原先都隐没在下层,其后夤缘际会,接近了君主,得到主子礼敬,且委以大任,也就施展出了经天纬地之能。李白一直希望有日能像他们一样,在君主的征拔与全权付托下一展抱负。

　　他在《梁甫吟》中说:

长啸《梁甫吟》，何时见阳春？君不见朝歌屠叟辞棘津，八十
西来钓渭滨。宁羞白发照渌水，逢时壮气思经纶。广张三千六百
钓，风期暗与文王亲。大贤虎变愚不测，当年颇似寻常人。……
《梁甫吟》，声正悲。张公两龙剑，神物合有时。风云感会起屠钓，
大人𡾋𡾋当安之。

姜尚其人，颇富神奇色彩。传说他尝屠牛于朝歌，垂钓于渭滨。至于
如何出山，亦异说颇多。《史记·齐太公世家》曰："言吕尚所以事周虽
异，然要之为文、武师。"李白所看重的也当是其帝王师的身份。

李白在《君道曲》中说：

大君若天覆，广运无不至。轩后爪牙常先、太山稽，如心之使
臂。小白鸿翼于夷吾，刘、葛鱼水本无二。

"小白鸿翼于夷吾"，是指齐桓公礼敬管仲事。小白为齐桓公之名，夷
吾为管仲之名。《管子·霸形》曰：

桓公在位，管仲、隰朋见。立有间，有二鸿飞而过之。桓公叹
曰："仲父，今彼鸿鹄，有时而南，有时而北，有时而往，有时而来，
四方无远，所欲至而至焉。非唯有羽翼之故，是以能通其意于天
下乎？"管仲、隰朋不对。桓公曰："二子何故不对？"管子对曰："君
有霸王之心，而夷吾非霸王之臣也，是以不敢对。"桓公曰："仲父
胡为然？盍不当言，寡人其有乡乎？寡人之有仲父也，犹飞鸿之
有羽翼也，若济大水有舟楫也，仲父不一言教寡人，寡人之有耳，
将安闻道而得度哉？"

所谓"仲父"，乃是齐桓公对管仲的尊称。《荀子·仲尼》曰："夫齐桓公有天下之大节焉，夫孰能亡之。倓然见管仲之能足以托国也，是天下之大知也。安忘其怒，出忘其仇，遂立以为仲父，是天下之大决也。"杨倞注："仲者，夷吾之字；父者，事之如父，故号为仲父。"可知管仲身份之特殊。

"鱼水"之喻，见《三国志·蜀书·诸葛亮传》。刘备晓示关羽、张飞等人曰："孤之有孔明，犹鱼之有水也。"《资治通鉴》汉献帝建安十二年亦载，胡三省注："鱼有水则生，无水则死。"可见刘备对诸葛亮的倚重。《三国志》中还说到刘备临殁，"又为诏敕后主曰：'汝与丞相从事，事之如父。'"可见诸葛亮在蜀汉政权中地位之优越。

由上可知，李白一直以为自己身份特殊。他本为天上神仙，谪降尘世之后，应该享有与众不同的地位，保持外臣的身份。他与君主之间，当然有君臣之别，但因具有特殊的秉赋，故应与一般行政官僚体系中人有别。君主自当展其礼敬。李白一直追求独立人格，自尊、自信、自负其才，因此他一直在自觉地呈现其"谪仙"的身姿，始终追求实现其"外臣"的身份。

三、天仙之词

读李白的传记，总感到他有一种与众不同的特点，即少有宁日。粗略估计，他在外的时间应该比起在家的时间还要多。

李白在外飘流时，遍访各地名山，留下很多脍炙人口的诗篇。

他为什么这样热衷于遍访名山呢？原因当然很多。名山风光绮丽，自然会吸引人去登临，李白对于大自然的美丽常是别具会心，自然不惜四处奔波前往探访。古来著名的隐逸之士每在名山上筑室居住，这对仰慕高士的李白来说，也具有很大的吸引力。但对诗仙李白而言,名山之上每有仙踪遗存,当是更为主要的原因。

人类处于原始状况时,面对茫茫苍穹,总是感到神秘莫测,以为天堂之中,当有神仙居处。如想接触他们,乞求援引,应该力所能及地攀登至高处,才能与神仙世界接近。而在古时,当然要以高山为最近天穹的高处了。山与天连,有的神仙也就驻足山中。道教中的神仙,亦每居留山上,他们的身影,常在山峦之间云雾缭绕时出现。李白热衷于成仙,自然会在各地山中留下踪迹。

(一) 山无大小,皆有神灵

葛洪在《抱朴子·登涉》篇中说:"山无大小,皆有神灵,山大则神大,山小即神小也。"李白也认为"山无大小,皆有神灵",但他时而又持庄子哲学中齐物的观点,认为山的体积有大小之别,其地位则无高下之分。例如他早年隐居于淮南安陆西北的寿山,此山本是一座无名的小山,然当友人孟少府以移文的方式来揶揄时,随作《代寿山答孟少府移文书》以申辩,文曰:

> 淮南小寿山谨使东峰金衣双鹤衔飞云锦书于维扬孟公足下,曰:仆包大块之气,生洪荒之间。连翼轸之分野,控荆衡之远势。盘薄万古,邈然星河。凭天霓以结峰,倚斗极而横嶂。颇能攒吸霞雨,隐居灵仙。产隋侯之明珠,蓄卞氏之光宝。罄宇宙之美,殚造化之奇。方与昆仑抗行,阆风接境,何人间巫、庐、台、霍之足陈耶?

这就说明,李白对他隐居过的每一座山都极为珍视,认为均"能攒吸霞雨,隐居灵仙"。因此,他除了在庐山等地隐居外,还曾在不少小山隐居,或是前去登临探胜。

就在李白早年居家苦学阶段，就常是住在附近山上的寺庙中，《访戴天山道士不遇》诗曰：

　　　犬吠水声中，桃花带露浓。树深时见鹿，溪午不闻钟。野竹
　　分青霭，飞泉挂碧峰。无人知所去，愁倚两三松。

　　姚宽《西溪丛话》卷下引《绵州图经》曰："戴天山在［彰明］县北五十里，有大明寺，开元中李白读书于此寺。又名大康（匡）山，即杜甫所谓'康（匡）山读书处'也。"宋哲宗元符二年（1099），时任彰明县令的杨天惠至此踏勘，撰《彰明逸事》一文，亦云李白"隐居戴天大匡山"。在此前后，一些地方官员还在大明寺内立有碑记，如神宗熙宁元年（1068）的《中和大明寺住持记》，徽宗宣和五年（1123）的《谪仙词堂记》，均记李白于此读书事。

　　蜀地崇道之风极盛。李白自年幼时起即热心向道，自然与家乡的道风兴盛有关。《题嵩山逸人元丹丘山居》诗曰："家本紫云山，道风未沦落，沉怀丹丘志，冲赏归寂寞。"王琦注："紫云山在绵州彰明县西南四十里，峰峦环秀，古木樛翠。地理书谓常有紫云结其上，故名。冈来自北为天仓，为龙洞；其东为风洞，为仙人青龙洞，为露香台；其西为蠹颐，为白云洞；其南为天台，为帝舜洞，为桃溪源，为天生桥，有道宫建其中，名崇仙观。观中有黄箓宝宫，世传为唐开元二十四年神人由他山徙置于此。宫之三十六柱皆檀木，铁绳隐迹在焉。此山地志不载，宋魏鹤山作记，载集中。① 太白生于绵州，所谓'家本紫云山'者，盖谓是山欤？"

　　① 见魏了翁《紫云山崇仙观记》，载《鹤山先生大全文集》卷三八，《四部丛刊》影印宋刊本。

李白离开家乡时,曾往著名的峨眉山游赏,从而留下了著名的《登峨眉山》诗,中云:

> 蜀国多仙山,峨眉邈难匹。周流试登览,绝怪安可悉?青冥倚天开,彩错疑画出。泠然紫霞赏,果得锦囊术。云间吟琼箫,石上弄宝瑟。平生有微尚,欢笑自此毕。

由此可见,李白的拥抱山川,包含着极为丰富的内容。他对峨眉山的景色之佳,赞不绝口,以为非言语所能形容,而在这样美妙的景色中,时有神灵出没。学道者于此游处,除了享受自然界的良辰美景外,还能追随神仙仙去,永享清福。其后李白浪游各地,遍访名山,一直把欣赏山川之美与追求长生久视作为并行不悖的目标。

李白到了安陆之后,除隐居寿山外,还曾隐于另一小山白兆山。《安陆白兆山桃花岩寄刘侍御绾》诗曰:

> 云卧三十年,好闲复爱仙。蓬壶虽冥绝,鸾凤心悠然。归来桃花岩,得憩云窗眠。对岭人共语,饮潭猿相连。时升翠微上,邈若罗浮巅。两岑抱东壑,一嶂横西天。树杂日易隐,崖倾月难圆。芳草换野色,飞萝摇春烟。入远构石室,选幽开山田。独此林下意,杳无区中缘。

此诗基调与前相似,其中"好闲复爱仙"一句,点明了二者之间的联系。《山中问答》诗曰:"问余何事栖碧山,笑而不答心自闲。桃花流水窅然去,别有天地非人间。"他所追求的,也就是人间与非人间的统一。

李白其时还作有《白毫子歌》,此人估计也是隐居在安陆地区某一小山内的同道,歌曰:

淮南小山白毫子，乃在淮南小山里。夜卧松下云，朝餐石中髓。小山连绵向江开，碧峰巉岩渌水回。余配白毫子，独酌流霞杯。拂花弄琴坐青苔，绿萝树下春风来。南窗萧飒松声起，凭崖一听清心耳。可得见，未得亲，八公携手五云去，空馀桂树愁杀人。

安陆非荒僻之地，然亦非道教中的热门地区，在李白笔下却有那么多的小山可与神仙相接，也有同道在此隐居求仙，可知处在道教风靡朝野的情况下，各地山中都有求仙的隐士居留。李白的行径，正是时代风气的反映，只是通过他的诗歌，能把这种环境和意愿表达得更为神化就是了。

（二）嵩山与终南山

《论语·尧曰》："兴灭国，继绝世，举逸民，天下之民归心焉。""逸民"究竟指何种人物？说法很多，难以确说。但汉初高祖刘邦礼敬商山四皓，四皓不应，后应太子之请出山辅翼，刘邦卒立惠帝刘盈为后。东汉光武礼敬严子陵，不以君臣之礼要求对方，保持年轻时期的温馨关系。这些隐逸之士，本与政治关系甚浅，但因具有逸民身份，虽潜伏民间，而有高雅人士的代表身份与崇高声望，皇帝也得以礼相待，借以博得天下之人心所归，这样的隐逸之士也就会在社会上占有重要的地位。各朝正史中大都辟有《隐逸传》一目。

只是隐逸之士流品甚杂。有的确为高尚之士，故远离尘市，隐居山林，洁身自好；有的本为反对现政权者，故隐居岩壑，不与当权者交往；有的却是躁进之徒，他们只是借此沽名钓誉，扩大名声，希望获得帝室的垂顾，遽登显位。由于这类人物良莠不齐，高下悬殊，社会上对他们的评价也就大有出入，"隐逸传"的序文中每抑扬其词。

高祖、太宗之世，辅弼大臣多从难之士，故对岩穴之士无所企求；高宗、武后代起，意欲摆脱前朝旧臣的羁绊，一方面大力推行科举制度，选拔一些中下层的士人入仕，为我所用；一方面礼敬山林隐逸之士，冲淡朝贵的绚烂色彩。《旧唐书·隐逸传》曰："高宗、天后，访道山林，飞书岩穴，屡造幽人之宅，坚回隐士之车，而[田]游岩、[史]德义之徒，所高者独行；卢鸿一、[司马]承祯之比，所重者逃名。至于出处语默之大方，未足与议也。"可知这种社会风气唐初最盛，两《唐书》的《隐逸传》中也以初唐时人为多，盛唐之时只能算是流风馀韵仅存了。

自初唐至盛唐，社会欣欣向荣，国力正盛。唐人本好事功，这时更重开拓，有志者希冀建功立业，因此真正甘心隐遁山林者为数是很少的。所以《新唐书·隐逸传》序说：

> 唐兴，贤人在位众多，其遁戢不出者，才班班可述，然皆下概者也。虽然，各保其素，非托默于语，足崖壑而志城阙也。然放利之徒，假隐自名，以诡禄仕，肩相摩于道，至号终南、嵩少为仕途捷径，高尚之节丧焉。

上面提到的"放利之徒"中，有卢藏用其人。所谓"终南捷径"，即是他的狡狯伎俩。《旧唐书》本传曰："初隐居之时，有贞俭之操，往来于少室、终南二山，时人称为'随驾隐士'；及登朝，趑趄诡佞，专事权贵，奢靡淫纵，以此获讥于世。"《新唐书》本传曰："始隐山中时，有意当世，人目为'随驾隐士'。晚乃徇权利，务为骄纵，素节尽矣。司马承祯尝召至阙下，将还山，藏用指终南曰：'此中大有嘉处。'承祯徐曰：'以仆视之，仕宦之捷径耳。'藏用惭。"这也就是"随驾隐士"与"终南捷径"二典的原始出处。

这里需要探讨的是，李白也曾往来于嵩山与终南山之间，走的是否也是"随驾隐士"的老路? 他在《为宋中丞自荐表》中说:"天宝初,五府交辟,不求闻达。亦由子真谷口,名动京师。上皇闻而悦之,召入禁掖。"走的是否也是终南捷径?

这就需要对李白的行踪作些具体分析。

李白往来于嵩山的时间比较多,留下的诗篇也多,这里先讨论李白隐居嵩山之事。

李白早与嵩山发生关系,当因居处安陆,与嵩山邻近的缘故。又因好友元丹丘于此寓处,屡次邀其前往,故李白时于诗文中咏及。

李白至安陆就婚,寓居许家,若干年后,元丹丘到嵩山安家,邀请李白合家前往,李白遂作《题嵩山逸人元丹丘山居并序》以酬之。《序》曰:

> 白久在庐、霍,元公近游嵩山,故交深情,出处无间,岩信频及,许为主人。欣然适会本意,当冀长往不返,欲便举家就之,兼书共游,因有此赠。

诗云:

> 故人契嵩颍,高义炳丹臒。灭迹遗纷嚣,终言本峰壑。自矜林湍好,不羡市朝乐。偶与真意并,顿觉世情薄。尔能折芳桂,吾亦采兰若。拙妻好乘鸾,娇女爱飞鹤。提携访神仙,从此炼金药。

这里所说的拙妻,当指前妻许夫人;所说的娇女,当指长女平阳。因为他所续娶的宗夫人没有和平阳在一起生活过。看来许夫人与平阳也是虔诚的道教信徒,与李白信仰一致。

但这次李白实际上没有举家前往,因为他另有《题元丹丘颍阳山居》诗一首，《序》云：

> 丹丘家于颍阳，新卜别业，其地北倚马岭，连峰嵩丘。南瞻鹿
> 台，极目汝海。云岩映郁，有佳致焉。白从之游，故有此作。

看来李白这次真的到了元丹丘的颍阳别业，从而对其方位与景色有具体的描写。诗中对元丹丘的为人与隐士之志大为颂扬，云是"仙游渡颍水，访隐同元君。忽遗苍生望，独与洪崖群。卜地初晦迹，兴言且成文"。说明元丹丘的隐居"连峰嵩丘"之地，与"随驾"求仕异趣，因为他已遗却"苍生望"，而欲"独与洪崖群"。这番志趣，与李白相合，所以诗末表示"终愿狎青鸟，拂衣栖江濆"。

嵩山之地，也有一些真心真意的栖隐者，因为这里原是隐者先辈巢父、许由的避世之区，故有后人承其风徽，隐居此地。这对李白来说，有其惬意的地方，因为李白也喜欢在风景佳丽之地隐居，但他不愿以此终老，他总是想在干出一番惊天动地的事业之后再来隐居，从而圆其奇士与高士相结合的理想。

他在《送裴十八图南归嵩山二首》其二中说：

> 君思颍水绿，忽复归嵩岑。归时莫洗耳，为我洗其心。洗心
> 得真情，洗耳徒买名。谢公终一起，相与济苍生。

可知李白很看不上那些借隐居之名而企求人主顾盼的假隐士。他在《送岑征君归鸣皋山》诗中说："贵道能全真，潜辉卧幽鳞。探元入窅默，观化游无垠。光武有天下，严陵为故人。虽登洛阳殿，不屈巢由身。余亦谢明主，今称偃蹇臣。登高览万古，思与广成邻。"可知李白在朝时，所追求的，是保持独立人格；隐居嵩山，所追求的，是与神仙为

邻。因为嵩山原为道教圣地,很多著名的道士都在此地筑有道观。

《旧唐书·隐逸传》中,有王远知、潘师正、司马承祯等人的传记,这是唐代道教中占有重要地位的茅山道派中人。贞观九年,太宗"敕润州于茅山置太受观",其年,王远知谓弟子潘师正曰:"吾见仙格,以吾小时误损一童子吻,不得白日升天。见署少室伯,将行在即。"卒年一百二十六岁。弟子潘师正,居于嵩山之逍遥谷,高宗、武后甚尊敬之,"寻敕所司于师正所居造崇唐观,岭上别起精思观以处之。初置奉天宫,帝令所司于逍遥谷口特开一门,号曰仙游门,又于苑北面置寻真门,皆为师正立名焉"。又有道士刘道合,"初与潘师正同隐于嵩山,高宗闻其名,令于隐所置太一观以居之"。其后又有著名道士司马承祯,"事潘师正,传其符箓及辟谷导引服饵之术。师正特赏异之,谓曰:'我自陶隐居传正一之法,至汝四叶矣。'承祯尝遍游名山,乃止于天台山"。睿宗景云二年,尝令人追之至京,备受尊崇。固辞还山后,玄宗于开元九年又遣使迎入京,亲受法箓。十年回天台山,十五年又召至都,令承祯于王屋山自选形胜,置坛室以居焉,"以承祯王屋所居为阳台观,上自题额,遣使送之。赐绢三百匹,以充药饵之用。俄又令玉真公主及光禄卿韦绍至其所居修金箓斋,复加以锡赏"。可见这一道派所享尊荣之不同寻常了。

众所周知,唐初帝王对宗教持开放态度,佛道兼崇,但以帝姓之故,尤为推崇道教,从而与茅山教派关系深切。这一教派中人每出入于江南与嵩丘之地,这与李白的行踪甚为一致。

李白于开元十三年出蜀,至江陵时,遇司马承祯,作《大鹏遇希有鸟赋》,后重行写定,改称《大鹏赋》,可知"天台司马子微"对他的影响之大。其后他随即赴浙东访道,出入于天台、天姥、金华等道教名山;入赘安陆许府后,又出入于嵩山、颍阳,可见他的行踪,实熔隐遁与宗教信仰于一炉,从而与"随驾"的企图关系为浅。

嵩山既为道教圣地，自然笼罩在神仙世界的气氛中。李白《送杨山人归嵩山》诗曰：

> 我有万古宅，嵩阳玉女峰。长留一片月，挂在东溪松。尔去掇仙草，昌蒲花紫茸。岁晚或相访，青天骑白龙。

又《嵩山采菖蒲者》诗曰：

> 神人多古貌，双耳下垂肩。嵩岳逢汉武，疑是九疑仙。我来采菖蒲，服食可延年。言终忽不见，灭影入云烟。喻帝竟莫悟，终归茂陵田。

可知其地宗教气氛之浓郁。

李白有《赠嵩山焦炼师》诗，内云："潜光隐嵩岳，炼魄隐云幄。霓衣何飘飘，凤吹转绵邈。愿同西王母，下顾东方朔。紫书傥可传，铭骨誓相学。"可知他的志趣，是想走东方朔一样的道路。居住嵩山的初衷，不在隐居养望，走"随驾隐士"的老路，主要目的还是学道求仙，这与司马承祯一系人物在出处上也有一些不同。

李白前往终南山的次数，要比嵩山少得多，耽在山中的时间，应该也要短些。因为他前后一共只去过长安两次，离开京城移居山中的时间有限。《春归终南山松龙旧隐》诗曰："我来南山阳，事事不异昔。却寻溪中水，还望岩下石。蔷薇缘东窗，女萝绕北壁。别来能几日？草木长数尺。且复命酒樽，独酌陶永夕。"内中透露的情绪，还是沉溺于山水之美。《望终南山寄紫阁隐者》诗中的情绪，与此一致。

李白有《玉真公主别馆苦雨赠卫尉张卿》诗二首，抒写怀才不遇之感。玉真公主别馆在终南山楼观台旁，李白对此无所描写，看来其时玉真公主对他没有什么特别的关注，以致情绪低落，四周的美景不见诸笔下。只是李白于天宝年间奉诏入京，则还是与道教中的多种因缘有关。

《旧唐书·隐逸传》中还有道士王希夷其人，先是隐于嵩山，后又居于兖州徂徕山中，与李白的行踪有一致之处。开元之末，李白也曾与孔巢父、裴政、韩准、张叔明、陶沔等人隐于徂徕山，时称"竹溪六逸"。但李白是否长驻山中，则又未必。其时李白作有《送韩准裴政孔巢父还山》诗，中云："韩生信英彦，裴子含清真。孔侯复秀出，俱与云霞亲。峻节凌远松，同衾卧盘石。斫冰漱寒泉，三子同二屐。时时或乘兴，往往云无心。出山揖牧伯，长啸轻衣簪。昨宵梦里还，云弄竹溪月。"可知这些隐士聚在一起，共享山水之美，目的似乎不在沽名钓誉，为出山培植沃土。李诗又云："今辰鲁东门，帐饮与君别。"则是三人或至李白寓居之处作客，故于鲁之东门送别。

按李白于许夫人殁后，即携子女移家东鲁，寓居兖州鲁郡。天宝之初，杜甫赴鲁地游览，亦曾到李家拜访，别时李白作有《鲁郡东石门送杜二甫》诗，中云："何时石门路，重有金樽开？秋波落泗水，海色明徂徕。"可知徂徕山距其寓居之地不远。他的这次隐居，应是就近前往，与友人同居山中。

徂徕之地与泰山为近，玄宗东巡时，曾敕州县以礼征及寓居徂徕山中的王希夷，但这是一次偶然事件，不像嵩山地近洛阳，终南山地近长安，隐居山中者的名声容易传入宫廷，"竹溪六逸"不大可能凭隐居之地的地理优势上达天听。他们隐居养望的用意或难尽免，但也不可能像"随驾隐士"一类人物那样抱有相同的侥幸之心。

综上所言，可知李白虽曾自称"子真谷口，名动京师"，得到皇帝的赏识与征辟，但从事实来看，他的出仕，主要还是通过奉道等多种因素所促成。李白隐居山林，与他的宗教信仰一致，事后也正由此而一度进入朝廷。他的隐居山林,不为功利主义所驱使,而是拥抱山川,尽情享受自然之美,留下了许多优美的诗篇。这样的成就,绝不可能由一个急功近利为短期目标所驱使的人来取得,因此后人考量李白的隐逸,不能把这与"随驾隐士"之流混为一谈。

(三) 天人合一

近人谈论中国学术,总喜欢提到"天人合一",以为这是国人所追求的最高境界。这种说法是否确切,不敢断言,但以李白而论,在作品中确是反映出某种"天人合一"的特点。李白对此常是诉诸直觉的感受而不作理性的辨析。

在李白的脑海中,天上人间浑成一片。特别是在风景佳丽的山中,作为道教徒的他,眼前呈现出仙人成群,仙乐阵阵,人在其中,也成了神仙中的一员。这番景象,在道教气氛弥漫朝野的唐代,无疑会受到大众的热烈欢迎,即在后世日趋理性化的读者脑中,作为一种理想境界,也一直让人激动。因为人处嘈杂昏扰的尘世,总有一种超脱的欲望,即使神仙世界显得缥缈而难以把握,但诗歌中的仙境描写,那么飘逸,那么恬美,总能让人心醉。

李白于天宝之初登泰山时,作有《游太山六首》。泰山为五岳之首,向为神仙出没之地,在道教世界中享有极为重要的地位。李白登临此山,自然会有种种灵异的感受。其一曰:

> 登高望蓬瀛,想象金银台。天门一长啸,万里清风来。玉女四五人,飘飘下九垓。含笑引素手,遗我流霞杯。稽首再拜之,自愧非仙才。旷然小宇宙,弃世何悠哉!

诗中介绍个人境遇时,前面说是"想象金银台",似乎其下的描写只是一种幻想的产物,但他"稽首再拜之"的对象,明为"飘飘下九垓"的"玉女四五人",这又像是实有其事的了。迷离恍惚,人间即是天上,李白的这一组诗,充满着奇幻的色彩。其二曰:

> 清晓骑白鹿,直上天门山。山际逢羽人,方瞳好容颜。扪萝欲就语,却掩青云关。遗我鸟迹书,飘然落岩间。其字乃上古,读之了不闲。感此三叹息,从师方未还。

其三曰:

> 平明登日观,举手开云关。精神四飞扬,如出天地间。黄河从西来,窈窕入远山。凭崖览八极,目尽长空闲。偶然值青童,绿发双云鬟。笑我晚学仙,蹉跎凋朱颜。踌躇忽不见,浩荡难追攀。

这些诗中叙及的情景,则是亲见神仙,并非想象之词。

《游太山》组诗其六中,集中反映了李白诗仙的天才创造。其词曰:

> 朝饮王母池,暝投天门阙。独抱绿绮琴,夜行青山月。山明月露白,夜静松风歇。仙人游碧峰,处处笙歌发。寂听娱清辉,玉真连翠微。想象鸾凤舞,飘飘龙虎衣。扪天摘匏瓜,恍惚不忆归。举手弄清浅,误攀织女机。明晨坐相失,但见五云飞。

我们如从诗的末尾来看,似乎可以认为李白是在叙述夜中梦境,但描写的景象,清晰、具体,分明亲历其境,又不像是想象之词。从"朝饮王母池"到"暝投天门阙",随之经历了一夜的活动,亲身加入了"仙人游碧峰"的行列,才能有"误攀织女机"的机缘。这番情景,亦幻亦真,迷离恍惚,不可捉摸。若与前人的游仙诗相比,已有明显不同,作者的身影,已经彻底融入仙境。天上人间,实难区分。这样的诗,只能产生于道教气氛弥漫朝野的唐代,只能产生于身为道教徒的天才诗人李白之手。

李白这类描写中的景象,在现在的人看来,当然不可能承认为实有其事,于是有人称之为想象,有人称之为幻觉,这是后人科学的解释,在李白来说未必曾有自觉的辨析与解剖。作为一个道教徒,全身心地投入信仰中,神仙境界必然会时常在脑海中浮现。即使是在梦中,不经过有意识的想象,也会出现仙境。当他寓居山东时,听越人言及天姥之事,于是梦中前往游览,且有《梦游天姥吟留别》一诗记其事。诗中云:

> 我欲因之梦吴越,一夜飞度镜湖月。湖月照我影,送我至剡溪。谢公宿处今尚在,渌水荡漾清猿啼。脚著谢公屐,身登青云梯。半壁见海日,空中闻天鸡。千岩万转路不定,迷花倚石忽已暝。熊咆龙吟殷岩泉,栗深林兮惊层巅。云青青兮欲雨,水澹澹兮生烟。列缺霹雳,丘峦崩摧。洞天石扇,訇然中开。青冥浩荡不见底,日月照耀金银台。霓为衣兮风为马,云之君兮纷纷而来下。虎鼓瑟兮鸾回车,仙之人兮列如麻。忽魂悸以魄动,恍惊起而长嗟。惟觉时之枕席,失向来之烟霞。

由此可知,李白出入名山,常会触发无穷遐想;偶一念及,也会形诸梦寐。即使非其本身之事,只要想到道友在山中时,也会立即想到神人交接,良辰美景即在神仙洞府中度过。《西岳云台歌送丹丘子》中云:

巨灵咆哮擘两山，洪波喷流射东海。三峰却立如欲摧，翠崖丹谷高掌开。白帝金精运元气，石作莲花云作台。云台阁道连窈冥，中有不死丹丘生，明星玉女备洒扫，麻姑搔背指爪轻。我皇手把天地户，丹丘谈天与天语。九重出入生光辉，东求蓬莱复西归。玉浆倘惠故人饮，骑二茅龙上天飞。

在李白的诗中，也有个别篇章曾对仙界表示怀疑，他在几首歌颂饮酒之乐的诗中，曾对求仙有所非议，因此郭沫若以为"酒是使他从迷信中觉醒的触媒"。郭氏列出下列三诗作为例证：

《拟古》其三曰：

提壶莫辞贫，取酒会四邻；仙人殊恍惚，未若醉中真。

《月下独酌》其二曰：

贤圣既已饮，何必求神仙！三杯通大道，一斗合自然。

《月下独酌》其四曰：

蟹螯即金液，糟丘是蓬莱；且须饮美酒，乘月醉高台。

实际说来，上述《月下独酌》二诗是在形容醉时的感受，即所谓飘飘欲仙之感。李白以为"飘飘欲仙"之感可在醉酒时迅速取得，不像道教中有种种规定，求仙得经历一系列的努力与考验。这里并无否定成仙之意。《拟古》之诗每受古诗中原有情调的影响，《古诗》十九首中即多这类饮酒胜似求仙的论调，其十四曰："服食求神仙，多为药所误，不如饮美酒，被服纨与素。”其十六曰：“生年不满百，常怀千岁忧。昼短苦夜长，何不秉烛游。为乐当及时，何能待来兹。愚者爱惜费，但为后世嗤。仙人王子乔，难可与等期。”李白《拟古》，受到《古诗》很大影响，因此才有“仙人殊恍惚，未若醉中真”之句。如果我们对李白诗歌的内容进行考察时持历史的观点，就应该认为李白并没有嗜酒而“从迷信中觉醒”。

对于古人的游仙之作，我们不必持近代人的功利判断。李白诗仙，通过他的生花妙笔，将神仙境界引入篇章，天上人间混然莫辨，满足我们的审美享受。人们希望超越，追慕不受世俗生死荣辱等羁绊的神仙境界，从而求得心理平衡。这些都可从李白的美妙诗歌中求得。尽管这种文字上的享受与科学有别，目的并不在于说明世界，因而并不诉诸逻辑分析。历代知识分子的喜好李白，有其内在的原因，不因科学的进步而衰退。

（四）时空观念

屈原生于战国后期，身为三闾大夫，与楚国的命运休戚相关。无奈其时奸邪当道，怀王又冥顽不灵，往日强大的楚国日见沦落。屈原秉性忠贞，不畏艰险，力图挽救危局，然而政争失败，面对故国的危亡，既不能撒手不管，又不愿遁世以自全。他在《离骚》中抒写内心的郁闷，上下求索以自解，然而“闺中既以邃远兮，哲王又不寤。怀朕情而不发兮，余焉能忍与此终古”。于是他尝试另求出路，摆脱这一困境，云是：

> 驾八龙之蜿蜿兮，载云旗之委蛇。抑志而弭节兮，神高驰之邈邈。奏《九歌》而舞《韶》兮，聊假日以媮乐。陟陞皇之赫戏兮，忽临睨夫旧乡，仆夫悲余马怀兮，蜷局顾而不行。

楚辞中的另一名篇《远游》，与此情调一致，内中也说：

> 左雨师使径待兮，右雷公而为卫。欲度世以忘归兮，意恣睢以担挢。内欣欣而自美兮，聊媮娱以淫乐。涉青云以泛滥游兮，忽临睨夫旧乡。仆夫怀余心悲兮，边马顾而不行。

《远游》的作者究竟是谁，至今仍无定说，但其行文的格式沿袭《离骚》，则是很清楚的。① 只是此文内部仙话的成分加重，可证此文出于《离骚》之后。

后代出现的一些辞赋作品，常见类似的笔法，即作者在天上周游，意图舒解精神上的苦闷，而又不能摆脱尘世的牵挂。可以说这种笔法已成屈《骚》传统的一种常见手法。李白《古风》其十九曰：

> 西上莲花山，迢迢见明星。素手把芙蓉，虚步蹑太清。霓裳曳广带，飘拂升天行。邀我登云台，高揖卫叔卿。恍恍与之去，驾鸿凌紫冥。俯视洛阳川，茫茫走胡兵。流血涂野草，豺狼尽冠缨。

不难看出，李白这里使用的正是楚辞中的描写手法。我国古时的文学称之为诗骚传统，李白的创作显然属于《离骚》一系的传统。他的诗中多上天入地的遐想之词，主观抒情的成分很重，当代的研究工作者对此常以浪漫主义的创作方法视之。

陈沆《诗比兴笺》卷三评此诗曰："皆遁世避乱之词，托之游仙也。《古风》五十九章，涉仙居半，唯此二章差有古意，则词含寄托故也。"这

---

① 参看胡小石《〈远游〉疏证》，载《胡小石论文集》，上海古籍出版社 1982年版。

里涉及古诗流传过程中的若干重要阶段。在五言诗的发展中,汉末的"古诗"发生的影响甚大,其后又有曹氏父子写作的游仙诗,继起者有阮籍写作的咏怀诗。时至东晋,郭璞将"游仙"与"咏怀"交融,于是游仙诗又成了一种新型的咏怀诗。钟嵘《诗品》卷中评郭璞曰:"《游仙》之作,词多慷慨,乖远玄宗。其云'奈何虎豹姿',又云'戢翼栖榛梗',乃是坎壈咏怀,非列仙之趣也。"李白的上述游仙之作,也可作如是观。

李白自青年时起,受家乡道风的影响,即热衷于道术,为此他在《庐山谣送卢侍御虚舟》中自称"五岳寻仙不辞远,一生好入名山游"。由于他的秉赋特异,时人即以谪仙、酒仙称之,这使他更增加了自信,乐以仙人自许,因而他的视角也与常人不同。其观察外物的基点,每取居高临下的态度,俯视人生,自己好像站在云端上,观察世间的种种活动。《来日大难》曰:

> 仙人相存,诱我远学。海凌三山,陆憩五岳。乘龙上三天,飞目瞻两角。授以神药,金丹满握。蟪蛄蒙恩,深愧短促。思填东海,强衔一木。道重天地,轩师广成。蝉翼九五,以求长生。下士大笑,如苍蝇声。

情况表明,他的超然傲世,出于凌空出世的仙道思想,由于他有神仙般的视角与胸襟,其气魄亦异于常人。

《君子有所思行》曰:

> 紫阁连终南,青冥天倪色。凭崖望咸阳,宫阙罗北极。万井惊画出,九衢如弦直。渭水清银河,横天流不息。朝野盛文物,衣冠何翕赩。厩马散连山,军容威绝域。

《登梅冈望金陵赠族侄高座寺僧中孚》曰：

> 钟山抱金陵，霸气昔腾发。天开帝王居，海色照宫阙。群峰
> 如逐鹿，奔走相驰突。江水九道来，云端遥明没。

这样的诗句，在其他诗人的笔下很难看到。李白似从云端中俯视长安
与金陵两地，从而有这种囊括一切的宏伟气派。

李白诗中常见这类境界。由于不像其他诗人那样局促一区，诗中
的空间特为广阔。传为司马相如作所的赋论中说赋家之心"囊括宇
宙，总揽人物"，此等诗中之境界庶几近之。《古风》其三十九曰："登高
望四海，天地何漫漫！霜被群物秋，风飘大荒寒。"《赠范金乡二首》之
二曰："范宰不买名，弦歌对前楹。为邦默自化，日觉冰壶清。百里鸡
犬静，千庐机杼鸣。"《见京兆韦参军量移东阳二首》之二曰："猿啸千溪
合，松风五月寒。"《子夜吴歌》曰："镜湖三百里，菡萏发荷花"；"长安一
片月，万户捣衣声"。这样的诗句，气势阔大而又极为自然，不是胸襟
狭窄而又故作大言的人所能拟就的。

李白与友人交往，叙及彼此行踪时，时而将所经过的地域一一罗
列，但在这一系列彩色长卷中映视出的亮点，作者有如从空中观测，随
着目光的转换，示及的风景以散点的方式连续展示，令读者目不暇接。
《答杜秀才五松山见赠》诗曰："闻道金陵龙虎盘，还同谢朓望长安。千
峰夹水向秋浦，五松名山当夏寒。铜井炎炉歊九天，赫如铸鼎荆山前。
陶公矍铄呵赤电，回禄睢盱扬紫烟。此中岂是久留处？便欲烧丹从列
仙。爱听松风且高卧，飔飓吹尽炎氛过。登崖独立望九州，《阳春》欲
奏谁相和？"正像一些研究中国古代山水画的专家所认为的那样，作家
采取的是散点透视的原则。又如他在《送王屋山人魏万还王屋序》中
所言："王屋山人魏万，云自嵩、宋沿吴相访，数千里不遇，乘兴游台越，

经永嘉，观谢公石门，后于广陵相见。美其爱文好古，浪迹方外，因述其行而赠是诗。"诗中有云：

> 东浮汴河水，访我三千里。逸兴满吴云，飘飘浙江氾。挥手杭越间，樟亭望潮还。涛卷海门石，雪横天际山。白马走素车，雷奔骇心颜。遥闻会稽美，一弄耶溪水。万壑与千岩，峥嵘镜湖里。秀色不可名，清辉满江城。人游月边去，舟在空中行。此中久延伫，入剡寻王、许。笑读《曹娥碑》，沉吟黄绢语。天台连四明，日入向国清。五峰转月色，百里行松声。灵溪恣沿越，华顶殊超忽。石梁横青天，侧足履半月。眷然思永嘉，不惮海路赊，挂席历海峤，回瞻赤城霞。赤城渐微没，孤屿前嶤兀。水绿万古流，亭空千霜月。缙云川谷难，石门最可观。瀑布挂北斗，莫穷此水端。喷壁洒素雪，空濛生昼寒。却寻恶溪去，宁惧恶溪恶。咆哮七十滩，水石相喷薄。路创李北海，岩开谢康乐。松风和猿声，搜索连洞壑。径出梅花桥，双溪纳归潮。落帆金华岸，赤松若可招。沈约八咏楼，城西孤岧峣。岧峣四荒外，旷望群川会。云卷天地开，波连浙西大。乱流新安口，北指严光濑。钓台碧云中，邈与苍岭对。稍稍来吴都，徘徊上姑苏。烟绵横九疑，漭荡见五湖。目极心更远，悲歌但长吁。回桡楚江滨，挥策扬子津。身着日本裘，昂藏出风尘。五月造我语，知非佁儗人。

这样的描写，可称江南美景的万里长卷。作者宛似高踞云端，随笔挥洒，一一渲染。叙及的山川无不充满动感。句中每以"转""行""洒""生"等词作过渡，更使诗篇活跃生动，犹如受到诗仙的驱策，山川也在流转一样。这样的山水描绘，以其立足点之不同寻常，在其他诗人篇帙中难以见到。

众所周知,李白以大鹏为象征,表达他超越一切的气概。大鹏这一神禽,典出《庄子·逍遥游》,文曰:"北溟有鱼,其名为鲲。鲲之大,不知其几千里也。化而为鸟,其名为鹏。鹏之背,不知其几千里也;怒而飞,其翼若垂天之云。是鸟也,海运则将徙于南溟。南溟者,天池也。"李白热衷于以大鹏自喻。即以这一神物而言,也是居高临下,俯视一切。《古风》其四曰:"凤飞九千仞,五章备彩珍。"亦以神禽自喻。这类神禽的视角,只能位于高空时才能取得。李白诗中多次出现这样的视角,无不体现出他超越众人的胸襟与抱负。

以上略述李白有关空间的观念,下面还可对其时间观念作一考察。

《将进酒》曰:"君不见黄河之水天上来,奔流到海不复回;君不见高堂明镜悲白发,朝如青丝暮成雪。"前者以空间言,李白宛如站在云端,俯看黄河的奔流,还如《西岳云台歌送丹丘子》中所说的"黄河如丝天上来",这是何等壮观的情景,宽阔的大河像是一条丝带,从极西的河源,滔滔滚滚,直奔大海,只有神仙才有这么宽广的视角。后者以时间言,李白常从头发的色泽变化来抒写时光的流逝。年轻的女子,颜如舜华,发如青丝,洋溢着青春的美丽,然而岁月不居,红颜易老,美人迟暮,昔日的缕缕青丝,转成星星白发。人生苦短,《古诗》中也有"人生如朝露"等哀叹,但在李白笔下,对时间的规定尤为具体,说是"朝如青丝暮成雪",也就把百年的人生历程浓缩成了自朝至暮的一天过程。这种描写常见于唐代神仙中人的故事,所谓"山中方七日,世上已千年"是也。这也就是说:世上百年,犹如神仙之一瞬间。① 李白沉溺于

---

① 《水经注》卷四十《渐江水》引《东阳记》云:"信安县有悬室坂。晋中朝时,有民王质,伐木至石室中,见童子四人,弹琴而歌。质因留,倚柯听之。童子以一物如枣核与质,质含之,便不复饥。俄顷,童子曰:'其归。'承声而去,斧柯漼然烂尽。既归,质去家已数十年,亲情凋落,无复向时比矣。"《述异记》记载略同,后世与此相似之传记甚多。

仙道,故而有此神异的时间观念,这里不能纯用想象丰富作解释。

李白在《秋浦歌》中反复申述了这一神仙的时间观:

> 两鬓入秋浦,一朝飒已衰。猿声催白发,长短尽成丝。(其四)
>
> 白发三千丈,缘愁似个长,不知明镜里,何处得秋霜?(其十五)

这里强调的是一个"愁"字。忧愁催人老去,但也不至于在短短的时间内就秋霜染鬓。因为李白向以神仙中人的观点注视外物的转变,故对人生亦作如是观。《相逢行》曰:"光景不待人,须臾发成丝。"即持这种古今一瞬的神异视点。

李白在一些咏古的诗中,也常在时间上作大跨度的观察。《越中览古》曰:

> 越王句践破吴归,义士还家尽锦衣。宫女如花满春殿,只今唯有鹧鸪飞。

《苏台览古》曰:

> 旧苑荒台杨柳新,菱歌清唱不胜春。只今惟有西江月,曾照吴王宫里人。

世上万物无时无刻不在变化,但天上的明月,却是终古常新,人们仰视月夜,往往觉得宇宙无穷,人生有限,从而产生人生倏忽的感受。张若虚《春江花月夜》中说:"江畔何人初见月?江月何年初照人?人生代代无穷已，江月年年望相似。不知江月待何人？但见长江送流水。"诗人把自己视作"人生代代"中的一代人物，面对奔流不歇的江水，深感人生的短促，从而产生迷茫凄楚的心绪。李白的这类作品有所不同，月光下的景色，千古有异，反映了时代的变迁。内中也有盛衰的慨叹，但不像是张若虚等诗中所表现的，在广漠的宇宙面前，只是自觉渺小与无奈。李白诗中没有呈现出什么个人的凄楚，只是从宏观的角度透视时代的变迁。就以当今的情景来说，越中天上有鹧鸪在飞，苏台废址杨柳青青，"菱歌清唱不胜春"，仍然生意盎然。因此李白的"吊古"，没有太多"伤今"的意味，正是因为他的道教意识，把人事变迁也看作宇宙运行的一种自然过程，因而没有过多的惆怅与哀怨。

四、享乐人生

(一) 及时行乐

李白生于武后时，殁于代宗时，主要的活动年代，则在玄宗开元、天宝之时。

唐代极盛之时，即在开元、天宝阶段。《资治通鉴》于开元二十八年(740)记曰："是岁，天下县千五百七十三，户八百四十一万二千八百七十一，口四千八百一十四万三千六百九。西京、东都米斛直钱不满二百，绢匹亦如之。海内富安，行者虽万里不持寸兵。"同书于天宝元年(742)又记曰："是时，天下声教所被之州三百三十一，羁縻之州八百，置十节度、经略使以备边。"其下列举四边军事方面的建置，说明唐室武力之强盛。司马光的这番安排，意在说明唐代的盛衰可以开元、天宝之交为界线。开元之时可以视作唐王朝最为兴旺发达的时期。

唐代士人也有很多这方面的记载，郑綮《开天传信记》曰：

开元初，上励精理道，铲革讹弊，不六七年，天下大治。河海清晏，物殷俗阜。安西诸国，悉平为郡县。自开远门西行，亘地万馀里，入河湟之赋税。左右藏库，财物山积，不可胜较。四方丰稔，百姓殷富，管户一千馀万，米一斗三四文，丁壮之人，不识兵器。路不拾遗，行者不囊粮。其瑞叠应，重译麇至，人情欣欣然，感登岱告成之事。上犹惕励不已，为让者数四焉。

盛唐诗人把这一时期的美妙情景一直保持在记忆中，且屡见之于吟咏。杜甫《忆昔二首》之二曰：

忆昔开元全盛日，小邑犹藏万家室。稻米流脂粟米白，公私仓廪俱丰实。九州道路无豺虎，远行不劳吉日出。齐纨鲁缟车班班，男耕女桑不相失。宫中圣人奏《云门》，天下朋友皆胶漆。百馀年间未灾变，叔孙礼乐萧何律。

李白在《古风》其四十六中说：

一百四十年，国容何赫然！隐隐五凤楼，峨峨横三川。王侯象星月，宾客如云烟。斗鸡金宫里，蹴踘瑶台边。举动摇白日，指挥回青天。当涂何翕忽！失路长弃捐。独有扬执戟，闭关草《太玄》。

李白的主要成长时期，正在"开元全盛日"。社会富裕繁荣，朝野意气风发，这样的时代背景，为哺育李白这样一位诗仙提供了良好的条件。

时至天宝年间，朝野欢娱的背后潜伏着巨大的危机，社会矛盾急遽发展,但一般百姓很难全面把握形势,他们仍然沉浸于欢乐之中。

天宝三载(744),李白、杜甫、高适三人在梁宋相聚。他们登琴台赏玩,又同赴孟诸泽纵猎。这段短短的经历,给杜甫留下了难忘的印象。他在晚年作《遣怀》诗曰:

> 昔我游宋中,惟梁孝王都。名今陈留亚,剧则贝、魏俱。邑中九万家,高栋照通衢。舟车半天下,主客多欢娱。白刃仇不义,黄金倾有无,杀人红尘里,报答在斯须。忆与高(适)李(白)辈,论交入酒垆。两公壮藻思,得我色敷腴。气酣登吹台,怀古视平芜。芒砀云一去,雁鹜空相呼。

其时李白年四十四岁,正离开玄宗身边,自长安东下。他这次入侍翰林虽然时间不长,没有获得进一步的发展,但已名满京师。诗歌上的大名立即扩散到了全国。高适时年四十五岁,仍未出仕,但意气豪迈,也给杜甫留下深刻的印象。高适曾作《宋中别周梁李三子》诗,中云:"李侯怀英雄,肮脏乃天资。方寸且无间,衣冠当在斯。俱为千里游,忽念两乡辞。"李侯当指李白。李白的气概也给他留下了深刻的印象。

杜甫《昔游》诗中亦云:

> 昔者与高李,晚登单父台。寒芜际碣石,万里风云来。桑柘叶如雨,飞藿去徘徊。清霜大泽冻,禽兽有馀哀。

高适有《同群公秋登琴台》诗,亦属同时之作,内云:

> 古迹使人感,琴台空寂寥,静然顾遗尘,千载如昨朝。临眺自兹始,群贤久相邀。德与形神高,孰知天地遥?

此时高适正与李、杜同游,"群公"之中当有二人在内,可惜李、杜之诗今已不存。

杜甫比高、李二人要小十多岁,当时尚未成名,正奔走四方,结交名士。这时遇到了享有大名的李白,虽聚合不久,但友情深笃,难怪这段经历一直潜伏在他心中,念念不忘了。

李白在《秋猎孟诸夜归置酒单父东楼观妓》诗中说:

> 倾晖速短炬,走海无停川。冀餐圆丘草,欲以还颓年。此事不可得,微生若浮烟。骏发跨名驹,雕弓控鸣弦。鹰豪鲁草白,狐兔多肥鲜。邀遮相驰逐,遂出城东田。一扫四野空,喧呼鞍马前。归来献所获,炮炙宜霜天。出舞两美人,飘飘若云仙。留欢不知疲,清晓方来旋。

综观其时诗作,三人游乐的情景,宛然目前。游乐的内容,包括纵猎、豪饮、观妓等项。这些诗歌,可作盛唐诗人意气豪迈纵情游乐的代表作看。

李白不断在全国广大地区漫游,东至溟海,北达幽燕,南穷苍梧,只有西部地方去的少,或许他原来就是从西部来的缘故吧。名山大川,名胜古迹,繁华都市,都有他的踪迹。有些胜地就是由他命名的,例如今安徽的名胜九华山,原名九子山,由他改名后也就一直沿用至今。《改九子山为九华山联句序》曰:"青阳县南有九子山,山高数千丈,上有九峰如莲华。按图征名,无所依据。太史公南游,略而不书。事绝古老之口,复阙名贤之纪,虽灵仙往复,而赋咏罕闻。予乃削其旧号,加以九华之目。"诗中有云"青荧玉树色,缥缈羽人家",在他看来,山中定有仙人驻留。

汉阳旧有郎官湖,此名亦为李白所题。他在《泛沔州城南郎官湖序》中说："乾元岁，秋八月，白迁于夜郎，遇故人尚书郎张谓出使夏口、沔州牧杜公、汉阳宰王公觞于江城之南湖，乐天下之再平也。方夜，水月如练，清光可掇。张公殊有胜概，四望超然，乃顾白曰：'此湖古来贤豪游者非一，而枉践佳景，寂寥无闻。夫子可为我标之嘉名，以传不朽。'白因举酒酹水，号之曰'郎官湖'，亦由郑圃之有'仆射陂'也。"

由上可见他的游兴之浓，以及他在文士圈子中的地位之高。

李白对大自然之美有着过人的感受能力，而又文才出众，因此每当大家在风景佳丽之地聚会之时，按照唐人的惯例，总要诉诸吟咏，提高大家的情兴。李白的佳作，常在此时产生。《春夜宴从弟桃花园序》曰：

> 夫天地者，万物之逆旅也；光阴者，百代之过客也。而浮生若梦，为欢几何？古人秉烛夜游，良有以也。况阳春召我以烟景，大块假我以文章。会桃花之芳园，序天伦之乐事。群季俊秀，皆为惠连；吾人咏歌，独惭康乐。幽赏未已，高谈转清。开琼筵以坐花，飞羽觞而醉月。不有佳咏，何伸雅怀？如诗不成，罚依金谷酒数。

但李白所追求的享受，并非只是良辰美景之类的高雅情趣。他与处在盛唐巅峰时期的世俗中人一样，也追求声色之乐。唐代由于政治上取开放的态度，文化交流甚为广泛，各种各样的音乐舞蹈，人们都有机会接触。李白早年出游金陵时，就过着这样的生活。魏颢《李翰林集序》曰："间携昭阳、金陵之妓，迹类谢康乐，世号为李东山。骏马美妾，所适二千石郊迎，饮数斗醉，则妓丹砂抚《青海波》，满堂不乐，白宰酒则乐。"他在《出妓金陵子呈卢六四首》之四中也说："小妓金陵歌楚声，家僮丹砂学凤鸣。我亦为君饮清酒，君心不肯向人倾。"可见李白在这类场合中之得意神态了。

中国古代的音乐歌舞，发展到唐代，步入了新的阶段。唐初帝王积极推动中外文化交流，域外的音乐歌舞，大量输入国内。唐王朝的乐署中有"十部乐"的建置，其中除"清商"部为前代延续下来的音乐，"燕乐"为本国新创造的音乐之外，其外的"西凉""高昌""龟兹""疏勒""康国""安国""扶南""高丽"等八部则是边地民族或域外民族传入的，这就极大地开拓了音乐的广阔领域和丰富了音乐的表现能力。各种不同的乐器与演奏方法，各种不同内容、不同风格的乐调，各个不同民族中的乐手，竞相演出。乐手穿戴不同，演出氛围亦异，给予听众的感受也就有所不同。李白对音乐歌舞特别爱好，留下了不少欣赏乐舞的名篇，中有吟咏演奏琴、瑟、筝、笛、笙、琵琶、箜篌等不同乐器的诗歌，全面地反映了唐代音乐所达到的高度水平。

李白《示金陵子》曰：

> 金陵城东谁家子，窃听琴声碧窗里。落花一片天上来，随人直渡西江水。楚歌吴语娇不成，似能未能最有情。谢公正要东山妓，携手林泉处处行。

就是这位能"歌楚声"的"金陵小妓"，以他歌声方面的高超水平，博得了李白的喜爱。此时李白身处楚地，也就沉醉于该地的歌舞之中。《留别于十一兄逖裴十三游塞垣》诗曰："劝尔一杯酒，拂尔裘上霜。尔为我楚舞，我为尔楚歌。"此处虽系用典，却也是实情。①

---

① 《史记·留侯世家》叙张良献计召商山四皓为太子辅佐，"四人（东园公、角里先生、绮里季、夏黄公）为寿已毕，趋去。上目送之，召戚夫人指示四人者曰：'我欲易之，彼四人辅之，羽翼已成，难动矣。吕后真而主矣！'戚夫人泣，上曰：'为我楚舞，吾为若楚歌。'"

李白《听蜀僧濬弹琴》曰：

> 蜀僧抱绿绮，西下峨眉峰。为我一挥手，如听万壑松。客心洗流水，遗响入霜钟。不觉碧山暮，秋云暗几重。

《月夜听卢子顺弹琴》曰：

> 闲夜坐明月，幽人弹素琴。忽闻《悲风》调，宛若《寒松》吟。《白雪》乱纤手，《渌水》清虚心。钟期久已没，世上无知音。

《秋登巴陵望洞庭》曰：

> 郢人唱《白雪》，越女歌《采莲》。听此更肠断，凭崖泪如泉。

《秋浦歌》其十四曰：

> 炉火照天地，红星乱紫烟。赧郎明月夜，歌曲动寒川。

各种各样的音乐，不论是古琴演奏的凄清情韵，还是冶炼工人声势滂沛的合唱，都使他深为感动。李白确是深深地沉浸在音乐中的一位敏感诗人。

伴随着各种音乐在各地传播，各种舞蹈也在各处演出。李白对歌舞同样热爱，而他热情奔放，情绪激动时，也就伴之以舞蹈，抒发内心的感触。《独酌》曰："手舞石上月，膝横花下琴。"《南陵别儿童入京》曰："高歌取醉欲自慰，起舞落日争光辉。"而他又很欣赏异地的乐舞，《东山吟》曰："酣来自作青海舞，秋风吹落紫绮冠。"《醉后赠王历阳》

曰："笔踪起龙虎,舞袖拂云霄。双歌二胡姬,更奏《远清朝》。"《前有樽酒行二首》其二曰："胡姬貌如花,当垆笑春风。笑春风,舞罗衣,君今不醉将安归?"

这种热闹场合,使他兴奋,一醉方休。《宴郑参卿山池》曰："尔恐碧草晚,我畏朱颜移。愁看杨花飞,置酒正相宜。歌声送落日,舞影回清池。今夕不尽怀,留欢更邀谁?"他珍惜这种场景,及时行乐,充分感受人生的美好时光。

《古风》其二十三曰："物苦不知足,登陇又望蜀。人心若波澜,世路有屈曲。三万六千日,夜夜当秉烛。"《春日醉起言志》曰："处世若大梦,胡为劳其生?所以终日醉,颓然卧前楹。"更把这种及时行乐的思想表露无遗。

李白又是一个热忱的道教徒。在他的脑海中,神仙世界经常演出歌舞。神仙生活之所以惬意,观感方面的赏心悦目,也是永无止境的享受。上举《秋猎孟诸夜归置酒单父东楼观妓》末四句曰："出舞两美人,飘飘若云仙。留欢不知疲,清晓方来旋。"现实中的歌舞,在他脑中,宛似天上神仙了。

当他攀登名山时,眼前也经常出现神仙境界。他在诗中多次提到这种场景。《焦山杳望松寥山》曰:

> 石壁望松寥,宛然在碧霄。安得五彩虹,架天作长桥。仙人如爱我,举手来相招。

《至陵阳山登天柱石酬韩侍御见招隐黄山》曰:

> 韩众骑白鹿,西往华山中。玉女千馀人,相随在云空。见我传秘诀,精诚与天通。何意到陵阳,游目送飞鸿。天子昔避狄,与

君亦乘骢。拥兵五陵下，长策遏胡戎。时泰解绣衣，脱身若飞蓬。鸾凤翻羽翼，啄粟坐樊笼。海鹤一笑之，思归向辽东。黄山过石柱，嶻嶻上攒丛。因巢翠玉树，忽见浮丘公。又引王子乔，吹笙舞松风。朗咏《紫霞篇》，请开蕊珠宫。步纲绕碧落，倚树招青童。何日可携手，遗形入无穷。

《古风》其十八曰：

> 昔我游齐都，登华不注峰。兹山何峻秀，绿翠如芙蓉。萧飒古仙人，了知是赤松。借予一白鹿，自挟两青龙。含笑凌倒景，欣然愿相从。

但比较之下，李白及时行乐的思想，最充分地反映在饮酒诗中。李白嗜酒，已是千古闻名，他在诗中申述饮酒之乐，可谓俯拾皆是，指不胜屈。今以前文已多次述及，此处不再重复。下面征引三首不同类型的饮酒诗，且略作分析。

古代耽于酒的诗人，又得李白好感者，首推陶渊明。陶公胸次澄淡，人品高尚，又属东晋时期著名的隐逸之士，李白重其为人，进而效其诗作，《山中与幽人对酌》诗曰：

> 两人对酌山花开，一杯一杯复一杯。我醉欲眠卿且去，明朝有意抱琴来。

《宋书·隐逸·陶潜传》曰："贵贱造之者，有酒辄设。潜若先醉，便语客：'我醉欲眠，卿可去。'其真率如此。"李白此诗把陶渊明的情韵体现得很充分，而又以口语的方式表达，运用重叠回环等修辞手段增加气氛,都是李白写作手法高明的地方。二人不同之处,可在李白诗中"有意"一词看出。李白不像陶渊明饮酒诗中流露的神态那么从容随意,他在"有意"寻求快乐,因此他饮酒的环境,处在山花开处,意有未尽,还得伴之以音乐。陶渊明蓄无弦琴一张,说明他的欣赏音乐,并不追求音声靡曼,重在内心的领悟。李白不然,他是行动中人,良辰美景,追求尽兴,时而伴之以歌舞,尽情欢乐,一醉方休。

李白在他的名篇《将进酒》中把及时行乐与建功立业的意思结合了起来,诗曰:

> 君不见黄河之水天上来,奔流到海不复回;君不见高堂明镜悲白发,朝如青丝暮成雪。人生得意须尽欢,莫使金樽空对月。天生我材必有用,千金散尽还复来。烹羊宰牛且为乐,会须一饮三百杯。岑夫子,丹丘生,进酒君莫停。与君歌一曲,请君为我倾耳听。钟鼓馔玉不足贵,但愿长醉不用醒。古来圣贤皆寂寞,唯有饮者留其名。陈王昔时宴平乐,斗酒十千恣欢谑。主人何为言少钱?径须沽取对君酌。五花马,千金裘,呼儿将出换美酒,与尔同销万古愁。

这诗把李白的豪迈气概发挥尽致。诗中提出:酒之可贵,就在能"销万古愁"。为什么"万古"皆"愁"呢?因为"古来圣贤皆寂寞",可知儒家中的大圣大贤都不在他的眼下,因为他们的事迹太平实了,因而引不起他的兴趣。时光如逝,瞬息千古,人生苦短,因此"得意"之时"须尽欢"。李白确是沉湎于酒,但他对自己的"材"一直充满自信,以为有朝一日总能够干出一番惊天动地的事业。"天生我材必有用",可谓全诗振起,诗中有此一句,遂使全诗不陷于衰飒。后人读此诗者,无不受其感动。此诗之可贵在此。

李白还从哲理上说明酒之可爱,《月下独酌》其二曰:

> 天若不爱酒,酒星不在天;地若不爱酒,地应无酒泉。天地既爱酒,爱酒不愧天。已闻清比圣,复道浊如贤;贤圣既已饮,何必求神仙? 三杯通大道,一斗合自然。但得醉中趣,勿为醒者传。

李白此诗,综合了魏晋南北朝时几个有关酒的著名掌故,"酒星""酒泉"之说,乃孔融驳魏王曹操禁酒令而发,《三国志·魏书·崔琰传》裴松之注引张璠《汉纪》曰:孔融"不识时务,又天性气爽,颇推平生之意,狎侮太祖。太祖制酒禁,而融书啁之,曰:'天有酒旗之星,地列酒泉之郡,人有旨酒之德。故尧不饮千钟,无以成其圣。且桀纣以色亡国,今令不禁婚姻也。'"孔融《难魏武帝禁酒书》尚存《艺文类聚》卷七二《食物部》,可知此乃名士不畏权势的一种调侃之词,并非理论上的什么论证。

"已闻清比圣"二句,则用《三国志·魏书·徐邈传》中的典故,徐邈"平日醉客,谓酒清者为圣人,浊者为贤人"。徐邈中酒,自谓"中圣人"。李白《赠孟浩然》诗中说他"醉月频中圣,迷花不事君",即用此典。

"醉中趣"与"自然"之说,则出于另一名士孟嘉。《晋书·桓温传》附《孟嘉传》曰:"嘉好酣饮,愈多不乱。[桓]温问嘉:'酒有何好,而卿嗜之?'嘉曰:'公未得酒中趣耳。'又问:'听妓,丝不如竹,竹不如肉,何谓也?'嘉答曰:'渐近使之然。'一坐咨嗟。"可知此乃一时佳话。《世说新语·识鉴》篇刘孝标注引《嘉别传》亦载此事,后句作"渐近自然",李白诗中似用此典。

李白受魏晋南北朝时名士之风的影响很深。他虽然也深通玄学,但以此作理论阐述者不多,倒是这一时期的许多名流,他们的潇洒风姿,给他留下深刻印象,因此有关魏晋南北朝时期的一些历史事迹和著名掌故,常是络绎于笔下。

(二) 对异族文化的兴趣

李唐皇室在民族、宗教、文化等不同领域都持开放的态度,不论在朝廷上,还是在民间,都有大量异国或国内异族中人任职与居处。开元、天宝之时,有日人晁衡随遣唐使来此,唐代许多著名诗人,如储光羲、王维、赵骅、包佶、李白,均与之论交。这是唐人的一般风气,还不足以说明李白为人的特点。这里可附带一说的是,崇拜李白的魏万(后改名颢)与晁衡亦有交往,李白《送王屋山人魏万还王屋》诗称"身著日本裘,昂藏出风尘",自注:"裘则朝卿所赠,日本布为之。"可见他对这类舶来品的关注。这就略示他的与众不同之处来了。

拿唐代文人与其他朝代的文人相比,前者显得要活泼得多,他们差不多都喜欢音乐歌舞,纵酒行猎,而在唐代文人中,又要以李白的表现为突出,诗中有大量的描绘与演述,还留下了许多不朽的名篇。在这些诗文中,又表现出了特有的文化背景。

下面先介绍他对歌舞方面的癖好。

李白喜酒,酒兴来时,就伴之以舞蹈。《独酌》诗曰:"手舞石上月,膝横花下琴。"《月下独酌》其一曰:"我歌月徘徊,我舞影凌乱。"《对酒醉题屈突明府厅》曰:"风落吴江雪,纷纷入酒杯。山翁今已醉,舞袖为君开。"《与夏十二登岳阳楼》诗曰:"云间连下榻,天上接行杯。醉后凉风起,吹人舞袖回。"《南陵别儿童入京》诗曰:"高歌取醉欲自慰,起舞落日争光辉。"可见他对舞蹈的喜好与娴熟,兴奋的心情每借舞蹈表达。

但他跳的什么舞,可缺乏明确的记载。看来不是常人般的手舞足蹈,而是有一定的舞姿舞容为规范的。李白在《东山吟》中介绍说,其时他跳的是一种"青海舞"。诗曰：

> 携妓东土山，怅然悲谢安。我妓今朝如花月，他妓古坟荒草寒。白鸡梦后三百岁，洒酒浇君同所欢。酣来自作青海舞，秋风吹落紫绮冠。彼亦一时，此亦一时，"浩浩洪流"之咏何必奇。①

青海舞，论者以为即青海波舞，不知然否？魏颢《李翰林集序》曰："间携昭阳、金陵之妓，迹类谢康乐，世号为李东山。骏马美姜，所适二千石郊迎，饮数斗醉，则奴丹砂抚《青海波》。"则是"青海波"或系琴曲，故用一"抚"字。

李白《出妓金陵子呈卢六四首》其四曰：

> 小妓金陵歌楚声，家僮丹砂学凤鸣。我亦为君饮清酒，君心不肯向人倾。

家僮丹砂之所长，或在器乐方面，这里所谓"学凤鸣"，当在使用管乐而有此奇异的效果。

李白在《司马将军歌》中又说"羌笛横吹《阿鞬回》"，此曲不知内容如何？但从这一乐府乃仿"陇上健儿陈安歌"而作，②首句又云"狂风吹古月"，则《阿鞬回》当是西部民族的乐曲，有可能就是羌人的曲子。

---

① "浩浩洪流"为嵇康《赠兄秀才入军》中句。李白此处用的是《世说新语·雅量》中的典故。桓温伏甲欲诛谢安、王坦之，坦之惧怕甚，谢安坦然自若，"望阶趋席，方作洛生咏，讽'浩浩洪流'。桓惮其旷远，乃趣解兵"。谢安为李白企慕的对象，此处则表示有超越他的意趣。

② 《乐府诗集》卷八五"杂歌谣辞"："《司马将军》歌，李白所作，以代陇上健儿陈安。"代，摹拟之意。

"青海"一词，在李白的笔下，地理方位是固定的，指的是河西走廊与吐蕃交界的地带，与今日之青海为近。因"青海"即以古今不变的青海湖而得名。李诗《关山月》曰："汉下白登道，胡窥青海湾。"《答王十二寒夜独酌有怀》诗曰："君不能学哥舒，横行青海夜带刀，西屠石堡取紫袍。"这一地区距离蜀中故家不远，也是李白当年自西域迁入蜀中的经由之路，李白对此自当有深刻的印象。

　　李白所欣赏的舞蹈，在乐府中涉及的曲名，有的是前代传下的，有的是当时风行的，有的则是从他国传入的。李白对后面的一类甚为敏感，特有兴趣，例如他在《高句骊》一诗中说：

　　　　金花折风帽，白马小迟回。翩翩舞广袖，似鸟海东来。

萧士赟曰："《唐书·礼乐志》：'东夷乐有高丽、百济……百济乐……舞者二人，紫大袖裙襦，章甫冠，衣履。乐有筝、笛、桃皮觱篥、箜篌，歌而已。'金花帽、白马、广袖者，当时乐舞之饰，即所见而咏之。东海俊鹘名海东青，此喻其舞之快捷如海东青之快捷也。"

　　在李白诗文中，对胡舞的关注与热爱，尤能引起人们的注意。李白的这一特点，如与其他诗人比较，则其特殊的文化背景愈益彰显。因为他生长在一个由西域迁来的家庭，受胡族文化的影响很深，音乐歌舞，一直引起他的关爱。当时的乐舞，传统的清乐虽很古雅，但很少用于娱乐场所；西域和西南地区的音乐歌舞则大为风行，李白的喜好，主要属于这类。

　　他在诗中多次提到胡姬的美貌与擅长乐舞。《前有樽酒行》其二曰：

　　　　琴奏龙门之绿桐，玉壶美酒清若空。催弦拂柱与君饮，看朱成碧颜始红。胡姬貌如花,当垆笑春风。笑春风,舞罗衣,君今不醉将安归?

《猛虎行》曰:

溧阳酒楼三月春,杨花茫茫愁杀人。胡雏绿眼吹玉笛,吴歌《白纻》飞梁尘。丈夫相见且为乐,槌牛挝鼓会众宾。

《醉后赠王历阳》诗曰:

书秃千兔毫,诗裁两牛腰。笔踪起龙虎,舞袖拂云霄。双歌二胡姬,更奏《远清朝》。举酒挑朔雪,从君不相饶。

与此相关,李白还在一些诗中叙及至胡姬当垆的餐饮店中进食的事,可见他对此兴致之高,沉迷之深,这也是与其他诗人大不一样的地方。《少年行》其二曰:

五陵年少金市东,银鞍白马度春风。落花踏尽游何处?笑入胡姬酒肆中。

《白鼻騧》曰:

银鞍白鼻騧,绿地障泥锦。细雨春风花落时,挥鞭直就胡姬饮。

《送裴十八图南归嵩山二首》之一曰:

何处可为别？长安青绮门。胡姬招素手,延客醉金樽。

在唐代文士的诗文和笔记小说中,常有关于胡人开设各种店铺的记叙,其中出售的东西,包括衣食住行各个方面,即以胡食而言,如胡饼、饆饠之类,以其新异,屡见记载。① 但胡酒一项,尤为人们所重视。高適《营州歌》曰:"虏酒千钟不醉人,胡儿十岁能骑马。"虏酒可能指葡萄酒,因其内含酒精成分甚低,故可畅饮。王翰《凉州词》曰:"蒲萄美酒夜光杯,欲饮琵琶马上催。醉卧沙场君莫笑,古来征战几人回?"鲍防《杂感》诗曰:"汉家海内承平久,万国戎王皆稽首。天马常衔苜蓿花,胡人岁献葡萄酒。"可见唐人对此新兴酒种之兴趣。

李白喜饮葡萄酒,其兴趣远高于他人,当以出身于胡化家庭而有此嗜好。西域胡人每以葡萄酒为重要饮料。《史记·大宛列传》叙及大宛和安息有葡萄酒,其后渐由西北传入内地,唐初经过太宗的提倡,在京城中得到推广。《太平御览》卷八四四引《唐书》曰:"蒲桃酒,西域有之。前代或有贡献。及[太宗]破高昌,收马乳蒲萄实于苑中种之,并得其酒法,上自损益造酒。酒成,凡有八色,芳香酷烈,味兼醍盎。既颁赐群臣,京师始识其味。"所以李白在京得宠时,便曾享受到宫中这一美味。李濬《松窗杂录》载明皇与太真妃于禁中赏牡丹,命李白立进《清平调》词三首,"太真妃持颇黎七宝杯,酌西凉州蒲萄酒,笑领歌辞,意甚厚。"李白《对酒》诗曰:"蒲萄酒,金叵罗,吴姬十五细马驮。"可见他对这种新兴美酒的爱好。而他常是前往胡人经营的酒肆中去畅饮,应当也与这类酒肆中有葡萄酒供应有关。胡姬提供的一切服务,对于这位具有西域文化背景的诗人来说,又是多么惬意呵!

---

① 参看向达《唐代长安与西域文明》三"西市胡店"、四"开元前后长安之胡化"等部分,生活·读书·新知三联书店 1957 年版。

李白《扶风豪士歌》中有句云:"脱吾帽,向君笑,饮君酒,为君吟。"首句"吾"字,李《集》传世各本均有误。《资治通鉴》卷一五四记魏城阳王徽谋杀尔朱荣,"荣方与上党王天穆博,徽脱荣帽,欢舞盘旋"。胡三省注:"唐李太白诗云:'脱君帽,为君笑。'脱帽欢舞,盖夷礼也。"李白在与扶风豪士畅饮时,欢快异常,也就以其胡化家庭中传承下来的礼节待友了。

第七章　探讨与结论

一、思维定势的反思

中国人民向来把盛唐时期作为中国历史上最为辉煌的一个阶段。恰好在此时期诞生了李白、杜甫两位伟大诗人,二者交相辉映,给中国诗坛增添了极为绚烂的色彩。

(一) 李杜比较

李白、杜甫的创作成就各有千秋,发生的作用各不相同,二人又具有明显的创作特点,人们阅读他们的作品,很容易感受到彼此的不同特色,因此自二人在世之日起,就已有人将之并列而加以论述。任华作《杂言寄李白》《杂言寄杜拾遗》二诗,虽不能确定二诗作于何时,但前诗中有云:"任生知有君,君还知有任生未?中间闻道在长安,及余戾止,君已江东访元丹。邂逅不得见君面,每常把酒向东望良久。……伊余每欲乘兴远相寻,江湖拥隔劳寸心。今朝忽遇东飞翼,寄此一章表胸臆,倘能报我一片言,但访任华有人识。"后诗中说:"任生与君别来已多时,何曾一日不相思。杜拾遗,知不知?昨日有人诵得数篇黄绢词,吾怪异奇特借问,果然称是杜二之所为。……莺啼二月三月时,花发千山万山里,此中幽旷无人知。火急将书凭驿吏,为报杜拾遗。"说明李、杜其时诗名已著,任华对二人均甚景仰。诗中表明,他与杜甫曾有交往,与李白则失之交臂,不知写作此诗之后,有没有见过面?

任华也已注意到了李、杜二人的不同风格。《寄李白》诗中开头就说:"古来文章有奔逸气,耸高格,清人心神,惊人魂魄,我闻当今有李白。"说明李诗首先给人的感受是豪气夺人。任诗又云:"登天台,望渤海,云垂大鹏飞,山压巨鳌背,斯言亦好在。至于他作,多不拘常律,振摆超腾,既俊且逸。或醉中操纸,或兴来走笔。手下忽然片云飞,眼前划见孤峰出。"指出李诗每突破格律程式的束缚,描绘的景象宏伟超拔,逸兴横生,犹如天仙之词。杜甫的诗则如"势攫虎豹,气腾蛟螭,沧海无风似鼓荡,华岳平地欲奔驰"。初看与李诗似有相同处,实则内涵有所不同。杜甫诗中的"气""势",不像李诗中的"云垂大鹏飞,山压巨鳌背"这种出人意表的景象。任华对杜诗也用山海来形容,则如气势磅礴的"华岳",读者深入体察,始能感受其"欲奔驰"之气象;"沧海"貌似平静,读者深入体会,始能感受到其"似鼓荡"之气势。诗中激动的"气",不像李白诗中的"奔逸气",立即就会给人以触动,产生"惊人魂魄"的感受。人们初读杜诗,也会感到不同寻常,再行体察,才能感到海涵地负的力量和汹涌磅礴的气势。因为李、杜诗歌的特点十分明显,所以与他们同时的人对此已有明确的把握和明白的展示。

自任华起,后代论诗的人叙及李白或杜甫时,常是左提右携,作并列的论述。即使是专论李白的文字,也总要提到杜甫几句,作一些比较。宋人诗话中,常见这类文字;后世的诗文评中,也常见这类文字。

西学东渐之后,学术界使用的术语和使用的方法与前已有不同。西洋文学以诗歌、小说、戏剧为主体,他们从中探讨作家的创作方法,总结出了古典主义、现实主义、浪漫主义、自然主义等不同流派。浪漫主义者热情奔放,重主观抒情,多幻想,反映现实时不斤斤于细节的真实;现实主义者感情沉挚,正视现实,重客观反映,不大改变描写对象的面貌。学者以此考察李、杜诗篇,发现大体吻合,因此近人研究李白时,每以浪漫主义诗人标举;研究杜甫时,每以现实主义诗人标举。

近代学术注重分析与综合,读诗时也注重条分缕析,各种专题研究的专著不断出现,开始从创作方法的不同上细析二人的诗作。自民国起,产生了好几种对李、杜作并列研究的著作。① 他们之所以如此做,也有其道理,因为通过二者的细致比较,李、杜诗歌的特点也就可以看得更清楚。新中国成立之后,情况仍然如此,并列研究的著作仍在不断问世。② 但这一时期的情况还有其不同于前代的特点。

民国时期的李白研究,没有什么共同的政治标准与艺术标准必须遵循,研究者可就个人的喜好,从个人之所见,对李白的为人与作品进行论断。例如崔宪家撰《浪漫主义的诗人李白》,着重宣扬其性格中豪放不羁的一面;③徐嘉瑞作《颓废派之文人李白》,突出其酒色之嗜与厌世思想;④唐钺撰《李太白模仿前人》,集中抉发其模仿前人的地方;⑤李长之作《道教徒的诗人李白及其痛苦》,则从道家的特征推阐李白的为人及其创作特点。⑥ 这时的研究工作者喜欢援用西方的某种理论用以观察研究对象,例如李长之即以尼采哲学与弗洛伊德精神分析学阐释李白的性格与心理。总的看来,这一时期的研究虽然水平还不太高,但表现方式是很多样的。

新中国成立之后,学术界得遵守一些共同的准则,因此这一时期

① 如傅东华撰《李白与杜甫》,商务印书馆 1927 年出版。汪静之撰《李杜研究》,商务印书馆 1933 年出版。李杜合论的单篇论文也有一些,不一一介绍。

② 如郭沫若《李白与杜甫》,人民文学出版社 1971 年出版。罗宗强《李杜略论》,内蒙古人民出版社 1980 年出版。郑文《李杜论集》,甘肃民族出版社 1994 年出版。乔长阜《李杜新探》,黄山书社 1996 年出版。

③ 载《国学丛刊》第 1 卷第 3 期,1923 年 9 月。

④ 载郑振铎编《小说月报》第 7 卷号外《中国文学研究》,1927 年 6 月;上海书店 1981 年又曾影印再版。

⑤ 载《东方杂志》第 39 卷第 1 期,1943 年 3 月。

⑥ 重庆商务印书馆 1941 年出版。

的论述，首先着眼于李白对国家与人民的态度。由于这一时期的作家研究首先要判定的是李白究竟是歌颂现实的呢，还是揭露现实的？这就引起了李白到底有没有反映了"盛唐气象"之争。

新中国成立初期，政治领导人特别强调作家首先得解决立场观点的问题，对新社会要歌颂，对旧社会要批判。古代文学研究者也必须站在人民的立场上，对于那些反映民生疾苦、揭露封建社会黑暗的作品，应予关注与推许，对历朝历代的统治阶级则不能轻予颂扬。在这样的前提下，采用现实主义创作方法写出的作品，自应得到特别的青睐。李、杜并列，杜甫毫无疑义地受到一致称赞和高度评价；李白情况有别，研究者自不得不将其归之于浪漫主义作家之列，但在表扬他时，还应突出其爱祖国、爱人民的一面，于是大家得努力抉发他反对侵略战争、揭露黑暗政治、善待劳动人民的一些篇章。

因为李白的创作特点太明显了，所以绝大多数的研究者还是称李白为浪漫主义作家，或再强调一下，认为他所采用的是积极浪漫主义的创作方法。然而有人还是认为李诗"虽然带有浪漫主义的成分，但基本上应该是属于现实主义风格的范畴"。因此，"李白与杜甫同样应该是属于现实主义风格的范畴"。[①] 这种说法很勉强，当然也难令人接受，于是有的研究者就采用调和的态度，认为李白应是"浪漫主义和现实主义相结合的诗人"，或再强调一下，认为李诗应是"积极的浪漫主义和现实主义相结合的良好范例"。[②]

到了60年代，中国科学院和高等教育部各组织人员编写了一种

---

① 范宁《李白诗歌的现实性及其创作特征》，载《光明日报》1955年9月18日。

② 胡国瑞《李白诗歌的浪漫主义精神及艺术特点》，载《文学遗产增刊》第4辑，作家出版社1957年3月出版；后收入胡著《诗词赋散论》，上海古籍出版社1992年版。

《中国文学史》。其中关于李白的部分,结论大体相同,说明这一时期的学术观点调整工作已告完成。其中游国恩、王起、萧涤非、季镇淮、费振刚主编的《中国文学史》,因为是高等学校统一使用的教材,更能体现这一时期主流的价值判断。

这部《中国文学史》以《伟大的浪漫主义诗人李白》作为章名。"他的政治上的远大抱负,他对祖国和人民的热爱,对权贵势力,对封建社会一切压迫和羁束毫不调和的叛逆态度,正是他诗歌浪漫主义精神的主要表现。……当然,由于内容性质、感情色彩以及表现手法的不同,他有一些作品可以说是现实主义的,例如那些描绘揭露黑暗现实面貌、幻想成分较少的作品就属于这一类。"① 说明大家仍然重视李白的现实主义表现。

新中国成立初的十七年,是政治决定一切的时期,最高领导人的意见与喜好决定一切。"文化大革命"前夕,文艺界已得悉毛泽东喜欢三李(李白、李贺、李商隐)诗,这就给研究者出了难题,如何将此最高指示贯彻到研究成果中去。"文化大革命"中期,终于产生了郭沫若的《李白与杜甫》一书。郭氏因个人气质相近之故,喜好李白,自然能令人理解,但他扬李之后还要抑杜,对杜甫进行挑剔的评判,却难以让人接受。② 只是反观他的"扬李",仍然应用了表扬现实主义诗人的一些重要原则,如关心现实,揭露黑暗,对人民抱同情等,对李白的崇道,则加以批判,甚至认为李白嗜酒,把他从道教的迷狂中挽救了回来。

不管上面的种种看法存在着何等分歧,人们采用的研究方法,观

---

① 此书由人民文学出版社于 1963 年 7 月在北京出版第一版,直到 90 年代,一直用作大学教材,印刷多次。

② 参看王学泰《20 世纪文化变迁中的杜甫研究》,载董乃斌、薛天纬、石昌瑜主编《中国古典文学学术史研究》,新疆人民出版社 1997 年版。王文对郭著《李白与杜甫》扬李抑杜的政治背景介绍颇详。

察问题的视角,以及摘取的若干例证,则是相同的。下面一一予以分析。

(二) 李白任职翰林时的诗歌

李白对自己的政治才能极为自负,总以为是太公、管仲式的人物,不管时局如何,只要人主能施礼敬,则出山之后,不难转危为安。李白也清楚,不管是前时的太公或管仲,抑或当今的己身,想要施展经天纬地之能,必须得到君主的聘用和信任,首先要有亲近君主的机会。李白历史上只有一次接近过君主,天宝元年得到明皇的征召,入侍翰林,李白感到施展才能的机会来了,因而极为兴奋。但入京不久,即感到失落,总计前后只耽了两年左右,即遭赐金还山的处理。在这一段时间内,李白有没有看清宫廷中的黑暗和朝政的腐败,他又是怎样反应的呢?

实际说来,李白对他有机会入朝任职是颇为满意的,《金门答苏秀才》曰:"巨海纳百川,麟阁多才贤。献书入金阙,酌醴奉琼筵。屡忝白云唱,恭闻《黄竹》篇。恩光煦拙薄,云汉希腾迁。"《朝下遇卢郎中叙旧游》曰:"君登金华省,我入银台门。幸遇圣明主,俱承雨露恩。"《玉壶吟》曰:"凤凰初下紫泥诏,谒帝称觞登御筵。揄扬九重万乘主,谑浪赤墀青琐贤。朝天数换飞龙马,敕赐珊瑚白玉鞭。世人不识东方朔,大隐金门是谪仙。"可见他对明皇的垂顾,是感激的;对本人所处的位置,是满意的。

李白这次入京晋见,出现了施展才能的良好机会,但未及大用即遭谗逐,则又留下了终身遗憾。从他留下的诗文来看,他对文学侍从的身份没有什么不满,甚至在他晚年回忆这段生活时,还是极为留恋。《赠从弟南平太守之遥二首》之一曰:

汉家天子驰驷马，赤车蜀道迎相如。天门九重谒圣人，龙颜一解四海春。彤庭左右呼万岁，拜贺明主收沉沦。翰林秉笔回英眄，麟阁峥嵘谁可见？承恩初入银台门，著书独在金銮殿。龙驹雕镫白玉鞍，象床绮食黄金盘。当时笑我微贱者，却来请谒为交欢。

可知入侍翰林确曾抒发了他多时压抑的不平之气。

李白最后还是无法在朝中久耽。入京不过两年左右，就遭到了他人的排挤。何以如此？李白认为遭到了小人的中伤。他在《答高山人兼呈权顾二侯》中说："谗惑英主心，恩疏佞臣计。"《为宋中丞自荐表》中说："为贱臣诈诡，遂放归山。"而在《翰林读书言怀呈集贤诸学士》一诗中介绍得尤为详细，内云：

晨趋紫禁中，夕待金门诏。观书散遗帙，探古穷至妙。片言苟会心，掩卷忽而笑。青蝇易相点，《白雪》难同调。本是疏散人，屡贻褊促诮。云天属清朗，林壑忆游眺。或时清风来，闲倚栏下啸。严光桐庐溪，谢客临海峤。功成谢人间，从此一投钓。

明皇听到的谗言，到底什么内容，无法知道。不过像李白这样狂放的性格，容易得罪人，也容易被人抓住弱点，却是不难想到的。这些"贱臣"或"佞臣"，究竟指谁，他没有明言。魏颢在《李翰林集序》中说是"以张垍谗逐"，可能有其根据，因为魏颢在《序》中提到的很多事，都是李白亲口告诉他的。张垍谗逐，或许也是李白亲口告知。张垍是燕国公张说的儿子，明皇的女婿，前期大受宠信，明皇曾经命他搬入宫内，俾可朝夕相处。安史乱中不随明皇入蜀，反而投入安禄山麾下，可知此人品德不佳。张垍也以文采见称，他抓住李白的一些毛病在明皇前进谗,将之逐出翰林,很有可能。李白称他为"佞臣",当系事实。

金陵兼善堂本《警世通言》卷九
《李谪仙醉草吓蛮书》插图

"贱臣"指谁,过去的人都以为指高力士。因为自明清时期起,李白醉中命高力士脱靴的故事就广为人知,《惊世通言》与《今古奇观》中的"李谪仙醉草吓蛮书"一文中都有这一故事。内中提到高力士因受此辱而摘取《清平调》词三首其二中"借问汉宫谁得似? 可怜飞燕倚新妆"这一典故,附会到杨贵妃身上,以为李白意在贱视杨贵妃,以此进行挑拨,明皇想任用李白任别的官职,都被杨贵妃阻挡,其后乃有赐金还山之事。这一故事还见于李濬的《松窗杂录》,记叙甚为详细,但把这一事件说成发生在"开元中",年代显然不合,因而有的学者据此否定这一记载,以为乃小说家言,不可置信。然如追寻原始,可知这一故事并非空穴来风。按此事首先见于李肇的《国史补》，文曰：

> 李白在翰林多沉饮。玄宗令撰乐辞，醉不可待，以水沃之，白稍能动，索笔一挥十数章，文不加点。后对御引足令高力士脱靴，上命小阉排出之。

唐代笔记小说中，《国史补》价值很高，所记事实大体可信。李肇是元和、长庆时期的著名文士，长期担任中书舍人、翰林学士等文字要职。他还著有《翰林志》一书，详记有关翰林院内的掌故，内中也叙及李白的身份，可知他对李白在院时的掌故应该是很了解的。李白生性狂放，醉中命高力士脱靴，有此可能，后人在提不出新的证据之前，不能仅凭今人的功利意识否定前人记载。

李白在"佞臣"与"贱臣"的夹击下，结束了翰林供奉的生涯。这一段时间内，人事上的矛盾，官僚间的冲突，他会有所了解，但在诗文中可没有什么具体的记叙。李白感受最深的，还是偏于个人处境不佳而感到年华虚度。游国恩等所编的《中国文学史》中提出："随着天宝年间政治的日益黑暗，他揭露现实的作品越来越多，反抗精神也越来越强烈，成为他这一时期创作的显著特色"；"三年的翰林供奉，使天真的李白初步认识到统治集团的腐朽和现实的黑暗，开始写出一些抒发愤懑，抨击现实的诗篇"。似乎有些言过其实。李白有忧国之心，对奸邪之辈的乱政有所认识，但似乎还没有当代中国人所看重的那种政治觉悟。

李白在《古诗》等作中有一些诗触及了朝廷上的一些弊政，主要的指责对象，是玄宗所宠幸的宦官和斗鸡走狗的小人。其四十六曰："一百四十年，国容何赫然！隐隐五凤楼，峨峨横三川。王侯象星月，宾客如云烟。斗鸡金宫里，蹴鞠瑶台边。举动摇白日，指挥回青天。"其二十四曰："大车扬飞尘,亭午暗阡陌。中贵多黄金,连云开甲宅。路逢斗鸡者,冠盖何辉赫。鼻息干虹蜺,行人皆怵惕。世无洗耳翁,谁知尧与跖?"《感寓》其二曰："咸阳二三月,宫柳黄金枝。绿帻谁家子?卖珠轻薄儿。日暮醉酒归,白马骄且驰。意气人所仰,冶游方及时。"①这些诗中,李白指出一些近幸小人的祸国殃民,切中时弊,甚为可贵,但这些诗的作年很难确定,不一定写于任职翰林时。明皇喜游乐,本人也善击毬,故有一批斗鸡者与优伶辈受到宠幸。陈鸿祖《东城老父传》记"神鸡童"贾昌事甚详,有云"玄宗在藩邸时,乐民间清明节斗鸡戏。及即位,治鸡坊于两宫间,索长安雄鸡,金毫铁距高冠昂尾千数,养于鸡坊。选六军小儿五百人,使驯扰教饲之。上之好之,民风尤甚。诸王世家、外戚家、贵主家、侯家倾帑破产市鸡,以偿鸡直。都中男女以弄鸡为事。贫者弄假鸡"。《新唐书·王鉷传》曰："子准,为卫尉少卿,以斗鸡供奉禁中。"可知其时斗鸡之风的弥漫朝野。李诗触及了玄宗在助长这种风气中所起的作用,很有现实意义。可怪的是,他在乐府《白马篇》中又提出了另一种看法,诗曰:

> 龙马花雪毛,金鞍五陵豪。秋霜切玉剑,落日明珠袍。斗鸡事万乘,轩盖一何高。弓摧南山虎,手接太行猱。酒后竞风采,三杯弄宝刀。杀人如剪草,剧孟同游遨。发愤去函谷,从军向临洮。叱咤经百战,匈奴尽奔逃。归来使酒气,未肯拜萧曹。羞入原宪室,荒径隐蓬蒿。

这里他又把"斗鸡事万乘"作为游侠的豪举而加以颂扬了。因为李白

---

① 《感寓》其二此诗,《分类补注李太白诗》收入《古诗》内,列为《古诗》其八,字句多不同,今从《分类补注李太白诗》本。

本人也喜游侠,因此他对这类活动给百姓带来的痛苦是不会体会很深的。

(三) 李白对安史之乱的谴责

在李白的个人历史上,发生的社会变故,莫大于安史之乱。天宝后期,看来还似处于繁荣昌盛的巅峰,然而朝政早就陷于腐败,社会上的矛盾不断积累,卒于安史之乱中爆发,从此唐朝一蹶不振,好多人的生活由此发生了剧烈的变化。

盛唐诗人,如高适、王维、杜甫等,无不深受这一重大社会变故的影响,从此走上了与前截然不同的道路。李白的情况同样如此。

天宝三载(744),李白离开了京城,心情极为落寞。他曾潜心学道,并曾受道箓而正式加入道士的行列,但他总是感到壮志未酬,巨大的才能还未遇到表现的机会,因此仍在思考如何寻找出路,干一番轰轰烈烈的事业。前时他已一一试过除科举之外的各种入仕途径,如隐逸、献赋、求荐等,这时也就想到在另一通途——从军上试试。因为文士参加军幕,也是唐人的一种正常途径,如高适、岑参等,都是由此走上仕途的。又如王维、王昌龄等,都有过参加军幕的经历。

李白意欲从军,自然不会奔向一些小的军事集团。天宝之时,军队中早已形成两大阵营:东北的安禄山集团,西北的哥舒翰集团。哥舒翰的军队防守与镇压的对象,是西北地方的少数民族,如吐蕃、羌戎等,李白始终没有考虑过向西北发展,或许与他的出生与生长的特殊背景有关。于是他就自然地向东北进发了。

李白在《留别于十一兄逖裴十三游塞垣》中说:"且探虎穴向沙漠,鸣鞭走马凌黄河。"这时安禄山反迹未露,而声势煊赫,有志立功边陲者,对此亦易产生向慕之情。但安禄山的名字,即使在朝廷上,也有很多恶声,有人早就看出他在积储力量意欲谋反,而他与杨贵妃的暧昧关系,社会上也有很多流言。《资治通鉴》等史书中于此均有记载,高适等人的诗中也曾触及。① 李白在长安居住前后,或许也会有所闻知,因此他称这次东北之行为"探虎穴",心中颇为疑虑不定。

经过亲身试探,李白对安禄山治下的情况有所了解,印象不佳,得出的结论或许与前时所闻有所符合,从而放弃了沙漠立功的打算。他在《经乱离后天恩流夜郎忆旧游书怀赠江夏韦太守良宰》诗中道:

> 十月到幽州,戈铤若罗星。君王弃北海,扫地借长鲸。呼吸走百川,燕然可摧倾。心知不得语,却欲栖蓬瀛。弯弧惧天狼,挟矢不敢张。揽涕黄金台,呼天哭昭王。无人贵骏骨,绿耳空腾骧。乐毅傥再生,于今亦奔亡。

时隔不久,安禄山真的起兵造反,不久即攻下了洛阳。李白匆忙南下,甚至还来不及去接居住山东的子女一起奔亡,只是携宗夫人一人到庐山隐居。其后他参加了永王璘的军幕,失败后遭到了长流夜郎的严惩。虽然命运多舛,但他一直生活在远离安史乱军的南方,因此没有一首诗描绘过战区的残酷景象,对当时人民在战乱中的遭受没有留下什么刻骨铭心的记录。

大家经常提到的一首诗,是《古风》其十七,曰:

---

① 天宝十载(751),高适作《辟阳城》诗,曰:"奸淫且不戮,茅土孰云宜?何得英雄主,返令儿女欺。母仪良已失,臣节且如斯!太息一朝事,乃令人所嗤。"借审食其与吕后事以隐射当前宫闱秘事。《资治通鉴》卷二一六天宝十载记安禄山生日,杨贵妃以锦绣为大襁褓,裹禄山,使宫人以彩舆舁之。"上自往观之,喜,赐贵妃洗儿金银钱,复厚赐禄山,尽欢而罢。自是禄山出入宫掖不禁,或与贵妃对食,或通宵不出,颇有丑声闻于外,上亦不疑也。"胡三省注:"观明皇所以待禄山者,昏庸之主所不为,殆天夺之魄也。"

西上莲花山，迢迢见明星。素手把芙蓉，虚步蹑太清。霓裳
曳广带，飘拂升天行。邀我登云台，高揖卫叔卿。恍恍与之去，驾
鸿凌紫冥。俯视洛阳川，茫茫走胡兵。流血涂野草，豺狼尽冠缨。

因为这是李白强烈谴责安史乱军暴行的一首名篇，所以新中国成立以
来，凡是论证李白诗歌进步意义的文字，无不引及此诗。为了说明李
诗特点，我在前文也曾一再引用。应该说，李白此诗情绪极为激愤，笔
墨虽然不多，但对安史乱军的残暴，还是作了尖锐的揭露。但也不难
看出，他对人民的苦难，只是一种远距离的观测，甚至可以说是模糊一
片的涂抹。因为他是谪仙人的身份，站在云端俯视尘世，芸芸众生，世
间百态，无法细细刻画。这里李白使用上了擅长的笔墨，可称浓墨重
彩的涂抹，笔触有力，直透纸背。

李白在《扶风豪士歌》中说："洛阳三月飞胡沙，洛阳城中人怨嗟。
天津流水波赤血，白骨相撑如乱麻。"《猛虎行》中说："旌旗缤纷两河
道，战鼓惊山欲倾倒。秦人半作燕地囚，胡马翻衔洛阳草。一输一失
关下兵，朝降夕叛幽蓟城。巨鳌未斩海水动，鱼龙奔走安得宁？"所咏
者亦为安史乱军残民之事，诸诗给予读者的印象亦相仿佛。

如果我们要把这几首触及安史之乱的诗篇归入现实主义的行列，
怕是有其难处。按照学术界对创作方法的一般区分，这等诗歌正可看
作李白浪漫主义特点的完美表现。如果我们不以先验的价值标准来
评判的话，那么这类诗篇给予读者的教育意义和美感享受，应与杜甫
的那些血泪之作具有同等价值。

(四) 李白对人民的态度

"人民"一词，用在古代时到底应该包括哪些人，很难确定。新中
国成立之后所说的"人民"，首先指的是劳动人民，李白诗中叙及劳动

人民者不多,因此根据这方面的一些诗篇论证李诗的进步意义,总是觉得有些小题大做。

李白诗中叙及劳动人民的艰苦生活,最为沉重痛切者,首推《丁都护歌》:

> 云阳上征去,两岸饶商贾。吴牛喘月时,拖船一何苦!水浊不可饮,壶浆半成土。一唱《都护歌》,心摧泪如雨。万人凿盘石,无由达江浒。君看石芒砀,掩泪悲千古。

《丁都护歌》为乐府旧题,《乐府诗集》卷四五列为"清商曲辞"中的"吴声歌曲",本为宋高祖长女询问督护丁旿收葬其夫徐逵之事,李白此诗内容与此无关,所咏者为当前之事,故仅沿袭旧题而已。润州纤夫在炎热的夏天拖船过坝,艰苦异常。此情此景,李白当曾目睹,始有此真切的描写。《唐宋诗醇》卷四评曰:"落笔沉痛,含意深远,此李诗之近杜者。"要说李白也有现实主义的作品,此诗庶几近之,但这类作品在李诗中的比例极少。

李白有《宿五松山下荀媪家》诗,曰:

> 我宿五松下,寂寥无所欢。田家秋作苦,邻女夜舂寒。跪进雕胡饭,月光明素盘。令人惭漂母,三谢不能餐。

这诗也是咏及劳动人民的名篇。李诗中表现出来的感情真诚恳切,对劳动妇女的贫寒生活,甚为同情,但又不是居高临下的怜悯,而是平等相待。李白秉性高傲,但对一般平民百姓,则与平时所交往的官员等同,无贵贱之差异,没有受到等级森严的官僚制度的影响,这是他过人的地方,亦当与其特殊的出身经历有关。

《秋浦歌》其十四曰：

炉火照天地，红星乱紫烟。赧郎明月夜，歌曲动寒川。

"赧郎"一词，不知是当地的俗称呢，还是李白的新创？诗中描绘的景象，到底指什么，意见也有分歧。杨齐贤注以为乃炼丹之火，萧士赟注以为乃渔人之火，二说显然不妥，因为炼丹、打渔所用之火，光芒达不到"照天地"的程度。王琦以为秋浦乃产银、产铜之区，故诗中提到"炉火正是开矿处冶铸之火"，或许接近事实。近人据此大加赞扬，以为李白创作了歌颂工人阶级的篇章，或许可以说是一种"不虞之誉"。

自唐代起，李白的诗获得了广泛的称誉。近人用他对待人民的态度去考核，以此推许李诗的进步作用，用意未尝不佳，但直接用得上的作品数量不多，因此各家所举的例子，常是限于上述几首。尽管这些诗篇确实写得好，各家阐发这几首诗时用上了许多赞美之词，但因数量过少，难免使人产生过度渲染之嫌，总觉说服力还不够。一些作家据此称李白为浪漫主义作家，也会显得不伦不类。实则李白并不需要依靠这些诗歌奠定他在中国文学史上的地位。上述几首诗歌固然优秀，但他还有其他数量很多的诗篇，呈现出他的独特面貌，博得了世世代代读者的欢迎。

李白在《古风》与乐府的若干篇章中描述了战乱之中人民的困苦，《古风》其三十四中揭露了唐王朝开西南边衅而给人民带来的痛苦，诗曰：

羽檄如流星，虎符合专城。喧呼救边急，群鸟皆夜鸣。白日曜紫微，三公运权衡。天地皆得一，澹然四海清。借问此何为，答言楚征兵。渡泸及五月，将赴云南征。怯卒非战士，炎方难远行。

长号别严亲,日月惨光晶。泣尽继以血,心摧两无声。困兽当猛虎,穷鱼饵奔鲸。千去不一回,投躯岂全生。如何舞干戚,一使有苗平。

《豫章行》叙南方平民西上抗敌之苦,曰:

胡风吹代马,北拥鲁阳关。吴兵照海雪,西讨何时还?半渡上辽津,黄云惨无颜。老母与子别,呼天野草间。白马绕旌旗,悲鸣相追攀。白杨秋月苦,早落豫章山。本为休明人,斩虏素不闲。岂惜战斗死,为君扫凶顽。精感石没羽,岂云惮险艰!楼船若鲸飞,波荡落星湾。此曲不可奏,三军发成斑。

这些诗与杜甫的《新安吏》等作品主旨相似,风格也有相近处,然仍保有其特色,重在全景涂抹,不重具体刻画。而且李白集中这类诗歌为数很少,因而也不能说是他最具个人特色的诗篇。

总结以上所言,可知李白在任职翰林时期和安史乱中,写过一些揭露政治黑暗和乱军暴行的诗篇,但为数不多。他也写过一些同情人民的诗篇,为数也不多。这些诗篇确很可贵,值得珍视,但李白诗歌的价值,李白在诗坛上的地位,不应仅凭这些诗歌取得。我们似乎不必仅从政治着眼,而应扩大视野,对李白在诗文领域中的贡献,在文学史上的地位,以及在中国历史上何以能产生这样一位充满奇光异彩的诗人,进行全面的、多方位的探讨,以免陷于一端而不见其整体。

(五) 李杜创作成就申论

李、杜二人不同特点的形成,与彼此的家世与个人的生活道路有关。杜甫出身于世系相承的官宦之家,自小接受儒家的正统教育。儒家向重仁政爱民,杜甫民胞物与的思想,家国一体的胸怀,即与他的家世有关。而他成长期间,欲从科举正途出身的道路受阻,对于奸相权臣的闭塞贤路,真有切肤之痛。长安十年,困顿愁苦,目睹朝政日非,玄宗宠信李林甫等奸相与杨氏一门,颠倒朝纲,混淆是非,忠良之辈,屡遭迫害,大唐天下日趋衰败。安史之乱,杜甫沦落到了社会底层,连最低生活都无法保障,以致幼儿饿毙,一家生活无着,常是依靠友人资助过活。这时他对广大人民痛苦生活的感受自然极为真切。因此,他的一些诗篇,揭示黑暗政治与长期战乱带给国家的灾难,广大人民在天灾人祸中痛苦挣扎的场景,深刻具体,真可谓以血泪写成。他的作品,以这类作品为代表。从现代人的眼光看,杜甫当然应该归入现实主义作家行列。李白的情况与此有很大的不同。小时生长在西域远地,年轻时长于四川边缘地带,这种奇特的经历,给他以深刻影响。因为他小时生长在突厥文化的土壤上,西蜀周围又有大批少数民族杂居,风俗民情与汉人有异。蜀地还是道教的圣地,神仙思想浓郁,李白自小就沉浸在这特殊的气氛中,其后与著名道士接触,也就一直以谪仙自居。而他因家世的关系,承传汉魏六朝文化的传统,又加天才超逸,诗名早著,日后虽偶有困顿之日,但从未陷入社会底层。大部分的时间,甚至流放之时,过的也是衣食无忧的优裕生活。因此他的观察时政,观看民间生活,总像是站在云端观看下界一样。诗中主题,重在抒写自己不屈的意志,高扬的精神,独立的人格,自尊、自信,自负其才;重在超越尘世,追求奇士与高士的完美结合。他的作品以这类作品为主体。从现代人的眼光看,当然应该归入浪漫主义行列。李、杜的作品各有其独特的成就,本不可一概相量,二者都是中国文学的瑰宝,后人既用不到扬此抑彼,也不必在李白的作品中刻意寻求一些类似杜诗风格的作品来抬举他;如欲进行理论探讨,也用不到引什么两结合之类的理论来打什么圆场。

二、多元文化的结晶

李白是一个奇人。不但在唐代罕有其比,就是在中国漫长的历史上,也难找到同一类型的人物。他的为人,他在诗歌上的成就,都有他人无法比拟的特点。

这样的人物,只能产生在政治上开放的唐代。

唐代帝王每与外族通婚,故对民族问题一向持开放态度,太宗得到各民族的拥护,被尊之为"天可汗",各民族之间也就自然而正常地开展其文化交流。他族的歌舞等艺术与民俗,改变了中国文化原有格局。各种宗教随之竞相传入。唐初帝王对宗教也持开放态度。佛教传入已久,影响自然巨大;道教奉老子为至尊,唐代帝王以为系出李耳,故推重道教,道教的影响自然不同寻常。这些都对唐代诗人影响至巨。

李白的情况与众不同。他出生在其时中国疆域的西陲,五岁时才随父亲自碎叶迁至内地,之前他们一家已在西域远地生活百年之久。这一地区向为西突厥所控制,家中自然受到突厥文化的影响。李家在绵州昌隆县定居,此地位于蜀地西边,周围有氐、羌等西南夷与南蛮各族聚居,民风与汉人有异。蜀地以四面环山之故,与周边地区交流不便,因而保留着更多的前代文化遗存。李白至二十四岁才离家东下至中原谋求发展。在他生长的早期,也就受到蜀地特有的文化遗存的影响,也受到了周边各民族的文化的影响。

李白矫矫不群的身姿,豪迈不羁的品格,与众不同的发展道路与创作成就,正是各种文化交相融会而呈现的特点。李白其人,可谓多种文化交融的结晶。

李白喜纵横游侠,正是蜀地区域文化的特点。

李白评传

蜀地为道教的发源地。道教的产生与羌人有关,李白自小生长在道教气氛浓厚的环境中,也就受到深刻的影响。他的喜好,他的宗教信仰,都与羌人密切有关。而他特有的秉赋,又给人以不同凡人的感受,于是众人以"谪仙人"呼之,这又给他添加了仙人的自觉与自信,从而其作品也表现为"天仙之词"。

李白确信自己可成仙,或认为自己乃仙人之再世。刘全白《唐故翰林学士李君碣记》中说他"志尚道术,谓神仙可致"。

他对神仙世界的追求,真是全身心的投入。《古风》其四十一曰:"飘飘入无倪,稽首祈上皇。呼我游太素,玉杯赐琼浆。一餐历万岁,何用还故乡? 永随长风去,天外恣飘扬。"凡此均可说明李白沉迷于道教之深。

盛唐之时,社会富裕,天下大安,人们沉溺在丰富多样的物质享受之中。李白也追求现世的享乐,名山大川,恣其游乐;音乐歌舞,尽情享受。但尘世之中,总有许多不尽如人意之处。他想建功立业,然后隐遁终世,但这目标也受种种人事的羁绊,很难实现。李白追求的神仙世界,则是对时空限制的超越,也是对纷纭扰攘的尘世的超越。在美妙的天上,可以得到永世的享乐,而无一分浊世之人遇到的烦恼,所以李白在《过彭蠡湖》中说:"余将振衣去,羽化出嚣烦。"《天台晓望》中说:"安得生羽毛,千春卧蓬阙?"

处在道教风靡朝野的气氛下,又生长在道教的发祥地,李白的宗教观念强烈地渗透到一切行动中,包括他的创作在内。葛立方《韵语阳秋》卷十一曰:"李太白《古风》两卷,近七十篇,身欲为神仙者殆十三四。"张戒《岁寒堂诗话》卷上曰:"李太白喜任侠,喜神仙,故其诗豪而逸。"裴敬《翰林学士李公墓碑》曰:"先生得天地秀气耶! 不然,何异于常之人耶! 或曰:太白之精下降,故字太白,故贺监号为谪仙,不其然乎! 故为诗格高旨远,若在天上物外,神仙会集,云行鹤驾,想见飘然之状。视尘中屑屑米粒,虫睫纷扰,菌蠢羁绊蹂躏之比。"这里他对李白创作特点所作的分析,生动而真切。

李白的这些特点,也不是一下子就形成的。他在蜀地生活了二十年左右,早年的教育与经历,一辈子都会受到影响。出川之后,心胸陡形开阔,人事上的历练,大好河山的浸润,终于造就了李白这样一位诗仙。

从李白的历史看,居蜀时期是他一生业绩的准备阶段。李白自称出身陇西李氏,为李暠的九世孙。李暠于河西走廊上建立西凉王朝。他忠于晋室,努力保存华夏文化。李白以此家世为荣,多次申述这一传承,尽管因为谱牒无存而不能列入宗室,但李家还是保留着许多晋代文化的踪印。李白的童年教育,直承汉魏传统,从而与唐代科举制度下的教育方式不合。李白日后不由科举晋身,当与这一文化背景有关。李白早年认真学习《文选》,可知其沉潜于汉魏六朝文学之深。日后李白情况有异,出川之后,不断开拓进取,形成了个人独有的风格,取得了古今罕见的成就。李白在文学上的贡献,可作处理继承和发展关系的范例来看。

李白怀有晋代情结,喜谈五胡十六国的旧事,都与他的家庭背景有关。

李白两次入赘相府而引以为荣,追随永王璘遭致严惩而不知何以会所从匪人,应当都与他所受的突厥文化影响有关。

李白剔骨葬友,具体显示其曾受到南蛮文化的影响。李白喜浪游,应当与其家庭曾受游牧民族的影响有关。他喜游侠,固然与蜀地的区域文化有关,与周围一些尚武的少数民族也当有关系。

凡此种种,无不说明李白其人之所以与众有异,实与他所承受的多种文化的熏染有关。李白其人,可称多元文化交相融会的结晶。

索 引

人名索引

88，91，92，99—102，105，127，130，
139，145，146，188，192，193，201，
202，209，218，237，238，251，258，
282，283，292，308，335，338，339，
350，360，368，381—383，397—401，
407，409，412，413）

F

范传正（18—21，27，45，68，87，91，92，
95，96，98，141，142，190，196，350）
范文澜（152，153，187）
傅璇琮（88）

G

盖寰（102，150）
高力士（89，97，243，301，331，354，
404，405）
高如贵（102，150）
高适（12，14，24，78，99，100，105，120，
121，125，127，214，219，223—226，
236，237，239，249，287，382，383，
395，407，408）
哥舒翰（113，198，217—222，224，407）
葛晓音（287，338）
管仲（70，71，79，86，179，181，207，
227，341，344，347，348，356—358，

402）
郭沫若（21，22，24，52，258，259，372，
399，401）
郭璞（173，271，273，275，276，375）
郭子仪（24，136，241）

H

韩朝宗（81，82，342，343）
贺知章（28，90—92，100，104，145，147，
320，349—351）
胡怀琛（35）
胡小石（374）
胡紫阳（151）

J

贾晋华（199）
贾至（24，136，137，255，318）

K

孔巢父（82，123，215，368）

L

老子（李耳、老聃）（27—29，47，54，55，
154，163，207，211，220，353，414）

234,256,364,368)

文献索引

B

《抱朴子》(148,244)

《被开拓的诗世界》(92)

《本事诗》(92,301,308,314,319)

C

《沧浪诗话》(209)

《草堂集序》(17,20—22,27,91,96,
320,322,328,349,350)

《册府元龟》(33,38)

《长短经》(《长短要术》)(48—51,53,
138,180,181,183,184,189,199,
203,210,340,348)

《陈子昂集》(48,191)

《楚辞》(162,163,253—255,263,290,
313)

D

《大唐西域记》(22,38,73)

《道教徒的诗人李白及其痛苦》(47,
399)

《敦煌写本书仪中所见的唐代婚丧礼
俗》(74)

F

《方舆胜览》(69,249)

《分类补注李太白诗》(169,221,277,
278,280,406)

G

《故翰林学士李君墓志序》(33)

《国史补》(89,90,146,346,351,405)

H

《韩非子》(49,348)

《韩非子札记》(203)

《汉书》(45,135,218,353)

《胡小石论文集》(374)

《华阳国志》(42—44,54,169,234)

416)

《文苑英华》(47,162,288,318,319,332)

《文流别论》(309,312,314)

X

《岘佣说诗》(227,284,285,289)

《新唐书》(16,18,21,23,33,40,60,61,78,99,117,121,126,146,213,331,350,363)

《续资治通鉴长编》(74)

Y

《瀛奎律髓》(302)

《酉阳杂俎》(28,89,249,256)

《舆地纪胜》(325)

《元和郡县志》(31,40,42,43,171,178)

《云笈七签》(47,174)

Z

《战国策》(26,50,138,164,212,215)

《彰明逸事》(29,30,40,49,180,189,300,330,341,360)

《中国道教史》(55)

《中国李白研究》(76,104,112,126,148)

《中国通史简编》(153,187)

《周勋初文集》(88,100,193,203,236,260,262,306,340)

《朱子语类》(279)

《竹书纪年》(202,203)

《庄子》(63,145,154,155,158—161,205)

《资治通鉴》(4,5,22,25,38,43,63,106,112,118—121,149,191,243,245,247,358,380,396,408)

词语索引

酒中八仙（饮中八仙）(91,92,104,
  146,147,350)

L

浪漫主义(374,398—401,409,411,
  413)

李、杜(100,308,383,397—400,412,
  413)

炼丹(68,102,148—150,411)

六甲(47,48,341)

M

茅山道派(366)

N

内丹(150,151)

P

鹏（大鹏）(48,63,67,72,96,142,143,
  145,158—163,185,207,221,243,
  257,259,261,262,289,342,350,
  366,378,398)

平交王侯(208,209,215,347,348,
  354)

Q

齐物(155,157,158,160,161,359)

绮丽不足珍(307,308,319,328)

清真(93,307,319,322,328,329,368)

S

三教圆融(152,201)

三李(401)

散点(376)

上清派(145,150,151)

申管、晏之谈，谋帝王之术(70,86,
  179,347)

盛唐气象(1,11,276,400)

诗仙(145,148,168,201,340,358,
  370,373,377,381,416)

手刃(62,63,191,192,196)

T

太白星精（太白星）(28,349,352,353)

剔骨（捡骨葬、拾骨）(59—62,95,166,
  416)

天人合一(369)

天师道(54,168)